SILK ROAD

丝路
审美文化
丛书

通向丝路
审美共同体

张进　徐滔　蒲睿　等 / 著

知识产权出版社
全国百佳图书出版单位
——北京——

图书在版编目（CIP）数据

通向丝路审美共同体 / 张进等著 . —北京：知识产权出版社，2022.12
（丝路审美文化丛书 / 张进主编）
ISBN 978-7-5130-8667-7

Ⅰ.①通… Ⅱ.①张… Ⅲ.①丝绸之路—审美文化—研究 Ⅳ.①K928.6

中国版本图书馆 CIP 数据核字（2022）第 257658 号

责任编辑：刘 江　　　　　　　责任校对：谷 洋
封面设计：杨杨工作室·张冀　　责任印制：刘译文

通向丝路审美共同体
Tongxiang Silu Shenmei Gongtongti

张 进 徐 滔 蒲 睿 等 著

出版发行：**知识产权出版社** 有限责任公司	网　　址：http：// www. ipph. cn
社　　址：北京市海淀区气象路 50 号院	邮　　编：100081
责编电话：010-82000860 转 8344	责编邮箱：liujiang@ cnipr. com
发行电话：010-82000860 转 8101/8102	发行传真：010-82000893/82005070/82000270
印　　刷：三河市国英印务有限公司	经　　销：新华书店、各大网上书店及相关专业书店
开　　本：720mm×1000mm 1/16	印　　张：27.25
版　　次：2022 年 12 月第一版	印　　次：2022 年 12 月第一次印刷
字　　数：438 千字	定　　价：128.00 元
ISBN 978-7-5130-8667-7	

国家社科基金重大项目"丝路审美文化中外互通问题研究"（项目编号：17ZDA272）阶段性成果

目　　录

导论　丝路审美共同体的多模态多感官共轭

第一部分　丝绸之路的属性和特征

第二部分　丝路审美共同体的理论视角

第三部分　物质性与丝路审美共同体的生成

结语　丝路审美共同体的事件阐释学

后　记

导　　论
丝路审美共同体的多模态多感官共轭

"丝路审美文化"广义上是指与丝路相关联、缘丝路而生发、因丝路而熔铸的，体现于物质的、图像的、文学的、行为（活态）的、创意的等领域的现象和产品中的文化。谓之"审美文化"，是特别针对那些在文化形态上介乎"道"与"器"、理论与实践、科技与道德之间的居间类型和特殊分支，凸显其直抵心灵、摇荡性情和彰显"共通感"、"感性共同体"（community of senses）的审美属性特征，强调其在民心相通、人文化成和人类命运共同体建构过程中的基础功能和枢纽作用。审美文化在本质上也是一种"生产力"，是一种特殊的"资本"要素，即"文化资本"或"审美资本"。在丝绸之路这个广袤深邃的历史地理空间，审美文化的生成、流通和熔铸构成了一个复杂而宏大的"多元系统""多模态"和"多感知共轭"，穿梭渗透于人类文化的各个分支，会通集聚为知识生产、资本分配和审美实践的新场域。

丝绸之路沿线审美文化资源积淀深厚、形态多样，多民族审美文化资源相互借鉴、汇聚融合，多种形式的审美文化资源并存互渗、互证共成，源远流长，得天独厚。在丝绸之路这个审美文化资源高度集中、审美交流密集频繁、审美衍生再生产品丰富多样的文化地理空间，其物质审美文化、图像审美文化、文学审美文化、活态审美文化和创意审美文化中，都凝聚着独特的资源优势、宝贵的交流经验和丰富多彩的互联互通成果。然而，已有的研究，或一头扎进"道"的层面，在观念、理论和形而上向度展开；或一心扑向"器"的层面，在经济、实用和器物向度探讨。或重"道"而轻"器"，或者反之，而对于介乎"道"与"器"之间的"审美文化"的研究，恰恰有所忽略，对于丝路沿线审美文化资源中外互通问题的研究更是远远不够，而基于当代语境和学术立场对丝路审美文化在民心相通和人文化成过程中的"先行者"价值和"典范"意义的阐发更是亟待展开。

"审美文化"（aesthetic culture）与"审美共同体"（aesthetic community）❶一体两面，前者重在审美共同体的构成要素和表现形态，后者重在说明审美文化的结构系统和运行机制。在伯林特看来，"审美共同体"不同于"理性共同

❶ Arnold Berleant. Living in the Landscape： Toward an Aesthetics of Environment ［M］. Lawrence： The University Press of Kansas，1997：148.

体"（rational community）的绝对的个人主义，也不同于"道德共同体"（moral community）中个人的道德自觉或是被集体淹没的个性。"理性共同体"和"道德共同体"都没有正确地处理好个人与社会的关系，因而不是"理想的"共同体。而审美共同体则是一种个人与社会的统一，在审美共同体中个人的维度与社会的维度没有彼此压抑，而是彼此提升。审美共同体在理性意义上和道德意义上都不是一种个人的秩序，也不是一个参与者放弃自己的个性并让自己为领导者所控制或被淹没于一种同一性中的共同体。"审美共同体中成员之间的联系就像人自身一样是真实的，是共同体的重要组成部分。这种共同体不仅没有鲜明的界限，没有深度的划分，而且也不会给人一种社会或国家与组成它们的人民是分离的感觉……审美共同体中参与者之间的相互联系和互惠代替了标志着其他社会模式的界限和分离。"❶ 审美共同体具有连续性、参与性和介入性。"我们对艺术最丰富、强有力的参与能创造一种连续性体验，这种体验在一个具有不同的持续影响力的领域中将艺术家、欣赏者、艺术对象和表演者结合起来。这是审美共同体的特性来源。"❷ 在审美共同体中，参与者与观察者是一体的，"当体验的认识成为那一体验的不同维度时，它们相互传达……非参与性的观察者不能真正地掌握一种美学的共同体。观察者和参与者必须栖息于相同的和谐国度……审美参与确定了它的属性。组成要素的相同的互惠性、相互联系的功能的多样性、观察者与参与者的融合、定性体验的特征——所有的这些都辨别了美学的共同体"。❸

审美共同体并不只是局限于美学或艺术的领域。"与精神存在共存的生活不仅仅在我们用艺术塑造的对象和场合之中。通过将其等同于审美经验，这种生活在我们对艺术对象的体验中普遍存在。但是，这种体验不是艺术专用的，它能被扩展至包括自然。在此还需要强调的是，这种体验也包括人类。在联系

---

❶ 阿诺德·伯林特. 生活在景观中：走向一种环境美学 ［M］. 陈盼，译. 长沙：湖南科学技术出版社，2006：114. 该中译本将"aesthetic community"多译为"美学共同体"，本书根据原著语境，一律中译为"审美共同体"，因为原书作者伯林特强调这一术语"并不局限于美学或艺术的领域"。

❷ 阿诺德·伯林特. 生活在景观中：走向一种环境美学 ［M］. 陈盼，译. 长沙：湖南科学技术出版社，2006：116.

❸ 阿诺德·伯林特. 生活在景观中：走向一种环境美学 ［M］. 陈盼，译. 长沙：湖南科学技术出版社，2006：117.

的世界中，我们不客观化、理性化、管理并控制人或事，而是进入一种与他们的密切联系之中。"❶ 在审美共同体之中，社会审美、艺术审美和自然审美结合而进入人类审美之中，自然的、社会的和艺术的层面是美学领域的不同组成部分，这种不同的美学秩序在一个具有包含性的统一的经验中实现联合。审美共同体承认环境的社会维度和人类实现的美学条件，它们是某种类型的理想模式，是一种近似的概念，它试图定义并识别对现实具有重要影响力但还没形成的某物。

审美共同体不是"已成的"（become）现实实体，而是一种"将成的"（becoming）社会关系的倡导与建构。它总是处在一个倡导和建构的动态过程之中，处在不断生发和往复熔铸的进程之中，因而具有"理想性"和"未来性"。丝路审美共同体正是这样一种对丝路"共同世界"的倡导与建构、生发和熔铸。

一、丝路审美共同体的多元系统性

"丝绸之路"概念出现一百多年来，其基本内涵和时空跨度都发生了极大的拓展。在当前语境中，它更多的是指联通亚欧非大陆的复数的、层叠的、立体的、多功能的网络系统，包括陆上、海上、天上和网上的丝绸之路。它被有的学者看成"全球化"的早期形态，如弗兰科潘认为，"全球化并不是什么新鲜事物。早在 20 多个世纪之前，我们的祖先就曾尽力收集各国信息，并派遣出各种特使和代表，探索哪里是世界上最佳的市场，探索如何抵达沙漠、山脉另一端的国度和城镇。无论探索后写就的报告成书于哪个年代，它们……都带回了其他民族生活和劳作的相关景象，汇报了贸易交流的情况，告知人们可能遇到的风险和可能收获的利益"。❷ 与这个网络相关联、缘这个网络而生发、因这个网络而熔铸的"丝路审美文化"，"有席卷天下，包举宇内，囊括四海

---

❶ 阿诺德·伯林特. 生活在景观中：走向一种环境美学 [M]. 陈盼，译. 长沙：湖南科学技术出版社，2006：118.

❷ 弗兰科潘. 丝绸之路：一部全新的世界史 [M]. 陆大鹏，译. 杭州：浙江大学出版社，2016：中文版序言，XI.

之意，并吞八荒之心"。那么，从哪个维度、用什么概念可以通向丝路审美文化属性特征及其范式的精要呢？或许"多元系统论"（polysystem）可以给我们以启发。

"多元系统论"是以色列学者佐哈尔在研究"翻译文学"（丝路审美文化具有广义的"翻译文化"属性和特征）等问题时提出的理论学说。它强调，"多元系统"是一个异质的、开放的结构，系统内的要素相互交叉，部分重叠，"在同一时间内各有不同的项目可供选择，却又互相依存，并作为一个有组织的整体而运作"。它们既是一个较大的多元系统即整体文化的组成部分，又可能与其他文化中的对应系统共同构成一个多元系统。❶ 与一般的共时研究不同，"多元系统论"强调，任何一个子系统，都不仅与"同一文化"的更大的系统相关联，而且与这个文化"之外"的"其他文化"之间形成互动。也就是说，"多元系统"内的子系统都必然"跨文化地"（inter‐culturally，cross-culturally）与其他文化中的某些因素相互关联。在多元系统论的视野下，"丝路美学"必然成为一种"跨文化美学"（intercultural aesthetics）。"跨文化美学是完善和拓展我们世界观的重要工具"，同时，"跨文化美学还意味着超越目前由西方思想范畴主导的西方美学的限制"。❷

"丝路审美文化"作为一种跨文化现象不能孤立看待，而必须与整个文化系统、与"世界文化"这个人类社会中最大的多元系统中的现象联系起来研究。❸ 也就是说，人们在特定的国家、民族文化中所遭遇的审美文化现象或产品，若在这个国家、民族文化的固有资源系统中无法得到令人信服的"深描"（thick description），就无法呈现那个"分层划等的意义结构"。❹ 而阐发其意义层次和结构的"文化的解释"活动又必须"诉诸""联通"（connection）并"接合"（articulation）特定国家、民族文化系统"之外"的"丝路网络"时，这种审美文化即可称为"丝路审美文化"。换言之，"丝路审美文化"具有

❶ 伊塔玛·埃文-佐哈尔. 多元系统论 [J]. 张南峰，译. 中国翻译，2002（4）.

❷ Antoon van den Braembussche，Heinz Kimmerle，Nicole Note. Intercultural Aesthetics：A Worldview Perspective [M]. Brussels：Springer Science，2009：1.

❸ 张进. 中国20世纪翻译文论史纲 [M]. 兰州：兰州大学出版社，2007：1.

❹ Clifford Geertz. The Interpretation of Cultures：Selected Essays [M]. Basic Books，1973：7.

"多元系统性"。比如，李泽厚先生在《美的历程》中对于"铜奔马"和"青花瓷"的审美意蕴有精彩的阐发，但如果仅仅限于中国（先秦）固有文化资源是很难达到对它们"深描"的目的的。● 今天，我们都知道"马踏飞燕"（那种"高头大马"并未出现在秦兵马俑塑像中）必须结合丝绸之路（"天马出自月氏窟"）来阐发；"青花瓷"的艺术可能有一个与金属"钴"一样的从异国到中国的"物的传记"，在那个时代它主要是沿着丝绸之路"外来"的。这种金属可能并不是中国人最先运用于陶瓷烧制的，但青花瓷在今天被看成中国"国粹"的典型代表，是因为沿着丝路网络往复循环的文化熔铸，使中国人对于这种产品的制造达到了登峰造极的地步；作家三毛创作的《橄榄树》与"流浪"意象的关联，可能正源于这种树（并不原产于中国）的"故乡在远方"；而橄榄树在其原产地地中海沿岸的文化中并没有"流浪"的含义，"物的流通"赋予其新的社会生命和新的文化意义，续写了这种物的"文化传记"和"社会生活"。因此，"多元系统"既是丝路审美文化的基本特征，也是一种可供参照的特殊方法论和研究范式。

　　不同国家、不同民族的人们，在面对大致相同的审美文化现象和产品时，其审美感受是相同的还是相异的？这既是美学理论的一个基本问题，也是在丝路审美文化研究中得到"前景化"的问题，因为丝路审美文化总难免跨国族、跨文化地与丝路网络相关联。此前的美学研究（由于全球化语境意识并未得到强调）大多会走向"共通感"或"歧异感"等两个极端，康德等普遍主义者大致属于前者（如其"先天共通感"等），而特殊主义者则一般选择后者（如"萝卜青菜各有所爱"等流俗说法，值得注意的是，"萝卜"和"青菜"并不是同一个审美对象）。在这种情况下，"共通感"与"歧异感"之间通常是分裂的，并未达到一种"动态制衡"。而丝路审美文化现象和产品，却彰显了这种"动态制衡"关系。以"丝绸"为例，据资料记载，恺撒大帝某次穿着丝绸长袍出现在公众面前，群臣和大众都赞叹长袍之"美"，赞美的是恺撒丝袍"金光闪闪"的特征，以及使恺撒本人"恍若神明"的这类属性，这是

● 李泽厚. 美的历程 [M]. 北京：文物出版社，1981：210. 李泽厚先生认为明清青花瓷"与唐瓷的华贵的异国风，宋瓷的一色纯净，迥然不同"。显然他并未特别强调明清"青花"与"异国"之间的历史因缘。

一种视觉意义上的审美想象，与时人在欧洲文化浸润下喜好"黄金"和"光明"的传统"接合"在一起；而西方偶有诟病女性穿着丝绸衣服之"丑"的卫道者，则主要攻击其"透明""暴露""伤风化"等感性方面所引发的联想。但在中国人看来，丝绸几近"纯美"而无"丑"可言，它主要与美好前程（"锦绣前程"）和富足生活（"锦衣玉食"）等"统觉性"（synaesthetics）的美好事物想象"阐连"（articulation）在一起。由此可见，不同民族、国家和文化中的人们，面对同一个审美文化现象和产品，诚如王夫之所言："作者用一致之思，读者各以其情而自得。"

"一致"与"自得"如何达到动态平衡呢？在这个问题上，当代法国思想家朗西埃等人所阐发的"歧感共同体"（dissensual community）概念具有启发性。朗西埃的"歧感"（dissensus），重在强调感知与感知的冲突，试图通过在可感性秩序中制造裂缝来抑制司法裁断，从而实现其美学-政治目标。❶ 但"歧感"终归能够连通于主体的"通感"和"共感"，只是它具有个体的、历史的具体性。❷ 因此，"红杏枝头春意闹"，"闹"是审美主体的共感"一致性"调解（mediation）下的"自得"。这种意义上的"自得"，也能最终为建构"共通感"发挥积极作用和能量；"一致"与"自得"之间的平衡，会因着丝路网络上往复发生的相互交往、彼此授受和分享共享活动而得到加强。

丝路审美文化所建构的审美共同体，是丝路沿线人们的"感觉共同体"（community of sense），"这样一个共同体概念承认政治包含一个感觉的或美学的方面，不可简化为意识形态和理想化事物"。❸ 建构的基本运作机制，是民心相通和人文化成的重要场合，也是人类命运共同体建构的基础和土壤。其中"歧感"与"共通感"之间的动态制衡，也是费孝通先生提倡的"各美其美"与"美美与共"之间的动态平衡。

面对丝路审美文化，人们很容易产生一种错觉：某个民族、国家的审美文

❶ Jacques Ranciere. The Politics and Aesthetics ［M］. Continuum，2008：85.

❷ Josephine Machon. （Syn）aesthetics：Redefining Visceral Performance ［M］. Palgrave Macmillan，2009：1.

❸ Beth Hinderliter，William Kaizen，Vared Maimon Jal. Communities of Sense：Rethinking Aesthetics and Politics ［M］. Duke University Press，2009：2.

化单向度地、一次性地、直接地影响了另外的民族、国家的审美文化，从而使接受影响的民族、国家的审美文化变成了前者的"影子""注脚"或"传声筒"。由之而产生的错误推论在宗教激进组织和极端民族主义的丝路文化研究中表现得尤为突出。丝路审美文化中外互通的大量史实和史料表明，不会出现某个民族国家的审美文化单向地、一次性地"影响"其他国家的情况，而是多向度、交互式、接力式、生成性、循环往复的"熔铸"，这种"理论旅行"情况在丝路审美文化中外互通中是一种"新常态"。

"熔铸"一词取自《文心雕龙》"辨骚篇"，用其"虽取熔经义，亦自铸伟辞"之"广义"。其基本的理论旨趣，自其始便超脱于"影响研究"和"平行研究"之外，是一种深具中国传统文化特色的、将历时性与共时性包举在内的论说。在丝路审美文化中，最普遍的现象是，一种审美文化产品，在跨文化交流过程中被不断地加工，接力式地改造，循环往复地重塑，从而不断地产生"审美的附加值"，生成新的审美意义，生产新的消费需求，从而也丰富了某个作为审美对象的"物"的社会生命和社会生活。"撒马尔罕的金桃""亚美尼亚杏子""清朝的青花瓷""明朝的椅子"，等等论说，可能都是将审美文化往复熔铸的浩大工程的某个"段落"或"时期"看成文化"源头"而得出的似是而非的结论。

"熔铸生成"是"丝路审美文化"的本质属性之一，它凸显了"丝路审美文化"自其始就是"文明互鉴"和"人文化成"的"元场域"和"元空间"（meta-space）。今天生活于某个特定地区而视该地区的文化遗产为己有并随意破坏者，如阿富汗塔利班政权破坏巴米扬大佛的行为，最终不会改变其自身作为特定历史空间的匆匆"过客"的历史身份。在特定历史阶段代表某个民族特异性的"有"，通常已然是多种文化的"和合"，是丝路共同体共有财富的组成部分，也应该在人类命运共同体建设中发挥重要作用。

二、丝路审美共同体的多模态性

丝路审美文化和丝路审美共同体具有"多模态性"（multimodality），既是"固态"的、文本的，也是活态的、非文本的；既具有当下的物质性，也具有历史的物质性；既作为事件而流通，也作为知识而融通。

"多模态性"这个术语既用来描述人类交往的现象，也用来确定一个多样化和不断增长的研究领域。作为一种交往现象，多模态定义了文本和交往事件中不同符号资源或模态的组合，如静止和移动图像、言语、写作、布局、手势和/或案例。作为一个研究领域，多模态的研究涉及发展理论、分析工具和描述，以研究表征和交往（representation and communication），将模态作为一种组织原则。多模态现象基于四个关键的假设：（1）所有交往都是多模态的；（2）仅仅或主要关注语言的分析不能充分解释意义；（3）每一种模态都有特定的可供性，这源于其物质性和社会历史，塑造了其资源，以满足特定的交往需求；（4）模态协调在一起，每一个都有一个特殊的角色，以创造意义；因此，模态之间的关系是理解每一个交往实例的关键。❶ 作为一个研究领域，多模态将表征和交往视为依赖于多种模态，所有这些模态都被社会发展为资源来创造意义，如手势、声音、图像、颜色或布局等模态。它旨在调查每种模态的意义潜力（包括言语和写作，通过多模态的镜头、不同的构思），并提供每种模态如何在不同的文化和社会中被塑造，以完成特定的任务。它还旨在找到共同的标签，可以描述所有模态下的意义，能够以统一和连贯的方式处理所有的模态资源。考虑到文本中各模态资源所表达的含义对彼此的影响，本书旨在描述和解释多模态集合中模态之间的关系所产生的含义。

丝路活态审美文化是人们日常生活体验着的文化，丝路沿线活态审美文化源远流长，积淀深厚，彼此授受，互联互动，流通共享，汇聚融合，在审美风尚、演艺形式、习俗节日、文化遗产和活态空间等人类生活与艺术的各个层面都凝聚、生产着文化交流和文明互鉴的宝贵经验和智慧。活态审美文化注重在"活着的"和"活过的"时间维度上、在"文本的"与"实践的"空间维度上、在"描述性"与"施事性"话语之间展开广泛"协商"，它属于感觉的、流动的、民间倾向的、物质相关的、身体在场的、环境参与的操演型审美文化。因其弥漫"生活世界"、浸润身心的"感性学"属性特征和建构"感觉共

---

❶ Carey Jewitt. The Routledge Handbook of Multimodal Analysis［M］. 2nd Ed. London：Routledge，2014：1.

同体"的特殊功能，而成为一种"流动的规范体系"，它的大范围流通建构了丝路沿线的"感觉共同体"，成为民心相通、人文化成和人类命运共同体建设中的"生产力"要素。应该以活态审美文化为核心"重返"感觉和感性的物质领域，打破美学研究中"经验主义"与"理性主义"的二分对立，在更具统合性的视野下，审视丝路各国审美文化之间广泛而持久的"协商"和"调解"，研究丝路各国在活态审美风尚、丝路活态演艺审美文化、丝路活态惯习与节日、丝路活态审美空间和文化遗产等方面的互通问题。

"活态空间"（lived space）针对的是丝路审美文化互通的历史过程中，以民间和底层民众为主体的文化交往和文化生产活动，也取其方法论来审视人们在生产生活实践中实际发生的活生生的交流和交往活动。它包括三个方面：其一是事实层面，我们不难发现，无论丝绸之路总体上是"畅通"的还是"阻塞"的，人们的交往活动总是以某种形式持续进行着，比如，分属于不同民族、国家但空间上相邻的人们，相互借用生活工具、生产技术和各种技艺产品，这种活动绝不会因为政治意义和军事意义上的对立或战争而完全"中断"。在活态文化视野下，"条条大路通丝路，这条不通那条通"，"中断"只是在特定层面上的假定。在某些极端的情况下，技术的相互借鉴和挪用，甚至以战争为媒介而实现。比如说，"塔拉斯之战"（又名怛罗斯战役）期间，中国与阿拉伯世界处于战争状态，唐朝在此次战役中失利，大批士兵被俘，俘虏被带回两河流域（其中有的士兵掌握造纸术），造纸术也因而被"输出"到那里；元朝以同样的方式将叙利亚工匠俘虏到元朝境内，从而将叙利亚建筑工艺体现在了元朝的建筑物上。其二是方法论层面，"活态空间"就像一堵"墙"，它分开并累积着其自身两边的空间，但又不能约简为二者中的任何一个。与其说是第一空间和第二空间通过正题-反题-合题的历时过程产生了第三空间，还不如说第三空间规划了第一空间和第二空间，因此，第三空间更具基础性和始源性。❶ 比如说，我们一般重视罗马曾向汉朝派遣使团一事，但并不重视这个使团所必经的那个所谓"第三空间"（从罗马通往汉朝的那段旅程）对两个帝国之间的交往所发挥的基础性作用，以及对两个帝国身份认同的"构成性

---

❶ 张进. 论"活态文化"与"第三空间"［J］. 中南民族大学学报，2014（4）.

意义"。在这个意义上,"活态空间"是一个元场域和元空间,是汉帝国通往罗马帝国的"旅程",也是罗马帝国通向汉帝国的"旅程",它具有构成性和生产性。"四夷重译称天子","重译"的旅程是一个元过程。"奥斯曼之墙"是一种"阻断",但这种"阻断"亦具有第三空间的意义,因为正是这种"阻断"激发了西方人从海上寻求输入东方香料等产品的行动,一定意义上也是"新大陆"被发现的诱因之一。其三是立场层面上的,这是对丝绸之路研究中的"英雄史观"和"文本主义"的克服。张骞的"凿空"只是在汉帝国政治军事意义上而言的,汉帝国与大月氏在草原丝路上早已是辗转相"通"的;郑和"下西洋"和《马可波罗游记》,如果在活态文化互通的背景上看,其意义就不宜过分夸大,这是尊重历史,因为这些路线在政治军事意义上一时的"阻断"并未"断绝"其他方面的"沟通"。

丝路审美文化的"历史物质性"(historical materiality),意指在丝绸之路视域中,"一件艺术品的历史形态并不自动地显现在该艺术品的现存状态,而是需要通过深入的历史研究来加以重构"。也就是说,研究对象的形态、意义和上下文在历史长河中是不断转换的,一种局限于实物的研究则可能将研究置于一个错误的出发点上。❶ 其也用于说明历史的、物质的存在历时性地将自身刻写在事物之中的问题。❷ 这个概念,一方面旨在克服学术界在面对丝路审美文化时,只重视其"精神性"而轻视其"物质性"的"盲视";另一方面也是有感于丝路审美文化作为"历史流传物","流传物是在历史事件的转化中生成的构成物",❸ 是物质性在其上不断累积叠加的历史过程所形成的"历史性"的"效果史"。就第一个方面而言,学术界的某种偏颇显而易见,大多认为在丝绸之路上,可供直接交流和交换的物品极为有限,因而无足轻重;重要的是某种开放、包容、互惠的"精神"。❹ 这种观点并不是很离谱,但错在将丝路物品交换理解为仅是"直接"交换的物品。我们承认,从罗马帝国直接运抵汉帝国的物品的确很有限,但我们同时也认为,某些物品从罗马帝国的中心地

---

❶ 巫鸿. 美术史十议 [M]. 北京:生活·读书·新知三联书店,2008:42.

❷ 张进. 论物质性诗学 [J]. 文艺理论研究,2013 (4).

❸ 金元浦. 论历史流传物的语言性 [J]. 文艺研究,2007 (1).

❹ Valerie Hansen. The Silk Road:A New History [M]. Oxford University Press,2012:5.

带流通到汉帝国境内的过程中，这些物品还在经历无数次的加工、再造和改写（"重译"）；同时，这类物品中所包含的"技术要素"不仅可以通过大宗物品而且可以通过有代表性的个别物品而得到流传。比如说，马镫、火药、指南针、造纸术，等等，都可能是改变世界文明进程的"中国物"，但大量研究表明，是这些物质性技术而不是实实在在的物品改变了欧洲的历史进程；而技术并不是所谓"精神性"的东西，而是物质性的东西。正像今天的情形一样，沿着丝路而来的汽车（生产线）改变了中国人的生活甚至时空观念，但并非每一辆汽车都是"直接"进口的"原装汽车"；当然，汽车"生产线"是物质性的存在，而并非"精神性"的"理念"。在这个问题上，当前世界范围内方兴未艾的"物质文化研究"（Material Culture Study，MCS）给出了诸多启示。就第二个方面而言，目前的研究中亦存在诸多误区，最主要的是一种可称为"源头主义"（或原境主义）的"目的论谬误"。这种观念认为，找到丝路流传物的"源头"即是这种物的文化含义得以解释的头等大事，因此，大多数研究者都试图通过"区分-隔离"的方式，来探讨丝路物的"原初状态"，并认为在流传过程附加于其上的物质性要素是无足轻重的。这是一种错误设定。举例来说，一幅书法作品，在流传过程中，每一位收藏者都加盖显示自己收藏身份的印章，这些物质性的印章事实上改变了原作的空间布局，当代的接受者所接受的即是带有这种历史物质性的作品，并在此过程中形成了自己对于书法作品的"期待视野"。然而，如果以现代科技去除作品上那些印章，会让当代的接受者觉得这是另一作品而无法接受，比如《兰亭集序》和"维梅尔的帽子"❶。这充分说明，那些后来附着于原作的物质性要素，已经产生新的意义附加值。我们面对丝路审美文化现象和产品，这种"历史物质性"内容非常突出，它们通常已然是"被解释过的"，我们今天的研究只能是"面对解释进行解释"，"面对眨眼示意进行眨眼示意"。❷ 我们既不能被前人千姿百态的"眨眼示意"所迷惑，也不能无视我们面对的已然是"解释的解释"这一事实。总之，丝路风尚审美文化现象和产品的历史物质性元素（因其跨文化、

---

❶　卜正民. 维梅尔的帽子［M］. 李彬，译. 上海：文汇出版社，2010：26.

❷　Clifford Geertz. The Interpretation of Cultures［M］. Basic Books, Inc., 1973：15.

跨语际、跨国界的大范围"旅行"而显得异常突出），应该得到充分的重视和透彻的阐述，只有这样，才有可能写出丝路审美文化现象和产品的"文化传记"。

在对丝路审美文化研究的过程中，亦多见"小传统"主义的误区，即主要基于文本而得出结论，而漠视多学科联合所揭示出的物质性事件的全方位属性，其缺陷即在于对丝路审美文化缺乏一种"事件论"和"流通性"意义上的把握。"事件"是一个内涵复杂的理论术语，不同思想谱系的理论家对之作出了不同的解释，形成不止一种"事件论"。然而，其理论要旨仍然可以在文化与历史关系的"问题域"中得到揭示。"事件论"是一种渗透在人文学科诸多分支的理论学说，过程性、生成性、连通性、历史性、物质性、"具身性"等一系列观念方法聚合在它的周边，从而为审视审美文化问题提出了新的理论参照。

事件论具有本体论上的优先性。齐泽克指出，哲学自其诞生之日起似乎就徘徊在先验论（transcendental）与存在论（ontological）这两个进路之间。"令人惊讶的是，哲学的这两个进路的发展与深化，又都与事件概念密切相关：在海德格尔那里，存在的揭示正是一个事件，在其中，意义的世界得以敞开，我们对世界的感知以及和它的关系也由此确定下来。而当代量子宇宙论则认为，宇宙万物都源于大爆炸（亦即'对称破缺'）这个原初事件。"[1] 巴迪欧认为"事件"的发生乃是存在得以在世呈现的良机，事件在本质上并不是作为"是什么"而现成的存在，事件总是作为"正在发生"而活生生的到来，它是正在生成中的那个"到来"本身。正因为这样，事件倒成了存在的条件，事件使一切存在成为可能。[2] 事件是正在生成并随时变动的张力关系，每一个"独特的真理都根源于一次事件"。广松涉则试图确立一种新的关系主义的"事的世界观"，认为所谓"事"并非指现象或事象，而是存在本身在"物象化后所现生的时空间的事情（event）"，关系性的事情才是基始性的存在机制。[3] 这种关系主义存在论将"实体"放置到一个连通性（connectivity）基始之上，而

---

❶ 齐泽克．事件［M］．王师，译．上海：上海文艺出版社，2016：5-6．
❷ 高宣扬．论巴迪欧的"事件哲学"［J］．新疆师范大学学报，2014（4）．
❸ 广松涉．事的世界观的前哨［M］．赵仲明，李斌，译．南京：南京大学出版社，2003：15．

所有的"物"，事实上是与其他物共生共在、关联互渗的"事"或"事件"。

在此基础上，值得关注的是，事件论连通着认识与对象，事件论统合了美学与史学，事件论关联着主体及其行为，事件论融通着背景与前景，事件是一个生产性的元过程。❶因而，对丝路审美文化的切中肯綮的研究，应该将丝路审美文化现象和产品"事件化"（eventualization）。事件是处在流通之中的、未得到最终定性的"事实"。丝路审美文化现象和产品，并不是一经形成就固定下来一成不变，而是通过不断流通而汲取滋养并更新延展。它通过"旅行"而"跨界"生产，通过跨语际、跨文化和跨学科的流动而实现增殖。这是审美文化大范围"流通"所达到的生产性效应，由此而产生了审美文化的附加值。丝路审美文化在流通过程中使其消费直接成为生产，这种生产及其所产生的"剩余价值"，是今天的研究应该特别重视的。因此，丝路审美文化不只是文本意义上的存在，而且是事件论意义上的动态生成过程。

"融通"（consiliense）生产，是基于理论和话语的基本内涵。"理论不仅是解释性的，而且是规范性的。"❷"解释性"与"规范性"之间的"融通"之域，就是一个生产性的场合。话语不仅是描述性的（constative），而且是施为性的（performative），❸"描述"与"施为"之间就是一个生产性的空间。德国学者李希霍芬提出了"丝绸之路"这个概念，但其意义不只在于这个概念的解释性和描述性，而更多地在于这个概念的"规范性"和"施为性"；不只在于这个概念之"所说"（saying），而且在于这个概念之"所做"（doing），在于它所引发的一系列的行为和活动。"丝路审美文化"也是这样，其意义在于引发人们从"文化间融通生产"（intercultural consiliense）的角度去理解和对待相关的文化资源和文化行为。其表现有三：其一是"三来"，即"本来""外来"与"未来"等三个维度的文化之间的融通生产，尤其突出的是"外来"维度，它通常充当文化生产的酵母和催化剂。其二是"知识融通生产"（the unity of knowledge），即学科大联合而产出新知。科学史家威尔逊指出："科学如果没有理论，就没有任何事情可以理解，生命也是如此。人类基于本

❶ 张进，张丹旸. 从文本到事件［J］. 中国社会科学文摘，2018（9）.
❷ 孙正聿. 理论及其与实践的辩证关系［N］. 光明日报，2009-11-24.
❸ J. L. Austin. How to Do Things with Words［M］. Oxford University Press，1962：5.

性，会把所有知识综合起来产生一个故事，并且重新创造整个世界。""科学理论能够超越受它们掌握的知识，即使是人类以前从未料想到的事物，科学理论也能预测到它们的存在。科学理论会提出假设，训练有素地猜测未曾探讨过的课题，并定义其中的参数。最佳的理论所提出的最有效的假设，可以干净利落地转换成能加以观测和实验的问题。"❶ 理论之所以能够"预测"那些"人类以前从未料想到的事物"的存在，进而"生产"出那些事物，其秘密即在于理论的"融通"，而"融通"即是一种隐蔽的知识生产。其三是"融媒"（omnimedia）生产，这种现象长期存在于丝路审美文化的诸分支，如物质的、图像的、文学的、行为的等审美文化领域，而在近年来的创意审美文化中，表现得更加突出。原初主要由特定媒介文化承载的审美信息，通过"翻译""转载"于其他媒介形式而产生新的意义附加值，进而通过更大范围的"翻译转载"而成为"全媒介"形式的文化产品，变成一种文化资本和审美资本，这在今天已然变成一种知识生产的重要形式。丝路审美文化资源在创意文化领域的争夺，大多以这种形式展开。而这种融通生产的知识生产方式不仅强化了思维方式上的"横向超越"（horizontal transcendence）路径，而且向"狄尔泰鸿沟"（Diltheyan Divide）发起了挑战。❷

三、丝路审美共同体的"感官共轭"

丝路审美文化是一个感官场域，也是一种"多感知博物馆"，在丝绸之路这个广袤深邃的"记忆之场"开展审美活动，既涉及审美主体的眼、耳、鼻、舌、身、意，涉及视觉、听觉、嗅觉、味觉、触觉和身体感，也涉及感官协同（synesthetia）和"感官共轭"（conjugation of the senses）。因此，丝路审美共同体的运作机制既是多元系统和多模态的，也是"感官共轭"的。

美学的本源意义远不是像现在这样完全依赖视觉或某种单一的感觉。因

---

❶　爱德华·威尔逊. 知识大融通：21 世纪的科学和人文［M］. 梁锦鋆，译. 北京：中信出版社，2015：76，78.

❷　Don Ihde. Postphenomenology and Technoscience［M］. State University of New York Press, 2009：63.

而，美学不应该限制于"视觉审美"，我们需要理解"单一"感官之外的美学意义。"审美不应被定义为一次一种感官的概念（如绘画、音乐、建筑等）。相反，审美发生在感官的交叉点上……大体上，审美体验适用于每一个人，无论他们运用哪种感官。即使一个没有视力的盲人，也能欣赏西皮波科尼宝族的几何图案，因为图案的内在意义可以通过歌曲和香味来获得。"❶ "美学的秘密在于感官共轭，关键在于多种感觉模式的结合（而非彼此孤立）。"❷ 研究者将未来的博物馆比作感官健身房，在那里，美学体验跨越了一系列文化，涉及多种模态。"感官共轭"是一种在艺术活动中对于感官边界的跨越（crossing sensory borders in the arts），艺术活动因而是一种"跨文化美学"。❸

面对丝路审美文化，"视觉审美"不应挤兑甚至排斥其他感觉的审美，而应该与其他感官的审美达成一种"感官协同"或"联觉"。在比喻的意义上，"联觉人就是'认知化石'"（synesthetes as cognitive fossils），"感官知觉比语义抽象更接近于感知意义的本质"。❹ 这种感官的统一性，也要求各种丝路审美文化的模态之间形成一种交互关系。在人的视、听、味、嗅、触、痛、冷、暖等各种感觉和感官中，从性质和现象的经验上，视觉似乎与听觉没有什么共同之处，听觉与味觉也没有什么共同之处，更进一步的思考却告诉我们另一种情况。如果有一种"阴"反映了感官之间的质的差异，那么也有一种互补的"阳"，它包含了许多相似的领域。❺ 而对丝路审美文化的研究，人们最容易忽视的或轻视的，正是那些我们的眼睛容易遗漏的内容，如对其中的嗅觉的、听觉的和"身体感"的审美文化事项的关注和研究一直以来就比较薄弱，但这些内容可能参与我们对丝路审美文化的综合感知之中。

---

❶ 莱文特，帕斯夸尔-利昂 . 多感知博物馆：触摸、声音、嗅味、空间与记忆的跨学科视野 [M]. 王思怡，陈蒙琪，译 . 杭州：浙江大学出版社，2020：242.

❷ 莱文特，帕斯夸尔-利昂 . 多感知博物馆：触摸、声音、嗅味、空间与记忆的跨学科视野 [M]. 王思怡，陈蒙琪，译 . 杭州：浙江大学出版社，2020：236.

❸ Nina Levent, Alvaro Pascual-Leone. The Multisensory Museum: Cross-Disciplinary Perspectives on Touch, Sound, Smell, Memory, and Space [M]. New York: Rowman & Littlefield Publishers, 2014: 289

❹ Richard E. Cytowic. Synesthesia: A Union of the Senses [M]. 2nd ed. Massachusetts: The MIT Press, 2002: 10.

❺ Lawrence Marks, Edward Carterette, Morton Friedman. The Unity of the Senses. Interrelations Among the Senses [M]. London: Academic Press, Inc., 1978: 2.

　　总之，对丝路审美文化属性特征的归纳和论述，也是对相关研究领域存在的思维盲区的诊断，同时还是对我们所希冀的方法论和新范式的阐述。方法论的意义就在于它能与研究对象相契合。"多元系统性"主要强调丝路审美文化总是超出某一单个文化"内部"而接合"外部"的特征，针对的是相关研究中的"封闭系统论"。在此视野下，"歧感共通性"重在阐明丝路审美文化接受过程"一致"与"自得"的动态制衡关系，针对的是相关研究中差异性与共通性两极分化的问题；"熔铸生成性"旨在揭示丝路审美文化往复生发的特征，针对的是单向影响决定论；"活态空间性"主要强调丝路审美文化作为任何一个民族国家文化之"他者"的参照性和构成性功能，针对的是"正—反—合"的思维盲区；"历史物质性"重在说明丝路审美文化作为"历史流传物"的物质性累积特征，针对的是相关研究中的"非历史"倾向；"事件流通性"则旨在强调丝路审美文化的流动性和事件关联性，针对的是相关研究中的"小传统主义""文本主义"和"英雄史观"；"融通生产性"意在阐发丝路审美文化"居间调解"并产生新意义的功能，针对的是相关研究对于"文化间性"和"融通性"重视不足的弊端。毋庸讳言，这些属性特征并不在同一个平面上，而是从不同维度、层面和环节上对丝路审美文化的会通和聚焦，它们共同集聚为丝路审美文化研究的某种新范式（paradigm）。按照库恩的观点，"范式"是指"特定的科学共同体从事某一类科学活动所必须遵循的公认的'模式'，它包括共有的世界观、基本理论、范例、方法、手段、标准等等与科学研究有关的所有东西"。❶ 范式意义并不局限于方法论层面，而是涵摄世界观、思想理论、方法手段和价值准则。因而，"范式"也并不只是对已有研究对象的重新审视方式，而是在新视野下对研究对象的重新构筑和系统"深描"。

　　丝路审美文化中外互通是一项复杂浩大的社会文化工程，从方法论上说，只有把握好几组重要的辩证关系，才能使丝路审美文化的中外互通得到切实加强：一是在认识和总结丝路审美文化中外互通的历史经验和交往智慧方面，要把握好呈现历史、参与现实与启迪未来之间的辩证关系，从中华文化之"本

---

❶　库恩. 科学革命的结构［M］. 金吾伦，胡新和，译. 北京：北京大学出版社，2003：175.

来""外来"与"未来"相融通的思想高度推动中外互通。二是在开展和实现
"五通"的过程中，要把握好"民心相通"与"政策沟通""设施联通""贸
易畅通""资金融通"之间的系统性关联，认识"民心相通"作为根基的功能
价值，强化丝路审美文化互通作为"生产力"要素的地位和作用。三是在中
华优秀传统文化"走出去"的过程中，要把握好中华文化"外推"与"内聚"
之间的辩证关系，"外推"只是手段，"内聚"升华才是目的，切实加强中国
特色哲学社会科学话语体系在丝路审美文化中外互通过程中的"在场性"。四
是在丝路沿线国家人文交流和审美文化互通过程中，要把握好物质审美文化、
图像审美文化、文学审美文化、活态审美文化和创意审美文化之间的系统关
联，扩展丝路审美文化中外互通的内容、层面、维度和途径，实现中外互通的
综合立体效应。五是在"一带一路"倡议下共建"共同体"的过程中，要把
握好"丝路审美共同体"与"人类命运共同体"之间的辩证关系，强调丝路
审美共同体的基础性作用，加强人类命运共同体的价值引领功能。

四、本书内容和主要观点

本书由六个板块构成。"导论：丝路审美共同体的多模态多感官共轭"，
主要论述丝路审美文化与丝路审美共同体一体两面相辅相成，前者重在审美共
同体的构成要素和表现形态，后者重在审美文化的结构系统和运行机制。丝路
审美共同体是一个"内外"勾连的多元系统，是一种多模态协同，也是一种
"多感官共轭"。

"第一部分 丝绸之路的属性和特征"，集中阐述丝绸之路是一种"行动
者网络"，也是一种"物的议会"，还是一种"超客体"。既有的丝绸之路研究
中存在三种较为典型的倾向，分别是："英雄史观"倾向，即将丝绸之路的开
凿归功于"典型"人物名下，或归于特殊物品的流通；重精神交流轻物质能
动性的倾向，认为物品流通仅仅是文化交往的载体；"源头主义"倾向，认为
找到丝路流传物的"源头"，是阐释这种物的文化含义的头等大事。但在丝路
审美共同体的视域下审视，这些研究都有厚此薄彼的嫌疑。我们借助法国哲学
家布鲁诺·拉图尔（Bruno Latour）的"行动者网络理论"，重申人与物在丝绸

之路交往中的平等地位，以及人与人、人与物、物与物之间复杂的网络关系。经由丝绸之路流通的物品种类繁多，初入某地时，它们往往会引发当地人较为强烈的情感反应，但等到它们逐渐融入当地的日常生活乃至文化时，这种异样的态度便会消失。这说明对于既有的物品体系和审美文化，我们需要有一种动态的眼光去回溯其形成过程。只有这样，那些看似"静态"的事物才会"行动"起来。在此方面，拉图尔的"物的议会"概念有助于透视丝路审美共同体的构成。"复数的"丝绸之路无论在时间上还是空间上都远远超出我们所能直观把握的范围，这使传统的主客二元论的研究方式面临失效境遇，我们不能再将其视为静态的"客体"。由于丝绸之路"事件"和故事一直延续到当下，并且还向未来延伸，致使既往的交流结果正在不断形塑我们当下的生活方式和感知模式。因此，我们不能以一种线性的历史观理解丝绸之路，将其视为已经固化的遗物。在此情况下，我们无法假装站在时间之外的"元立场"审视作为"客体"的丝绸之路，相反，它更像是美国学者蒂莫西·莫顿（Timothy Morton）所说的"超客体"（hyperobjects），将我们席卷在内，我们是在它之内来讨论它。

　　"第二部分　丝路审美共同体的理论视角"，从"交往共同体""歧感共同体""与在共同体""流动现代性""文学世界共和国"和"生态审美共同体"等多种理论视角，全方位地审视和阐发丝路审美共同体。跨文化交往是丝绸之路的主要特征，丝路跨文化交往活动的历史与现实语境激活了20世纪阐释学中的交往共同体思想。多元化的生活方式揭示着日常生活世界的跨文化特征。缘丝绸之路而形成的前反思的、绝对明证性的、总体性的生活世界成为形成共同体的现实依据，为跨文化的交往活动及其美学问题的解释提供合法性。丝路审美文化交往的差异与共识问题在关联生活语境的语用学中得到解答，共通感的"有效性"被重构为语言或文化共同体与其成员之间的论辩共识，普遍语用学"四性"和先验语用学的反思推演成为跨文化论辩的标准。丝路跨文化交往活动使日常生活成为相较于主体的"积极伙伴"而非消极客体，突破了二元论，审美主体的知觉在同物的交往活动中得以改写，"挪用"概念深描了丝路文化间价值标准重编的机制，共同指向丝路跨文化交往的变革能力。在丝路审美共同体的问题域中，"歧感共同体"的概念为我们提供了几点有益的理论支撑：相近的叙事背景及时代母题，一种更加开放、便于多元主体加入的美学场域，一种对各阶层的反映更加灵活、更加全面的艺术形式。在丝绸之路宏大的历史地理空间中，包含物质、图像、文本、行动的审美文化在其间往复流通。审美文化在丝路沿线的传播、交汇展现和促生了人们共通的审美情感，在传承深厚文化积淀的同时不断孕育新的审美文化形态。异质性审美文化在"各美其美"中实现"美美与共"，使这一审美场域成为不断熔铸生成的民心相通、人文化成的审美共同体。法国哲学家南希"与在"思想重新擘画了存在者之间根本性的共通关系，强调存在者之间的"微偏"、身体与物的"触碰"、共同体的"不作"、审美经验的多元，从多个维度为丝路审美共同体的构建提供了参考路径。在鲍曼的批判视域参照下，通过对丝路审美文化属性的拓展，"丝路审美共同体"将不同文化动态地、间性地整合，通过对话、交流、谈判的平台达成共识，调和同一与差异的难题；以包容共通的原则，以审美共通形成情感结构的相通，形成基于审美感性的"公共领域"，来联合不同个体、不同共同体，平衡自由与安全的矛盾；以敞开生成的特点，通过审美文化的旅行而跨界生产，通过审美的否定性力量与文化的融通生产摆脱消费主义的负面影响；以平等开放的态度，将"陌生人"与"废弃物"作为异质性存在纳入共同体中，成为丝路审美共同体不断完成自我更新的动力。在此意义上，将鲍曼对于共同体的批判反思与"丝路审美共同体"研究相结合，为共同体研究发展提供重要的理论结合点和实践生长点。法国理论家卡萨诺瓦（Pascale Casanova）以"文学世界共和国"（the World Republic of Letters）的方式构想世界文学，具有"范式论"意义，但也包含"欧洲中心论倾向"；我们通过吸收"远距阅读"（distant reading）和"星球诗学"（planetary poetics）的理论资源，对其予以反思、批判和重构，从而实现范式转换，使该范式蕴含历史、开放和平等的特性，为丝绸审美文化参与全球化语境的审美文化共同体构建提出研究范式和理论参照。生态审美共同体包含介入式审美、连续性和生态性三个主要特征，丝绸之路作为生态审美共同体的现实形态，需要在主客融合的审美场中以审美介入的多感官感知方式把握丝路审美文化的独特性；丝路文明及其相关衍生再生的审美文化必须在连续性视野下加以观照，将丝路上人的活动视为丝路整体生态系统的有机构成，发掘丝路审美文化研究中被长期忽视的生态性维度，考察丝路生态与丝路文明交往间的互动关系。

"第三部分　物质性与丝路审美共同体的生成"，考察苹果、茉莉、橄榄、苜蓿、金银器等植物、实物、器物的丝路旅行和流通对于丝路审美共同体的生产和生成的促进意义。苹果的丝路旅行背后关涉丝路文化交流与互鉴问题，同时也关涉不同的文化背景下民族审美思维方式的形成。同样重要的是，在倡导建设丝路审美共同体的大语境下，苹果符号的互文性以及丝路旅行过程所显示的融合性和共通性衔接着古代和现代、史前史和史后史，是丝路审美共同体建设的现代延伸。茉莉是丝路物质审美文化交流的"行动者"，在传入和传出中国的过程中，茉莉的文化意义自宗教走向世俗，自物质性转向诗性，在宗教、伦理、美学的建构中积极参与文化意义生成，于文艺作品中表现为对植物本身的直接观照、与高尚品德的"比德"、与女子形象的同构，成为中国传统文化的典型符号。橄榄在传统"西方"文化中原本象征希望、和平、友好等审美意义，它沿着丝路网络在汉朝进入中国后，转变为"谏果"、忠臣义士、佳士等审美意涵。随着"西学东渐"，在近现代中国，橄榄吸收了传统西方的审美意义，遗失了作为"谏果"等方面的审美意义，并生成了象征"流浪之美"与生态环保的审美意义。通过丝绸之路在世界范围内的"旅行"，橄榄及其携带的审美意义被各个地区、国家、民族的文化所接受或"挪用"，其原初意义不断脱落或增殖，并生成新的意义，参与"丝路审美共同体"的构建。苜蓿这一丝路外来植物，传入中国后在中国文学（特别是唐代文学）中形成大量的艺术书写，被赋予各种文化象征隐喻，从而彰显出外来植物与唐代文学的双向互馈关系。以此为窗口，可以审视唐人对待外来植物的态度、接受心理，唐时外来植物融入中国本土文化的图景，乃至唐代东西方文化交流状况，亦可为"丝路上的植物及其文化赋意"相关研究提出参照。

"第四部分　艺术与丝路审美共同体的熔铸"，阐述"青花"艺术、"反弹琵琶"、敦煌曲子词、洛可可风格、皮影戏、粟特影像以及"狗鸟"神话等艺术的传播和变异对于丝路审美共同体的熔铸生产意义。"青花"艺术的形成与"钴"颜料的进出口贸易同步展开。青花瓷生产、分配与消费的任一环节，都隐藏着异国文化传统影响的身影；与此同时，青花瓷在外销过程中又深刻影响了丝路沿线不同民族、国家和社会的生活方式与审美观念。敦煌壁画中的

"反弹琵琶"是丝路审美文化多元系统熔铸而成的艺术，其"生命传记"关联着丝路审美文化的多元系统。通过考察其形成和传播过程中的物质性及其阐释效用，揭示其艺术对象在丝路审美文化多元系统中的影响限度，追踪其在流传轨迹中意义被赋予、深化或修改的过程，可以展示出基于物质性书写丝路审美文化艺术史的可能途径。敦煌曲子词这一文学形式展现了来自不同国家与阶层的人物群像，使他们分享了平等的艺术生活，证实了在"歧感共同体"中，主体可以通过自身的多元性，丰富艺术内部的审美经验。这些在艺术中浮现的主体带来了属于各自文化背景、生存阶层的审美经验，丰富了艺术的上演形式，还对艺术作品追求审美上的"共通感"提出了更高要求。"丝路网络"的联通和运行，使欧洲大陆吹起一阵"中国风"，喜爱东方文物逐渐成为审美风尚，深刻影响了"洛可可"艺术风格，推动了丝路审美共同体的熔铸和生成。皮影戏在丝路流播中因其演艺空间与丝路沿线异文化交叠互渗，互鉴共享，不断促使皮影戏审美意义的增殖，推动了丝路审美共同体的熔铸生发。粟特人是游走于丝路网络上的民族，当代丝路粟特纪录片展现出历史影像的诗性与政治性，在书写历史向历史影像转换的过程中形成民族志纪录片和文献纪录片两种粟特历史影像类型，在丝路审美共同体中，其历史性与诗性、政治性趋于和解。而在丝路审美文化中多见的"狗鸟"（Senmurv）神话传说，与丝路网络中的民族迁徙和文化交往交融存在关联。

　　"结语　丝路审美共同体的事件阐释学"，从"事件阐释学"维度审视丝路审美文化和丝路审美共同体，有助于走出以往研究中的"文本中心主义"，"表征的丝绸之路"与"丝绸之路的表征"相割裂，以及忽视丝绸之路"史前史"等误区。事件阐释学从文本的、图像的、物质的、行为的等领域剖析丝路审美共同体，将文本阐释学、图像阐释学、物质阐释学和行动阐释学辐辏于丝路审美共同体的事件阐释学，形成多元系统、多模态性和多感官"共轭"。

第一部分
丝绸之路的属性和特征

第一章　丝绸之路作为"行动者网络"

　　在既有的丝绸之路研究中，产生出三种较为代表性的倾向："英雄史观"倾向，即将丝绸之路的开凿归功于"典型"人物名下，或归于特殊物品的流通；重精神交流轻物质能动性的倾向，认为物品流通仅仅是文化交往的载体；"源头主义"倾向，认为找到丝路流传物的"源头"，是阐释这种物的文化含义的头等大事。但在丝路审美共同体的视域下审视，这些研究都有厚此薄彼的嫌疑。因此，我们不妨借助法国哲学家布鲁诺·拉图尔的"行动者网络理论"（actor-network theory），重申人与物在丝绸之路交往中的平等地位，以及人与人、人与物、物与物之间的复杂关系。

　　自德国地理学家李希霍芬在 19 世纪后期提出"丝绸之路"概念以来，学界对于古代欧亚大陆间商贸往来与文明交往的研究兴趣日益高涨。伴随着一百多年来的考古发掘与学术研究，李希霍芬所构想和描绘的那条连通中国与罗马的康庄大道已被无数琐碎、呈交织状的小路们所取代。芮乐伟·韩森（Valerie Hansen）在《丝绸之路新史》中就给出一种较为典型的看法。她认为，"丝'路'并非一条'路'，而是一个穿越了广大沙漠山川的、不断变化且没有标识的道路网络"。❶ 但紧接着这句话，她随后的论断引发出一个具有持续性争议的话题。她说："事实上，在这些艰苦的商路上往来的货物量很小。但是丝路确确实实改变了东方和西方的文化……这条路不仅传播了货物，还传播了思想、技术、图案。"❷ 尽管韩森在此没有明确将货物和文化对立起来，言语中

---

❶　芮乐伟·韩森. 丝绸之路新史［M］. 张湛，译. 北京：北京联合出版公司，2015：5.
❷　芮乐伟·韩森. 丝绸之路新史［M］. 张湛，译. 北京：北京联合出版公司，2015：5.

却自然流露出厚此薄彼的价值倾向。在她看来，相较于有限的物质，文化交流才是丝路历史重要性的佐证。事实上，她在书中的研究重点也正是聚焦于文书所包含的文字信息。韩森的这种理解在丝路研究中并不罕见，一种潜在共识认为，"在丝绸之路上可供交流和交换的物品极为有限，因而无足轻重；重要的是某种开放、包容、互惠的'精神'"❶。问题在于，就现有资料来说，抛除那些"无言"的物质，对于丝路我们所知有限。

在对既往历史的研究中，关于文化或精神优先性的理解建基于将物视为惰性实体的前提，具体表现在研究取向上即是一种视觉中心主义，以图像和文字为聚焦点，试图剖析其隐含的历史信息，而对承载于其上的物质实体往往三缄其口。但如果这种理解事物的方式仅限于现代人意识呢？传统唯物主义将物视为静态、惰性实体的认识很大程度上归功于迪卡儿，随后康德在此基础上发动的"哥白尼式革命"，奠基了理性主体在认识论中的主导地位。自此，对"物质性"的理解多困囿于工具性层面，一种主客对立式阐释模式占据了对待事物的主流。然而，当面对那些历史残存下来且缺乏文本信息的物品时，这种阐释模式解释效力不足的缺陷显露无遗。此外，在丝绸之路的交往史中，一些物品曾经扮演过重要的角色，甚至带有神性，如中国的瓷器曾给东南亚某些原始部落带来了新的宗教祭祀器具。在此情境下，历史事件围绕物展开，而非主体占有客体。这些现象和问题的出现促逼着我们重新审视"物"在丝路审美共同体建构过程中的作用。面对这种境况，法国哲学家布鲁诺·拉图尔的"行动者网络理论"或许能给我们提供一种阐释工具。

一、概念的缘起

我们知道苏珊·朗格在《哲学新解》中对一种"大观念"（grande idée）概念的阐发，这大致是说，在某些时刻，一些观念以特有的冲击力出现在知识图景中，又因其对许多重大问题的解决能力，使它似乎具备了"放之四海而皆准"的普适性，"似乎向人们允诺它们将解决所有重大的问题，澄清

---

❶　张进. 论丝路审美文化的属性特征及其范式论意义 [J]. 思想战线，2019（4）：140-147.

所有的模糊之处"。凡是完成这种阐释能力扩展性转化的概念都可以被称为"大观念"。它们之所以得以流行，无外乎这样一个事实："所有敏感而活跃的头脑都转向对这个观念的探索与开发。我们将它试用于每一个方面，每一种意图，试验其严格意义的可能延伸范围，试验其一般原理，以及衍生原理。"❶以此视之，"行动者网络理论"应该具备获此殊荣的资质。

我们通常将行动者网络理论归于拉图尔名下，这是不公平的。作为概念和方法论的提出，它是一项集体成就，除了拉图尔，像"米歇尔·卡隆、马德琳·阿克里奇、安托万·亨尼翁、沃洛娜·拉贝哈里索亚、约翰·劳、安妮玛丽·摩尔、维姬·辛格尔顿和其他人都是其出现和随后发展轨迹的核心人物"❷。就时间历程来看，可以将该概念分为前后两个时期，其划分标准大致以拉图尔和约翰·劳（John Law）在 1999 年出版的《行动者网络理论及其后》（*Actor-Network Theory and After*）为标志。在此之前，它主要嵌入科学技术研究领域，聚焦于技科学（technoscience）和生物医学（biomedicine）等问题。在此之后，它逐渐渗透经济学、法学、社会学、城市研究等实践领域，及至当下，更是在艺术和设计中方兴未艾。这种扩散真正使其成为"大观念"。伴随着不断的"挪用"行为，该概念自身也出现一些衍生概念，如约翰·劳的分形性（fractality）、摩尔（Mol）的多样性（multiplicity）和麦肯齐（MacKenzie）的述行性（performativity）等，它们共同构成"后行动者网络理论"（post-ANT）时期。笼统地看，在后一时期内，对其概念的运用表现出一些共性特征，即对于集聚（assemblages）和展演性（enactments）的强调，相反"行动者网络"逐渐丧失中心地位。❸ 可以说，在一定程度上，这种概念内涵的演变有助于该概念生命力的延续，避免其蜕化成僵死状态。但就该概念提出的初衷而言，"行动者"恰是其创新点所在。因而，我们还是有必要重新回溯其最初提出的语境、针对的问题以及给出的解决方式。

---

❶ 克利福德·格尔茨. 文化的解释［M］. 韩莉，译. 南京：译林出版社，2014：3.

❷ Anders Blok, Ignacio Farías, Celia Roberts. The Routledge Companion to Actor-Network Theory［M］. London and New York：Routledge, 2020：XX.

❸ 对于这一发展演变的梳理，参见：Anders Blok, Ignacio Farías, Celia Roberts. The Routledge Companion to Actor-Network Theory［M］. London and New York：Routledge, 2020.

当拉图尔强调行动者网络理论时，他面临来自两方面的诘难。一方面是传统的知识社会学，另一方面则是以大卫·布鲁尔为代表性人物的科学知识社会学。具体地说，前者强调自然科学的独立性地位，认为科学之所以成为科学，恰在于它同一切社会性因素保持距离。由于这种距离的存在，使得科学能够摆脱社会语境，进而保持真理的纯洁性。"在过去，知识社会学仅仅是通过收集大量的社会因素，来解释那些背离了那条勇往直前却又狭窄不堪的理性小道的事件。错误、信念可以进行社会解释，但是真理却是自我解释的。"❶ 显然，在这种理解中，自然科学拥有绝对的权威，超脱于社会之外。针对这种不对称局面，布鲁尔提出"第一对称性原则"。相比于自然科学优先性地位，他通过拔高社会文化因素与之抗衡，在具体解释过程中，将一切现象都归结到社会领域。在他看来，不仅谬误需要经由社会作出解释，连真理也是社会建构出来的。在此，布鲁尔采取了一种反向解决途径，在其强纲领主张背后同样遵循着自然与文化非此即彼的逻辑。正是这种二元对立成为拉图尔试图推翻或绕过的靶子，拉图尔认为自然和文化具有同样的建构性，是同一稳定化过程的双重结果，两者之间不存在孰先孰后的关系问题。这也就意味着对自然或文化的解释必须诉诸某个第三方，由于这种第三方的运作两者才固定下来。拉图尔将这个第三方命名为"行动者"，而其运作过程也就是"行动者网络理论"所指称的内容。

作为反驳二元论的概念，行动者既包括人类，又囊括非人类，像动物、植物以及人工制品等都可以在特定语境下充当行动者角色。这就有可能在本体论层面重新赋予物以能动性，避免将其视为惰性实体的看法。诚如皮克林对其所作的总结："行动者网络理论的基本的形而上学思想是：我们应该把科学（包括技术和社会）看作是一个人类的力量和非人类的力量（物质的）共同作用的领域。在网络中人类的力量与非人类的力量相互交织并在网络中共同进化。在行动者网络理论的图景中，人类力量与非人类力量是对称的，两者互不相

---

❶ 布鲁诺·拉图尔. 我们从未现代过：对称性人类学论集［M］. 刘鹏，安涅思，译. 苏州：苏州大学出版社，2010：105.

逊，平分秋色。"❶ 另外，从约翰·劳和摩尔偶尔用"物质符号学"（materi-al semiotics）代替"行动者网络理论"的做法中，我们也能获悉物在这种理论语境中所具有的重要作用。不过这种用法容易诱导人们误以为我们仅仅在符号学意义上讨论物，似乎我们所做的工作只是延续着罗兰·巴特和鲍德里亚所开创的研究路径。这显然与拉图尔等人的初衷大相径庭。借助行动者概念，拉图尔恰是要消弭人与物之间的对立，取消作为主体的人一直施加在客体物之上的暴力。因而行动者网络理论包含一个基本的本体论主张，"即世界上的所有实体——从纳米颗粒到身体、群落、生态和鬼魂——都是在话语和物质关系的不断变化和混合网络中构成和重组的"❷。其最具吸引力的特征也正在于它对物质力量的承认能够帮助我们避开表征语言的牢笼。

二、行动者、非还原、转译与结盟

在《非还原》（*Irreductions*）中，拉图尔对行动者网络理论的具体内涵展开了一番哲学思考。这部著作不足 90 页，而且是以附录形式出现在《法国的巴斯德化》（*The Pasteurization of France*）中，这可能影响了我们对其的重视程度。它对于我们了解拉图尔的思想却是必不可少的材料。按照哈曼对其的评价："拉图尔从来没有写过像这篇短论那样紧凑和系统的东西，也没有写过像这篇短论那样被不公正忽略的东西……当'法国哲学'一词仅仅是米歇尔·福柯和雅克·德里达在讲英语的人心目中的一个集体称号时，我认为《非还原》属于哲学一个更高级的阶段，而不是这两者中的任何一个。"❸ 哈曼之所以如此重视这部著作，恰是因为它突破了现代思维中主客对立的二元模式，试图建立一种平面本体论，而这又是通过阐释行动者概念来实现的。

在这部作品中，当时还年纪轻轻的拉图尔就已对西方传统哲学产生了不

❶ 安德鲁·皮克林. 实践的冲撞：时间、力量与科学［M］. 邢东梅，译. 南京：南京大学出版社，2004：11.

❷ Anders Blok, Ignacio Farías and Celia Roberts. The Routledge Companion to Actor-Network Theory［M］. London and New York：Routledge，2020：XX.

❸ Graham Harman. Prince of Networks：Bruno Latour and metaphysics［M］. Melbourne：re. press，2009：12.

满。他认为，已有的哲学传统习惯于用某种或某些特殊原因解释世界上发生的一切事物，无论是柏拉图的理念说、亚里士多德的四因说，还是基督教的上帝或黑格尔的绝对精神，概莫能外。拉图尔把这些人统称为还原论者。相反，他自己试图构想一种新的哲学原理："没有任何事物可以被归结为任何别的事物，没有任何事物可以从任何别的事物那里推导出来，一切事物都可以相互连接起来。"❶ 在他的构想中，每一个人类和非人类的物体现在都作为一种力量独立存在，哪怕是多么微不足道的事物，都不会因其本质、背景、身体或其他可能性条件被视为纯粹的噪声。在拉图尔崭新的、未被简化的宇宙中，人类不再占据绝对的主动地位，相反，我们深陷在无数事物的包围中，想要从其中突围出来，我们就得付出巨大的努力，并且这种努力不一定能获得成功。在与其他行动者一次次力量博弈中，失败是常态。

哈曼将拉图尔的这种哲学偏好称为始终坚持一种绝对的具体性，即每一个行动者都如其所是的存在。具体地说，哈曼认为拉图尔在放弃了康德式分析后，进入了一个奇妙的领域："他的哲学不是在平淡无奇的人类世界的命运变化中展开，而是在所有可能的行动者中展开，这包括松树、狗、超音速喷气机、生老病死的国王、草莓、祖母、命题和数学定理等。这些随机参与者的长名单可以无限列举下去，直到它们的多元性和自主性不再受到压制。我们仍然不知道这些事物或它们需要什么，唯一清楚的是它们在形而上学上是平等的。"❷ 不过拉图尔对具体事物的关注并没有将其引向一种实体哲学的道路。传统哲学并非没有留意物质问题，在西方哲学肇始之处，古希腊先哲就曾通过对具体物质的关注探求世界的本源。问题仅出在关于物质的定义中。一种较为常见的解释方式由亚里士多德给出，就是以性质去定义物质，比如将一种物质置于不同的环境中，通过区分那些偶然性因素去辨别事物的本质。海德格尔已经给我们阐明了这种方式难以准确界定物之物因素，因为我们很容易以自己的主观判断替代真正性思考，将话语结构视为物之结构。除此之外，海德格尔没

❶ Bruno Latour. The Pasteurization of France [M]. trans. by Alan Sheridan, John Law. Cambridge, London：Harvard University Press，1993：163.

❷ Graham Harman. Prince of Networks：Bruno Latour and metaphysics [M]. Melbourne：re. press, 2009：16.

有说出但同样重要的原因是，以这种方式定义物质，表明在其所有微小的表面波动之下隐藏着物质的本质核心。这随之产生的问题是，我们如何探明这一核心？或者说，谁拥有资格和能力完成这项工作？在康德以认识论问题取代对物的本体论思考取径中，就暗含了这种定义方式。尽管在他那里，关于物自体的认识还在形式上具有平等性，保留给一切以理性思考它的人，随后这种权利却逐渐过渡给研究自然科学的人，自然与文化的二分便也得到巩固。为了彻底扭转这种局面，拉图尔行动者网络理论的首要工作就是坚决反对内部实体与外部变化之间的裂隙。他的行动者是一些具体的个体，而非一个被偶然性和关系属性的变化所包围起来的物质内核。"所有的特征都属于行动者本身：一种在任何给定的时刻完全部署在世界上的力量，完全以其全部特征为特征。"❶

这引出了拉图尔有关"非还原"原则的讨论。由于物质不再有内部核心与外在变化的区别，在将这一理解向更大层面扩展开来后，我们也就明白拉图尔对行动者平等地位的强调。在亚里士多德及其继承者那里，通常将拥有本质核心的物质头衔授予那些天然存在的事物，至于人造物则往往不具备这种资格。实际上，这种区别对待事物的方式遵循着同样的逻辑，也就是将某些事物置于内核位置，视其他事物为变动不居的要素，并且赋予前者解释后者的天然权力。但当拉图尔取消内外之分后，这一不平等状态随之瓦解。只有厘清这一点，我们才能明白拉图尔对非还原原则的界定，"就事物自身而言，没有一种事物是可还原或不可还原为任一其他事物的"❷。那么，这是否意味着世界上存在的只有数不清的孤立的行动者呢？也不是。拉图尔以"就事物自身而言"为前提，限定了非还原原则的适用范围。他反对的其实是那种简化处理事物的自明性。我们不能通过剥离一件事物的非本质特征，将其还原为某种特权的内核。然而，只要我们做好适当的准备工作，任何事物还是可以简化为其他事物的。这种非还原的两副面孔并不像它表面看起来的那样自相矛盾，因为这两面都基于相同的前提，即把一个事物还原为另一个事物意味着把它看作一种可以

---

❶　Graham Harman. Prince of Networks: Bruno Latour and metaphysics [M]. Melbourne: re. press, 2009: 14.

❷　Bruno Latour. The Pasteurization of France [M]. trans. by Alan Sheridan, John Law. Cambridge, London: Harvard University Press, 1993: 158.

用更基本的现实层面来解释的效果。但这需要我们付出巨大的努力，同时寻求大量中介者（mediator）的协助。换句话说，行动者之间的联系总是需要转译的。不同的行动者视连接情况分别充当转译者的角色。每一个行动者都要在转译过程中发挥自己的作用。为了使自身的存在足够持久，每个行动者又都得不断建立新的连接方式，否则它就会有被遗忘的危险。"为了在不失去连贯性的情况下传播很远，一个行动者需要忠实的盟友，他们接受命令，认同目标，执行为他们规定的所有职责，当他们被召唤时毫不犹豫地给予帮助。寻找这些理想的盟友占据了那些希望比他者更强大的行动者的空间和时间。一旦一个行动者找到了一个更加忠诚的盟友，它就可以迫使另一个盟友也变得更加忠诚。"❶

　　拉图尔以行动者网络理论勾画出的图景就是无数行动者在结盟和背叛之间的反复徘徊。世界不是由稳定的形式构成的，而是由行动者斗争之后的结果。不管怎样，网络相互加强，抵御破坏，坚实却又脆弱，孤立但交织，共同形成一种奇特的平面。用拉图尔自己的话来说："我不知道情况如何。我不知道我是谁，也不清楚我想要什么，但其他者说他们代表我知道，其他者定义我，把我连接起来，让我说话，解释我说的话，并招收我。无论我是风暴、老鼠、岩石、湖泊、狮子、孩子、工人、基因、奴隶、潜意识还是病毒，它们都在悄然告诉我，暗示着，强加给我一种对我是什么以及我可能成为什么的解读。"❷

三、"现象技术"与"黑箱"

　　对于行动者网络理论作为一种方法论和替代路径的设想，拉图尔并不只是局限于哲学思考层面，应该说在大多数情况下，他是以个案研究的形式验证其阐释效力的。就在其阐释"非还原"原则的同一本书中，他分明以巴斯德发明杀菌法为例进行了一番详细的考察。另外，大约在同一时期内，他还出版了《科学在行动》一书。在该书中，他虚构了一位观察者角色，让其跟随正在进

　　❶　Bruno Latour. The Pasteurization of France ［M］. trans. by Alan Sheridan, John Law. Cambridge, London: Harvard University Press, 1993: 199.

　　❷　Bruno Latour. The Pasteurization of France ［M］. trans. by Alan Sheridan, John Law. Cambridge, London: Harvard University Press, 1993: 192.

展中的科学研究活动，探明科学事实之网的编织过程。尽管这些案例研究涉及不同方面的内容，但拉图尔往往给予非人类行动者较多的关注，尤其是那些在以往研究中遭受到忽视的实验设备。

　　早在《实验室生活》中，拉图尔就意识到实验仪器在科学事实建构过程中的重要性。借用巴什拉的"现象技术"概念，他对此作出说明。在巴什拉那里，该概念大致指某些实在由物质技术的构成过程中具有了现象的表象。拉图尔将这种理解挪用到文献记录中。在他看来，实验室中的观察者特别倚重于成文资料。我们通常的做法就是围绕那些图片和文字资料展开讨论，反而忽视了它们的产生过程，即便注意到了，也多半将其打发到纯粹技术性领域，"一旦人们使用最终的产品（记录材料），人们立即就忘记了可能产生它的所有间接步骤"❶。这样做的进一步结果就是我们习惯性将这些记录材料等同于所研究实体的直接指标，似乎研究对象自动书写下这些东西。然而，记录资料的仪器对于实验来说尤为关键。"使这些仪器显得重要的事实在于，没有它们，任何'它们所涉及的'现象都不可能存在。"❷ 这在某些仪器受损或在更新换代的情况下表现得尤其明显。这有点类似于海德格尔对物的"上手状态"和"在手状态"的区分。不过在他的语境中，"在手状态"旨在说明人与物的关系发生了变化，在对损坏锤子和破旧鞋子的凝视中，人与物构成了对立两极。而在拉图尔这里，其目的恰在于通过这种注目，使物重新进入我们的眼帘。但这并不意味着在拉图尔思想内部存在自相矛盾之处。就视物为关系性存在而言，拉图尔共享着海德格尔的理解，但就实现过程来说，他必须使物的能动性在行动者网络中凸显出来。若非如此，我们仍然囿于文献记录层面。

　　在《科学在行动》中，拉图尔继续考察非人行动者在实验过程中的作用。这次，他给"仪器"下了一个更精确的定义。他说："任何装置或组织结构，不论其大小、性质和花费，只要它能在一个科学文本里提供任何一种可见显

　　❶　布鲁诺·拉图尔，史蒂夫·伍尔加. 实验室生活：科学事实的建构过程［M］. 张伯霖，刁小英，译. 北京：东方出版社，2004：50.
　　❷　布鲁诺·拉图尔，史蒂夫·伍尔加. 实验室生活：科学事实的建构过程［M］. 张伯霖，刁小英，译. 北京：东方出版社，2004：50.

示，我便把它称为一部仪器（或记录设备［inscription device］）。"❶ 按照这一定义，能否构成一部仪器，关键取决于该装置能否提供一种记录，使其能被用在科学文本中充当最后的层次。直白点说，仪器的作用就体现为提供可靠的记录。这种理解仪器的方式似乎仅将其视为工具性存在，并暗含一种推崇人类主体地位的嫌疑。这在如下这句话中得到体现："一部仪器并非指任何一种以可以让某人在上面读取数据的小窗口作为终端的设备。一支温度计、一个钟表、一台盖革计数器，尽管它们都提供了读数，但是，只要这些读数没有被用来作为技术性论文的最后层次，它们就不被看作仪器。"❷ 这就好比说装置处于被动状态，只能静待人类对其开启才使之成为仪器。但这种对物理解的暧昧性显然不是拉图尔原意，尽管使用了"读数""被用来""被看作"等带有拟人色彩的词汇，拉图尔的目的却在他处，旨在刻画仪器游走在显现与隐身两种状态之间的特征。紧接上面引文，拉图尔转而强调仪器具有一种取决于时间的相关性。也就是说，在某一时期内具有充当仪器资格的设备，在后一时期内就有可能成为更大装置中的一个部件，成为不可见元素。在此，拉图尔通过仪器概念实际上是为了给"黑箱"（black box）概念举例论证。

所谓"黑箱"指的是那些已被承认并被接受为真实准确的科学事实和设备等，通常它们充当着进一步科学研究的基石。但也正是因为这种不言自明性，黑箱固化了我们对物的认识。对于黑箱的形成过程，拉图尔这样概括道："每一种新客体都是被这样塑造的，它们在同时输入大量老客体（以其具体化形式）的过程中获得了形象。被输入的客体有些来自新学科，有些来自老学科；有些涉及硬学科，有些涉及软学科。这里的要点是，新客体是从一个沉积要素的复杂结构中涌现出来的，而这些沉积要素中的每一个都曾在时空中的某一个点是一个新客体。关于这种沉积的过去的系谱学和考古学在理论上总是可能的，但是随着时间的流逝，随着聚集起来的要素的数量的增长，这变得越来

---

❶ 布鲁诺·拉图尔. 科学在行动：怎样在社会中跟随科学家和工程师［M］. 刘文旋，郑开，译. 北京：东方出版社，2005：113.

❷ 布鲁诺·拉图尔. 科学在行动：怎样在社会中跟随科学家和工程师［M］. 刘文旋，郑开，译. 北京：东方出版社，2005：113.

越困难了。"❶ 这表明任何一个新客体的诞生都是无数异质的行动者相互作用的结果，只是由于既有的行动者网络已被凝结为黑箱状态，造成我们难以认清科学事实的建构过程，对于各种行动者之间的交互关系更是概莫能知。如果我们想真正公平对待非人行动者，首要任务即在于打开黑箱，进而追随行动者自身运动。

四、行动者网络和丝绸之路

当我们将丝绸之路视为一种行动者网络时，或许会遭受来自两方面的责难。对于研究丝绸之路的历史学家、考古学家等来说，这种概念的挪用冒着削足适履之嫌，是以概念先行的方式宰制相关材料。至于拉图尔的跟随者们，尽管他们或许乐于见到该概念适用范围的延展，但可能依旧担心其适用性问题，毕竟在过往的研究中，行动者网络理论针对的对象都是现代现象，较少对既有历史展开分析。但让我们暂且搁置这些质疑，先看一下在丝绸之路的研究中曾出现的几种研究倾向。

首先是一种"英雄史观"的倾向，这尤其体现在涉及丝绸之路起源的问题上。在李希霍芬的理解中，丝绸之路的开凿在时间上可以追溯到公元前 2 世纪前后，在空间上主要是连接汉朝与古罗马两大帝国，贸易货物以丝绸为主。而在他的这种看法背后，潜藏的人物即是张骞。根据梅维恒的说法，在 19 世纪末 20 世纪初的欧洲学者和探险家的眼中，丝绸之路的开凿归功于张骞出使西域一事，尽管他没有完成汉武帝所要求的结盟月氏抗击匈奴的政治任务，但他将中亚的物产带回中原地带，进而构建并拓展了东西方之间的贸易通道。❷尽管我们不能否定张骞的历史贡献，但将这一横跨欧亚大陆的交流史全然归于张骞名下，则无疑有夸大嫌疑。后来的学者其实已经意识到这种简单化理解的问题所在，于是他们试图不断丰富丝绸之路的图景。在此研究过程中，他们在

---

❶ 布鲁诺·拉图尔. 科学在行动：怎样在社会中跟随科学家和工程师［M］. 刘文旋，郑开，译. 北京：东方出版社，2005：155.

❷ Victor H. Mair, Jane Hickman, ed. Reconfiguring the Silk Road：New Research on East－West Exchange in Antiquity ［M］. Philadelphia：University of Pennsylvania Press，2014：1.

时空维度等多层面上发掘出一些具有典范性意义的人物、事物，这实际上丰富了丝绸之路上的行动者名单。至于以网络比喻丝绸之路，显然不是什么新鲜事。

其次，根据韩森的说法，在丝绸之路研究中有一种重精神轻物质的倾向。"这种观点的问题在于，将丝路物品交换仅仅理解为直接交换的物品。比如，虽然我们承认，从罗马帝国直接运抵汉帝国的物品的确很有限，但我们同时也认为，某些物品从罗马帝国的中心地带流通到汉帝国境内的过程中，这些物品还在经历无数次的加工、再造和改写（'重译'）；同时，这类物品中所包含的技术要素既可以通过大宗物品，也可以通过有代表性的个别物品而得到流传。比如说，马镫、火药、指南针、造纸术，等等，都可能是改变世界文明进程的中国物。但大量研究表明，是这些物质性技术而不是实实在在的物品改变了欧洲的历史进程；而技术并不是所谓'精神性'的东西，而毋宁是物质性的东西。"❶ 就物质材料方面而言，弗拉切蒂认为在铜器时代，欧亚内陆社会在采矿业和矿产资源的交换上，尤其是铜和锡，充当着关键性角色。形成于欧亚草原的青铜冶炼技术在很大程度上促进了铜在亚洲地区的使用，进而影响了文明的进程。此外，除了矿产与冶金技术，亚洲内陆的山脉也蕴含着丰富的广受欢迎的石材，如玛瑙、天青石以及其他珍稀的材料通过内亚交换网络"助燃"了美索不达米亚、伊朗和印度河流域等文明的经济发展与审美观念演变。❷

此外，在对丝绸之路上流通的物品进行研究时，有一种"源头主义"的误区。也就是说，"这种观念认为，找到丝路流传物的'源头'，即是这种物的文化含义得以解释的头等大事。因此，大多数研究者都试图通过'区分—隔离'的方式，来探讨丝路物的'原初状态'，并认为，在流传过程中附加于其上的物质性要素无足轻重"。❸ 然而，这种研究倾向在追本溯源的过程中容

---

❶ 张进. 论丝路审美文化的属性特征及其范式论意义 [J]. 思想战线, 2019（4）：140-147.

❷ Michael D. Frachetti. Seeds for the Soul：Ideology and Diffusion of Domesticated Grains across Inner Asia [M] //Victor H. Mair, Jane Hickman. Reconfiguring the Silk Road：New Research on East-West Exchange in Antiquity. Philadelphia：University of Pennsylvania Press, 2014：42.

❸ 张进. 论丝路审美文化的属性特征及其范式论意义 [J]. 思想战线, 2019（4）：140-147.

易忽视丝路沿线地区的人和物的作用。举例来看，巫鸿曾以敦煌莫高窟第220窟为例，阐释洞窟群体的变迁史。该窟修建于初唐，随后在中唐、晚唐、五代、宋及清时又都分别对其进行了重修。尽管我们通常把"重修"视为对原作的损坏，但就该窟而言，每次重修又是对其进行重新赋义的行为。现今在考古资料的印证下，我们知道该窟内的壁画呈层级叠垒状态，每次重修都将新壁画覆盖在既有壁画之上，如果我们不考虑洞窟壁画的物质形态在千年内的多次改变，仍以现存遗留的壁画内容去推断最初修建它时的历史形态，那么我们可能人为增加了研究的难度。而这还只是着眼于单个洞窟的历史物质性。放眼来看，如果把莫高窟作为一个整体加以观照，那么一种更为宏大的历史物质性便凸显出来。用巫鸿的话来说，我们将发现另外一种撰写历史的方法："每个窟都不是孤立的，每个时代的'窟群'都有着特殊相对位置和内部关系。任何新窟的兴建都会在一定程度上改变了石窟整体的面貌，任何旧窟的残毁也会起到类似的作用。"[1] 以行动者网络的视角观之，整个石窟在历史过程中具有了自主生命，并持续到当下。在以现代技术修复和保护石窟的过程中，石窟的物质生命还在延续。通过仔细分析它的残存状态，我们有可能重新展现一部关于石窟的叙述史。

　　通过对上述三种研究倾向的分析，我们不难发现行动者网络理论能够在丝绸之路的研究中起到一定作用。由于该理论最突出的特征即在于强调人与物的平等地位，以及万事万物处于网络连接中，这使我们以此视角审视丝绸之路的形成与发展时，不至于厚此薄彼。同时，它促使我们走出人类中心主义的研究范式，将那些被既有研究置于边缘地带的问题重新拉回焦点，比如说物与物之间的关系、气候与文明交往之间的关系等。对于这些问题的探究，应该是丝绸之路研究的题中之意和接下来的研究重点。

---

[1]　巫鸿. 美术史十议 [M]. 北京：生活·读书·新知三联书店，2008：50.

第二章　丝绸之路作为"物的议会"

经由丝绸之路流通的物品种类繁多，初入某地时，它们往往会引发当地人较为强烈的情感反应，但等到它们逐渐融入当地的日常生活乃至文化时，这种异样的态度便会消失。这说明对于既有的物品体系和审美文化，我们需要有一种动态的眼光去回溯其形成过程。只有这样，那些看似"静态"的事物才会"行动"起来。在此方面，拉图尔的"物的议会"概念能够帮助我们透视丝路审美共同体的构成。

《在敞开的窗边读信的年轻女子》（*Young Woman Reading a Letter at an Open Window*）是17世纪荷兰风俗画家约翰尼斯·维米尔的代表作之一。抛除色彩和构图等要素，我们在这幅画作中能发现一些物品，其中以前景中的毛毯和装水果的瓷盘较为突出。根据历史学家卜正民的说法，这块色彩丰富的毯子来自土耳其，果盘则是中国产物。他甚至笃信这只盘子肯定能够吸引与维米尔同时代人的关注，理由在于："欧洲人从未用过瓷器，刚买进瓷器之后，可能会摆在任何他们认为合适的地方。中国瓷器开始出现在餐桌上，因为瓷器非常易于清洗，不会残留前一餐的菜味。瓷器也拿来摆设，被当成来自地球另一端的高贵珍奇物品。瓷器成为美化桌子、展示柜、斗篷乃至门上过梁的饰物（17世纪中晚期，荷兰室内场景画开始仔细着墨于门框，这时可见到门框上高高摆着碟子或花瓶）。"❶ 但相较于那位低头读信的女子，瓷盘对今天的观者来说显然并不具有多大的吸引力。在绘制于更早时期的《大使》（*The Ambassadors*）

---

❶ 卜正民. 维米尔的帽子：17世纪和全球化世界的黎明［M］. 黄中宪，译. 长沙：湖南人民出版社，2017：81.

中，我们可以发现一块同样来自土耳其的毯子。在杰瑞·布罗顿（Jerry Brotton）的解读中："在贺尔拜因的画作中，铺在台案上层的那块豪华毛毯就是土耳其人设计和编织的，这就表明奥斯曼土耳其人以及他们在东方的国土也是文艺复兴文化、商业和政治景观的一部分。"❶ 但与果盘的命运相似，与汉斯·贺尔拜因所绘的人物相比，毯子确实难以吸引我们的目光。于是，在这里我们能够发现一个奇特的视角转换现象，或者说是前景与背景的倒置问题。曾经惹人注目的物品在经由历史长河的洗礼后变得稀松平常，毯子和果盘仅仅是日常生活中的用具，构成"物体系"的组成部分。然而，倘若我们抛除时间因素，仅以当下的眼光去看待它们，那我们无疑会失去其丰富的历史内涵。那些经由丝绸之路流通的物品在初入某地时，必然会引发当地人的情感反应，或崇拜或鄙视，等到它们逐渐融入当地的日常生活乃至文化时，这种异样的态度才会消失。为了准确理解这些现象，我们需要从时空维度上审视融入的机制。在此，我们或许可以借助和改造法国哲学家拉图尔提出的"物的议会"的概念。

一、"物的议会"概念

"物的议会"概念对应的英语原文是"The Parliament of Things"。熟知海德格尔思想的读者应该都清楚，"thing"或"Ding"最初指的是某种类型的配置或聚集。在海德格尔的考察中，"古高地德语中的 thing 一词意味着聚集，而且尤其是为了商讨一件所谈论的事情、一种争执的聚集。因此，古德语词语 thing 和 dinc 就成了表示事情（Angelegenheit）的名称；它们表示人们以某种方式予以关心、与人相关涉的一切东西，因而也是处于言谈中的一切东西"❷。拉图尔继承了海德格尔对"thing"的此番考察。在他看来，"早在指定一个被抛出政治领域、客观独立地站在那里的对象之前，Ding 或 Thing 在许多

---

❶ Jerry Brotton. The Renaissance Bazaar：From the Silk Road to Michelangelo ［M］. New York：Oxford University Press，2010：13.

❷ 海德格尔. 海德格尔文集. 演讲与论文集 ［M］. 孙周兴，译. 北京：商务印书馆，2018：188.

世纪以来就意味着一个问题，它将人们聚集在一起，因为它将人们加以区分"❶。在其他文本中，他也涉及相似的论述："我们在词源学的意义上运用该术语，它总是指居于一个议会核心的事项，发生于其中的讨论，要求一种达成共识的判断——与'客体'形成鲜明对照。该词的词源学因此包含我们试图在这里聚合集体的索引（res，ding，chose）之义。"❷ 某种程度上，这句话中被置于括号内的并列词汇呼应着海德格尔的考据。在《物》中，海德格尔花费较多篇幅考察了 res、causa、chose 等词语之间的联系与词义转换。通过词源考据，海德格尔发现与古德语中 thing 和 dinc 词义相对应的罗马单词为 res。该词也表示与人相关涉的东西，如事情、事件或争执。另外，罗马人也用 causa 一词表示与 res 相同的意思。"causa 一词真正的和起先的意思绝不是'原因'；causa 指的是事件（fall），因而也是指这样一种情况，即某事发生并且到时候了。只是因为 causa 几乎与 res 同义，都有'事件'的意思，所以，causa 这个词后来才获得了原因的含义，即一种作用的因果性的意思。"❸ 此后，从具有事件和事情之意义的 causa 一词中，又发展出了罗曼语中的 la cosa 和法语中的 la chose，也就是 das Ding（物）的意思。这种语义内涵也渗入英语单词 thing 中，如"他知道如何去处理事情"（he knows how to handle things），意思就是，他知道怎么去处理相关的事物，也就是应付各个具体事情的症结所在。

海德格尔对 res、Ding、causa、cosa、chose、thing 等词语的语义历史与转换的考据，帮助拉图尔阐明了他所省略的工作。在后者那里，只有简单地提示："同样的词源在拉丁语 res、希腊语 aitia 和法语或意大利语 cause 中处于主导地位。"❹ 比较而言，拉图尔更大的理论贡献在于借助塞尔的考据发掘出"parliament"与"thing"之间的词义联系。在塞尔的论说中，"thing"与司法

❶ Bruno Latour, Peter Weibel. Making Things Public. Atmospheres of Democracy [M]. Cambridge：MIT Press，2005：23.

❷ 布鲁诺·拉图尔. 自然的政治：如何把科学带入民主 [M]. 麦永雄，译. 郑州：河南大学出版社，2015：453.

❸ 海德尔格. 海德格尔文集. 演讲与论文集 [M]. 孙周兴，译. 北京：商务印书馆，2018：188.

❹ Bruno Latour, Peter Weibel. Making Things Public. Atmospheres of Democracy [M]. Cambridge：MIT Press，2005：23.

程序密切相关。他声称："在欧洲所有的语言中，不管是北方的还是南方的，不管'物'（thing）这一单词表现为什么样的结构，它都与来自于一般意义上的法律、政治或者批判等领域的单词'原因'（cause），具有同样的基础或者根源。"❶ 接续这种考察路径，拉图尔考证的结果是："北欧和撒克逊民族中的议会激活了这个词源的古老根源：挪威国会议员在 Storting 集会；冰岛语中称集会（Althing）中的代表为'thingmen'；马恩岛的年长者经常聚集于 Ting；德国的乡村风景中点缀着一些 thingstätten（东西），你可以在很多地方看到石头圈，在那里 Thing 曾经站立着。"❷ 显然，通过发掘北欧和撒克逊民族中的语料资源，拉图尔在"parliament"中同样发掘出聚集之义，进而表明"parliament"和"thing"具有相似语义。

此外，拉图尔更具理论原创性之处是赋予"thing"以能动性，这不只是在隐喻或拟人化层面说的，更是直接视 thing 为行动者。既然是"议会"，那么必定有代表。以往都将"represent"一词二用：在社会方面，指的是代表；在自然方面，指称的是表征。这造成双重压迫：一种利维坦笼罩着民众和一群沉默物质等候着被发言。但拉图尔通过词源回溯，重新恢复了物与人之间亲密的互动，打开了平等看待物和人的视角。现在，不仅人与人，而且人与物、物与物都置身于相同的"议会"中了。

同时，这种平等的本体论也为审视现代技术发展提供了新的视角，这一点正是拉图尔不同于海德格尔之处。就"thing"具有聚集之义来说，海德格尔是拉图尔的先驱。但在海德格尔那里，"物"在时间维度上被划分为两个阶段：一种是物化的物；另一种是现代技术物。前者以壶为典范。在海德格尔的分析中，壶的物性就在于它将大地、天空、诸神与终有一死者居留起来，使四者在映射的游戏中进入它们纯一性的光芒里。类似于壶的物还包括镜子、别针等。它们的共性在于，"物化之际，物居留大地和天空，诸神和终有一死者；

❶ 布鲁诺·拉图尔. 我们从未现代过：对称性人类学论集［M］. 刘鹏，安涅思，译. 苏州：苏州大学出版社，2010：95.
❷ Bruno Latour, Peter Weibel. Making Things Public. Atmospheres of Democracy［M］. Cambridge：MIT Press，2005：22-23.

居留之际，物使在它们的疏远中的四方相互趋近"❶。不过，海德格尔认为，与无数等价的对象相比，与过量的作为生物的人类群体相比，这种物在数量上是有限的。原因在于，现代技术发展已经破坏、遮蔽了物之物性。在海德格尔看来，现代技术与古代技术表现出两种不同的解蔽方式。在现代技术中起支配作用的解蔽乃是一种对自然的促逼，也就是向自然提出蛮横要求，要求其提供自身蕴藏的能量。相反，古希腊人则是通过技术使真理进入无蔽状态。因此，架设在莱茵河上的水力发电厂与一座几百年来联系两岸的古老木桥呈现出对自然的不同态度；现代风力发电与古代风车所为也截然不同。甚至，"某个地带被促逼入对煤炭和矿石的开采之中，这个地带于是便揭示自身为煤炭区、矿产基地。农民从前耕作的田野则是另一个样子；那时候，'耕作'（bestellen）还意味着：关心和照料。农民的所作所为并不是促逼耕地。在播种时，它把种子交给生长之力，并且守护着种子的发育。而现在，就连田地的耕作也已经沦于一种完全不同的摆置着自然的订置的旋涡中了。它在促逼意义上摆置着自然。"❷ 海德格尔还断定，现代技术的发展使物与人的关系不再切近。表面看来，交通技术、电子通信技术的发展极大便利了远距离联系与交流，缩短了时间与空间距离，似乎使人与人、人与物的距离更加切近。但海德格尔从这种物理距离的缩短中看到了物性被遮蔽的危险。"一切都被冲入这种千篇一律的无距离状态之中，都搅在一起了。那又怎么样呢？难道把一切都推入无距离状态中，不比把一切都搞得支离破碎更可怕吗？"❸ 于是，为了从现代技术物中拯救物之物性，海德格尔最终走向了一条颇具神秘色彩的道路，寻求艺术的沉思与诗意的栖居。

拉图尔对海德格尔开辟的途径持有不同见解。他继承了海德格尔关于"thing"的词源学分析，但不曾将"物"划分为前后两种不同的阶段。相比于海德格尔乡愁式的怀旧，拉图尔务实很多，坦诚面对现代技术物的增殖，并试图揭开表面差异的伪装、寻求"物"的共性基础。也正是基于这种立场，拉图尔对海德格尔颇有不满。他批判道："白云石是如此美丽复杂，缠结在一

---

❶ 海德尔格. 海德格尔文集. 演讲与论文集 [M]. 孙周兴，译. 北京：商务印书馆，2018：191.

❷ 海德尔格. 海德格尔文集. 演讲与论文集 [M]. 孙周兴，译. 北京：商务印书馆，2018：15.

❸ 海德尔格. 海德格尔文集. 演讲与论文集 [M]. 孙周兴，译. 北京：商务印书馆，2018：178.

起，以至于它不愿意被当作一个既定事物来对待。它也可以被描述为一种聚集；也可以被看作四重整体。为什么不试着用对海德格尔的壶同样般的热情、投入和复杂性来描绘它呢？海德格尔的错误不在于把壶处理得太精彩，而是在对象（Gegenstand）和事物（Thing）之间设立了一种二分法，这种二分法除了最严重的偏见之外，并没有多少合理性。"❶ 正如拉图尔对当今时代的断言，"我们从未现代过"，我们也从来没有前现代"物"与现代"物"的鸿沟。在拉图尔的文本中，科学和技术的对象、超市的货架、金融机构、医疗机构、计算机网络、时装秀T台等都成为关注的话题，并被赋予同等的行动者地位。或许，拉图尔物论与海德格尔物论有所差异的更深层次原因表现在两者的哲学立场不同。对海德格尔来说，讨论"物"最终是为了谈论"人"，"自古以来，只要存在者究竟是什么的问题被提了出来，在其物性中的物就总是作为赋予尺度的存在者而一再地突现出来"❷。从上文的引文来看，海德格尔也是直接预设了人与自然的关系且着重关注人的生存状态，而并没有厘清"自然"概念的内涵。虽然这符合其存在论哲学，但显然，拉图尔有不同看法。相较于直接接受已有的"自然"与"社会"的概念，他更愿意重新质询概念的来源。其追溯的结果便是这两个概念都有着自身的形成史，并非不言自明的真理。如果抛弃已有的概念界分，人与物尽管相互纠缠，但主导地位不是始终由人类占据。不同于海德格尔对人的关注，拉图尔试图阐释真实世界的生成与运作。

二、"物的议会"运作

拉图尔的"物的议会"首次出现在《我们从未现代过》（法文版出版于1991年，英译本出版于1993年）。其时，该概念是作为第五章"重新分配"下的第五节标题。拉图尔在行文中自然地使用了该概念，似乎它已经成为学术常识，无须从词源上或具体的所指层面展开精确分析。他说："让我们再次拾起关于代表的忠诚度问题的这两类表征和这一双重怀疑，我们将会定义一种物

---

❶ Bruno Latour. Why Has Critique Run Out of Stream? From Matter of Fact to Matter of Concern [J]. Critique Inquiry, 2004, 30（2）：225-248.

❷ 海德尔格．林中路 [M]．孙周兴，译．北京：商务印书馆，2018：7.

的议会。在其内，集体的连续性将会被重新形构出来。"❶ 至于这种集体如何运作，拉图尔彼时没有回答。这一问题的回应一等就近十年。1999 年，拉图尔出版了《自然的政治》，该书被翻译成德文时为 "Das Parlament der Dinge"，译成英文即为 "The Parliament of Things"。尽管乍看之下，"自然的政治" 与 "物的议会" 似乎隔得较远，但这本书的出版正是为了回答 "物的议会如何运作" 的问题。在一个脚注中，拉图尔给出了一番解释："然而，那些熟悉该书的人会明白，我正在回到我考察现代宪政最后一章的主题；我对所谓的万物议会（Parliament of Things）另外进行了审视，可以说，当时从外部来说这是可见的。我花了近十年来从内部描述它，这一事实不只是证明了我在慢慢思考。那时我认为人们尚未做好谈论科学的工作，但他们却知道如何处理政治。我没有想到，政治会颇为不同于政治学对它所描绘的图景，恰如科学不同于认识论对它所描述的图景一样。"❷ 那么，这种内部描述究竟如何呢？

在具体描述议会运作之前，拉图尔重申了他对现代分化制度的抵制，只是这一次他追溯得更远，"首先，离开洞穴"，直接将矛头对准了柏拉图。在柏拉图的洞穴寓言中，身居洞穴内部的都是一些脖子和腿脚都被捆绑着的人，他们从小就住在洞里，却不能肆意走动，甚至不可以扭头，只能向前看着洞穴的后壁。因此，他们只看到火光投射到他们对面墙壁上的阴影，并将这些阴影视为真实物体。相反，哲学家却是走出洞穴返回地面的人。尽管起先可能不适应外界的阳光，但一旦熟悉之后，便再也不愿返回洞穴。❸ 拉图尔在寓言中觉察到两个裂变点：第一个转型是，哲学家（也就是后来的科学家）如果想获得真相，就必须使自己摆脱社会性事务，远离大众骚动的暴政。在人类世界与获得 "非人类制造" 的真理之间不存在连续性。第二个转型是，一旦获得真理的哲学家返回洞穴，他就有可能以毋庸置疑的发现使喋喋不休的大众噤声，从而给洞穴带来稳定秩序。不过，在柏拉图的叙述中，这群哲学家的境遇却很悲

❶ 布鲁诺·拉图尔. 我们从未现代过：对称性人类学论集 [M]. 刘鹏, 安涅思, 译. 苏州：苏州大学出版社, 2010：164.

❷ 布鲁诺·拉图尔. 自然的政治：如何把科学带入民主 [M]. 麦永雄, 译. 郑州：河南大学出版社, 2015：13-14.

❸ 柏拉图. 柏拉图全集：第二卷 [M]. 王晓朝, 译. 北京：人民出版社, 2015.

惨，即便其掌握了真理，也会被洞穴内部的人所排斥，但这并不妨碍哲学家力量的积攒。在此，拉图尔分辨出柏拉图政治寓言的全部寓意。他将这两个断裂点的存在视为"认识论"与"本体论"的区分问题，将"价值"属性赋予前者，将"事实"属性赋予后者，将社会问题交给政治，将探寻真理的任务交给哲学（科学）。当然，拉图尔这样的论述并不是凭空捏造，他实际上结合了后来的历史发展。正是由于几个世纪的变化，这种哲学家—变身—科学家（philosopher-turned-scientist）的命运才大为改观。"今天，宏大的预算、硕大的实验室、庞大的商业和强大的设备能够让研究人员安然无恙地来往于社会界与思想界之间，从思想界到黑暗的洞穴，为那儿带来光明。狭窄的门已经变成了宽阔的林荫大道。"❶ 于是，柏拉图的洞穴寓言摇身一变成了把公共生活一分为二的现代制度或两院制：一个被命名为"科学"，处理的是缄默不语的事物、非人类；另一个被命名为"政治"，处理的是人类内部的社会组织。这样一种人为划分却造成了双重暴力：一方面是大量沉默的事物；另一方面是愚昧的民众。

　　为了取代现代制度，拉图尔提倡建立一种新宪政。具体措施就是将原有的价值与事实的两分转化成考量权（Power to Taking into Account）、排序权（Power to put in Order）和跟进权（Power to Follow-up）三种权力的分工与合作。进一步细化，考量权处理的问题是"我们有多少成员"，这是通过困惑（perplexity）和磋商（consultation）两项程序完成的。当面临外部实体试图加入集体时，困惑程序是为了满足外部现实的要求，使求生存的候选者得以被看见、让他们可以发言。磋商程序满足相关性的要求，也就是调研构成陪审团的最佳方式，陪审团应该具备判断各个命题的效果的能力。排序权回答"我们是否能够共同生活"的问题，这也分成等级（hierarchy）和机制（institution）两种前后相继的程序。前者处理新加入的成员与既有成员阶层的关系，后者则将协商排序后的结果临时性结构化，以免集体因失序而崩塌。至于跟进权，扮演的角色类似于审查机制，维护分权，同时勘察各个程序的合法

---

❶ 布鲁诺·拉图尔. 自然的政治：如何把科学带入民主 [M]. 麦永雄，译. 郑州：河南大学出版社，2015：21.

性。并且，拉图尔设想的集体或"物的议会"始终是一种动态、生成的状态。集体或议会形成后，面向"外部"的大门始终半开半掩着。这是因为对拉图尔来说，所谓的外部是相对于临时性的集体而言，是一种不可预测但可知的区域。这不同于"物自体"意义上的外部。在康德理论体系中，"物自体"作为相对于主体的外部，始终处于不可知状态，而且康德并不关心"物自体"领域内实体的数量以及相互间的关系问题。于他而言，那是一处深渊。但在拉图尔的构想中，这些区域是所有暂时性敌人和未来可能性盟友的容身之所。"集体盲目前进；它摸索前行；它记录新实体的存在，起初它无法判断说他们究竟是朋友还是敌人，他们究竟是渴望分享同一个世界还是意欲永远逃离集体。"❶面对这些始终在集体边界处游荡徘徊着的数不清的实体，新宪政不断重启考量权、排序权和跟进权的分工与协商。

有趣的是，拉图尔对新宪政或"物的议会"的设计既继承了海德格尔的思想，同时又摒弃了其神秘主义色彩。在哈曼对拉图尔的研究中，他敏锐地感知到两者都采用了一种相似的四重机制。在海德格尔那里，"壶"居留着大地、天空、诸神与终有一死者；在拉图尔这里，考量权和排序权构了新的两院制，其中内部又分化为困惑、磋商、等级和机制四种程序。"'考量权'面对的是一个已经存在的世界，必须加以解决。在这个意义上，它类似于事物旧的'事实'方面，就像海德格尔的'抛掷'（thrownness）、'过去'（past）或'隐藏'（concealment）一样。相反，'排序权'必须安排它所发现的东西，这显然与旧的'价值'极相似，就像海德格尔的'投射'（projection）、'未来'（future）或'揭示'（unveiling）一样。"❷但不同之处也很明显。相较于现代工业产品，海德格尔更倾心于壶、桥和衰败的神庙；更重要的是，对于天、地、神、人四重整体如何运作，海德格尔只是用映射、游戏、圆舞、环化等词进行诗意的勾勒。相反，拉图尔将聚集意义上的"物"延伸到海德格尔和其追随者们最讨厌的东西上，即科学、技术、商业、工业和大众文化；同时通过

---

❶   布鲁诺·拉图尔. 自然的政治：如何把科学带入民主［M］. 麦永雄，译. 郑州：河南大学出版社，2015：391.

❷   Graham Harman. Prince of Networks：Bruno Latour and Metaphysics［M］. Melbourne：re. press，2009：138.

案例分析和形而上学设想讨论了"物的议会"具体运作过程。显然，拉图尔对现代技术发展的态度更坦诚。在总结现代性的症结后，海德格尔寻求诗意的栖居和艺术作品中的真理，但对如何实现这两项目标，他迈向了神秘道路。而在面对被技术物裹挟的危险时，拉图尔选择保持集体的开放性，同时希望通过发挥艺术的力量"将事物带向民主"。

三、"物的议会"和"丝绸之路"

根据以上分析，我们知道"物的议会"的核心特征即在于强调物是一种关系性存在，并且认为一切物在本体论上具有平等地位。在构成"议会"的过程中，每一试图加入的新物都面临一个难以逃脱的问题，也就是说它如何处理与既有物之间的关系问题。实际上，这构成了一道分界线或是门槛。成功协调好关系的物品成为新体系的一部分，并对既有结构产生反作用，使其发生形变；倘若难以融入，那么这一物品也就成为议会之外的他者。在这方面，有很多例子可以作为佐证，其中与丝绸之路密切相关且较为典型的有"胡风"和"中国风"。

具体地说，"胡风"主要指唐时（尤其是盛唐）流行的一种文化风尚。其时，随着丝绸之路贸易往来的盛行，有很多商队将异域文化和物品输入唐朝，促使长安等地的物体系发生巨变。其中既包括异域的服饰装扮，也包括饮食材料，还有生活用具等。胡妆、胡服、胡食、胡器等风靡一时。

至于中国风，开头引用的维米尔的画作即为例证。在青花瓷传入欧洲地区时，其与丝绸、漆器以及中式园林等共同形成一股"中国风"（Chinoiserie）热潮。这种影响体现在方方面面。如在中国瓷器传入之前，欧洲流行一种集体共享食物的习俗，这种餐饮习惯很大程度上归因于缺乏充足餐具。但在瓷器大量输入后，个人分食逐渐成为新的饮食习惯。又如在消费文化方面，作为功用性餐具的瓷器摇身一变成为社会身份地位的象征，拥有中国青花瓷的数量成了竞相夸奢的资本。青花瓷进入欧洲后立刻在贵族阶级中引发了一场"瓷热病"（la maladie de porcelaine）。当时从葡萄牙国王到俄罗斯皇室无不为之倾心，瓷器遂成为各国王室互相仿效、彼此较劲的身价通货。在这一时期，青花瓷成了室内装饰的重要因素。欧洲各国的王公贵族们纷纷兴起修建瓷宫、瓷屋，以储放、展示他们收藏的精美瓷器。受精英阶层品位的影响，那些购买力不足的普通民众，也都以拥有一件中国青花瓷器为荣，在财力不允许的条件下，他们以荷兰代尔伏特仿制的白地蓝花的锡釉陶替代。由此可见，对于青花瓷的喜爱与追捧已经渗透社会各个阶层，反之青花瓷的流行改变了欧洲既有的物品体系。

实际上，除了来自中国的物品，其他地区的事物也对欧洲的文明进程和审美风尚产生了很大影响。"像贝利尼这样的画家的调色板也因添加了青金石、朱砂和辰砂等颜料而丰富起来，而所有这些颜料都是经由威尼斯从东方进口的，为文艺复兴时期的绘画提供了鲜亮的蓝色和红色。贝利尼在创作《圣马可》（*St Mark*）的时候，以细腻的笔触再现了丝绸、天鹅绒、平纹细布、棉布、砖瓦、地毯甚至牲畜，这反映出他已经意识到，与东方集市的这些交流正在改变这个世界的视觉、嗅觉和味觉，以及艺术家再现它们的能力。"❶ 此外，在建筑方面，诸如开罗、阿勒颇和大马士革等东方集市也在形塑着威尼斯自身的建筑风格。"威尼斯的艺术史家朱塞佩·菲奥科（Giuseppe Fiocco）曾经形容威尼斯是一个'巨大的露天市场'（colossal suq），而更为晚近的建筑史家已经注意到，这座城市的许多特点是以直接仿效东方图案和装饰为基础的，如总督府（the Doge's Palace）和公爵宫（the Palazzo Ducale）的窗户、拱门和装饰性门面都是从开罗、阿卡（Acre）和大不里士等城市的清真寺、集市和宫殿那里汲取的灵感。"❷ 这一切无不说明对于既有的物品体系和审美文化，我们需要有一种动态的眼光去回溯其形成过程。只有这样，那些看似"静态"的事物才会"行动"起来。诚如罗马不是一日建成的，作为"物的议会"的丝路审美共同体也不是一蹴而就的事情。

---

❶ Jerry Brotton. The Renaissance Bazaar: From the Silk Road to Michelangelo［M］. New York: Oxford University Press, 2010: 39.

❷ Jerry Brotton. The Renaissance Bazaar: From the Silk Road to Michelangelo［M］. New York: Oxford University Press, 2010: 40.

第三章 "超客体"与丝路审美共同体

复数的丝绸之路无论在时间上还是空间上都远远超出我们所能直观把握到的范围，这使传统的主客二元论的研究方式面临失效境遇，我们不再能够将其视为静态的"客体"。另外，由于丝绸之路的故事一直延续到当下，并且还向未来延伸，致使既往的交流结果正在不断形塑我们当下的生活方式和感知模式。因此，我们不能以一种线性的历史观理解丝绸之路，将其视为已经固化下来的遗物。在此情况下，我们无法假装站在时间之外以一种"元立场"审视作为"客体"的丝绸之路，相反，它更像是美国学者蒂莫西·莫顿（Timothy Morton）所说的"超客体"（hyperobjects），将我们席卷在内。

1877 年，德国地理学家李希霍芬在其多卷本著作《中国》中提出"丝绸之路"概念，他将其定义为："从公元前 114 年至公元 127 年间，连接中国与河中（指中亚阿姆河与锡尔河之间）以及中国与印度间，以丝绸贸易为媒介的西域交通路线。"❶ 在此之后，这一名称逐渐定型，对其的理解也多追随李希霍芬所给的定义，时间上追溯到公元前 2 世纪前后，空间上连接汉朝与古罗马，贸易货物以丝绸为主。正如梅维恒所言，在 19 世纪末 20 世纪初的欧洲学者和探险家的眼中，丝绸之路的开凿归功于张骞出使西域一事，尽管他没有完成汉武帝所要求的结盟月氏抗击匈奴的政治任务，但他将中亚的物产带回到中原地带进而构建并拓展了东西方之间的贸易通道。❷ 然而，随着在广袤的欧亚

---

❶ 林梅村. 丝绸之路考古十五讲［M］. 北京：北京大学出版社，2006：2.

❷ Victor H. Mair，Jane Hickman. Reconfiguring the Silk Road：New Research on East-West Exchange in Antiquity［M］. Philadelphia：University of Pennsylvania Press，2014：1.

大陆间进行的考古活动以及对已有文献的深入分析研究，这一设想——起始于公元前 2 世纪前后、连接罗马与西汉、以丝绸贸易为主的陆上通道——面临着崩塌的危险。在 J. G. 曼宁（J. G. Manning）看来，基于有限的文献资料以及罗马与汉朝的交流历史所得出的对丝绸之路的简单化想象必然要让位于更加复杂的丝绸之路图景。❶ 这同芮乐伟·韩森对丝绸之路的定义不无相似之处。韩森在《丝绸之路新史》中认为，"丝'路'并非一条'路'，而是一个穿越了广大沙漠山川的、不断变化且没有标识的道路网络"❷。同样，耿昇在给法国学者布尔努瓦的《丝绸之路》一书所做的中文序言中也曾言明："丝绸之路实际上是一片交通路线网，从陆路到海洋、从戈壁瀚海到绿洲，途经无数城邦、商品集散地、古代社会的大帝国，来往于这条道路的有士兵与海员、商队与僧侣、朝圣者与游客、学者与技艺家、奴婢和使节、得胜之师和败军之将。这一幅幅历史画卷便形成了意义模糊的'丝绸之路'。"❸ 米华健（James Millward）在《丝绸之路》中，从时间和空间两个维度进一步极大拓展了对丝绸之路的理解。他认为"丝绸之路"一词所指涉的不仅是中国和罗马之间长达数个世纪的丝绸贸易，"它是指通过贸易、外交、征战、迁徙和朝圣加强了非洲——欧亚大陆融合的各种物品和思想的交流，有时是有意为之，有时则是意外收获，在时间上始自新石器时期，一直延续到现代"❹。俄罗斯学者叶莲娜·伊菲莫夫纳·库兹米娜（Elena Efimovna Kuzmina）更是著有《丝绸之路史前史》❺，通过结合气候、地理、环境变化、历史、考古等多个学科知识，佐证丝绸之路沿线的人群在红铜时代和青铜时代的迁徙、商品运输和贸易情况。诸如此类的研究著作不胜枚举，它们共同丰富了我们对丝绸之路的理解。

　　但与此同时，丝绸之路图景的复杂化也给我们带来了一个难题，即我们应

❶　J. G. Manning. At the Limites：Long-Distance Trade in the Time of Alexander the Great and the Hellenistic Kings［M］//Victor H. Mair, Jane Hickman. Reconfiguring the Silk Road：New Research on East-West Exchange in Antiquity. Philadelphia：University of Pennsylvania Press，2014：5.

❷　芮乐伟·韩森. 丝绸之路新史［M］. 张湛，译. 北京：北京联合出版公司，2015：5.

❸　布尔努瓦. 丝绸之路［M］. 耿昇，译. 济南：山东画报出版社，2001：3.

❹　米华健. 丝绸之路［M］. 马睿，译. 南京：译林出版社，2017：20.

❺　叶莲娜·伊菲莫夫纳·库兹米娜. 丝绸之路史前史［M］. 李春长，译. 北京：科学出版社，2015.

该如何理解它？或者说，我们何以对其作出阐释？由于现代的学科建制都是较为晚近的产物，在研究方式上倾向于主客二元论，即将研究主体与研究内容区别开来，这使我们在面对丝绸之路时习惯性地将其视为静态的"客体"。但根据以上所引述的材料，我们现在隐约感知到复数的丝绸之路无论在时间上还是空间上都远远超出我们所能直观把握到的范围，它甚至让人想起康德有关"领会"（apprehensio）和"统摄"（comprehensio aesthetica）的区分。康德认为，在面对一个巨大的对象时，"领会并不带有任何困难：因为它是可以无限地进行的；但统摄却随着领会推进得越远而变得越来越难，并且很快就达到它的最大值，也就是大小估量的审美上（感性上）最大的基本尺度"❶。在某种程度上，丝绸之路就给人带来这种感性不足的感受。使问题更严峻的是，这种感性上的限度还仅仅是我们以对象性思维理解丝绸之路，依赖我们与它之间保持的距离（既是物理空间上的，也是心理上的）。实际上，丝绸之路的故事一直延续到当下，并且还向未来延伸。直白地说，我们就是丝绸之路的参与者，而既往的交流结果正在不断形塑我们当下的生活方式和感知模式。因此，我们不能以一种线性的历史观理解丝绸之路，将其视为已经固化下来的遗物，我们要以本雅明在《历史哲学论纲》中所说的辩证历史看待它，意识到过去不断掺杂在当下的进程中。在此情况下，我们再也不能假装站在时间之外以一种"元立场"审视作为"客体"的丝绸之路，相反，它更像是美国学者蒂莫西·莫顿所说的"超客体"（hyperobjects），将我们席卷在内。

一、"超客体"的概念内涵

2013年，莫顿的著作《超客体：世界终结后的哲学和生态学》（*Hyperobjects: Philosophy and Ecology after the End of the World*）由明尼苏达大学出版社出版。该书一经推出后，就受到学术界的高度关注。格拉汉姆·哈曼更是赞不绝口，称其必将流传后世，无论知识风尚如何转变，莫顿的这本书依旧会经久

❶ 康德. 判断力批判 [M]. 邓晓芒，译. 北京：人民出版社，2002：90.

不衰。❶ 之所以给予如此高的评价，是因为莫顿在这部著作中着力分析了"超客体"的客观属性特征及其对人类未来共存的影响。

根据莫顿的陈述，"超客体"概念的起源可以追溯至他在 2010 年出版的《生态思想》（*The Ecological Thought*）一书。其时，莫顿主要从时间维度出发看待人造材料的耐久性。他说："与全球变暖一道，'超客体'也将是我们持久的遗产。从不起眼的聚苯乙烯泡沫塑料到可怕的钚，这些材料的寿命将远远超出当前的社会和生物形式。我们谈论的是数百年和数千年。五百年后，聚苯乙烯制品如杯子和外卖盒仍将存在。一万年前，巨石阵还不存在。一万年后，钚仍将存在。"❷ 为了说明这些材料的耐久性，莫顿还设想了一番有趣的未来场景。在他看来，未来人类为了生存有可能创造一个比我们更少物质化的社会，即便能够做到这一点，我们目前物质生产生活产生的大量材料仍可能依旧持存下来。那么，未来人类该如何面对这些物质呢？他们有没有可能围绕这些物质建立起类似灵性的东西呢？这就好似《2001：太空漫游》片头那群黑猩猩围绕黑色石碑抓耳挠腮。若果如此，这就不得不说是一个巨大的反讽，我们当前所谓的物质主义的世俗生活竟然为未来社会创造了最终的精神物质。如果我们想避免这类场景的上演，生态思想就必须从大处着眼去思考超客体的广袤时间性。一旦我们意识到这一点，"超客体便会引发一种超越崇高的恐怖，比传统的宗教恐惧更为深刻"❸。

延续着这种思考路径，在《超客体》中，莫顿辅以空间维度扩展了这种理解方式并纠正了将其局限在人造材料范围内的见解。在他给出的具体定义中，超客体"指相对于人类在时间和空间上大量分布的事物。超客体可能是黑洞。超客体可能是厄瓜多尔的拉戈阿格里奥油田或佛罗里达大沼泽地。超客体可能是生物圈或太阳系。超客体可以是地球上所有核物质的总和；或者只是钚或铀。超客体可能是人类直接制造的非常持久的产品，如聚苯乙烯泡沫塑料或塑料袋，或者是资本主义所有呼呼作响的机器的总和。因此，超客体相对于

---

❶ Harman G. Hyperobjects and Prehistory［M］//Time and History in Prehistory. Routledge, 2018：195.

❷ Timothy Morton. The Ecological Thought［M］. Cambridge：Harvard University Press, 2010：130.

❸ Timothy Morton. The Ecological Thought［M］. Cambridge：Harvard University Press, 2010：131.

其他实体而言是'超出'的，无论它们是否由人类直接制造"❶。在此，莫顿显然将判断超客体的标准放宽了，甚至流露出某种关系主义的意味。如果超客体的存在仅关乎与其相关的实体，那么一棵大树对蚂蚁来说同全球变暖对人类来说便没有什么本质性的差异。更何况即便局限于人类与其他实体的关系来讨论，这种判断依据表面看起来与康德对"崇高"的界定也相距不远。在康德那里，所谓的崇高就是一种关系性存在，无论就质的方面还是量的方面来说，崇高之物都是"超出"人类有限的直观能力的。就此来看，莫顿的超客体好像并不具有独特的新颖性。那么，果真这样吗？

　　若想彻底地理解莫顿在什么意义上谈论超客体，我们有必要返回该术语本身。单从字形构成来看，"hyperobject"并不复杂，它由"hyper"加"object"组成。根据词典中既有的解释，当"hyper"作为前缀的时候有"超过、越过"等含义，相当于"over""beyond"。而"object"的常规意义包括"物体、对象、目标"等。但在莫顿的使用中，"object"具有特殊的哲学意蕴，其意义直接来源于"客体导向本体论"（object-oriented ontology）。他声称"超客体不仅仅是其他客体的集合、系统或集聚。它们本身就是客体，是一种特殊意义上的客体"❷。这就表明要想理解莫顿的超客体概念，我们首先需要澄清客体导向本体论所讨论的客体概念。

　　作为一种致力于独特的现实主义和非人类中心思维的新兴哲学运动，客体导向本体论赋予"客体"本身以独特性，这在哈曼的思想中体现得尤为突出。为了破除梅亚苏所总结的传统二元论哲学的"相关主义"（correlationism），哈曼对"客体"一词进行了重塑和重释。在他的界定中，"客体导向本体论在一个异常宽泛的意义上理解'客体'：一个客体是指任何不能完全简化为它的组成部分或它对其他事物的影响的东西"❸。根据该定义，哈曼同时批判了对"客体"的两种常见的理解模式：一种是以"向下还原"（undermining）的方

---

❶　Timothy Morton. Hyperobjects：Philosophy and Ecology after the End of the World［M］. Minneapolis and London：University of Minnesota Press，2013：1

❷　Timothy Morton. Hyperobjects：Philosophy and Ecology after the End of the World［M］. Minneapolis and London：University of Minnesota Press，2013：2.

❸　Graham Harman. Object-Oriented Ontology：A New Theory of Everything［M］. UK：Penguin Random House，2017：43.

式将客体还原为它的构成成分，例如，以原子或其他粒子去解释事物的起源；另一种则与之相反，是用"向上还原"（overmining）的方式将客体置于所处的效果网络中，通过它对其他实体施加的影响来判定事物的属性。而在日常生活中，更为常见的是同时谈论客体的构成成分和效果影响，也就是同时使用两种还原模式，哈曼称为"双重还原"（duomining）。但无论如何，在哈曼看来，如上方式在某种程度上都与客体本身擦肩而过。通过对海德格尔"破损的锤子"的分析，哈曼进一步澄清了这一点。在海德格尔那里，锤子具有两种不同形态，分别是"上手之物"和"在手之物"。前者大致是说当锤子功能良好时，使用者就不会将注意力集中到锤子身上，锤子近乎处于隐身状态；后者则指当锤子损坏时，它就将使用者的注意力"拘留于"锤子自身。这种呈现状态的改变，在传统解释中往往佐证了实践的优先性地位，但哈曼认为，无论是工作中的锤子还是破损的锤子，都没有真正触及锤子的本质。锤子的本质如同康德所谓的"物自体"，总是逃离我们对它的访问。因而，在客体导向本体论的理解中，客体时刻都是处于后撤（withdrawn）状态。用莫顿的比喻来说，"所有的实体（包括'我自己'）都像是害羞的、后退的章鱼，当它们退到本体论的阴影中时，会喷出一种伪装的墨水"。❶

遵循着这种理解方式，超客体作为一种特殊意义上的客体也总是处于"隐"与"现"的张力之中。这听起来有点抽象，但一旦我们联系全球变暖这类现象时，它便显得清晰起来。试问有谁胆敢声称见过全球变暖的庐山真面目？尽管我们身处全球变暖的阴影之中，我们所目睹的也不过是其显现的表象特征，与其自身的广袤性相比，我们都是摸索大象的盲人。恰是这一点将超客体与崇高区别开来。在康德那里，崇高的最终旨归是证明人类理性的超越性，相反，超客体则是我们难以触及的事物。并且，崇高的建立依赖一种安全距离的预先设定，而超客体则将我们席卷于内，并不断骚扰我们。为此，莫顿归纳总结了超客体所具有的五项属性特征，分别是：黏性（viscous）、非局部性（nonlocal）、时间波动（temporal undulation）、相位性（phasing）和事物间性（interobjectivity）。

---

❶ Timothy Morton. Hyperobjects：Philosophy and Ecology after the End of the World ［M］. Minneapolis and London：University of Minnesota Press，2013：3-4.

二、"超客体"的属性特征

展开来看，"黏性"强调的是超客体总是以其感性在场侵入人们的心理和社会空间，它的出现拆解了自然与文化之间的壁垒，我们越是想摆脱它们，反而发现自己越陷越深。这种与超客体的纠缠关系有点像《黑客帝国》主人公尼奥第一次意识到矩阵存在时发生的状况。"我越是费劲去理解超客体，我就越发现自己被它们束缚住了。它们都在我身上。它们就是我。我感觉自己就像《黑客帝国》中的尼奥，在恐惧中抬起头来，惊讶地看着他的手，手上覆盖着门把手已经溶解的镜面状物质，他的虚拟身体开始解体。"❶ 换一种喻象来看，这种黏性特征好似一只手伸进一大罐蜂蜜中时的感受，我相信任何有此经验的人应该都不会忘记那种黏稠、沾手的不适感。

"非局部性"是莫顿从量子理论中借用的术语，它在量子研究领域指涉的是一种特殊的现象，即量子纠缠。这大概是说，在量子层面，两个纠缠电子可以在一定距离内相互影响，其发生速度可能比光速还快。既然我们现在知道，即使是一个光子也要服从光速，那么这一现象的发生确实令人感到恐惧。无外乎当爱因斯坦留意到该现象时，将之称为"远距离的幽灵效应"（spooky action at a distance）。但从本体论维度看，"非局部性"恰好暗示了超客体存在难以被直接访问的一面，也就是说，超客体的任何局部显现都不是直接的超客体。我们与超客体的接触似乎发生在休谟因果系统中，只有这样我们才能解释即时影响如何得以可能。但是我们也需明白，这种后休谟时代的因果关系绝不意味着客观事物与主观印象相对立，相反，这是一个实体如何为其他实体显化的问题，无论它们是否是人类或有无知觉。

"时间波动"指的是超客体所涉及的时间性与我们习惯的人类尺度的时间性大不相同。这一点从根本上松动了我们对时间的看法。我们通常将时间视为空洞的容器，其间散落着无数的物体。但在某种程度上，这种理解时间的方式

❶ Timothy Morton. Hyperobjects：Philosophy and Ecology after the End of the World ［M］. Minneapolis and London：University of Minnesota Press，2013：28.

有着浓郁的人类中心主义色彩。在潜在层面，我们直接将我们感受事物变化的方式等价于事物自身感知变化的方式。然而，从反面来看，每个事物其实都有着自身的时间维度。拿钚或全球变暖来说，它们存在的时间就有可能比人类存在的历史要悠长。实际上，莫顿以"非局部性"和"时间波动"两个特征并举，分别从空间与时间两个维度强调了超客体的"庞大"。援引莫顿的原话："漂浮的时间性和空间性的海洋在'事物的前面'来回飘荡：不是在空间的前面，而是在本体的前面，就像剧院起伏的红幕。"❶这也随之引出"相位性"这一属性。

"相位性"是指超客体占据了更高维度的相位空间（phase space），因此我们在任何时候体验到的都是它们的某些有限片段。相较于超客体后撤的本质，我们不可能凭借自身的感知能力将其作为一个整体来理解，这表明我们永远只能认识超客体的部分片段。就像我们从来没有目睹全球变暖的全貌，看到的只是一系列气候变化事件。

"事物间性"是超客体的核心属性。既然一方面真正的超客体总是逃避我们的接近，另一方面现实又呈现五彩斑斓的景象，这使得莫顿得出事物之间的接触只能发生在某些共享的感官空间的结论，并进一步断言因果关系即发生在美学维度中。乍看起来，这些论点违背了我们的常识和直觉，但莫顿提出超客体概念的目的就是要"炸毁"我们关于现实的既有理解，在他于同年出版的另一本著作《现实主义魔幻》（*Realist Magic*）中，他直言现实是"一个公开的秘密"❷。从这一角度看，诸如时间、空间、因果关系等都漂浮在客体身前的事物间性领域中。

三、超客体与丝绸之路

尽管莫顿在构想超客体的五项属性特征时，他所给出的大多数例子主要针

---

❶ Timothy Morton. Hyperobjects：Philosophy and Ecology after the End of the World［M］. Minneapolis and London：University of Minnesota Press，2013：56-58.

❷ Timothy Morton. Realist Magic：Objects，Ontology，Causality［M］. Ann Arbor：Open Humanities Press，2013：17.

对那些有可能主宰人类未来的客体，但这丝毫没有削弱该概念对既有事实的解释力度。例如，哈曼就在超客体和史前史（prehistory）之间做了有效桥接。在哈曼看来，对史前史的研究与对人类未来或其他感兴趣的实体的可能情况的推测有共同之处。"这个共同的特征是，与迄今为止有记录的人类历史相比，它们相对缺乏细节。史前学家只能确定燧石工具、驯养动物、火的使用、轮子和其他此类决定性人工制品出现的大致日期范围。"❶ 莫顿证明了超客体是黏性的，在某种意义上，我们与它们纠缠在一起，不能轻易地从它们中解放出来。毫无疑问，史前史的客体当然也具有黏性，我们至今的生活方式依旧依赖火、轮子等事物。另外，"史前本质上是非地方性的，因为很难想象我们会确定古代人类主要创新的确切地点或日期。"❷ 就时间波动而言，我们使用石器时代、青铜器时代和铁器时代等术语的事实，已然证明了人类对新材料的简单掌握可以定义整个时代，而这种定义本身就体现了事物自身的时间性。至于事物间性，莫顿认为除了人类之外，物体之间的互动在史前史中只扮演了很小的角色。在大多数情况下，史前史家关注的是人类如何发现将车轮与车轴或铜与锡结合起来是有用的。但他赋予相位性极大比重，将其视为莫顿概念中对研究史前史最重要的部分。之所以如此，是因为史前史的细节相对缺乏，这为该领域提供了某些优势："当所有可以学习的都是相关的一般模式时，我们会以一种记录历史的学生无法做到的方式与这些模式相适应。"❸ 换言之，相位性能够突破单一历史化的窠臼。

　　尽管我们在一些方面与哈曼的观点存在差异，如"事物间性"概念在史前史研究中的重要性，但他的论述启发我们，当我们面对那些在人类历史上占据广袤时空的事物或现象时，超客体能够提供阐释资源。在这方面，一个典型例子就是围绕丝绸之路开展的人与人、人与物乃至物与物之间的故事。虽然现今我们冠之以"丝绸之路"，但对于该现象的发生，尤其是史前时期，我们目

---

❶ Harman G. Hyperobjects and Prehistory ［M］//Time and History in Prehistory. Routledge，2018：206.

❷ Harman G. Hyperobjects and Prehistory ［M］//Time and History in Prehistory. Routledge，2018：207.

❸ Harman G. Hyperobjects and Prehistory ［M］//Time and History in Prehistory. Routledge，2018：207.

前所掌握的资料和信息与其遍布的区域和持续的时间相比，显然处于不对等状态。如果我们将丝绸之路视为超客体，这无疑说明丝绸之路也有非局部性和时间波动的特征。至于黏性，则更为显明。那些经由丝绸之路交往的物品和传播的文化观念依旧影响着我们当下的生活。若说事物间性，在既往有关丝路的研究中，我们倾向于关注不同群体之间的关系，并将人与物之间的关系视为载体，相较之下，物与物之间的关系往往处于边缘位置，但桑与蚕、马与苜蓿、青花瓷与钴等事物间的邂逅分明使丝路之路丰满起来。而当我们以相位性视角看待丝绸之路时，无数新的可能性得以开启。在莫顿那里，"相位空间是一个系统的所有可能状态的集合"，这说明一旦我们意识到这一点，我们就有机会突破既定的理解，通过与丝绸之路显露出的不同片段周旋，进而书写和创造新的历史与未来。

第二部分
丝路审美共同体的理论视角

第四章　"交往共同体"理论视角

　　跨文化交往是丝绸之路的主要特征。丝路跨文化交往活动的历史与现实语境激活了 20 世纪阐释学中的交往共同体思想。多元化的生活方式揭示着日常生活世界的跨文化特征。缘丝绸之路形成的前反思的、绝对明证性的、总体性的生活世界成为形成共同体的现实依据，为跨文化的交往活动及其美学问题的解释提供合法性。丝路审美文化交往的差异与共识问题在关联生活语境的语用学中得到解答，共通感的"有效性"被重构为语言或文化共同体与其成员之间的论辩共识，普遍语用学"四性"和先验语用学的反思推演成为跨文化论辩的标准。丝路跨文化交往活动使日常生活成为相较于主体的"积极伙伴"而非消极客体，突破了二元论，审美主体的知觉在与物的交往活动中得以改写，"挪用"概念深描了丝路文化间价值标准重编的机制，共同指向丝路跨文化交往的变革能力。

　　基于丝路文学、图像、行动、物质等形式而熔铸生发的丝路审美文化，跨越了丝路沿线地理、民族、文化的殊异而指向丝路沿线各族人民"民心相通"的现实，这一总体局面在美学问题域中可以学理地概括为丝路审美共同体。丝路跨文化交往活动频繁、内容多样、方式各异，总体上呈现出在尊重文化差异、语言相殊的前提下又能形成共识的局面，这一现实语境不断地激活着基于差异而形成共识的交往共同体思想。在 20 世纪语言学转向的基本背景下，交往共同体以改造主体意识哲学为己任，❶ 为认识论和伦理学提供了新的参照视野，相应的美学问题也烛照在"语言"问题之中。本章旨在跨文化交往的视

---

　　❶　阿佩尔. 哲学的改造 [M]. 孙周兴，陆兴华，译. 上海：上海译文出版社，2005.

域下理解丝路审美共同体，聚焦于跨文化交往与日常生活世界的关系、语用学方法论与"共通感"在交往理论中的形态以及跨文化交往的变革潜力等核心问题，将交往共同体思想再语境化到美学问题域中，探索包括语言在内的多模态交往方式。

一、日常生活世界：跨文化交往的审美归属地

丝路跨文化交往的审美活动归属于丝路沿线人民的日常生活世界。西方哲学史大致经历的实体论、主体哲学论、语言论三种本体论为审美给予了相应的归属。柏拉图"理式"构造的学说重视稳定的概念王国，人的流动不定的感性活动被下降到价值链的末端，审美艺术的合目的性以及正当性的根据在于"理式"，审美的具象表达被看作真理的二重模仿。康德纯粹美学将审美定位在知性与自由的"中途"，在此意义上审美获得了一种"无家园感"。20 世纪语言学转向的语用之维，将具体的历史语境视作关键的分析环节，跨语境与跨文化的、日常语用的生活世界成为各种可能性、正当性和依据性的论证资源。跨文化的交往活动体现在日常的生活世界中，源自生活世界的审美活动本身已然获得了跨文化的特征。当代美学重视接续日常生活的努力可以开拓出跨文化交往互动的维度。

作为启蒙哲学产物的美学观照静观独立的审美活动，感性学定位在相较于理性的认识能力：相关于感觉的认识与呈现的科学就是美学。❶审美与艺术以切断与其他人类活动的联系而获得自律，并成为人的主观意志的表达载体而彰显出现代性的特征。而在后形而上学的经验中，对美的研究首要回答人在世界中的坐落问题。胡塞尔现象学的"交互主体性"凝结为"交往的共同体"（communicative community）❷，回答了主体意识还原与世界的协同之后，主体

---

❶ Alexander Baugarten. Metaphysics：A Critical Translations with Kant's Elucidations，Selected Noes，and Related Materials ［M］. Translated and Edited by Courtney D. Fugate and John Hyers. London：Bloomsbury Publishing PLC，2013：205.

❷ 胡塞尔. 第一哲学·下卷 ［M］. 王炳文，译. 北京：商务印书馆，2006：703.

间以及主体间的世界之关系，在此意义上使现象学进阶到"社会性"之维。❶
交往共同体形成于主体自我同一性的要求，主客可以置换位置的现象学突破成
为交往共同体得以可能的重要依据。现象学意义上的"生活世界"概念启发
哲学研究从静观沉思的传统中转向关注日常生活，并带有非常明显的实践色
彩。后现代性语境对先验论证的怀疑反哺着交往共同体自身的经验性证明，从
阿佩尔到赫勒再到哈贝马斯，交往共同体得以可能的经验色彩逐渐上升，但也
同时遭遇了其他问题。

　　交往共同体与日常生活世界连通的关键在于"语用学"方法论。语用学
研究对话交往者与其使用的符号之间的关系，受制于具体的情境和生活方式。
为避免逻辑循环或者无穷递归的"元"模式或者终极原则的独断性，意义的
有效性基础不能归结为个人意识明证性的论证，笛卡儿的"我思"自身划定
了封闭的意义空间，康德以及胡塞尔的"我思"都立足于将主体意识上升为
确定性基础，他人意识不能成为知识确定性的构成条件，阿佩尔主张把个人直
观明证性通过语用—语义规则而与"语言游戏"联系起来。主体意识的统觉
活动——知性的综合活动变为交往对话参与者"解释的交往性综合"。❷ 于是，
主体必须与交往共同体对话以便达成知识的有效性和约束性。无限的批判性的
交往共同体成为知识的前提条件，研究审美活动及其规律的美学也相应地获得
了新的研究视野。

　　阿佩尔语用学的"先验"性追问交往得以可能的条件，交往共同体的先
验特征超越具体的语境、文化与传统。承起于海德格尔把先验问题归结到存在
学的形式性问题，康德经验之可能性问题变为对话参与者在交往时需要满足的
前提条件的追问。日常生活世界中的交往活动发生，在这一意义上也就是经验
生成的表征，其得以"深描"的原理在于交往参与者总是已经在重构必须假
设的东西，避免了无穷溯源第一"假设"之物，转而将其指认为"总是已经"
的这一完成时状态。反思自我的另一种表述即为主体间性的交往，甚至在极端
的反驳与否定的情况下，论辩参与者也要受制于这些"语用学"的前提限定。

---

❶　倪梁康. 现象学及其效应：胡塞尔与当代德国哲学 [M]. 北京：生活·读书·新知三联书店，
1994：126.

❷　阿佩尔. 哲学的改造 [M]. 孙周兴，等译. 上海：上海译文出版社，2005：148-150.

审美从"无目的"却又合乎"共同感"自由嬉戏以及过渡到道德自由目的的主体性"回圈"论证，向对话参与者开放。经验内涵延续存在论的基本范式，彰显着此在展开形式与所遭遇之物的关系。日常生活世界成为经验的源泉，经验得以可能也促使日常生活世界得以可能。阿佩尔其实要求哲学回答交往的诸要素如语境、文化、历史等得以可能的条件，并把分析的诸要素综合在交往活动中。这些要素归属之地正是日常生活世界。总之，交往共同体的先验性不仅要求知识的先验论据，也在一定意义上解释日常生活世界得以可能的条件。

交往共同体的先验性在这种与康德哲学"偏离又复归"的关系中得以呈现。复归之处在于阿佩尔把先验性从主体理性转换到复数的交往参与者构成的交往共同体，偏离之处在于"他者"参与了确证性与规范性构成。这种把"语用学"推向先验的变革方式，虽然修正了康德非语言式的认识概念，但对超验参项的依赖又召来了康德先天范畴与后天经验的分离，造成形式与内容的二元论。❶

赫勒在阐释交往共同体与日常生活世界关系时选择用哲学来揭示人类境况的思想路径，在这一点上与阿佩尔采用的思路发生共鸣。❷ 从出生的偶然被抛进具体的社会法规网络这一人类生存境况的矛盾出发，赫勒用"人类条件"的范式来谈论这个问题。人类范式包含语言、交往、意识、理解、诠释等一切东西，是一个贯通历史的总体性概念，区别于启蒙的"人性"与"宏大叙事"，作为一个限制性范畴而指认着人类生活最低条件的一切东西。托举起"人类条件"范式的则是两组概念：遗传先验与社会先验，自在的对象化与自为的对象化。人类条件是社会法规代替本能生物法则，意味着早于人类经验的遗传独特性与社会法规的衔接，由此人类通过遗传先验和社会先验的衔接过程而产生。

遗传先验与社会先验勾勒了"人类条件"的一般特征，并且这个分析范

---

❶ 弗莱德·R. 多尔迈. 主体性的黄昏 [M]. 万俊人，译. 上海：上海人民出版社，1992：363-364.

❷ 赫勒《美的概念》(*The concept of the Beautiful*) 的编辑者玛西亚·摩根 (Marcia Morgan) 在该书的前言中指出，赫勒思考美的概念时的基本思路是将其与人在现代的生存状况联系起来。此外，赫勒在《现代性、美学与人类境况》(*Modernity, Aesthetics, and the Human Condition*) 中也有相关论述。

式为所有人类社会所共有。与遗传先验相衔接的社会先验被赫勒称为"自在的对象化",以一种前反思的特征前于人类经验,是个人交往、认知、想象、创造性和激起情感可能性的基础,将所有类型的规范的、认知的和实践的知识都转化成了语境语言网。自明性和理所当然性是其主要特征,因为一个人不可能从这个领域的立场来反思这个领域。自在的对象化领域是日常生活领域,给人提供诸种意义,人类也以其为基础进行交往活动。人类的理解与实践活动却起源于更高的领域:自为的对象化。因为被抛的社会化进程中,那些理所当然之物需要支持和正当的理由,而这一证据不能来自"自明性"的自在的对象化领域。自为的对象化的共同特征是能够使社会法则合理化,也能够质疑社会法则。交往得以可能依托于自在的对象化提供前于人类经验的意义,同时又在自为的对象化中个体留有自我筹划意义的空间,于是交往共同体得以协商的内容出现。自在的对象化与自为的对象化成为"人类条件"范式的概念依托,并上升到本体论的高度。在这个勾勒的基本图景当中,交往共同体生成于日常生活、维系于日常生活,情感的、想象的维度被定位于这个基本的人类学分析框架之中,审美首要回答的是人在世界中的坐落问题。

　　哈贝马斯交往共同体带有鲜明的经验色彩,缘语言共同体和文化共同体形成的交往共同体受制于具体的历史语境,但是他仍然寻找能够跨越语境与历史的、为所有交往参与者都必须遵守的准则要求,体现为解释交往理解得以可能的普遍语用学的"四性"❶:可领会性、真实性、真诚性、正确性,分别对应于语言或交往资质能力、言之有物、所言与交往参与者意向的一致、合乎言语行为的语境要求。这些规则不以交往主体转移,作为一种素质(disposition)❷适用于所有具有交往能力和行为能力的主体。完全合乎这"四性"的是理想的交往共同体,其成为现实交往共同体的价值趋向物,也是评价系统的框架所在。日常的世界观知识是一种背景知识,交往参与者必须掌握以此来从事交往行为。对话交往者在"四性"的启发下与客观世界、社会世界以及主观世界建立联系,社会概念与生活世界概念相连,而后者又与交往行为概念形成互补

---

❶　哈贝马斯.交往与社会进化[M].张博树,译.重庆:重庆出版社,1989:3-4.
❷　哈贝马斯.交往行为理论:第1卷[M].曹卫东,译.上海:上海人民出版社,2004:22.

关系。交往行为遂成为社会化原则。❶ 日常生活世界可以被看作所有文化前理解的集合，成为所有交往参与者论证得以可能以及后来重构的出发点。

　　日常生活世界中的交往行为可以划分为不同的行为类型，对应着不同的领域与知识类型。按照哈贝马斯的分类，与审美相关的是戏剧行为，体现自我表现的语言功能，关联着主观世界，有效性要求是真诚性。艺术成为体验的对象而被视为人类生命的表达是现代的特征之一，艺术以表达行为者情感和愿望的主观世界为己任，成为解释主体经验总体性的解释载体。审美实践知识之所以被划分为戏剧行为，在于哈贝马斯借助于戈夫曼的"戏剧行为"概念而凸显日常交往行为中的"展演"维度。社会互动被看作一场相遇，相遇与展演一体两面，行为者在观众面前用一定的方式把自己表现出来意味着表现出他的主体性。情感和愿望一般是主观的表达，只能用言语者与其内心世界之间的反思关系加以衡量。❷

　　日常生活世界在宏观意义上可以看作交往共同体的世界，跨文化的交往活动把"世界主义"带入日常生活当中。审美从纯粹趣味的形式主义中沉降到日常生活世界并获得了具体的"肉身"，为讨论美学基本问题——共通感——提供了有别于康德范式的支撑，也为丝路跨文化交往的审美共通提供了日常生活语境的支撑。

二、语用学的方法论：跨文化交往与共通感问题的重构

　　日常生活物品的使用、生活方式的文化选择等现实语境昭示着跨文化已经"润物细无声"般成为当下人的生存状况。审美"落地生根"于日常生活世界作为当代美学的基本共识进一步拓展出跨文化的重要维度。丝路沿线审美主体面对同样的审美现象出现的"一致"与"自得"问题需要做出异于康德的新的解释，不再依托超历史、超语境的"共通感"，而将历史语境设定为基本前提之后，特别是在跨文化交往的语境下，这个问题在交往共同体思想中如何

❶　哈贝马斯．交往行为理论（第1卷）[M]．曹卫东，译．上海：上海人民出版社，2004：320.
❷　哈贝马斯．交往行为理论（第1卷）[M]．曹卫东，译．上海：上海人民出版社，2004：91-92.

回答？

康德把 18 世纪语境中指向"常识"与"普通知性"❶ 的"共通感"提升为纯粹之物。外在普遍性与内在情感性如何相契连通着主体内与主体间的关系问题。从纯粹审美判断的"共通感"的指向中可以析离出两个问题：其一，判断如何具有普遍性，有效性批判从何而来；其二，这种普遍性为何与审美愉悦相关。针对第一个问题，康德从知识的普遍可传达性假定了共通感，知识可以普遍传达意味着诸认识能力的比例❷是可以普遍传达的，而知性与想象力的相称又为情感所规定，所以这种情感也是普遍可以传达的。如此看来，认识论的规定性判断力本身就有可普遍传达的情感维度，这种逻辑的共通感指向的是"智性的情感"。情感本身就可以普遍传达作为一种推论，继之而来的关键问题则在于审美愉悦的情感该如何普遍传达。

"诸认识能力的这种相称根据被给予的客体的不同而有不同的比例"❸ 这句断言成了突破口。在认识论的规定性判断中，认识对象与表象能力的比例相契，在反思性的审美判断中，脱离了审美对象，也就是内容，而反思到了知性与想象力自由游戏的那个"比例"，而这个"比例"又为"情感"所规定，所以审美愉悦是普遍的。这意味着"表象状态中作为质料、也就是感觉的东西尽可能去掉，而只注意自己的表象或自己的表象状态的形式的特性"。❹ 康德其实用"主体内"表象能力的一致性来解决主体间审美判断普遍性的问题。在语言学转向的基本视域下，如何满足在历史与语境的条件下，回答"共通感"牵引出的美学基本问题，则成为交往共同体重构"共通感"的要求与问题导向。

思索后康德时代的理性定位给予这个问题基本的本体论承诺。恢复历史性或者以"在历史之中"为基本的思考是走出康德先验主体性与普遍性的第一步。依据哈贝马斯的分析，海德格尔突破康德而强调先验主体的历史化和个体

❶ 在康德时代，拉丁文"sensus communis"对应着德语中的共通感（gemeinsinn），是当时欧洲盛行的"常识"或"普通知性"。康德将其运用到审美活动中，将共通感从按照概念判断变革为按照情感判断。邓晓芒．康德《判断力批判》释义［M］．北京：生活·读书·新知三联书店，2008：228.

❷ 康德．判断力批判［M］．邓晓芒，译．北京：人民出版社，2017：58.

❸ 康德．判断力批判［M］．邓晓芒，译．北京：人民出版社，2017：58.

❹ 康德．判断力批判［M］．邓晓芒，译．北京：人民出版社，2017：104.

化，此在在历史中的生命展开的筹划成为基本的结构与决定性力量，"具有创造力的主体性最终被'此在'从知性王国中驱逐了出去，它虽未被发到历史的彼岸，但已置于历史性和个体性的范围内"。❶ 此在在历史之中的展开意味着先验主体回落到历史性中。海德格尔的这种革命性推进也遭遇了与胡塞尔一样的问题，如果解释世界被视为一种主体的努力，即"一旦意识彻底分裂成无数个创立世界的单子，那么从各个单子的角度来看，如何才能构建起一个主体间性的世界"。❷ 伽达默尔也指认到，"反思的自我知道自身是生存于有目的的规定性中，生活世界正表现了这种规定性的基础。所以，构造生活世界（如主体间性世界）的任务是一项荒谬的任务"。❸

海德格尔恢复历史性却有可能牺牲主体间性，而交往范式能够兼顾二者，于是兼具历史性以及主体间性的交往理性成为普遍有效性的保证。至此，"普遍语用学"与"先验语用学"承接着从语言交往中寻找有效性要求的方法论路径。

在现代社会，共通感作为交往阐释学的理论基石之一，是指个体超越自我界限而与他人沟通理解的感觉。❹ 共通感凝结着普遍有效性的论证。在哈贝马斯的交往行为理论中，有效性要求体现在对背景性交感的阐发中。背景性交感❺起源于对生活世界概念的辨析。胡塞尔的"生活世界"呈现了一切经验预先给定的基础，旨在强调日常实践生活世界才是意义的基础始源，以此批判科学计算化与技术化的客观主义，召回"自我"在客观性建设中的作用。哈贝马斯将这一概念再语境化，先验前提与经验事实的张力要在生活世界中寻找。生活世界在阐释学意义上被理解为文化知识的集合。它具有绝对明确性特征，共同的生活、言说以及行动都依赖它；也是一种总体化力量，指向社会空间和历史时间的总体；更是一种背景知识的整体论，指向前反思与前形式而赋予感

❶ 哈贝马斯. 后形而上学思想［M］. 曹卫东，等译. 南京：南京译林出版社，2012：39-40.
❷ 哈贝马斯. 后形而上学思想［M］. 曹卫东，等译. 南京：南京译林出版社，2012：40-41.
❸ 伽达默尔. 真理与方法（上卷）［M］. 洪汉鼎，译. 上海：上海译文出版社，1999：321.
❹ 尤西林. 审美共通感与现代社会［J］. 文艺研究，2008（3）.
❺ 哈贝马斯. 交往与社会进化［M］. 张博树，译. 重庆：重庆出版社，1989：4.

知与理解合法性。❶ 个体的生活历史和主体间的生活方式共同构成生活世界❷，哈贝马斯把个体与主体间的生活方式带入对生活世界的研究，解决了胡塞尔用先验自我构造世界视域而造成的单子化倾向问题。

生活世界的丰富内涵服务于直接的可靠性和无疑的确然性的基础❸，前反思的稳定特征遂成为背景性交感得以可能的前提。只有当这些"自明性"的前提成为"主题"或"问题"时，它才从背景的绝对明确性走向需要为自身辩护的"前景"，即不再作为背景而是作为对象。言语行为的说服力建立在大量的非主题知识基础上，交往行动者用共同的生活世界作背景，以此就世界中的事物达成共识。这种"语用学"的方法论是一种去先验化与去二分法的努力。

康德划分表象世界与物自体，有效性的边界使二者"泾渭分明"。二律背反产生的原因在于僭越边界，而共通感的引入就是要解决审美判断看似有的"悖论"。哈贝马斯却认为，客观表象世界和道德规范世界回到日常交往实践中意味着，在交往行为者的生活世界中，鸿沟收缩，变成了摆脱语境束缚并且具有超越意义的绝对有效性要求与依赖具体语境之间的张力，普遍语用学是其核心概括。他从理解得以可能的问题出发，提炼出可领会性、真实性、真诚性、正确性，"四性"不为语境转移而适用于所有的交往对话与论证批判。交往共同体受制于具体的文化语境，但又推论出超越具体语境而获得绝对普遍有效性的"四性"，审美判断的普遍有效性在这个意义上也开拓出一种普遍理想的维度。

语用学研究语言使用者及其符号的关系，能够将主观世界、社会世界、客观世界统一起来，既不会将主体先验化，也不会把语言提升到历史之外。哈贝马斯把审美判断有效性看作一种论证类型，要求别人也应当赞同"这朵花是美的"的合理性区分。先验主体理性的"共通感"被转移到了经验的交往共同体的价值认同上。主体间性的共识能够在文化或语言共同体中达成，但审美

---

❶　哈贝马斯. 后形而上学思想［M］. 曹卫东，等译. 南京：南京译林出版社，2012：75-79.

❷　哈贝马斯. 后形而上学思想［M］. 曹卫东，等译. 南京：南京译林出版社，2012：17.

❸　倪梁康. 现象学及其效应：胡塞尔与当代德国哲学［M］. 北京：生活·读书·新知三联书店，1994：349.

实践又是一项表达主体经验世界的活动，其有效性的标准只能在其"行为"与"意向"一致的真诚性维度中，于是审美判断的普遍有效性就处于"交往共同体内部价值标准的恰当性"与"主观真诚性"的模糊张力中。❶

相较于普遍语用学，阿佩尔则提出"先验语用学"，以此寻找普遍有效性的前提。阿佩尔的"先验"思路意在学习康德的同时又要寻找一个"后撤"的视点，以此走出康德：既论证个人意识的明证性，但又不是迪卡儿、康德、胡塞尔的思路如何可能？主体理性的"我思"明确性的证明是一个"回圈"，用"自我"来证明"自我"行之不通，则需要寻求他人的意见来反哺"我思"有效性的证明，阿佩尔寻找到的后撤视点就是语言学转向的语用维度。20世纪哲学领域发生的语言学转向揭示了一个共识："语言是我们关于世界结构的知识之可能性和有效性的决定性条件。"这一共识启发阿佩尔研究语言批判的语用学基础和阐释学用"参考问题"以驱动意义的当代哲学。❷ 维特根斯坦的"语言界限就是世界界限"与"语言游戏"思想以及欧陆哲学阐释学"语言是存在之家"等❸，语言的先验性成为后康德时代重要的先验论证维度。

通过与别人交往或者交换意见来确证自己所思所想，那么这种"总是已经"的思想揭示出无限批判的交往共同体。阿佩尔化用海氏的存在论结构，人从出生就被抛入了这个无限批判的交往共同体中，康德式经验之可能性问题被转化为在交往对话中总是要遵守的无法摆脱的前提。先验语用学反思到了三条先验前提：其一，在交往对话参与者之间，总是已经在重构先前所假设的东西，只能借助反思而臻致。其二，反思活动只能由主体进行，而向他人开放的交往活动意味着自我反思与理解他人是"一体两面"。主体间与主体内在先验反思层面上获得了统一。只要交往参与者之间进行了交往活动，就意味着交往参与者都建立和确认了这些前提。其三，交往参与者在回应"怀疑论"或者"否定性"的交往活动时，怀疑论者其实以"否定"的方式反向确立了这些前

❶ 王凤才，刘利霞. 交往与审美——哈贝马斯的审美理论研究［J］. 哲学动态，2017（9）.

❷ Karl-Otto Apel. From a Transcendental-Semiotic Point of View［M］. Edited by Marianna Papastephanou. Manchester and New York：Manchester University Press，1998：124.

❸ 阿佩尔. 语言交往的先验概念与第一哲学的观念. 孙周兴，译［C］//现象学与语言（第三辑）：中国现象学与哲学评论. 上海：上海译文出版社，2001：219-220.

提，怀疑论者也需要这些预设来充分表达他的怀疑。

阿佩尔的哲学认识论仍然把真理推论为先验的，通过经验探究和论证性话语的先验语用学方法来完成哲学的变革。❶ 阿佩尔作为皮尔士的重要认同者，他认同皮尔士对康德的批判：用近乎本能的共通感来为科学立法是幼稚的，需要用一种历史形而上学来取代，这种形而上学反映了构建科学假设的自然历史条件，偏向人类中心主义和类似本能的康德"共通感"需要澄清。❷ 审美判断先验性和可交流性与主体间性的基础的共通感，在先验语用学的视野中回归了历史、沉降到了日常生活，普遍有效性问题重新获得了问题域。

语用学研究具体语境中的"语用-语义"维度，对应着具体的生活方式。语境与语境之间或生活方式与生活方式之间或文化与文化之间也应该是相通的，赫勒多元生活方式对单一语境的反驳秉持着后现代批判总体叙事的态度，她批判哈贝马斯理想交往共同体的人，"没有躯体、没有感觉"，仅仅以价值讨论构成❸，以及"达成一种共识"可能遮蔽其他共识的洞见。语用学"普遍"与"先验"的两种路径同时也在理想交往共同体的参照视野下具有社会变革与勾勒历史发展图景的作用。

三、理想交往共同体：跨文化交往的变革旨归

康德用认知主体与认识对象分离的方式，聚焦于探究认知主体的能力来解决认识论问题，日常生活世界在先验主体投射下成为有待表象能力捕捉的消极客体。恢复日常生活的异质性与潜力，创建关联语境的语用学方法论等成为突破二元论的重要议题。相应的，理想交往共同体以指向未来的方式而具有规范能力，没有压迫、没有强制，成为批判现实交往共同体的参照。在交往共同体的视域下，现实交往共同体不断摆脱异化而臻致理想交往共同体遂成为历史发

❶ Karl-Otto Apel. From a Transcendental-Semiotic Point of View［M］. Edited by Marianna Papastepha-nou. Manchester and New York：Manchester University Press，1998：64.

❷ Karl-Otto Apel. Charles S. Peirce：From Pragmatism to Pragmaticism［M］. Translated by John Michael Krois. Amherst：University of Massachusetts Press，1981：149，240.

❸ 赫勒. 激进哲学［M］. 赵司空，孙建茵，译. 哈尔滨：黑龙江大学出版社，2011：140.

展的基本图景。基于此种启发，丝路跨文化交往之于丝路审美共同体不仅有构成性作用，还有规范性功能。跨文化交往的"异质性协商"这一共识在丝路审美共同体的语境中已成为基本的前提，跨文化交往的变革潜能也围绕这一中心论题而展开。在美学领域主要体现在，对现代主体式的"知识型"的反思，即批判表象能力的霸权和探索非对象化思维方式的可能路径；交往之于知觉能力的重塑；交往之于文化内外双循环的解释能力等。

在总体性的批判进路上，跨文化交往的变革性能力在美学领域体现在对二元论的反驳以及自律艺术或独立的审美经验与生活世界结构的关系。生活世界的绝对明证性、总体化以及整体性可以概括为"非主题知识"的三个特征，意味着对日常生活世界的批判方法可以是将其"主题化"或"问题化"。哈贝马斯剖析现代性以来的经验分化类型：实用意义与合目的性的方式处理事物或事件建立起工具化世界，社会互动与历史意义的建立则是通过语言共同体的协同世界。工具化与协同化的二分指向的正是对待外部自然的技术实践与社会内部交往协商的道德实践。工具理性甚嚣尘上，系统对生活世界的殖民化越来越深，造成"经验连同我们的内在自然、肉体、需求以及情感都是间接的"❶。生活世界成为铁板一块，并且外在于人类，意味着作为总体背景知识的生活世界抵御着"新奇的经验"，因为后天而来的新奇的经验还没有被证明其正当性与合法性，还不能纳入生活世界的整体中，亟须批判性的问题力量来完成批判。批判经验的问题力量能够把生活世界的背景和前景区分开来。而自律的艺术以及独立的审美经验能够充当"问题化"的媒介，以此"唤起新的世界观，新的立场，新的行为方式"❷，以及在审美批判中"打开了参与者的眼界，也就是说，把它引进一种可靠的审美感受当中"❸。理想的交往共同体不存在"工具化"的交往倾向，而作为一种理想的范式悬照在对现实交往形式的批判当中。

虽然阿佩尔的理想交往共同体围绕哲学与伦理学问题域，对美学的阐释较少，但理想交往共同体被赫勒吸收而成为以批判现代性而重构道德美学的有力

❶ 哈贝马斯. 后形而上学思想［M］. 曹卫东，等译. 南京：南京译林出版社，2012：80.
❷ 哈贝马斯. 后形而上学思想［M］. 曹卫东，等译. 南京：南京译林出版社，2012：81.
❸ 哈贝马斯. 交往行为理论（第1卷）［M］. 曹卫东，译. 上海：上海人民出版社，2004：41.

资源。赫勒的激进哲学从日常生活过程中的价值范畴出发，价值范畴以满足人的质的需要为核心，价值范畴引领的对象化能够使对象不成为"异己"之物，在这个意义上批判主客二元对立问题。社会行为、交往行为得以可能的条件在于行为者坚持价值，以及价值自身被社会承认。❶ 行为者坚持自身价值意味着行为者以个体的姿态出现，同时所坚持的价值又为交往共同体所承认。交往行为不仅是个体意志的体现，而且切合交往共同体的价值合理性标准，在这个意义上实现了个体与类的相统一。没有支配关系的理想交往共同体为赫勒所承认❷，这种激进乌托邦的形式以去除依附和统领关系为目标，追求一种非间接（unmediated）的人类交往。交往关系中，个性的整体这一辩证法勾勒出交往行为要处理的问题：在交往互动中，理解他人的同时又不自失。个性强调交往参与者的人格，人格就是丰富性的生活，美的性格与生活方式紧密相关。❸"整体"强调交往共同体成员的"相互关联的质的需要"，"质"的需要是一种非间接的需要，虽然这类关系屈指可数，但作为人类生活的基本关系而成为构成激进乌托邦的重要依托。

　　"非间接"的人类关系在思维方式上批判着海德格尔所指认的"世界图像时代"。现代社会的形成与发展和现代的想象制度密切相关，海德格尔的对象化"座架"思想是对现代思维方式的精辟概括。一般主体的"集聚"作用使世界被把握为图像，存在者之所以存在仅仅意味着被主体的表象能力所捕获，"惟就存在者被具有表象能力和制造作用的人摆置而言，存在者才是存在着的"❹，真理已然转变为表象的确定性。突破这种"间接"的对象化方式，追问着"非对象化的思和言"如何可能的问题，海德格尔用"艺术是自行置入作品的真理"来反对主体为对象"赋予真理"，而让事物自身显现。结合赫勒的道德美学范式，人挣脱座架而让新经验涌流，审美体现出来的自我选择的自由感为道德所征用，从而实现人的解放。

　　先验主体化的表象能力把物降格为没有生气的、有待符号化的静态客体，

❶　赫勒. 激进哲学［M］. 赵司空，孙建茵，译. 哈尔滨：黑龙江大学出版社，2011：68.
❷　赫勒. 激进哲学［M］. 赵司空，孙建茵，译. 哈尔滨：黑龙江大学出版社，2011：89.
❸　傅其林. 阿格尼斯·赫勒审美现代性思想研究［M］. 成都：巴蜀书社，2006：320.
❹　海德格尔. 林中路［M］. 孙周兴，译. 上海：上海译文出版社，2004：91.

与之相对，交往的变革之力还在于给"物"赋能，将其看作交互行为中的积极伙伴。观看"物"的视角应该突破单纯符号学和"物性"自身的这两种方法，偏向物的表征及其意义会走向无根的符号语言游戏，偏向物性自身则切割了物的社会意义与物性的联结。"话语"概念紧紧地把"物质性"与"符号性"联结起来，为最基础的社会行为——人与物的交互提供了视角。在跨文化的交往互动中，话语层面的"物"不是考古学的单线式地寻找起源，而是在文化间的互动中"物"被再语境化而参与文化间的意义框架的生成与重编。在这一过程中，"挪用"（appropriation）成为描述这一机制的关键，物及其表征意义在跨文化交往过程中出现的意义增衍与脱落现象，集中表达着"挪用"的条件，其间政治的、权力的因素也结伴而生。跨文化交往依据"挪用"机制而出现的新话语、新实践意味着新的意义框架得以形成，并且既不符合社会中已然存在的内容，也不符合物的原初语境。❶

"挪用"机制关联着跨文化互动中的"物"的维度，在美学维度上则关涉着"知觉"。知觉作为人与物质世界互动的一种方式，以康德为代表的先验主体把知觉收归于先验主体能力，知觉的作用、功能以及与感觉的关系都服务于主体先验同一性的表象能力。知觉稳定不变并且与其他能力"各司其职"，互不僭越，以保证先验主体稳定的认识过程。而在跨文化交往互动中，知觉已然可变的经验事实引出了"知觉的盈余"❷（excess of perception）来充当批判的武器。相较于康德把"知觉"在"无能为力"之处，知性向理性发出"邀请"转而诉诸更高的能力，这一概念旨在概括面对交往互动而来的、再语境化之后的新事物，其"陌生感"可能超出知觉把握的限度，从而促使知觉自身发生改变。

"物"与知觉的联动关系往往发生在前反思的、无意识的层面。与物的互动和对物的认知首先来自直接知觉，相应的语言表征则属于第二层面。这种非语言交互的、具身性的交往活动更为基础。人与物处在"具身"的关联之中，

---

❶ Joseph Maran, Philipp W. Stockhammer. Materiality and Social Practice: Transformative Capacities of Intercultural Encounters [M]. Oxford: Oxbow Books, 2012: 1.

❷ Joseph Maran, Philipp W. Stockhammer. Materiality and Social Practice: Transformative Capacities of Intercultural Encounters [M]. Oxford: Oxbow Books, 2012: 9.

身体作为知觉的物质依托，与物处在一种"即时"互动的过程之中。比如伐树工人在切割木材时，通过木材在机器中的声音辨别木材的好坏，避免采用"教科书"的标准裁定方式，以此提高工作效率。直接知觉成为先于语言的与物交互的方式。

与物交往意味着同时的理解、识别与行动。对物的知觉不稳定、不可控为知觉的变革提供了前提推论。在跨文化的交往互动中，话语实践不断进行再语境化的运动，文化共同体内部的、封闭的意义循环往复已经不能面对这种现实语境，文化间的交往互动深刻地体现在"挪用"的案例中，揭示的是文化间的更有普遍共性的大循环与文化内部小循环的双重结构。之于认知主体或者审美主体，前反思的与物交互行为提供了认知"物"的基础，但同时也面临"知觉的盈余"的冲击来改写人的知觉能力。理想的交往共同体在跨文化交往的时代语境中被重新激活，现实交往共同体的"疑难杂症"需要一定的作为"药方"的参照标准，文化间的交往互动开启了别样的"视域"可能性，在物与人的整体性关系中，理想交往共同体与更具普遍性和共识的标准相关，为文化间的大循环提供了尊重差异而取得共识的学理向度，也为跨文化的丝路审美共同体提供了文化间内外双循环的解释机制，提供了探究丝路审美文化的变革潜能的参照视野。

小　　结

交往共同体内在于日常交往行为弥合了康德纯粹美学与日常生活的断裂。日常生活世界在当下全球化语境中具有跨文化特征，交往共同体的根基在跨文化中得以凸显。在丝路跨文化、跨语境的现实要求下，共通感所阐发的普遍有效性论证被转化为"语用–语义"维度的有效性要求，普遍语用学提炼出了"四性"，先验语用学反思出了"总是已经"重构的先验前提。共通感的有效性问题被转换为论辩成员在文化或语言共同体中的论辩问题。丝路跨文化交往的理想旨归以交往共同体的规范性而彰显出变革潜能，在文化层面上体现为丝路文化间内外双循环的良好互动，在"物"的文化间交往中体现为"挪用"的再语境化机制，在丝路审美主体上体现为非对象化思维方式的可能性与

"知觉的盈余"。身体知觉先于语言交往为丝路审美共同体的阐释开辟多模态的阐释契机,非语言的、图像的、行动的、物质的、事件的等能够为丝路跨文化交往互动提供新的阐释模态,进一步丰富交往共同体在丝路跨文化语境中的解释潜能。

第五章　"歧感共同体"理论视角

对于朗西埃——一名游走于政治与美学这两个学科之间，并时而消解二者边界的学者——而言，提出一个难以被归入任一单一学科系统的概念似乎并不令人惊异：至于"歧感共同体"，则无疑是这些概念中相当典型的一员。而我们仍能从这一概念中读取到某些更加"非典型"的因子。与大部分适用范围广阔的概念不同，"歧感共同体"在两个学科领域间游走自如的能力并非来源于模糊的自身定义，抑或对学科现实的广泛概括，更源于其独特的生成与运作过程：这一过程不仅服务于特定的政治主体与政治目的，还依赖于美学对这一过程的参与。

显然，就这一特殊的理论背景而言，"歧感共同体"理论对丝路审美共同体的建成而言无疑是具有借鉴价值的：实际上，朗西埃不但想象了一种共同体的美学，还为其设想了一系列具体的艺术准则。正如朗西埃在《文学的政治》开篇时所作的这番叙述所强调的："文学的政治"一说假设人们不必去考虑作家们是应该搞政治，还是更应该致力于艺术的纯洁性，而是说政治纯洁性本身就与政治脱不了干系。它假设作为集体实践的特殊形式的政治和作为写作艺术的确定实践的文学之间，存在一种固有的联系。❶ 当然，要论证共同体之建设是如何走向感性经验的领域，又如何最终与美学相勾连，并更为深入、清晰地讨论其对丝路审美共同体的借鉴意义，则不妨从"歧感"概念的形成历程开始说起。

---

❶ 雅克·朗西埃. 文学的政治 [M]. 张新木，译. 南京：南京大学出版社，2014：3.

一、"歧感"之诸种含义及概念之形成历程

"歧感共同体"并不是一个定型已久的概念，事实上，直到它在 2010 年前后出现于奥利弗·戴维斯的引述当中，对这一概念的书写仍然是不确定的。直到这里，戴维斯依然把这一概念称为"一种美学的或者歧感的共同体"（an aesthetic or dissensual community）❶。然而，比之相对模糊的、"歧感"主导下"共同体"的概念与建立，"歧感"概念自身的形成与含义之丰富却有着相对清晰的历程。

在这一历程中，第一阶段自然是在"歧感"概念尚未形成之前的漫长准备期：在这一阶段中，朗西埃长期致力于对知识-权力结构之不平等现象的斗争。这既是"歧感"理论正式形成之前的思想铺垫，也是"歧感"之诸种含义中最早浮现于水面的部分；我们不妨将 1975 年出版的《阿尔都塞的教训》作为朗西埃对知识-权力结构之不平等的关注起点，以及朗西埃在这一"准备期"中进行展开的、理论上的核心阵地。

在这部最早正式出版的朗西埃作品中，朗西埃敏锐地关注到了阿尔都塞主义，乃至更广泛无产阶级革命实践中存在的、存在于无产者与"指导理论"间的现实矛盾：这一矛盾涉及左翼阵营内部在知识上的"领导阶级"与"被领导阶级"，且广泛地存在于几乎每一次被朗西埃所考察的无产阶级政治运动之中。在这些案例里，工人中的精英分子秉持着工人阶级必须在知识上"求助于我们"（call on us）的倨傲态度，而更广大的工人则对前者的这一姿态予以辛辣的嘲讽："……没有必要生产出这些（知识），并将其置于阶级斗争之上。而那些知识分子为何不将这一'知识生产'放在相同的检验（斗争实践）之下？他们为何不问问自己，他们（对斗争实践）的确证方法其本身是否是确实必要的？"❷

---

❶ 出自 Oliver Davis. Jacques Rancière ［M］. Polity, 2010；由蒋洪生于《雅克·朗西埃的艺术体制和当代政治艺术观》［文艺理论研究，2012（2）］中翻译及引用。

❷ Rancière, Jacques. Althusser's Lesson ［M］. Translated by Emiliano Battista. Continuum International Publishing Group Ltd, 2011：29-30.

　　阿尔都塞将这一割裂看作其理论自身对社会实践的距离与割裂，并在 20 世纪 70 年代后的《读资本论》中删去了部分"过于结构主义的内容"❶ 以作回应；但朗西埃不无担忧地看见了这一理论与社会实践的距离后更为深刻的社会本质，并作出了精确的概括：大众之所以能创造历史，仅仅是存在那些创造了自己学说的英雄人物。❷ 左翼阵营将自身的解放视为无可争议的历史使命，但在其推翻旧世界的秩序之前，其内部的组织形式已经完成对统治—被统治这一二元关系的再生产：工人们，或者说，更广义上的、被定义为"无知者"的人们，在知识领域被要求被动地服从于知识阶级的领导。在朗西埃看来，在一个多数人处于被智识统治状态之下的社会中，人类的真正解放是无从谈起的。一如朗西埃在后来对这一问题的更为深刻的批评中所指出的："上等阶级的代表和下等阶级的成员之间的关系因此就依赖于另一种关系，即演讲者与听众之间的关系——这并不是一种平等的关系。"❸

　　而如果跳出法国左翼阵营，进入传统的社会斗争领域，这一借助知识阶序而存在的统治关系依然存在。朗西埃利用对阿尔都塞意识形态理论的批判性集成对这一关系作出了说明：在他看来，资产阶级对无产阶级的意识形态统治乃是一种通过不同机制进行自我再生产的实体权力机制❹，而阿尔都塞的旧意识形态理论则被其不无讽刺地称为"在好的与坏的词汇间划出分界线的学说"（to draw a dividing line between good and bad words）❺。我们不妨如此解读这一批判的实质：阿尔都塞看到了统治阶级向被统治者传授并借以维持统治的知识实体，并意图通过对这一实体的改造形成统治秩序的断裂；但在朗西埃看来，他显然相对地忽视了这一统治秩序中"传授"与"接受"知识的这一关系本身。

---

　　❶ Rancière, Jacques. Althusser's Lesson［M］. Translated by Emiliano Battista. Continuum International Publishing Group Ltd, 2011：56.

　　❷ Rancière, Jacques. Althusser's Lesson［M］. Translated by Emiliano Battista. Continuum International Publishing Group Ltd, 2011：32.

　　❸ 雅克·朗西埃. 政治的边缘［M］. 姜宇辉，译. 上海：上海译文出版社，2007：81.

　　❹ Rancière, Jacques. Althusser's Lesson［M］. Translated by Emiliano Battista. Continuum International Publishing Group Ltd, 2011：74.

　　❺ Rancière, Jacques. Althusser's Lesson［M］. Translated by Emiliano Battista. Continuum International Publishing Group Ltd, 2011：68.

溯其根源，我们或许能在朗西埃更早的作品中窥得其对这一知识序级的不屑态度——早在1965年前后，他工作于阿尔都塞组织的读《资本论》工作小组之时，便在其论文中指出了马克思在概念使用上的不严谨性："每当马克思挪用来自于人类学领域的概念时，我们几乎都能从中找到他对这一概念的歪曲。"❶ 十年之后，在《阿尔都塞的教训》一书中，他则对这一论断作出了更进一步的呼应与深化：相比于阿尔都塞，马克思并不那么热衷于吹响自己的理论号角；对他而言，其工作的本质或许更接近"为革命提供其可能提供的最好的服务"❷——比起以严谨的理论系统维护其在无产阶级革命中绝对的知识领导权力，其更重视的是人类的全面解放。

自《阿尔都塞的教训》于1975年出版以后，智识的解放与知识阶级的平等成为朗西埃在此后十年中所有写作的主题，并在这一过程中不断地丰富、发展；在这一发展过程中，两大核心变化则在日后形成"歧感"理论的核心逻辑。

首先，在1981年的《无产阶级之夜》中，朗西埃对工人运动的关注点发生了些微的偏移。正如其在2012年此书再版序言中所指出的，"于这些19世纪30年代的工人而言，问题不在于如何实现一个遥远的世界，而是去实现自我，即尽其所能地回到那个曾经拒斥他们的时代"❸：无论是具体到个案的、工人们的自我学习与提升，还是更广泛意义上的、无产阶级对自身知识能力的自证与智识解放，其所对准的都并不是"创造一个全新世界、完成无产阶级革命"的目的——事实上，在朗西埃看来，这一目的恰恰是知识阶序不平等的又一体现，是"主流话语借助了这些形式且强行刻画出他们的形体"❹；而他们的真实目的，正如前文中所引述的那样，仅仅是"回到那个曾经拒斥他

---

❶ Rancière, Jacques. The concept of 'critique' and the 'critique of political economy' (from the 1844 Manuscript to Capital)［J］. Economy and Society，1976，5（3）：365.

❷ Rancière, Jacques. Althusser's Lesson［M］. Translated by Emiliano Battista. Continuum International Publishing Group Ltd，2011：80.

❸ Jacques Rancière. Proletarian Nights：The Workers'Dream in Nineteenth - Century France［M］. London：Verso，2012：ix.

❹ Jacques Rancière. Proletarian Nights：The Workers'Dream in Nineteenth - Century France［M］. London：Verso，2012：ix.

们的时代"。如何将被共同体拒斥的多元主体纳入共同生活的场域,这也成了
"歧感"理论形成过程中最早瞄准的现实问题:下文将继续阐述这一点。

　　另一个转变同样有力地推动了"歧感"理论的浮出水面:在这里,不妨
将其概括为朗西埃对现有社会阶序的初步怀疑。借由对知识阶序的质疑,朗西
埃进一步关注到这一知识权力阶序产生的深层原因,并从中衍生出对人类社会
对共同体成员之角色分配与行为约束的思考。此后,借由对柏拉图及其理想国
的评论,朗西埃初步进入了这一问题:在他看来,(柏拉图)始终致力于把应
该接受教育的人和不应该接受教育的人分开,把可以正当地接受思想的人和因
接受思想而必定会被看作一种侵犯的人分开。❶ 显然,在挑战知识阶序之不平
等的道路上,朗西埃又遇到了一个新现的敌人:这一敌人存在于社会内部,以
"理所应当的共识"为名行使着自身的支配性力量;它裁决着何种行为为合
理、何种行为为共同体所判别为应当,并由此维护着知识阶序(以及其他的
统治阶序)的存在,对共同体下的每一分子进行着以"身份"为名的规训与
统治。在日后的发展里,这一社会性的共识与无形的秩序将被发展为更具系统
性的"感性的分配"之理论,并将"歧感"的获得视为从这一体系中制造裂
隙、获取人类解放之可能性的过程。

　　对知识权力阶序之思考阶段完成了朗西埃"歧感"理论中两大问题的建
构,即"被排斥者如何进入共同体"的问题,以及"如何在共同体内部的社
会秩序中制造裂隙,实现人类解放"的问题;而在"歧感"理论的形成阶段,
朗西埃将这两个主要问题从"知识阶序"的、相对狭小的问题域中向外扩张,
演化为对人类个体与共同体更广泛的关系之思考的阶段。

　　从1986年起,朗西埃开始脱离知识阶序问题,走向"歧感"理论建构。
在笔者看来,民主与其说是一种特定的体制,倒不如说是一个杂乱的集市;而
工人的解放则被定义为使其摆脱少数的状态,证明他们也属于社会,而不仅仅
是焦虑、抱怨和抗议的存在。❷ 不难发现,这番阐述已经初步建立了朗西埃意
义上的、理想社会的蓝图:共同体的内部没有确定的统治体制,比起被限定于

---

❶　雅克·朗西埃. 哲学家和他的穷人 [M]. 蒋海燕,译. 南京:南京大学出版社,2014:52.
❷　雅克·朗西埃. 政治的边缘 [M]. 姜宇辉,译. 上海:上海译文出版社,2007:41.

固定的社会角色上、以特定的面貌生活，人们更倾向于以自由的、个性化的生活方式参与社会生活中，并由此完成对个体的解放；而在共同体的对外边界上，朗西埃则重视对弱势/边缘群体的双重纳入标准：不仅是发现并承认其存在、发现其生存状态中的实际问题，更是对其所具备的"理性和话语"能力给予肯定，在赋予其成为共同体一分子之资格的前提下，进一步肯定其在共同体中自我解放、实现自我价值的理性能力。

　　1992 年出版的《历史之名：论知识的诗学》则在此基础上更进一步。在这一"将感性批判的议题显题化"❶的阶段，朗西埃做了大量相似的工作：通过"宣称历史字词与其现实的无关联"，以达成让生命得以复振，以及透过导致自我缺乏的死亡让知识证实自己的最终目的。在历史的层层积灰之下，朗西埃寻找到了那些普通大众的身影，他们存在于陈旧的故纸堆中，发出混沌不清的杂音：是各种政治修辞学的美化消除了他们最清晰的话语，剥除了他们发出理性的声音，进而被主流话语与共同体真正纳入的权利；面对这一现实，朗西埃对"历史"之书写提出了大胆的构想：以诗学检验各种政治修辞学的美化，从这种美化中无法取得名字的历史之间找出断裂的空隙，破除意义与真实在书写上的连结❷：换言之，历史书写的任务不再是记录历史上标志性的事件，而是破除书写方式的美化，将人民重新带回可感的、富有理性的场域，将被遗忘多年的解放权利交还于他们。

　　至此，将"歧感"的运作机制引入当下的共同生活，并将其作为理想共同体的运作核心，于朗西埃而言已显得水到渠成：在接下来的时间中，朗西埃逐渐意识到现代政治"不是治理共同体的艺术，它是人类行为的一种纷争性（dissensuelle）形式"❸。从《歧义：政治与哲学》❹ 开始，朗西埃试图将其上

　　❶　雅克·朗西埃. 历史之名：论知识的诗学［M］. 魏德骥，杨淳娴，译. 上海：华东师范大学大学出版社，2017：1.

　　❷　雅克·朗西埃. 历史之名：论知识的诗学［M］. 魏德骥，杨淳娴，译. 上海：华东师范大学大学出版社，2017：1.

　　❸　雅克·朗西埃. 政治的边缘［M］. 姜宇辉，译. 上海：上海译文出版社，2007：新版序言4.

　　❹　雅克·朗西埃. 歧义：政治与哲学［M］. 刘纪蕙，林淑芬，陈克伦，等译. 西安：西北大学出版社，2015.

升为"一种系统化的模式所发展的论点",但我们不妨把"构思于 1996 年"❶ 的《有关政治的 10 个主题》——这篇鲜明地以"政治的本质是非共识(dissensus,即'歧感'的另一译法)的制造,亦即在两个世界中出现的那个存在"❷ 为观点的论文——视为"歧感"理论之最终形成历程中的里程碑事件;不仅因为朗西埃本人将此文评述为一次"试图概述这些观点(即歧感相关学说)"❸ 的举措,更因为此文最为旗帜鲜明地将"歧感"摆到了当代政治之运作机制的核心位置。以智识革命之胜利为起点,以推动社会进入多元化感知场域的梦想为终结,朗西埃逐渐累积、丰富着"歧感"的含义,最终形成了推动人类走向解放之可能的、一条颇具辨识度的路径。

二、"歧感"(dissensus)实现之路径:共同体与美学

借由与"感知"行为的密切关系,以"歧感"为凝聚核心的共同体似乎从一开始便与美学行为具有千丝万缕的可能联系。借助"诗学"的种种特征,新时代的历史文本超越了旧历史主义的记载内容,更超越了旧历史关于历史陈述的价值的定论,以达成对真实历史的呈现。同时,在《感性的分配》(*The Distribution of Sensible*)一书中,美学行为对共同体的实现路径得到了更全面的阐释。

"感性的分配"正是朗西埃对于当代社会之可感逻辑的最终定名。作为一种"基于一套空间、时间以及被社会共识所认可的特定的行为方式,并由此决定哪些主体被纳入这一共享"❹ 的感性机制,其同步决定着何种个体得以被纳入共同体的内部,而共同体又以何种秩序(包括对个体行为的限制,也包括对共同体内部资源、空间的分配)持续运行。因此,如果将歧感视为突破

---

❶　雅克・朗西埃. 政治的边缘 [M]. 姜宇辉,译. 上海:上海译文出版社,2007:新版序言 5.

❷　原文出自 Jacques Rancière. Ten These on Politics [J]. trans. by Davide Panagia and Rachel Bowlby, Theory & Event, 2001, 5 (3), 由杨淳娴在雅克・朗西埃. 历史之名:论知识的诗学 [M]. 魏德骥、杨淳娴,译. 上海:华东师范大学大学出版社,2017:导读 18 中翻译与引用。

❸　雅克・朗西埃. 政治的边缘 [M]. 姜宇辉,译. 上海:上海译文出版社,2007:序言 5.

❹　Jacques Rancière. The distribution of the Sensible:Politics and Aesthetics [M]. translated by Gabriel Rockhill. New York:Continuum,2004:12.

这一秩序的必备手段，则在这两个层面上对其同步完成突破是不可避免的：正是在这一前提下，朗西埃提出了审美行为与歧感共同体建设的联结可能。

在朗西埃看来，在诸种艺术，尤其是出现于近现代的诸种艺术形式中，都蕴藏着两种对感知进行再分配的潜能。这些艺术形式不仅力图打破"保持了存在与事件之所以为可感的既有模式"❶之壁垒，将更广泛的主体纳入引起共同体注视并获得关怀的内部空间，还往往在既存的社会秩序上对"明晰的区隔、身份、行为及空间"❷形成干扰，借以从内部突破感性之分配对社会运作所作的、限定性的秩序，从内部对共同体的成员进行解放。借助朗西埃对艺术作品的具体评论与分析，我们或许能更好地理解这两种不同机制的运作过程。

首要的问题：如果我们的感官系统已经遭到蒙蔽，那么我们该如何获取对世界全面的、真实的感知，并由此将更为广泛的个体纳入共同体内部？换言之，作为对"不可感知性的异议"❸，在感性的分配这一无所不至的体系的笼罩之下，"歧感"应如何拓展我们对世界进行感知的触角？朗西埃将这一问题归于一种与康德之"无目的的合目的性"类似的（朗西埃本人也曾在对歧感美学进行解说时自述："如果读者需要类比，则这一美学可以在康德的层面上被理解"❹）颇具反抗意识的艺术思维：让审美首先摆脱特定"行为目的"的限制，再让事物在无目的中将自己显示于感知经验。❺

另一个问题：在获取具体的感知之后，我们需以何种态度处理它们？既然我们的认知系统已在感性分配的体系之下产生了种种微妙的变形，我们又应该以何种方式认知我们感受到的事物，并保证这些来之不易的感受真实不被"何种事物之存在与运作为合理，而何种事物则没有意义"的既有认知所进行

---

❶ Jacques Rancière. The distribution of the Sensible：Politics and Aesthetics ［M］. translated by Gabriel Rockhill. New York：Continuum，2004：13.

❷ Jacques Rancière. The distribution of the Sensible：Politics and Aesthetics ［M］. translated by Gabriel Rockhill. New York：Continuum，2004：13.

❸ 菲利普·德兰蒂. 朗西埃：关键概念 ［M］，李三达，译. 重庆：重庆大学出版社，2008：120.

❹ Jacques Rancière. The distribution of the Sensible：Politics and Aesthetics ［M］. translated by Gabriel Rockhill. New York：Continuum，2004：13.

❺ Jacques Rancière. The distribution of the Sensible：Politics and Aesthetics ［M］. translated by Gabriel Rockhill. New York：Continuum，2004：13.

再度的筛查？朗西埃对这一问题的答复是釜底抽薪式的：在他看来，歧感并非生成于对认知论的修正或云"认识论的断裂"（an epistemological break）❶，而要求认知主体跳出认知论的影响，以达到"与认知论的断裂"（a break of epis-temology）。他指出，作为一种理想的现代艺术形式，新戏剧应当使任意一个人去体验世界的无声行动——在这一艺术体验中，各审美主体不仅接受了超出日常可感域的感知内容本身，更被迫进入了重新理解这些感知内容的思考过程：由于无法在戏剧情节、艺术准则、台词手法等一切戏剧"传统"的元素中捕捉到符合既有认知观念的理性认知，观众们对于何种感知具有理性之价值的判断链条被全然打破。借由对"何种感知具有意义"这一问题的重新思考，两个进一步的问题也在观众之中被潜移默化地提出：他们不仅需要重新思考"被感知到的行为"的意义，还需要重新思考"被感知到的行为主体的意义"——而这恰恰重构了感性的分配秩序对内部主体的言行及社会地位之区隔所做的种种秩序性的限制。正如德兰蒂所指出的："（审美）话语的解放对朗西埃来说，意味着将现实的不同层面引向存在论的混乱。从狭义上讲，随着典型逻辑的破坏，受到挑战的不仅是个体之间的社会分离（谁能说话、对谁说话、谈论谁），还有对象的选择。在审美体制下，任何对象都值得用艺术去表现，哪怕是小便器。"❷

　　而在对具体感性材料的获取，乃至对这些材料的具体处理方式之外，审美行为还在另外的两个维度上支撑了歧感共同体的长期持存。首先，与政治意义上对抗社会认知理念、强调对外回避性的客观行为不同，审美意义上的无目的性理论还指向了对审美主体感性情绪的激发——正如康德所论述的那样，"审美判断只能是来自于主观的愉悦心意状态"。事实上，对"歧感"的获取更具帮助，也使"歧感"与美学领域的结合更为紧密的，也许恰恰是"感性"元素自身在美学领域不可替代的重要性。"歧感"的制造不仅需要无目的性对人的行为与身体的放任，更需要共同体内的个体练就一触即发的、敏锐的感知能力，以不断的感知行为冲破当下社会的牢笼。或许这一点在大多数艺术活动中

❶　菲利普·德兰蒂. 朗西埃：关键概念［M］. 李三达，译. 重庆：重庆大学出版社，2008：123.

❷　Jean-Philippe Deranty. Democratic Asthetics：On Jacques Ranciere's Latest work［J］. Critical Horizons，2007（2）：245.

都可见其端倪：即使在千年之前的柏拉图眼中，被理想国排除在外的诗人也具有"更会看重容易激动情感的和容易变动的性格"：从某种程度上说，这正是艺术行为之必然赋予人类的秉性。这一对"感知"行为的、时时刻刻的强烈激发作用，也恰是朗西埃试图纳入其"歧感共同体"之建设，并维持这一共同体长期运作的手段。

此外，朗西埃眼中的"歧感共同体"之凝聚力，也在部分程度上来自不同社会主体间的审美通感。一个间接的论据来自朗西埃对马克思的评价。在朗西埃看来，"马克思所提出的是全新而持久的对审美的人的认识……我们知道，这是生产的人，这样的人不仅生产出生产对象，也生产出让他们得以产生的社会关系"❶：无疑，这些得到"再生产"的社会关系是宝贵的，它使共同体内部的凝聚力得到了加强，这对于歧感共同体——一个对原有的、某些维稳性元素予以了大胆消解的共同体而言无疑更为可贵；这些个体成员对社会关系的"再生产"能力在这里不仅来源于感知的内容及其带来的认知理性，也来自审美能力与行为本身。借由美学为发起与指导，以"感性的分配"体系为对抗目标，朗西埃为"歧感"的创造提供了可能，更确定了其产生的具体蓝图及产生后的使命。

三、启示与可能：丝路审美共同体的结构性设想

在讨论"歧感共同体"概念可能的现实意义及启发，并据此构想一种可能的丝路审美共同体之前，我们不妨先依据以上的言说，勾画出一般共同体，即"感性的分配"所主导的共同体的内部特征。在对何为合理性的裁定过程中，感性的分配划定了可见与不可见、行为之合理与不合理的界限，进而划定了人群的身份与空间归属。我们确信了何种个体得以被纳入共同体之中，其在共同体内部的何种活动才具有意义，其又应该在社会内部的物质与时空分配中获取何种资源：当我们为每一具体个体划定这些层次的"合理性"规范之后，统一且便捷的社会管理也随之成为可能。

---

❶ 雅克·朗西埃. 美学中的不满 [M]. 蓝江，李三达，译. 南京：南京大学出版社，2019：40.

　　至少有一点毋庸置疑：长期以来，这一体系以及其主导下产生的共同体，确已在众多方面获得了斐然的成就，并依托对"可感之合理"的集体性共识，捏合出一个相对牢固的共同体。而在朗西埃的"歧感共同体"想象中，这一共同体的许多维系手段显然已被取缔，产生的新共同体无疑面对着诸多的挑战。因此，如要借助"歧感共同体"的概念，进而构筑一种可能的丝路审美共同体，则在单一的"审美共通感"之外，寻找到为此种共同体提供凝聚力的长期方案便成了必然的要求。

　　正如前文所述及的，歧感之所以为"歧"，其出发点并非追求与共同体内部的任一分子所不同的感性体验与认识，而是避免社会共有之认知论的干扰，达到对真实世界的"去蔽"；因此，歧感共同体走向的共同认识并非约定俗成的、限制性的感知秩序，而是对真实历史的共同认可。因此，对于丝路审美共同体的设想而言，以下的一种作品类型或许是值得期待的：用朗西埃的话来说，即"时代和历史踪迹的诗学与科学的综合体"❶，凝聚了同一历史时期下社会生活的全貌，也因而凝聚了"那些不可能看见的东西"。诚然，"丝路审美互通"的问题筑基于多民族汇通的时代背景，但只要这些各民族的来客汇聚于统一的时空及社会环境之中，就必然会存在某一被共见及共享着的时代背景：一个具有一定典范性的例子或许是，在敦煌曲子词的传唱过程中，不同民族、不同阶层的人民正是基于对特定事件的"共享"，在艺术作品里找到了特定的共鸣。笔者将在后文的案例分析中试图说明这一点。

　　在另一维度上，朗西埃指出，"歧感共同体"内部的不同个体都拥有了对自我实现智识解放的权利，这一权利也正是此共同体另一凝聚力量的来源；需要指出的是，在这里，此种决定性力量并非共同体成员的认知本身，而是"理性的言说者"的共同身份。

　　由于认知个体对同一世界的具体感知与认知存在诸种差异，完全依靠对世界的"真理性认知"，并以其团结起一种坚固的"共识性"共同体，显然只是一种美好的幻想。"字词的乌云"，朗西埃如此命名这一危机的存在：在他看

　　❶ 雅克·朗西埃. 思考"歧感"：政治与美学 [J]. 许卓婷，译. 赖兰兰，校. 马克思主义美学研究，2014（7）：214.

来，大革命在法国社会产出的转变被大革命的大量言说暧昧化，革命与对革命的言说过度使对大革命的共同认知永远不曾到来。❶ 因此，在这些走向分歧，乃至导向言语之暴动的言说背后，朗西埃提出了一种对其进行提炼与归一的可能性："言说者从不空泛地言说。他们的言说永远充满意义……他必须将言说引导到沉默上，使在它当中表达的沉默之声言说，并且让这个声音，使它从属的真实身体可以被感受。"❷

这一言说对丝路审美共同体的启发意义或许可以这样理解：在"歧感共同体"的内部，维持每一个体对共同体，乃至其身体在共同体中所在位置之长期认可的不仅是共有之认知，还是一种权利的享有，一种共有身份之认同。对于包含多元文化主体的丝绸之路审美共同体而言，这也许是一种亟待被建立的思维方式。重要的不是令所有人对特定的作品产生趋同的审美趣味，而是首先思索一个前置性的问题：如何令他们意识到，自己乃是具有"审美"的基本权利的、艺术的参与者，且正处在审美的总场域中。这是一个被解放者的社会，这也是一个艺术家的社会。这个社会不去划分谁有知或谁无知，谁有或没有智力，它只看到行动的心智：这些人，去做并讲其所做，将所有成果用作一种方式，以表明他们的人性与所有人相同。

就"歧感共同体"概念而言，另一个值得借鉴的思维方式或许是，共同体内部的秩序维系需要对民意的不间断反映。此种反映"不是其拟仿物作为摧毁'真正的世界'与其政治化身的力量"❸；相反，其主要的意义体现在两种运作机制的结合之上："一者是无差别可见性的媒体繁殖，另一者是意见普查和模拟投票的简化计算。"❹ 民主的实现并非令现实适应每种具体的民意，但它至少需要使每种民意保有被"看见"的权力。

---

❶ 雅克·朗西埃. 历史之名：论知识的诗学 [M]. 魏德骥，杨淳娴，译. 上海：华东师范大学大学出版社，2017：69.

❷ 雅克·朗西埃. 历史之名：论知识的诗学 [M]. 魏德骥，杨淳娴，译. 上海：华东师范大学出版社，2017：95.

❸ 雅克·朗西埃. 歧义：政治与哲学 [M]. 刘纪蕙，林淑芬，陈克伦，等译. 西安：西北大学出版社，2015：136.

❹ 雅克·朗西埃. 歧义：政治与哲学 [M]. 刘纪蕙，林淑芬，陈克伦，等译. 西安：西北大学出版社，2015：136.

在笔者看来，这是一种值得所有美学的共同体参照的思想。它试图告诉我们的是，不需要按人民的意愿去更改艺术的法则，而应当思考如何以艺术为媒介，实现对人民之"存在"的、全面的反映：不仅是他们的存在现状，也包括他们的精神与思想、过去和未来。"政治的争议不同于以人口总数构建之组成分子间的任何利益冲突……而是使对话情境发生的交谈。"❶ 使艺术作品成为一种可能的"对话"平台，令内在与外来的共同体成员在这一"对话情境"中涌现，或许恰是丝路审美共同体在实现过程中的首要目标。

总之，在丝路审美共同体的问题域中，"歧感共同体"的概念为我们提供了几点有益的理论支撑：相近的叙事背景及时代母题，一种更加开放、便于多元主体加入的美学场域，一种对各阶层的反映更加灵活、更加全面的艺术形式。事实上，在历史的演进中，一些较为成功的共同体艺术都在某种程度上具备了相近的特征：在后文的案例分析中，笔者将以曲子词艺术及其曾团聚起的美学共同体为例，试图完成对以上结论的进一步说明。

---

❶ 雅克·朗西埃. 歧义：政治与哲学 [M]. 刘纪蕙，林淑芬，陈克伦，等译. 西安：西北大学出版社，2015：136.

第六章 "与在共同体"理论视角

在丝绸之路宏大的历史地理空间中，包含物质、图像、文本、行动的审美文化在其间往复流通。审美文化在丝路沿线的传播和交汇展现和促生了人们共通的审美情感，在传承深厚文化积淀的同时不断孕育新的审美文化形态。异质性审美文化在"各美其美"中实现"美美与共"，使这一审美场域成为不断熔铸生成的民心相通、人文化成的审美共同体。

包含物质、图像、文本、行动等多元门类的丝路审美文化在今天获得了越来越多的关注，人们生活在一个异质文化环绕的世界中，其审美经验、感知方式被这种文化环境所裹挟和塑造。丝绸之路作为一个多元文化杂合、审美情感共通的公共空间，审美共同体问题在其间凸显。随着中国"一带一路"倡议和人类命运共同体理念的提出，丝绸之路的战略重要性和意义多元性更为重要。新时代中国面对人类当前危机和挑战，为了促进世界和平和发展而提出了人类命运共同体的理念，强调世界人民的民心相通和荣辱与共。丝绸之路问题在时代发展的潮流和趋势中需要走出传统视野，体现中国对当前世界形势的深刻理解和诠释。丝绸之路不仅作为一个地理空间而存在，同时也体现着中国传统文化资源的再生发和一种基于审美情感的体制的构建。丝绸之路上流通的审美文化以个体情感经验为基础，主要以具有审美特性的文化产品为载体，表征着人们的情感需求和特质。面对当下发展机会与挑战并存的丝路审美共同体，我们需要一种多元化的阐释路径。让-吕克·南希的共通体思想从存在者之间的"微偏"、身体与物的"触碰"、审美经验的多元、共通体的"不作"为丝路审美共同体的生成提供了独特的阐释角度，推动我们思考丝路审美共同体如何构建的问题。

一、复数的经验：活态文化的展演

丝绸之路作为一个巨大的文化地理空间，其间流动生成着无数的审美要素，而这些要素的生成离不开丝路沿线人们的共同创作。但是目前的研究往往将丝绸之路的表征和表征的丝绸之路区分，将被建构出来的丝绸之路和实际上发生的活生生的丝绸之路的表征割裂。需要强调的是，丝绸之路所建构的文化地理空间并不是一个有着明确边界和具体规约的空间，而是一个被建构出来的界限空间。它本身作为一个广阔的公共空间，处在各个确定的国家、民族等边界之外，并在这种边界之间搭建起了自身的领域。它扎根于边界之内空间的敞开和自身的分离。丝路这一公共空间以其自身对文化多元性的生产和流通的开放和促生，填补了私人空间的单质性，从而使多重私人空间在其边界之地想象并生成了一个新的空间，而在这个飞地上人们的异质性经验得以自由互通。由此，丝绸之路公共空间催生了人的审美情感的进一步共通和表达的自由，它成为一个审美的空间。

我们需要通过扩大公共网络、柔化公共边界来巩固这个审美空间，将共同体作为多元和开放的世界来超越资本主义、特定的社会组织形式、社会再生产形式等。需要强调的是这个空间不同于乌托邦的虚构性，它不是建立在一个重新被建立和规约的共同体中，不具有人为的设计性和超越现实生活的理想性，也不独立于任何现实。它就处在人们的日常生活中，这里的日常生活不仅是社会再生产的场所，而且是包含人们的自我敞开和集体经验的流通实践，他者并不需要跨越某种门槛而闯入，而是以一种本质性的存在位置安处在这种日常生活中。

人们新的审美经验的发生和发展体现在这一空间的表征中，并且通过这个空间的展演而得到解放。丝路公共空间似乎在某种意义上，成为人们丧失的共同体的温暖经验的替代品，人们重新在其中找到了怀旧式的自我确证。但实质上它擘画出了一个新的审美经验的展演空间。在其中，人们之间的联系纽带不再是某种共同利益或者制度约束，而是一种重塑自身的、与他者共在的审美性生存方式。人们不仅共享一套关系和实践，包括在特定条件下共享的商品的生产，而且共享包含共同价值观、习惯和观点的共同世界。这个空间永远对新来者开放并不断被创造者重塑，同时也重塑了他们自身。"飞地"中所形成的"我们"的言说方式渗透语言、节日以及公共领域的共同象征中，它似乎是一个独立于我们生活世界的经济关系的平行世界，但同时又贯穿在我们的日常实践中，实践活动以异质性的多样化创造的方式进行。这种创造构成了我们生存的基本方式之一，同时在共创的层面上，它是丝路审美共同体的构成机制。

共同体问题当下日益凸显的重要原因之一在于人们发现自身所处的世界在后现代语境中面临分裂的风险。正如哈代对宗法制社会的依恋，人们发现随着资本主义在全球化语境中占据绝对位置，尤其是新自由主义的发展，自身无法确证自身的位置，周围的世界持续加速发生变化。外在环境的改变带来人们的感性经验的巨大变革，相对稳定的经验不断被惊异和震惊所打破，感性经验秩序在无序状态下被不断切割和分裂。这带来的一个重要结果是人们之间的情感联系断裂，由于自身确定性的消失而引发链条的中断和分解。面对这样的情况，诸多学者寻求在当代语境中重建人际关系的路径，即在对旧的共同体的缅怀中试图重新构建一个新的共同体。

新的共同体已不再可能基于地缘、血缘、亲缘等外在约束。当任何外在条件约束都失去有效性时，人们的感性情感成为我们建立新共同体的基础。在日常生活审美化的语境中，审美经验发挥着重要作用。这一倾向表现为人们在消费中的考虑要素从实用性转变到美观性，更加追逐物品的美感和生活体验，这也是体验经济在当下获得生命力的原因。从更深层来看，美学的日常生活转向和日常生活的美学转向的相互缠绕共同引出了一个问题，即人的存在的审美化。人的日常生活实践是对现实世界的改造过程，马克思指出人在这个过程中可以证明自己是有意识的类存在物，相比于动物只按照其所属的种的尺度和需要来构造，人却懂得"按照美的规律来塑造物体"❶。"美的规律"由此从艺术品的规律上升为人的存在规律，在美的实践活动中人自身的自由被确证，同时审美实践成为人脱离异化状态走向感性解放的重要途径。审美活动不再停留在静观式地欣赏音乐、绘画等艺术，而是泛化成为人们生存的本质性属性，人就

---

❶　马克思. 1844 年经济学-哲学手稿［M］. 刘丕坤，译. 北京：人民出版社，1979：50.

是审美的人。南希在意义与艺术的关系中定位了人的审美性存在。

我们生活在一个所有意义都被抛弃的时代，"正是向意义的离弃的暴露构成了我们的生活"❶，意义在缺乏确定位置中超越自身而抵抗一切。我们一方面渴望意义，但是这种需求不可避免地会陷入陷阱中，如某种声称提供安全性、认同确定性的信仰。同时我们发现自身超越了对意义的期望和需求，已然在某种永远处在闻所未闻状态中的意义之中，它先于所有意义。也就是说，对意义的寻求的遗憾反过来暗示了一种积极态度，即"否定意义的存在肯定了一个人知道什么是意义，意义在哪里，并且将意义的掌握和真理保持在适当的位置"❷。布朗肖认为意义的缺席与其位置或形式无关，而是重新定义了意义，这种缺席已然成为存在的意义，而以生存的方式运作。意义被理解的关键在于寻求超越所有意义之上的意义的外展，它不是世界的超越，而是意义的跃出。人们对意义的需求往往致力于要求世界"将自身指向居所、避难所、栖居地、保护、亲密性、共通体、主体性"❸，而在世界被世界化或者成为世界主义时，这些确定的意义取消了自身的被占有，同时被解构和撕碎。南希认为意义的唯一存在方式只有在其离弃的敞开中，作为一个世界的敞开。这种敞开具有网状结构和所指的表征，构成了作为世界的意义的意义结构。

意义在这里并不具有某种超验性或者归纳概括性，它以其自身的中断和与感官、感性的同源（南希所使用的"意义"一词并不是 meaning 或者 signification，而是更具有感性意义的 sense），将自身彰显为存在本身。相应的，共同体不是作为一个政治学概念或者社会学概念，它是关于人的根本性存在。正如海德格尔曾把存在问题归结为存在的意义问题，南希认为："共通体的问题其实是人的存在的意义（sense）问题。我这里所说的意义，是包括意思（meaning）、感受（sensation）、方向（direction）等含义在内的星丛概念，法语中

---

❶　Jean-Luc Nancy. The Sense of The World ［M］. trans. Jeffery S. Librett. University of Minnesota Press，1997：2.

❷　Jean - Luc Nancy. Being Singular Plural ［M］. trans. Robert D. Richardson and Anne E. O'Byrne. California：Stanford University Press，2000：1.

❸　Jean-Luc Nancy. The Sense of The World ［M］. trans. Jeffery S. Librett. University of Minnesota Press，1997：3.

的 sense 就是这样一个词语。"❶ 在这个层面上，意义就包含人的生存的各种指向。意义并不仅是语言的意指或文本的解释，它还包括挥手、眨眼等动作和其在不同情境中的指向。也就是说，南希的意义是我们存在的活生生的经验或者感性，它指向外部的流溢和播散。"意义应被理解为在特定情境之中的感觉经验的生成，理解为可识别的意义崩溃之后的意义增殖空间的敞开。"❷ 由于意义的非给定性，它总是在不同的情境之中不断地生成，总是在不断地来到在场。人的存在本身也就是存在本身的来到在场。

那么，人的生存在意义缺席的条件下如何来到在场？意义的耗尽的情况本身勾勒出一条来临的踪迹，或者这种终结本身就是一种来临。南希将意义规定为使存在成为存在本身的行为，当意义在无限延异中不断打断存在的存在时，这种不断的来临就打开了一条通道———一条艺术诞生的通道。艺术所带来的审美惊奇或者说审美快感在存在、意义、真理之间搭建桥梁，它从古典美学的规则话语的快感，发展为今天现代艺术话语中分形的、诗意的快感，在生存性的快感层面使意义和真理显现，而这种显现在其不断处在来临状态和重新诞生意义上，意味着人的感性的重新分配。

审美快感在审慎的现代艺术话语中是一个充满歧义的概念。古典话语将审美带来的快感尽量与规则所带来的快感趋同，但是在现代艺术话语中，规则的美学和其带来的快感让位于诗意的美学。古典话语的目的是给予某种类型的快感而不进一步去触碰它。艺术接近快感，或者说它赋予快感。它是由它所赋予的快感和它所带来的快感构成的，而由于所有的快感都发生在身体层面，感知的潜在完善的动能也是一种包含快感的情感，所以艺术的快感则基于它的触摸，并且经由触摸构成了它的本质。艺术由此就不是一种诗意或者实践，而是一种生发愉悦的行为，它与前两种活动交融。通过感官的触摸行为，快感使意指（signifying）意义构成的链条悬置，成为意指意义的连接的桥梁，正是在这个意义上，真理感性显现并悬置在这个链条中。

---

❶ 王琦，让-吕克·南希. 后理论时代的共同体构建——与斯特拉斯堡大学让-吕克·南希教授的学术对话录 [J]. 清华大学学报（哲学社会科学版），2021，36（6）：151.

❷ 王琦，让-吕克·南希. 后理论时代的共同体构建——与斯特拉斯堡大学让-吕克·南希教授的学术对话录 [J]. 清华大学学报（哲学社会科学版），2021，36（6）：152.

艺术超出了其内在性的表达，当意指或象征秩序被悬置时，来临发生并打开一种通道。通过这个通道，链条的中断产生了缺席的意义，它不意味着意义的虚无而是充实，缺席的意义以比意指更古老的方式爆发出来，作为意义的真理。这就是理论话语通常想要言说的不可能性。每一次内在性和超验的辩证的共谋与存在于自身之中和绽出的辩证共谋，都有艺术的痕迹或预设，这些被打破、转移或者悬置。也就是说，每当一种比自我或他者的分配更原始的意义触碰到我们时，就有"艺术"：意义自身在在场的溢出中，同时先于它本身，又先于使意义成其为意义的存在，先于自在存在本身。艺术以意义的敞开为主题，将意义本身的敞开沿着感官表面放置，一种"呈现的呈现"，即将到来的行为和情感。就艺术的历史而言，它是一种文化或对形式、趣味、神圣仪式或权利纪念碑的崇拜。艺术从来没有一个单独的象征。象征秩序被打断时它才达到它自己的本质。象征像独一性一样，只以复数形式存在。❶ 象征性的最高法则不是一个一致的联系和一个不断循环的构成。它在更远的地方、更偏僻的地方，在那个给予一般意义上的联系或交换、交错、沟通的可能性的地方，通过传播或触摸的形式，模仿或分有的方式，而且总是包括沟通性本身的秘密的分享，艺术是存在的显现和真理的显现。那么艺术的多元性运作就打破了我们的知觉或行动的同一性，将其间隔开来并迫使异质性的感觉接触自身。"这就是缪斯们的力量：它同时是一种分离、孤立、强化和变形的力量。"❷ 艺术从作为意指和再现的统一体中创造出另外的东西，而这部分并不是分离出来的，而是另一个统一体与这个统一体的触碰。艺术使感觉和意指分离，也就是说，艺术使感官被赋予一种意指之外的感觉。

以艺术来呈现的世界的终结，意味着存在的生存本身重新宣告自己的诞生。这种诞生不是宇宙学的、神学的或人类学的诞生，也不能被包含在任何艺术作品或完成的形式中，它的在场呈现出碎片化的特征，即它的"艺术"不再与高雅艺术之前的"ars"和今后被视作无限的有限的"技术（tekne）"区分，这是一种"分形"的诞生。这种艺术可以说是一种元艺术，它诞生于艺

---

❶ Jean-Luc Nancy. The Sense of The World [M]. trans. Jeffery S. Librett. University of Minnesota Press, 1997: 138.

❷ Jean-Luc Nancy. The Muses [M]. trans. Peggy Kamuf. Sranford University Press, 1996: 22.

术终结之后，超越了碎片化美学和艺术终结论的反复出现，并且打破了对高雅艺术的欲望，作为"技术"问题的一个方面重新出现或者更为本质地显现，是一种前所未有的面向未来的碎片化。这种碎片化的艺术与生存的存在事件有关，并且在这样的存在中它在无限来临中暴露自身。也就是说，不将艺术视作已完成的而服务于整体的碎片作品，而是将碎片看作其在本质上就是分形的和片断的，作为存在的生存的在场/呈现和整体性的显现的踪迹。那么，这就意味着新的艺术和新的感性的诞生，碎片化的生存在场以其经验的碎片化的整一性展演走向一种共同体的美学。

丝路空间中的审美文化所带给我们的审美经验是多元而不可化约的。文本的、图像的和物质的丝绸之路中都存在一种事件的展演，它们不仅仅作为孤立的作品而成为欣赏对象，我们对其的观照总是基于对其发生的理解和关注。它们之中蕴含着活生生的发生在丝绸之路上的生活和实践，表征着人们在实践过程中的丰富多样的经验，丝绸之路不仅是固化在文本、图像和器物中的静态之路，还是一条不断发生和来临的活态之路，而丝绸之路的这一属性较少被人们所关注。"活态审美文化注重在活着的和活过的时间维度上、在文本的与实践的空间维度上，在描述性与施事性话语之间展开广泛协商，它属于感觉的、流动的、民间倾向的、物质相关的、身体在场的、环境参与的操演型审美文化。"❶

行动主体在丝绸之路这个公共空间中自由地发挥着能动作用，以其切实的介入性而塑造着自身的认知。例如，在阿富汗巴克特里亚地区发现的古代钱币，在布哈拉和白沙瓦发现的希腊国王铸造的钱币在很大程度上填补了中亚这一地区历史的空白。这些钱币为国王命令铸币厂制造的，上面刻有国王的雕像和他的敬称，除了这些基本的年代和身份信息之外，它们还提供了更多的关于当时艺术的资料，比如头巾和随身佩戴的武器的精美雕刻和来自印度等文化中的特别元素。弗兰克·霍尔特（Frank L. Holt）在文中关注到了铸造钱币的匿名的工人，这些工匠将他们的创造性和个性体现在这些钱币上。这些钱币上的铭文使用的均为希腊文，作者发现在王朝后期的钱币上的铭文有些出现了错

---

❶ 张进. 论丝路审美文化的属性特征及其范式论意义 [J]. 思想战线，2019（4）：140-147.

误，甚至有明显的修改痕迹。他认为这是一个王朝没落的表现，在作为巴克特里亚的重要政治中心阿伊哈姆努被遗弃之前，游牧民族的入侵就已经开始了，政治上的混乱进而影响了铸币厂的工匠和审查钱币的人员，导致错误百出。❶我们在这些出土的钱币上看到了一个王朝的没落和铸币工匠面临政治动荡和外敌入侵之时内心的慌张和混乱，这些发生在千年之前的人们的活生生的经验在今天被重现。

意义的生存性经验不仅包含行动主体的能动作用，其所处情境也是构成感性经验的关键。敦煌作为丝绸之路上的典型城市，莫高窟的存在使它与藏经、壁画等紧密联系在一起，其中的佛教艺术壁画与雕塑似乎代表了敦煌艺术。但是正如巫鸿所指出的，将敦煌艺术等同于佛教艺术取消了一个包含敦煌艺术在内的复杂文化空间，这反过来阻碍了对敦煌艺术的理解。传统上时间性的敦煌艺术将直接展现在视觉中的杂乱的莫高窟空间，压缩到按时间序列排布的文本材料中。在这个过程中，观者面对莫高窟的经验被抹除。敦煌艺术本身以其发生的时间和空间的特殊性，是一种活态文化的展演。它从来不是被静置等待观看的静态艺术，而是一个蕴含多元经验杂糅、复合经验更迭的文化空间。

对莫高窟的分析中，一个重要方面是石窟的修建，包括赞助人、工匠、花匠等，巫鸿从空间维度入手，将莫高窟看作由整个石窟群、石窟周围环境和它所潜在包含的宗教礼仪性的整体展演。❷因此观看或者朝拜莫高窟是由一系列活动构成，其中审美经验被不断刷新。朝拜者先走过敦煌城，途经城内庙宇和祠堂，观看街道上的节日庆典，并遇到沙漠中的墓葬。我们往往只关注朝圣之旅的起点和终点，对中间的经过和发生忽略不计，而正是这个"第三空间"超越了认知和想象，搭建起一个开放和共享的空间。敦煌作为丝路重要中转站，自身是多元文化的汇聚地，莫高窟所展现的一切都在这里有迹可循。朝拜者虽还未进入石窟寺，但心中已然积累起对佛寺的期待，宗教体验已经开始展开，城市和沙漠与石窟寺共同构成朝拜者所希望的朝圣之旅。到达石窟寺后，

❶ Joan Aruz, Elisabetta Valtz Fino. Afghanistan: Forging Civilizations along the Silk Road [M]. New York: The Metropolitan Museum of Art, 2012: 25.

❷ 巫鸿. "石窟研究"美术史方法论提案——以敦煌莫高窟为例 [J]. 文艺研究, 2020 (12): 139.

不同时代的朝圣者会看到不同的石窟寺，早期只会看见零星的石窟，后期崖壁上石窟遍布，佛像屹立其间成为观看中心，石窟边界被崖顶舍利塔和底层功德窟所限。面对不同建制的石窟，朝圣者所经验到的宗教体验必然是有所差异的。

石窟在历时性上是一个不断变化流动的有机体，空间中物质的增减、风格的转换、气候的变化都使得它更改着人们的观看方式，也从整体上规约着人们的朝圣经验。之后朝圣者进入洞窟，每个洞窟内部的壁画、建筑构成经验的空间整体，它引导着朝圣者的体验方式和观看行为。洞窟西壁开龛，朝圣者则伫立在佛像前抬头仰望；洞窟为中心柱式，朝圣者则围绕中心柱绕行；洞窟顶部有覆斗形藻井，朝圣者的目光被汇聚在顶部中心点，凝视花纹图样；洞窟周围绘制壁画，朝圣者则从不同方向体认佛教经典场景，将这里展现的佛教故事与在其他活动如说经中听来的故事横向联系，目光也就超越了这个实体空间，去遥想历史上故事发生的真实场景。这个过程中朝圣者的视线转换连带着身体行为，洞窟以多重复合的方式将朝圣者纳入一个整体的文化空间，使其在某个瞬间获得超然的领悟，洞窟以这种方式保留着宗教仪式的历史记忆。

敦煌佛教艺术不仅在石窟寺中得到彰显，更是渗透在日常生活中，构成了人们的日常审美经验。佛教传入敦煌后，讲经活动大为盛行。讲经有着相对固定的时间和场所，"至如八关初，夕旋绕行周，烟盖停氛，灯惟靖耀，四众专心，又指缄默。尔时导师则擎炉慷慨，含吐抑扬，辩出不穷，言应无尽"❶。僧人燃香点灯，四座皆静，讲经开场。讲经目的是让民众更加理解佛经，并且有信仰佛教的意愿，因而讲经语言往往生动鲜活，极有感染力。"谈无常，则令心形战栗；语地狱，则使怖泪交零。征昔因，则如见往业；核当果，则已示来报。谈怡乐，则情抱畅悦，叙哀戚，则洒泪含酸。"❷ 讲经内容伴随着僧人或笑或泪的表演，观众自然沉浸其间，"于是阖众倾心，举堂恻怆，五体输席，碎首陈哀。各各弹指，人人唱佛"❸。这场活动中看似以僧人的讲演为主，但是实际上是一个发生在寺院之中，伴随着香气的群体性展演活动。这一活动

---

❶　释慧皎，撰．汤用彤，校注．汤一玄，整理．高僧传［M］.北京：中华书局，1992：521.
❷　释慧皎，撰．汤用彤，校注．汤一玄，整理．高僧传［M］.北京：中华书局，1992：521.
❸　释慧皎，撰．汤用彤，校注．汤一玄，整理．高僧传［M］.北京：中华书局，1992：521-522.

从人们听到讲经要举办时已然开始，他们放下手中的劳作结伴前往寺院，到达之后或许先参观寺院并佛前敬香，之后寻位置安坐，等待开讲。在香气缭绕和灯帏升起后自觉静默，随着僧人的故事而体验不同的心情。讲经结束后与同伴分享故事，交流经验，或共同喟叹主人公悲惨命运，或欣喜因果报应。这个过程中，围绕讲经活动的审美共同体得以显现。

　　现代数字技术的发展更新了审美文化的亲身体验形式，戏剧理论的革新也为我们提供了审美文化活态展演的新方向。在演出活动中，我们不仅作为观看者凝视舞台上的演员和发生的故事，更是作为参与者成为整个戏剧创作的展演的组成部分，而且戏剧不应只发生在剧场舞台中，它更应该是我们日常生活的重要组成。理查德·谢克纳的环境戏剧理念包含六项原则，"戏剧事件是一整套相关的事物"，"所有空间都为表演所用"，"戏剧事件可以发生在一个完全改变了的空间里或一个'发现的空间'里"，"焦点是灵活的可变的"，"所有制作组成部分都在叙说它们自己的语言"，"文本不是演出作品的出发点也不是终点，也许没有文字剧本"❶，为理解活态文化提供了新的框架。"又见"系列为代表的室内情景剧场将古代与今天连结，为人们提供了一条"穿越"之路。在寓意"沙漠中的一滴水"的湖蓝剧场演出的《又见敦煌》，是丝路文化采纳新技术，重新介入我们审美经验的重要方式。它将舞台与观众席之间的界限打破，演员在人们身边穿行，人们可以走进十六个虚拟石窟中与古人对谈。历史与现实之间搭建起桥梁，观看者在场馆布景的引导下走上这座桥梁。当"一千年有多长"的询问响起时，观看者对敦煌的情感认同产生；当回答"一瞬间"时，观看者的时间经验被重塑，穿越历史的瞬间和回到现实的正常时间秩序带给观看者的是在场和缺席的张力。

　　丝绸之路是一个多元经验叠合的空间，在这个空间中，文本的、图像的、物质的、展演的经验不断增殖和转化，其中最核心的在于它是创造多样性而不是同质化的实践活动。活态文化展演所解释的丝路审美文化的经验多元性是丝路审美文化的主要特征，南希对当代人的审美的碎片化生存经验的体察，恰恰阐明了丝路上的人们围绕交往进行的艺术和生产实践已然成为我们不可避免的

---

❶　理查德·谢克纳. 环境戏剧［M］. 曹路生，译. 北京：中国戏剧出版社，2001：1-27.

生存方式。在此基础上，丝绸之路公共空间可以被看作一个审美共同体，它作为一个精神空间和一个理解日常生活的视野，重新规划了我们看待和体验这个世界的方式。这种生存经验的审美革新正是今天我们试图构建一个丝路审美共同体所致力于解决的新问题。

二、身体的触碰：物质文化的言说

由"与在"的多样存在所呈现的共同体超越了传统意义上的封闭的共同体，后者由自在自为的主体遵照某种同一性原则而建立，这样的共同体有着明确的边界，边界的主要作用在于构建共同体内个体的群体身份认同，同时排除或拒斥他者的进入。边界不存在可以渗透的孔隙，共同体内的成员通过统一标准化制度维系着边界的牢固。在城市空间中，这种共同体可以被描述为"群岛"或者"飞地"❶，共同体之间不存在流动的网络。如果不同于这种共同体的边界，那么上文所论述的独一性存在的敞开所构建的共同体是否有边界，或者这一边界在何种程度上存在成为必须要讨论的问题。如果共同体没有边界，那么自我和他者之间的分野将不复存在，独一性将失去其差异的基础。如果共同体有边界，作为独一性存在本质的"与在"如何超越这一边界而发生？这一问题紧密关联着丝路审美共同体的边界问题，丝路审美共同体由分联的独一性存在构成，其间的审美经验是去主体性的、差异分离的。在丝路这一庞大的公共空间中，如果它不存在边界，那么所有的存在者有可能被简化归约为同一性的存在，自我失去了确证性的根据，而且这一公共空间将解构自身而消弭在空间海洋中。如果它存在边界，人们差异的审美经验如何共通，或者丝路这一空间自身将被封闭为某种统治形态。这一矛盾的解决指向了对边界的重新理解。

传统的共同体的边界指的是它作为一个整体与他者的区分，是一种绝对的外在性。南希用"间隔"或"界限"表达的边界指向并不存在的绝对外在性。他借用梅洛·庞蒂的"部分间相互外在"来表达这种外在性。从作为物质性

---

❶　Stavros Stavrides. Common Space：The City as Commons［M］. London：Zed Books Ltd，2016：16.

的不可渗透的身体角度来看，"'部分间相互外在'的结构描述了物质身体存在于彼此间的外在性关系中的方式，和物质身体的元素或者组成部分像这样彼此外在的方式，从不会占用同一处所，并且因此能够将它们自身表示为身体，与其他身体联系或接触"❶。在这种意义上，对于南希而言，物质或物质性始终是一种外在的或不可渗透的元素，因为我们知道对象仅是从外部和从外在性关系中，从相互疏离或分离的彼此触摸的客体中感知和赋予意义的。"部分间相互外在"的结构意味着意义间隔在身体之间，并且外在性物质借由间隔闯入身体。在这个过程中，身体来到在场，并且创造了一个分享的世界。因此边界必然存在，是意义发生间隔，是独一性存在的位置的共享。自我在边界上不断更新自身，共同体自身在边界上不断双向延伸。

分享通过触碰发生，南希的触碰是身体的触碰，它的实现形式为书写。丝路审美文化的交流和分享需要通过物的传播实现，壁画、文本、香料、丝绸都需要经由身体的触感作为直接感性经验才能成为认识的对象，自我与他者的触碰和分享发生在身体的触感层面上。南希将身体触感还原为意义本身，身体和世界在自身的界限上触碰并彼此绽出，在这一触碰中身体—世界被"外铭写"（excription）为意义。丝路审美共同体的边界在触碰中被铭写为一个多孔隙的通道，它为审美经验的不断增殖提供了根本基础。

南希对身体的本体论还原与他关于独一性存在的思考相同，总体上围绕着自我和他者的伦理关系和意义问题。《身体》（*Corpus*）一书的开篇是"这是我的身体"❷，它是基督教圣餐仪式祷告中的一句被重复的颂语。他认为我们所有人，甚至整个西方传统都深受这一化身逻辑的统治。这一逻辑显现出基督教文化的一个特征，即对不可显现之物命名的痴迷，使在何时何地都不可能看到的东西在此时此地显现。这一过程将神的身体显现在我们面前，并为这一表象赋予了意义基础，身体和理念的统一体自我在场。但是南希认为这个表象的基础是不稳固的，它所显现的真理似乎只是柏拉图所描述的洞穴中的光和影子，是更高真理的复制品，真正存在的确定性真理不会在此出现。原因在于南

---

❶　Ian James. The Fragmentary Demand：An Introduction to The Philosophy Jean-Luc Nancy［M］. California：Stanford University Press，2006：143.

❷　Jean-Luc Nancy. Corpus［M］. New York：Fordham University Press，2008：3.

希在"这是我的身体"之中发现了先验的矛盾，参与仪式中触碰的身体是基督的身体，是本质上不可见、不可触碰的身体，那么在仪式中获得的与神沟通的喜悦中包含基督身体的缺席的愤怒。

基督的身体在这一仪式中看似在场，实际上是缺席的绝对精神的在场，是接触中的分离。南希在这里试图重新确立化身的内在逻辑。因为"化身的学说的中心是共同存在（homoousia）的学说，是共同实体的学说，是同一性或者共通的存在和在圣父圣子之间一致的实体的学说"。❶ 这一同一性的基督的身体本质上是肉体构成的精神，它的牺牲和化身在圣餐仪式上被不断重复。这种化身不仅是融合和显现，还是身体和精神的同时参与，是对不可触碰之物的触碰。基督教的化身结构中包含精神与物质、灵魂与身体、可理解的与可感的之间的关系问题，这里的关系不是身体和心灵的绝对二元对立的问题，而是一种发生在融合中的分离，一种同一性的问题。

笛卡儿试图构建身体与灵魂的结合的方式是认识到灵魂的延伸与身体的延伸混合在一起，身体通过与灵魂的紧密结合认识自身，灵魂根据身体延伸同时拒绝身体的不可渗透性。笛卡儿将通常不可延伸的灵魂延伸，在这里，"灵魂作为一种外延的意识或知识的力量而出现"❷，身体作为不可渗透的物质同时被延伸。笛卡儿就为南希提供了一种将身体不描述为客观机械对象的方式，即将身体看作经验不同感知和情感的身体。身体在走路、进食、睡眠时，灵魂扩展赋予身体意义，身体和灵魂就相互触碰，这一触碰发生在保持自身完整性的条件下，通过触碰两者结合并处在关系中。通过感官和不可渗透的物质的相互延伸的触碰，存在作为事件发生。接触的身体是"在意义的界限上产生意义的身体，在意义的接触/分离和不可渗透的物质的非意义中产生意义的身体"❸。存在在这个意义上就是作为灵魂延伸的身体和感觉与身体的触碰，"身

---

❶ 让-吕克·南希，布朗肖，夏可君，等. 变异的思想 [M]. 夏可君，等编译. 长春：吉林人民出版社，2011：98.

❷ Ian James. The Fragmentary Demand：An Introduction to The Philosophy Jean-Luc Nancy [M]. California：Stanford University Press，2006：137.

❸ Ian James. The Fragmentary Demand：An Introduction to The Philosophy Jean-Luc Nancy [M]. California：Stanford University Press，2006：138.

体是灵魂向世界的界限和自我的边界的延伸，彼此交织又各异，延伸到断裂点"❶。这种触碰是感觉和物质关系的破裂和结合的矛盾运动。世界在触碰中与身体的关系从主体和对象的关系转变为"我"与另一个"我"的关系。

意义不是先验的，而是有限的身体的意义，它只有作为意义的物质身体，在作为有限的意义和与不可渗透的身体的分离和触碰中才能够显现。在这样具身化的意义中，世界作为有限的身体意义而显现，它将自身显现为一个触碰和分离发生的处所。这个处所意味着界限，身体在界限上作为揭露自身而暴露出意义的身体。身体作为意义产生之地，或者作为意义本身触碰和被触碰的经验在书写中被实践和表达。身体向外的延伸被赋予空间和关系的意义，是某种本己性和他异性之间的间隔化空间的敞开。这种敞开是内在亲密性通过身体的触碰而延伸到他者的内在亲密性的过程，由此触觉被赋予更为基础性的地位，触觉保障了身体的内在性可以被转换成书写的内在性，标记并打开了书写的外在性和内在性之间的空间，揭示了意义在延异中的共同显现和自我外展，同时书写以其外溢性的特征反过来铭写了身体的绽出。通过书写，人们辨认出了自己的存在和存在的陌异性，书写与人的身体、触感、感性经验联系在一起。

丝路审美文化的一个重要维度是物，借由身体的物质性还原，南希对意义生产问题讨论中的核心概念"触碰"和"书写"为物的再阐释提供了新视角。南希认为包括铭写和外铭写的书写与包括视觉等身体感官在内的触碰是存在者与世界的根本关系。书写作为向边界的触碰发生在意义－世界的敞开中，被看作建构存在和世界意义显现的最根本途径。它不是意义借以显现的工具或媒介，而是将身体、世界、意义联系起来产生回响的姿势。回响意味着这种关系超出了身体存在本身，是意义和它的他者的触碰而产生的新意义，南希将这种意义的"溢出"定义为"外铭写"。这种书写方式是发生意义危机之后触碰意义的根本方式，它不再由语言逻辑所统治，遵循偶然性原则，作为自我本己指向此在世界的碎片化，让意义从出生到在场的同时又出离自身。通向他者的开放性被南希界定为存在论的本质意义上的开放性，我们对异质文化的接受并不是某种筹划的结果，而是我们存在方式所规定的。这种规定性的发生在身体的

---

❶　Jean-Luc Nancy. Corpus［M］. New York：Fordham University Press, 2008：144.

触感和书写中被铭写，意义就发生在这一铭写的过程中。以往丝路审美共同体往往被理解为情感感知层面的共享，南希从本体论层面上，将这一审美共同体的构建视为人类生存的本质要求。

流通中的物构成文化共享的基本载体，或者说是物本身形成丝路审美文化，将文化现象还原到身体对物的基本审美感知中能够加深我们对丝路审美文化的认知。在物质文化的研究中，其跨越时空语境进行意义转换的能力和物参与社会表征建构中的意义被强调。物的生命轨迹和文化传记与其出生和流传的社会群体之间具有更复杂的意义联系，这个过程中物本身的生命得到了延展。基于物的文化社会构成，物质文化研究打破了个性化的人和商品化的物之间的二元对立，物不再是"仅仅由于物质属性而被定义，而是由其在技术、文化、经济、政治等社会话语所规定的叙事和逻辑系统中的位置所界定的"❶，这些社会话语在赋予物以意义的过程中反过来被物的能动性所改造。在我们对物的书写中，物的物质属性在文字或者图画中的停留同时也是它自身所携带的历史文化事实的被叙述。

卜正民在对维梅尔的画的分析中，明确突出了物本身所带有的活跃的施事行为。他要求我们在看画的时候注意"绘画是主动细致地'人工制造'出来的，其表现客观现实的方式与直接展现一幕特定的场景有所不同……当我们看到一只 17 世纪的高脚杯时……我们往往不会这么想：高脚杯放在这里做什么？谁制作了这只高脚杯？它从哪儿来？为什么这幅画的画家会选择画它，而不是别的东西，比如茶杯或玻璃瓶？"❷ 卜正民在这里为我们提供了一种非常直观的物质思考路径，不是仅仅看到静态的物质属性，而是透过物质看到其背后的"故事"或者事件。在绘画中，画家未必有意将某种物质放入画面中，以传达特定的含义，但是我们在思考的过程中必须要发现这些符号，借此讲述我们自己的故事。维梅尔的《军官和微笑的女子》展现出一名荷兰军官倾身向前，正对着一名面带笑容的女子，军官戴的皮草帽子是用来自印第安人那里的海狸皮毛制成的；《在一扇打开的窗户前看信的女子》中，一名女子站在窗口，桌

❶ 伊恩·伍德沃德. 理解物质文化 [M]. 张进，张同德，译. 兰州：甘肃教育出版社，2018：18.

❷ 卜正民. 维梅尔的帽子 [M]. 李彬，译. 上海：文汇出版社，2010：9.

子上铺着土耳其地毯，放着盛水果的中国瓷盘。这些随处可见的域外来物为我们打开了观照一个极速扩张的世界的通道。正是全球贸易的兴起，让海狸毛皮、土耳其地毯和中国瓷碗同时出现在荷兰台夫特客厅里，展示了荷兰作为一个港口国家在当时的贸易繁盛程度，以及在人们对资本积累的欲望之下如何完成对整个世界的改造。

身体本身作为意义或意义的发生之地，来自其与不可渗透之物的触碰，物在触碰中打开了人的存在边界，内在性的封闭的身体经验经受了一种"闯入"，而这种闯入的发生表征着身体感知的延伸。例如，糖在今天作为一种随处可见的食品已然引不起人们的兴趣，有的人甚至对糖产生了恐慌，对糖可能引发的身体疾病的规避而使戒糖运动蔚然成风。但是在 12 世纪的欧洲，糖是一种极其珍贵的舶来品。大约在 1100 年，糖进入欧洲的时候同胡椒、肉豆蔻、生姜等一同被归类为香料，它们一般从印度和北非地区传来，因价格昂贵而只能被贵族使用，主要被用来调味。15 世纪早期，因贵族对糖的喜爱程度逐渐加深，糖在欧洲的进口量加大，并出现了不同种类的糖，如精炼糖、红糖、粗黄糖等❶，糖在这时仍然是奢侈品，作为贵族高贵身份在饮食的象征而被无差别地使用在肉、鱼、蔬菜等大部分食物中，原有食材的味道被甜味彻底覆盖。16 世纪，糖作为调味料的大量使用停止了，它被用在节日中烹饪甜饼和点心，这时糖的装饰作用开始在欧洲流行。纯度很高的白糖与其他食品混合，做出来的糊状物被塑造成各种各样的形状，既美观又易保存。18 世纪之后，糖的象征性意义彻底被消解，作为一种区分的标志性食物，它所代表的节庆或者身份意涵被其他象征物所取代，而它的经济地位则逐渐上升。

在敏茨的分析中，糖出现以前，英国的食物结构非常单一，而且贫穷人口众多，在构成身体味觉感知系统中很大可能没有甜味。当糖传入之后，其作为一种调味料在贵族阶层使用，它首先为上层阶级带来了身体感知的丰富。对糖的加工方式的不同所产生的不同种类的糖，进一步丰富了食物的味道，而糖在大部分食物的使用中人们对甜味的感知事实上并不是绝对的甜，而是一种混杂

---

❶　西尼·W. 敏茨. 甜与权：糖在现代历史中的地位. 转引自：孟悦，罗钢. 物质文化读本 [C]. 北京：北京大学出版社，2008：275.

其他食物的以甜为主的感知经验。这种感知的方式与肉豆蔻、姜黄等物在食品中的感知结构相同，并不等同于今天我们在吃糖的时候所感知到的纯粹的甜味，因此在当时的语言中并不存在"甜"这个单一的词，而是以"酸甜""苦甜"为主。另外，甜味的程度在上层社会中也代表着自身地位和富贵，在贵族宴饮中食物中的糖被看作一种身份象征，与贫民之间形成味觉上的区隔。当糖的使用逐渐在平民阶层中流行开来的时候，贵族阶层为了进一步保有这种区分价值而更新了对糖的使用方式。糖从作为调味料到作为装饰品的转变，使它彻底进入了审美经验的领域，而且这种装饰出现在节日庆典中，更被赋予了一种与日常生活相区分的带有狄奥尼索斯式欢乐的意涵，它在餐桌上的出现主要作为一个审美对象，对节日庆典进行烘托。这似乎是在纪念过去糖作为奢侈品的地位，或者说是一种身体感知层面的怀旧。因此，当外来物质闯入身体感知时与身体发生这种触碰，身体经验被延伸和改造，人的存在经验得到了拓展。

三、"与在"的存在：审美趣味的共通

丝绸之路作为一条商业和政治之路，同时也是一条文化传播和流通之路，以它为线索，一个纵向延伸、横向辐射的公共空间被构建起来。处于这一公共空间中的人们经由商业贸易或朝贡体系等接触了来自异质文化的物品和文化习俗，对这些舶来品的态度从最初的惊讶或排斥，到后期的习以为常或内化，其间发生了巨大的心理转变。这个过程中彰显出的不是主体对客体的纯然接受或拒斥和同一性主体的跨时空构建，而是异质多元个体在文化接触中的形成。这一心理转变过程的发生预设了人们作为处于特定历史文化语境中的个体自身心理的开放和包容。丝绸之路公共空间中的多元个体不可能是传统共同体中由血缘、种族、地缘等天然亲缘关系所联系起来的同一性个体，而是超越主体性的外展的个体。基于这样的多元个体的公共空间能否形成一个共同体和在什么层面上形成一个共同体，成为我们需要思考的问题。南希对存在者的微偏、触碰和书写的存在方式的分析从哲学上为这一共同体的形成提供了存在论和本体论层面的可能性，个体从本质上看处于与他人的关系中，并且只有在自我与他人关系的辩证循环中，自我才能真正成为独一性的存在。

后现代解构哲学传统的核心之一就是对主体性的解构，自在自为的主体性被破碎的、断裂的非主体性所替代，主体不再是一个不可渗透的封闭实体，而是一个流动的永远处于与他者交互关系中的非主体，伴随而来的是由主体构成的共同体走向瓦解，人们往往在怀旧中悼念共同体的解体。在这样的语境中，对共同体的讨论范式必然被转换，非主体是否能构成共同体和如何构成共同体成为问题的核心。

法国结构主义理论的一个转折点发生在德里达在《人文科学话语中的结构、符号与游戏》中提出的一个断裂性事件——结构之结构的"解中心"❶，这个转向后来被称为后结构主义。在西方哲学认识论中结构指的是哲学思想内部倾向于将自身集中或者锚定的一个起源或者存在时刻。德里达认为这个核心或者起源时刻总是像一个先验符号一样发挥作用，为哲学系统的同一性和自我存在奠定基础，将它们建立在确定性或者真理的基石上。在整个西方哲学史中，这个结构被赋予本质、实体、主体、上帝等名称，体现了作为逻辑中心主义和确定的在场存在的欧洲思想。尼采、弗洛伊德和海德格尔的出现是结构的断裂的显著时刻，人们就此失去了任何将哲学或者认识论系统集中在某种起源或者存在时刻的先验能指。这种断裂主要发生在对主体性哲学的解构，南希对独一性存在的论述就位于这个西方哲学转变的时刻中。他致力于推翻传统哲学中主体作为一个自主的、以自我为基础的实体的观念。

主体性和他异性的讨论是西方哲学思想的核心关切，南希独一性存在的提出针对的是大陆主体性哲学中的"个体"概念，个体这个词的发明和它身处其中的文化，代表着西方的特权文化和个体的至高无上性。"然而个体仅仅是共同体（/共通体）的瓦解考验的残留物"❷，这里的个体从本质上看类似于莱布尼茨所谈论的单子，作为社会中的最小单元不能分割，彼此自我显现、自我完成、绝对相异而独立存在，没有"窗户"进行沟通。在大陆哲学传统中，

---

❶　雅克·德里达. 书写与差异［M］. 张宁，译. 北京：生活·读书·新知三联书店，2001：502.

❷　让-吕克·南希. 无用的共通体［M］. 郭建玲，张建华，夏可君，译. 郑州：河南大学出版社，2016：6. "共通体"和"共同体"对应的是同一个英文词汇 community。中译以"共通体"为主，夏可君等学者在翻译法国思想家南希的著述时使用了"共通体"，"通"与"同"在中国传统思想中有区别，"共通体"更能体现南希的原意。为了与学术惯例相衔接，本书在南希理论之外，均采用"共同体"的译法。

个体往往成为被绝对把握的内在性的确定性和本原，是自为的存在。后现代哲学终结的命题被提出后，这种内在性走向死亡，个体成为这种死亡的确定性，而一旦它原初的不死性，即它作为完满个体的自我绝对完成的无限性，被转移到它的外部而被显现，这一不死性就成了它的异化，它的存在本身成为其本身的他者存在。绝对相异而彼此不可沟通的原子无法构成一个世界，南希将原子之间的沟通姿态称为"微偏"，即原子必须向另一个原子倾斜。这一微偏使得原子倾斜到自身之外，"倾斜到它的共通-中-存在的边缘上去"❶，即存在者将自身倾斜到它自身与他者间隔的界限上。共通的存在是不同于绝对内在性的个体的绽出的存在，即存在本身的绽出-存在（ex-istence）。

绽出-存在引发独一性（singularity）问题，存在本质上不是不可分的原子，而是独一的。独一性不同于个体性，它不发生在同一性的自我显现的基础上，而是发生在不可归约为同一性的微偏层次上。它是非主体性的绽出（ex-tase），"绽出［共通体］来临到独一的存在"❷，这一来临与海德格尔的"向世界存在"（being-toward-the world）具有相似的意味，存在是趋向世界的存在。

独一性的存在不同于个体的绝对封闭，这种绝对性意味着与界限无关的无限性，而它自身作为绽出的发生之地是有界限的，它是有限的存在。南希将这一有限性指向了必死性（mortality），但是这里的必死性不同于海德格尔所言说的此在自身的必死性（being-toward-death），而是一种自我与他者的关系中的必死性。独一性存在者的这一必死性将自身从主体性的自在自为中抽离出来，完成对主体形而上学的超越。海德格尔指出此在的死亡是"我"自身的死亡，这一死亡同时也关联着他者的死亡，但是这仅仅意味着此在向有限性揭露自身。共在（mitsein）并不以这种方式通向有限性，有限性在这里与独一性存在脱离。

巴塔耶关于死亡的论述为南希提供了新的思考通道。巴塔耶试图重新唤起

---

❶　让-吕克·南希. 无用的共通体［M］. 郭建玲，张建华，夏可君，译. 郑州：河南大学出版社，2016：7.

❷　让-吕克·南希. 无用的共通体［M］. 郭建玲，张建华，夏可君，译. 郑州：河南大学出版社，2016：14.

现代社会中的牺牲经验和实践来重构由原始社会中共通经验构成的共同体。他将共同体理解为在"超越"基础上的与死亡的共享关系，他将其称为"非生产的超出"（unproductive expenditure）实践。❶ 在后现代社会的诸种形式中都可见其踪迹，其最为显著的形式就是牺牲，这一形式包括为存在他者的牺牲而设立的仪式，从中自我与他者的牺牲产生集体性关系，自我以见证的方式参与了他者的死亡。在他者的死亡中，自身的必死性得到揭露，在通过凝视而参与他者的死亡中"我"与自身必死性的有限性相遇。死亡因此基于共同体中必死性或有限性的分享，它表征了集体性与死亡的关系。死亡所表征的有限性是不可被超越的，是不可能由主体意志强行统治的界限。死亡无法被主体哲学的辩证法所归约和利用，它意味着主体性的断裂和存在者与他者的相遇。独一性即呈现为有限性或必死性的共通。独一的存在者只有在处于关系中才能得到确证。

独一性存在这一表述中，由于其本质上的微偏，它呈现为存在的有限性的无限，它内在预设了一种复数形式的独一。南希将其表述为"being singular plural"，三个词之间不存在固定的语法顺序，是绝对平等和并列的。借鉴夏可君在《无用的共通体》中将 singularity 一词翻译为独一性，这一表述可译为"独一多样的存在"。"独一多样的"并不是存在的形容词，否则就意味着存在具有数量属性。南希在这里将其并列，意指的是"独一——多样构成了存在的本质，一种结构破坏了或者使存在本身的每一独一的、实质性的本质都错位"❷。也就是说，存在不可能存在于独一多样性之前，不存在先验的超出独一多样性的存在。这就规定了存在的位置和其处所，即它的多样的独一性本质。"也许独一性不来自于任何事物。它不是某种运作产生的作品。不存在任何'独一化'过程，独一性不是被提炼出来的，也不是被生产出来的，同样也不是被衍生出来的。"❸ 独一性并非某种筹划的结果，它只是"给予尺度"，按照这个尺度，它自身的发生是在界限上的发生，即被界限所包围意义上的有

---

❶　Ian James. The Fragmentary Demand：An Introduction to The Philosophy Jean-Luc Nancy［M］. California：Stanford University Press, 2006：179.

❷　Jean-Luc Nancy. Being Singular Plural［M］. California：Stanford University Press, 2000：29.

❸　Jean-Luc Nancy. Being Singular Plural［M］. California：Stanford University Press, 2000：29.

限和向无限他者敞开的无限意义上的诞生。它不拥有确定的根据，但是"这个没有根据的'根据'，与其说它打开了深渊的裂口，还不如说它仅仅是由诸多独一性的网络、交织和分享所构成的"❶。因此独一性不存在某种基础，在物质和非物质的空间中，它与它自身分享着独一的界限。独一性就显现在一个独一的存在者与另一个独一的存在者接触的界限上，作为本体论的有限性的分享的无限而显现。

独一性存在的本质"共"（co-）不是诸多本质的集合，众多存在者的本质的组合仅仅是事件，而不能成为作为本质的"共"。共在不是简单的存在者的加法，而是作为存在本身的本质的共在，存在只有在共在中才能成为存在。在南希这里，"共"的逻辑表述为"与"的逻辑。不同于在形而上学哲学命题的次序中"与"在存在或此在之后，南希认为，"'与'不是某些先在的补充；相反，'与'是存在的核心"❷。"与"是一种时空范围的共享，发生在同一时间同一地点的存在本身之中，存在成为独一性的无限的间隔，它永远不会封闭和返回自身，而是在自身旁边，与自身联系。存在内部产生陌生性，存在就是存在的他者。那么存在的意义就不仅仅是"与"的意义，首先必须是意义的"与"。这是由独一、多样、存在三个词的并列所决定的，这一并列描画了整个本体论领域，任何一个词都不是其他词的先在或者基础，它们拥有共同本质，这一共同本质分裂又结合。共在不像存在那样直接显现自身，共在在距离中来临，是缺席的在场。

由此，南希对整体哲学的论述次序进行了颠倒，哲学成为共在的哲学，哲学的思考成为共在的思考。共在的思考将存在确定为与他者共在。"以这样的方式独一的多样性，即每一个的独一性与它的与他者共在（being-with-many）不可分，因为在一般意义上一种独一性与一种多样性不可分。"❸ 南希从本体论的层面对存在作出了规定。尽管独一性与个体性一样不可分割，但是它的不可分割不是物质意义上不可由部分组成的那种不可分割，而是像时间一

---

❶　让-吕克·南希. 无用的共通体［M］. 郭建玲，张建华，夏可君，译. 郑州：河南大学出版社，2016：63.

❷　Jean-Luc Nancy. Being Singular Plural［M］. California：Stanford University Press，2000：30.

❸　Jean-Luc Nancy. Being Singular Plural［M］. California：Stanford University Press，2000：32.

样既无限分割又不可分割，它自身处在一个位置而显现。存在本质上的共在使独一性的多样性不是总和或者并入，也不是一般意义上的社会或者共通体，独一性的多样性就是独一性自身，独一性将存在间隔，同时又使其联系。在语法中，这一逻辑体现为不再有"它是"或者"我是"，本质上的共在使第一人称单数变为第一人称复数，只有"我们"能够言说存在，即只有"我们是"。❶

"我们"的言说方式为丝绸之路上发生的人文化成和文化互通提供了新的阐释向度，南希从存在论或者生存论的"与在"出发，为丝路审美文化的流通和物的文化旅行的发生提供了哲学层面的论证和解释。"与在"的逻辑表明非主体的存在者能够构成共同体，这一共同体由独一多样的存在的"与在"呈现。丝绸之路巨大的文化地理空间伴随着其间的人们的"与在"关系，成为真正意义上的共同体。结构这一共同体的逻辑并非纯然的经济或政治关系，而主要是一种审美关系。这里审美关系主要体现为去主体性的审美经验的相通，存在者在界限上向他者敞开的过程中自身内在经验溢出，而他者的内在经验渗入。在界限上相互缠绕而编织的经验，由于其对存在者的存在经验的重塑而具有审美意义。审美经验在独一性存在的外展中获得了新样态，这种新不是全球化语境下资本主义所创造的"全球一体化城市景观的跨现实主义的美学，一个没有中心或边界的世界，在去领土化的过度动态扩散中被想象出来；然而，它们所有的分散的离心力最终都被企业品牌的向心力所约束"❷。资本主义全球景观所产生的新审美经验是一种同质性的受到经济逻辑裹挟的异化的审美经验，它的多元性是虚假的，它产生于大众文化中被工业化重复生产的主体的趋同性。真正的新审美经验的发生基于在大众文化和精英文化的分野之外的对古老文化的重新讲述，这一古老文化所代表的另一种文化传统以新的阐释方式被重新认知。基于这一认知产生的存在者的审美经验在星球层面上构成了"审美共通"。❸

---

❶　Jean-Luc Nancy. Being Singular Plural ［M］. California：Stanford University Press，2000：33.

❷　Robert Stam，Richard Porton，Leo Goldsmith. Keywords in Subversive Film/Media Aesthetics ［M］. Malden：Wiley Blackwell，2015：29.

❸　Robert Stam，Richard Porton，Leo Goldsmith. Keywords in Subversive Film/Media Aesthetics ［M］. Malden：Wiley Blackwell，2015：30.

审美共通使我们重新考虑共同体与其成员的独一性的关系。审美共同体是由独一的东西而不是由共同的或共享的东西构成的领域，它源于不同个体趣味的特殊性与共通性的同时性。南希为独一多元的存在的研究提供了以独一形式思考共通体的途径，其中独一性被视为一种基本的存在形式。"与在"的共同体与那种由共同理念所构成的共通体相反，后者作为一群共享或参与共同事件的个人，其处在共同体中"由实际共享的东西（地理位置）、被视为要达到的目的（共同利益）或被假定为理想的东西所维持"。❶ 一个根据其成员共享的东西而形成的共同体，其共同基础引发了关于其成员之间以及与共同体之外的人之间差异的问题。共同体构成中差异的必然存在是共同体内部无差异的另一面，克服差异被认为是共同体的条件。但是无差异错过了审美共同体中的独特之处，一个以独一的彼此同意（consent）参与趣味判断为条件的共同体。独一的同意并不依赖于原子主义理解，而是由独一的同意构成的共同体——与其他同样鉴赏趣味对象的人的"与在"。

独一的同意如何构成共同体？对于康德来说，在判断时，人们依赖这样一个事实：在所有人类中，这种审美能力的主观条件，就其中被考虑到的行动中采取的认知能力与普遍的认知的关系而言是相同的，否则人类无法传达他们的表征甚至认知本身。❷ 为了普遍交流，判断必须涉及所有鉴赏者的相同能力。独一性的与在所激发的"共通感"引入了一个不确定的趣味标准，他人被期望同意一个人的判断的欲望，被作为对趣味进行判断的原始自然能力的一部分。审美经验需要一种共通感作为我们信念的一部分，我们对趣味的判断是我们人类能力的有效反映的信念，将自己先验地置于他人的位置是确保有效追求相似趣味的原因。

当代丝绸之路在各种层面上都表现出了一种民心相通和文化熔铸。在丝绸之路上的经济贸易和政治交往之下，涌动的是人们在这个宏大地理空间中的情感流通。这种流通具有康德在"审美共通感"中所强调的个体审美鉴赏的普遍必然性，这种必然性不能够被任何理性概念来保证，而是基于一种人人共有

---

❶ Ruth Ronen. Aesthetic Community ［J］. Culture, Dialogue, 2021: 1-18.
❷ 康德. 判断力批判 ［M］. 邓晓芒, 译. 北京: 人民出版社, 2004: 132.

的主观心理机能。共通感为审美判断提供了先验基础，保证了审美自由的可传达性和普遍性，在群体之间搭建起感知互通的桥梁。但是这种先验的审美心理机制仅仅在阐明人们之间具有相似的审美感知方面具有强大理论效力，一旦这种审美感知不仅仅是在相似的，更重要的是在流动中互相补足或者渗透，这种机制就不足以说明特定空间中人们之间的审美感知的变化。

作为一种由不同国家、民族和个体共同参与和建设的丝路审美文化不是一种静态的陈列在博物馆中的标本，而是活生生地发生在我们每一个人的身上，它体现了不同个体基于共同的文化心理需要和审美价值追求而进行的审美互通。在这个层面上，它对丝路审美共同体的实现起到了关键作用。这一丝路审美共同体不再是基于国家或民族之间的壁垒而强行创造的"飞地"，而是在物的流通与情感的流通中生发的、建立在人类基本生存状态和情感需求之上的联结。我们今天对于丝路审美共同体的观照不能仅仅是一种描述和介绍，更重要的是一种话语施事行为，通过话语的言说不断地敞开边界、破除隐形门槛，在物质文化旅行中重申丝绸之路的往复融通。

丝绸之路公共空间中的人们在向世界绽出中被体认为独一多样的存在者，在这一空间中主体性经验被替换为去主体性的审美经验，这一过程的发生通过丝路沿线人们在表征自己的独一性和多元性中对古老审美对象的重新发明来完成。由此丝路共同体在本质上就成为审美共同体。对丝路审美文化研究中凸显的个体审美文化共享倾向进行分析，丝路审美文化中的个体如阿富汗出土的青铜时代钱币的铸造工匠，他们并非以一种有自我意识的或者听从行政命令的方式向异文化敞开自身，这种敞开是一种下意识的生活方式。丝路审美文化中的个体是"偏斜"的非原子式个体，从而南希在本体论和存在论的层面上为丝路审美共同体的建构提供了个体层面的理论基础。例如，原为古代两河流域特有的娜娜女神形象在王朝更迭中不断发生变化，并且随着粟特人在丝路上的流动在中国北朝时期被中国所接受，这种接受逐渐脱离了原生语境中的宗教崇拜意味，主要作为审美对象而流行，并在中国获得了新的意义阐释空间。

娜娜女神作为古代两河流域最古老的神之一，她的起源可以追溯到乌尔第三王朝时期，具有苏美尔神话中女神伊南娜的特征。伊南娜的早期形象常常被表现为站在两个雌狮的背上，作为乌鲁克城的守护神。在苏美尔神话中，她曾从地府中死而复生，因此她的形象和相关的象征符号如玫瑰圆形花饰、狮子、八角星等往往也会出现在墓穴中。亚历山大帝国建立后，希腊人将娜娜女神与希腊神话中的月神和狩猎之神阿特米斯相连，形成娜娜-阿特米斯混合的神灵崇拜，她的蜜蜂标志在塞琉古王国依然流行。帕提亚王朝的娜娜-阿特米斯女神身边增加了新月标志，这一新月标志在巴克特里亚附近的阿伊哈努姆遗址中也被发现。娜娜女神在这些遗址中呈现出明显的中亚文化与希腊文化的混合形态。到贵霜王朝时期，娜娜女神的形象受到印度宗教的影响，狮子、新月、权杖、碗成为她的图像象征。萨珊波斯王朝时期的娜娜女神受到伊朗水神阿纳西塔的影响，其形象转变为四臂、坐于狮背上、上方右手持圆盘、上方左手持新月、下方右手持权杖、下方左手端碗的女神形象。经历了希腊、印度、伊朗宗教文化的影响，娜娜女神的形象发生了巨大的变化，表征着不同王朝统治阶级文化与当地民众文化的相互吸收和变异、人们神话崇拜的历史性和语境性特征。

娜娜女神来华伴随着来华的粟特人而发生，粟特人作为史臣、商贾等在华定居。中国本土目前可见的最早的祆教女神娜娜女神形象出现在现存于日本美秀博物馆（Miho Museum）的北朝入华粟特人墓中出土的围屏石榻上，这一石榻描绘了娜娜女神庙，其核心形象是"一位四臂女神，她上举的双臂托着日月，头上飘扬着象征皇家的飘带，身下一对狮子是她的坐骑，两位天国乐手是她的侍从"❶。北朝工匠对这一画面的描述没有切实的根据，他们为这一画面添加了许多想象中的中亚元素，如画面背景开放的郁金香和菩提树。画面下方是佛教风格的娱神场景：一个女神在中心跳舞，旁边是乐队和跪坐的饮酒者。这一乐舞场景中的服饰和乐器都是汉文化样式，舞女"衣服前襟上有粟特风格的条纹，裙边上有一圈联珠纹"❷，这与在中亚出土的壁画上所描绘的粟特人服饰和乐器差别很大。北朝工匠在这一画面中将神和凡人明显区分开，这是中亚艺术的普遍表现手法。北朝工匠在为来华粟特人建造墓葬用具时，在已知的粟特文化基本元素的基础上进行想象和创造，纳入当时已经在中国流行的佛

❶ 马尔夏克．突厥人、粟特人与娜娜女神［M］．毛铭，译．桂林：漓江出版社，2016：141.
❷ 马尔夏克．突厥人、粟特人与娜娜女神［M］．毛铭，译．桂林：漓江出版社，2016：142.

教元素和汉文化日常生活元素，使得这一墓葬虽然明显被辨认为粟特墓葬，但是其中汉文化元素突出，同时带有印度、希腊和伊朗的图像元素。这一石榻浮雕就是一个典型的丝路审美文化交融的场所，成为一个多重文化互相碰撞和吸收的"接触地带"。

娜娜女神形象自身开放的意义场域和丝路不同文化地理空间中人们对娜娜女神的接受和改造共同构成这一审美文化现象的发生。不同文明的主体性审美经验在彼此敞开中生发了新的非主体性的审美经验，个体的存在在这一文化现象中始终呈现为共在，它的言说和自身的文化表征中始终存在他异性的文化元素，这一元素在内化之后依然保持着陌生性，构成自身的他者。女神形象只有处于这种与自我他者的共在中才能存在和言说自身。在这个意义上，丝路审美共同体是一个独一性存在的审美共同体，个体与他者之间的界限既区分了各自的文化区域并建构了相对的文化认同，又形成一个"我们"共享的通道。

小结：不作的丝路审美共同体

"作"通常被理解为劳作或者创作，即一种生产或者创造的行为。将"不作"作为丝路审美共同体的总体特征，主要基于其非政治化的统一体的规约特征。由独一多元的存在构成的共同体与传统的共同体的不同在于，我们对共同体的体认往往与统治权力相关，共同体的差异性就显著体现在这里，它是"不作的"（inoperative/unworking）❶，南希将共通体看作共通体神话被打断后人的真实生存状态方式。丝路审美共同体本身作为一种向所有人开放的非实体领域，向世界提供了一种新的全球治理模式。它不是作为一个被集体性契约所建立或者某种强制性权力统治的领域而存在，而是一个流动的、审美的活态空间。

共同体的存在方式是有限性的存在的绽出，它不是某种权力机制的统治结果，也不是某种已经完成的作品，南希将这一特征指认为"不作"。从一个层

---

❶ "不作"的法文为"désœuvrée"，英文本中通常被译作"unworked"或者"inoperative"，中文本中夏可君将其译作"无用的"或者"非功效的"。笔者在这里将其译作"不作的"，将其与汉语中"作"的复杂语义联系起来，强调南希的共通体所呈现出的非强制性、非生产性和非结果性。

面来看，共同体中的"主体"是没有主体的"主体"，人的本质不再是纯然的内在性，而是"微偏"。但是在对现实政治文化问题的思考中，人的本质成为共同体思考的阻碍，问题在于传统上共同体总是被视为人们组成的共同体，那么共同体的实现就要求人的本质的完成，这一完成就会呈现于经济、技术或政治等层面，人的本质受到这些方面的统治而产生自我异化。南希认为共通体的构建并不是人与人出于某种目的的组合，而是在人的界限上，"人呈现出一个使得人的本质无法发生的极限。这就是人之为人的界限：它的外展……向它的'存在-于-共通'外展。也就是说，人总是在最后向它的独一性展开：它独一的向它的独一性外展"❶。

　　从另一个层面来看，共通体中的一切都是去本质的，它在打断自身中将自身呈现为破碎和断裂的。共通体永远向界限外展，其内在性被取消，我们无法找到它的确证性，而这正是它与共通体的典型差异。社会并不是建立在共通体解体之后，"共通体远远不是社会所打碎或失落的东西，而是从社会开始而到达我们——通过问题、等待、事件和命运"❷。共通体正在向我们来临。共通体在本体论和生存论两方面被同时规定，它不是一个要被实现的计划或者一系列的社会实践，也不是一种已经丧失的旧有价值或者对未来的理想，而仅仅是一种有限存在的共享。这就拒绝了当代占主导地位的"对我们的世界的这种技术-经济运转已经接管甚至集中了集体性运转计划的遗产……它本质上仍然是有关作品、操作或操作性问题"❸的理解，这种理解将人类的存在简化为经济人。南希指出这种观念只是对过去共通体模式的延伸，它总是将人类本源确定在具体的形象上，如上帝、人民等，从而为政治上的共通体寻求一个形而上学的基础。不作的共通体在任何基础或者集体身份的假设性之外重新塑造了政治。

　　海德格尔和巴塔耶为南希超越主体形而上学而重新思考共通体打开了空

---

❶ 让-吕克·南希. 无用的共通体 [M]. 郭建玲，张建华，夏可君，译. 郑州：河南大学出版社，2016：60.

❷ 让-吕克·南希. 无用的共通体 [M]. 郭建玲，张建华，夏可君，译. 郑州：河南大学出版社，2016：25.

❸ 让-吕克·南希. 无用的共通体 [M]. 郭建玲，张建华，夏可君，译. 郑州：河南大学出版社，2016：43.

间，使南希能够回到未经反思的存在中。共通体是不作的，它本身是独一性存在的多样性，独一性存在之间的关系并不是某种基于公共计划或者集体性身份的统一体，而仅仅是基于共通的死亡。他者对于独一性存在来说不是客体对象，而是独一性存在本身在自身之外的存在和暴露，暴露在一种他人死亡所揭露的自身的死亡中。因此，共通体所带来的经验，是我们被暴露在死亡的不可掌控的界限上，在所有同一性或者主体性作品之外的共通存在。存在被界定为关系，南希将共通体理解为"存在本身的绽出-存在"❶，即共通体为存在者的存在的超出自身的绽出。存在者自身的有限性或必死性在自身之内预设了否定，死亡的独一性是理解共通体的重要因素。共通体超越了主体的形而上学，它并不是在传统的社会和个体的主体间性的问题上，通过给主体之间加上纽带而建构起来的。它也不是由死亡所产生的内在性的完成所结构的，共通体并不是被有策略地构造出来的。"共通体乃是始终通过他人并为了他人而发生的共通体"❷，南希区分了"自我"和"我"，前者与主体相关，后者与他者相关。共通体正是由他者组成，必死的他者之间的相通就是共通体。

"不作"的另一个指向在于，在南希的观念中，共通体始终在来临，它是一个流动的共通体，它的流动性呈现在边界的流动和身体的可渗透中。共通体中绽出的独一性存在将先验的存在降落在肉体的存在者上。不可渗透的物质肉体的界限是可渗透的，正是在不可渗透的渗透中身体成为与在，成为共通体本身。它的意义的表达在界限上触碰的同时消失，并不返回理念或更高真理，而是不断地无限触碰。在触碰中自身被铭写和外铭写，成为自我陌生性的共通体。共通体在这个意义上以身体为感知，其绽出和外展就是身体的绽出和外展，它的内在亲密性的发生是身体由外而内反观自身，其间存在一个绝对的间隔和通道。身体与世界的触碰关系将共通体的界限呈现为永恒的流动空间，这种流动性与鲍曼所讨论的现代性的流动性不同。鲍曼在对消费社会的分析中，将全球化逐渐加剧中人们的被迫流动性分析为个体归属感的失落、时空经验的

---

❶ 让-吕克·南希. 无用的共通体［M］. 郭建玲，张建华，夏可君，译. 郑州：河南大学出版社，2016：13.

❷ 让-吕克·南希. 无用的共通体［M］. 郭建玲，张建华，夏可君，译. 郑州：河南大学出版社，2016：33.

压缩和伦理道德的消解，流动性所带来的是所有根基的漂浮和断裂。因此，社会生存境况恶化，阶级分化和个体不安加剧。南希在后现代哲学的解构语境中扭转了这种对流动性的否定性认知。共通体所描述的不是同一地域同一时间的共通，而是跨时空的共通，它所强调的独一性指向每一瞬间、每一地点的独一性，在此基础上共通体作为一种共通体失落后的生存方式被描述为流动的。独一性存在者在界限上永远更新自身，在向他者的敞开中构筑后现代生存空间。

从这一意义来看，丝路审美共同体不是简单地由分享某种类似的审美文化而建构起来的共同体，而是其间的每一个存在者都分享共同的界限而发生的。这些存在者在言说"我们"的过程中暗示着他者的在场，言说"我们"的主体是自身之内包含他异性的主体。存在者总是将自身外展，向所有方向和所有维度外展，内部性与外部性的界限被不断划定又消解。在这个过程中发生作用的不是政治权力，而是审美经验的流动。流动性是丝绸之路审美文化的本质特征，它作为一种文化范型，"广义上是指与丝路相关联、缘丝路而生发、因丝路而熔铸的，体现于物质、图像、文学、行为（活态）、创意等领域的现象和产品中的文化"❶。而流动性的发生依赖个体的文化心理的开放性，这种开放性被南希界定为存在论的本质意义上的开放性，我们对异质文化的接受并不是某种筹划的结果，而是我们存在方式所规定的。这种规定性的发生在身体的触感和书写中被铭写，意义就发生在这一铭写的过程中。南希的"与在"思想从整体上为丝路审美共同体的生成擘画了本体论路径，将这一审美共同体的构建视为人类生存的本质要求，进而对构建人类命运共同体具有一定的推进作用。

---

❶　张进. 论丝路审美文化的属性特征及其范式论意义［J］. 思想战线，2019（4）：140-147.

第七章　"流动现代性"理论视角

从鲍曼批判性的理论视域出发，"共同体"有着诸多张力与问题：放大共同体的"同一性"会导致极权主义的危机，而将"差异性"的绝对化则会窒息个体、共同体之间的交流；"自由"与"安全"的矛盾，使得共同体在以邻为壑与散乱无序之间摇摆；消费者社会以审美感知构建了"审美共同体"却无法让其持久与稳定，碎片化的经验与瞬时的感知无法完成共识与责任的构建；大量"新穷人""废弃物"和"陌生人"成为游离于共同体边界之外的存在。在鲍曼的批判视域参照下，通过对丝路审美文化属性的拓展，"丝路审美共同体"将不同文化动态地、间性地整合，通过对话、交流、谈判的平台达成共识，调和同一与差异的难题；以包容共通的原则，以审美共通形成情感结构的相通，形成基于审美感性的"公共领域"，来联合不同个体、不同共同体，平衡自由与安全的矛盾；以敞开生成的特点，通过审美文化的旅行而跨界生产，通过审美的否定性力量与文化的融通生产摆脱消费主义的负面影响；以平等开放的态度，将"陌生人"与"废弃物"作为异质性存在纳入共同体中，成为丝路审美共同体不断完成自我更新的动力。在此意义上，将鲍曼对于共同体的批判反思与"丝路审美共同体"研究相结合，为共同体研究发展提供重要的理论结合点和实践生长点；而在"丝绸之路"这一历时性与共时性交织、全球不同民族国家文化、物质、行为不断互动的活态场域中，在"一带一路"与人类命运共同体建设的背景下纵深推进"丝路审美共同体"的研究也是一项具有现实意义的课题。

在全球化这样大的背景之下，我们看到的不仅是全球性的经济发展与文化碰撞，也看到了全球性的问题。在这一语境下，"共同体"的话语被极大地凸显。对新的共同体模式的探讨，与当下中国的现实境况以及世界的未来发展也是紧密结合的。无论是"一带一路"建设还是"人类命运共同体"的提出，无不与"共同体"紧密相连。在诸多理论碰撞中，鲍曼的"流动现代性"理论精确地命中和解析了当下全球化背景下西方社会所集中体现的全球性问题，详尽而准确地论证了我们共同面临的生活方式、审美范式、社会秩序、权力运作等各方面的转变。这一理论资源最宝贵的价值，就在于鲍曼眼中的"共同体"在具备乌托邦色彩的同时，也是一个需要被批判的对象。与朗西埃、柏林特等人提倡、建构一个理想的"审美共同体"不同，鲍曼从社会学的视野出发，指出了"审美共同体"背后的裂隙："审美共同体"因其无门槛，也就无责任；因其推崇多元，也就结构松散；因其以审美的经验感受为联结方式，也就可能排斥道德与伦理。鲍曼对于"审美共同体"的批判和对于共同体话语的阐述，正是为我们当下的研究指明了"审美共同体"的"负值"，指出了这一共同体范式可能存在的缺陷与不足。借助鲍曼的理论视野，通过对丝路审美文化属性特征的发掘，尝试建构一种"丝路审美共同体"，在理论与实践方面推动"共同体"理论话语发展。

一、协调同一与差异的丝路审美共同体

（一）同一与差异的难题

是共识还是差异作为共同体联结的纽带，这是审美共同体的本体性问题。随着现代性的发展，"流动性"的加速逻辑使全球政治、经济、文化等领域不复拥有曾经的结构性力量，面临范式的转变和秩序的失衡，共同体也因之"失落"。在当下的理论话语中，"不在场""多元""差异"成为反思共同体话语的核心关键词。鲍曼、朗西埃、南希、阿甘本等理论家都尝试发掘反思共同体话语背后"一"与"多"、"共识"与"差异"之间的复杂关系。通过对个体性与共同性、差异性与同一性之间关系的分析，尝试思考一方面如何在当下审美共同体建构中于尊重多样性和异质性的基础上激活差异的生成潜能，另一方面又如何通过差异与对话达成一种"动态和谐"的共识，以建构一种新的审美共同体范式。

但这一尝试往往很难成功，后现代主义核心的"差异"与"多元"曾经一度成为理论家们探讨共同体问题的主要纲领。鲍曼认识到，当"差异性"被提升到极致，那么曾经用来对抗和压制"同一性"带来的极权主义、具有革命性功能的差异本身，就会成为新的社会混乱的根源。在绝对的差异性中，任何的一致、团结、整体都是不可能的，正如伊格尔顿所说的："与同情、团结、爱的友善、互相合作的道德准则相反，这种把差异作为目的本身加以赞美暴露出特别的片面和贫乏。当男人和女人在剥削的形式下饱受折磨的时候，差异是不能够充分发展的；和这些形式进行卓有成效的斗争意味着必然是普遍的人性观念。"❶ 极端的差异下，任何需要集体性力量去解决的问题都无法被解决，个体与社会的割裂将无法解决，改变现实无论从理论还是实际上都成为一句空话。鲍曼十分反对"文化多元主义"，认为文化多元主义往往会造成文化间的隔绝，从而窒息文化间对话的可能性。而在此基础上，文化多元主义也助长了多元共同体主义的发展。而这一结果是个体对于共同体的归属、对于共同体文化的认同视为一种无须讨论、无须前提的事实。这种"先在"的设定，使多元共同体很容易导致地区间的分离，文化、民族的差异性便成为世界离散为一个个隔绝的区域的理由。

归根结底，"共同体"话语受到广泛关注是因为当下普遍存在的不稳定性需要得到补偿。在早期现代性那种人为设计的、集体管控的、一元化的社会秩序被后现代的多元、个体化的现实所取代后，当下批判理论的任务已然颠倒过来，其新的任务是将其曾经力图撕裂开来，以从中释放出民主与自由活力的秩序再次黏合，让个体化的联合与政治权力之间再次联结，从而应对当下整体性的危机。在当下共同体"复归"的话语中，共同体也发生了这样的转变，流动的现代性下的共同体，不再是如传统共同体那般单纯地提供身份认同与归属感，而是如同德勒兹的"根茎系统"一样，呈现出开放性、生成性的特点。共同体不再是铁板一块、死水一潭，而是流动的、差异性的存在。所以当下共同体的重要任务就是需要平衡差异与共识的复杂关系，寻找新的方式来搭建联结。

当我们讨论"审美共同体"问题的时候，总是不自觉地跟随着朗西埃等

---

❶ 特里·伊格尔顿. 后现代主义的幻象 [M]. 华明，译. 北京：商务印书馆，2000：138.

理论大家的路径前进，希望构建一个具有审美的、否定性的、多元性的、差异性的审美共同体，并且希望这一共同体是完美无瑕的。但鲍曼在解析共同体组成方式时就批判了"审美共同体"中可能存在的问题。对于鲍曼来说，"审美"所带来的感性经验，极容易被当下消费主义的快乐原则影响，从而将审美感知变为碎片化的、临时的、仅基于趣味的感官体验。以这种审美经验搭建起的"审美共同体"必然不是一个持久的、可以承担社会责任、能够组织社会动员的共同体模式。在鲍曼看来，"审美共同体"适应了当下多元化的液态社会，但存在的最大问题就在于无法承担"道德共同体"的义务与责任，仅依凭"审美"与"差异"将造成审美感知与道德伦理的割裂，也无法达成社会真正的团结。所以，鲍曼认为当下的共同体要么走向了共同体主义的误区，追求"团结一致的神话"而压制差异性的生成潜能；要么被消费主义影响，以碎片化的感官体验来聚合一个个短暂的、非道德的"审美共同体"，从而使人们得以逃避现实问题。这两种类型的共同体都无法回应与解决流动性带来的种种社会问题，相反会助长社会的失序与离散。鲍曼在当下新的共同体范式构建与重建团结纽带的方案上，将目光更多地投向了呼唤一种基于协商与实践的行动。鲍曼所期待的人类团结，并非传统共同体中那种先天给定的自然而然的默认，也不是通过否定差异、追求同质形成的共识，而是一种不同个体、不同共同体携手努力、共同行动的团结，是一种通过调和、通过协商、通过对话来达成的一致。所以，这一方案在流动的现代中注定是困难重重且旷日持久的。

（二）作为活态多元系统的丝路审美共同体

正如鲍曼所说，共同体在当下无论是将差异绝对化，还是追求"团结一致的神话"，都无法实现真正的团结与和谐。鲍曼在当下新的共同体范式构建与重建团结纽带的方案上，将目光更多地投向了呼唤一种基于协商与实践的行动，即"一种从事自我认同努力的行动者共同实现和获得的必然发生的团结，是一种作为共同生活的结果而不是作为先天给定的条件的团结，是一种通过谈判和调和差异而不是通过否认、扼杀或窒息差异而造成的团结"❶，而丝路审

---

❶　齐格蒙特·鲍曼. 流动的现代性［M］. 欧阳景根，译. 北京：中国人民大学出版社，2017：294.

美共同体的新范式，或许可以为我们解决这一难题提供一种有效的途径。

作为活态多元系统的丝路审美共同体，其构建的基本方式就是通过系统化的组织形式，发挥活态文化的特性。丝路审美文化作为"活着的和活过的时间维度上、在文本的与实践的空间维度上，在描述性与施事性话语之间展开广泛协商，以感觉的、流动的、民间倾向的、物质相关的、身体在场的、环境参与的操演型审美文化"❶，其通过审美来搭建感觉的共通，在感觉共通的基础上形成一种开放自由的、流动的共同体范式。基于这种共同体范式，审美共通感使分属不同文化背景和具有不同生活经验的人群得以超越空间的限制，借由音乐、绘画、舞蹈、雕塑，乃至于当下的影视、文创产品等共同参与审美体验与审美创新，成为系统的一部分，从而在感觉的近似与一致中交流共通，在审美判断上达成共识。在这种共识的基础上，由审美搭建情感结构的桥梁，继而将瞬时的、不稳定的审美经验稳定为具有持久性影响的情感结构与文化认同，从而协调差异性与同一性的难题。

如同杨贵妃传说在中日之间的流传和变异，其背后指涉的是通过这种民间传说与文学的交往，承载不同民族、地域间共同的历史记忆和审美情感，在这种流传间达成了文化记忆的传承。其以一种超越时空限制的审美力量，通过文字书写或当下的影视改编与视听技术，使两个国家、不同文化之下的人们去体味彼此可以理解、可以共通的地方。让彼此以一种审美参与者的身份，消解了当下与历史之间的距离，从而使当下的人们与不在场的历史产生对话，以超越性的姿态将过去的时间代入当下的时间，读者/观众在观看、体验的过程中与历史交融在一起，构成当下与历史的交互对话。历史性的知识在审美中成为一种可供直接感知的记忆，激发观众的内在感性认知，在对话中将古老历史中彼此和睦、密切交往的记忆代入一个当代文化交往与审美融通的视域中。

所以说，丝路审美共同体不仅是一个融合多元文化的审美共同体，同时也负载着丝路民族性、地方性的审美经验。这些承载着丝路各地民族性、阶级性、历史性和地域性特殊化的审美经验在历史中多向度、交互式、往复循环不断熔铸、生成，不断吸收新的有益东西，不断促进自身文化主体的健康与发

---

❶　张进. 论丝路审美文化的属性特征及其范式论意义 [J]. 思想战线，2019 (4)：140-147.

展，不断生发出新的内涵，在多元叠合的审美共同体中不断发展。

通过文化的交流、审美的共通，激活丝路审美文化历史性的情感积淀，并将之纳入当下的丝路审美共同体对丝路审美文化的再阐释中加以互动，从而不断继承、激发出新的文化记忆。同时这种凝集了集体情感经验与认同的文化记忆，将在丝路审美共同体的文化实践中不断通过人们感知、体验到的图像、文字、文化产品、民俗活动、仪式等形式被不断重温，从而为不同地区、民族间的民心相通、和谐发展提供审美的、认同的、情感的基础。这也就有效地解决了鲍曼所批判的"多元文化主义"与"多元共同体主义"所带来的弊端。文化在活态共通、熔铸生成中不会再成为"隔离区"或"壁垒"的同义词；共处于一个多元系统中的人们在系统的动态交互中，也不会让差异、多元被绝对化后带来的"反弹"造成共同体之间的隔阂和敌视。

无论是丝路之上来自广大"西域"的乐舞、器具的传入影响中国文化，还是中国的丝绸、瓷器远渡重洋惊异和更新着其他民族的审美，以及东西结合的犍陀罗艺术，都在证明着丝路审美共同体是作为一个多元活态系统而存在。丝路之上审美与文化的交流始终是双向乃至多向、不断往复循环的。作为一个多元的、对话的、协商的平台，使共同体内部成员（无论是作为文化子系统的各民族、区域文化，还是作为参与者、经验者的个体）可以相互理解、互动和互通。作为一种多元开放、保持差异、协调共识的审美共同体范式，丝路审美共同休将通过对丝路审美文化资源的创造性开发，来促进不同文化、地区间的理解与和谐发展。由此，我们可以总结：

第一，丝路审美文化是"世界文化"这一宏观文化系统下的多元文化系统，丝路审美共同体是以其为基础的多元共同体系统，其具有外在的"整体性"与内在的多元差异性。不同文化的子系统既与整体的丝路审美共同体的大系统相连，也与外部的世界其他文化系统相互联系，由此组合成复合的、多元的丝路审美共同体。

第二，丝路审美文化共同体存在的基础是其内部"差异性"的各文化系统，其整合"差异"的方式是在沟通、对话以及相互阐释、相互借鉴的基础上实现的"共同"，这是丝路审美文化、也是"一带一路"文化建设的基本精神，也是我们挖掘丝路审美资源，通过丝路审美共同体的建构走向人类命运共同体的立足点。

第三，丝路审美共同体内部多元活态的各文化子系统，都在不断地"熔铸生成"，这是一个多向度、全方位、多层次、长期性的过程。这也是丝路审美共同体平衡差异性与同一性，继而实现审美文化的意义阐释与再阐释的途径。

第四，丝路审美共同体始终保持活态、动态的状态，这种"活态"不仅表现在丝路审美文化是各民族审美文化历时性与共时性的往来熔铸，也指向了丝路审美共同体具有拓展性与广延性，其在当下也不断释放文化活力，不仅促进多种文化的和合，也参与了当下种种文化创新以及各类文化产品的生产之中，更进一步助力于"一带一路"的建设。

二、协调自由与安全的丝路审美共同体

（一）自由与安全的难题

一个理想的"共同体"应当既能给予其成员安全感与集体力量的帮助，又能保证个体成员的自由与自我选择，但往往现实中共同体并不能完全处理好自由与安全之间的巨大张力。在早期批判理论中，阿多诺认为奥斯维辛对人类共同体造成的阵痛远超其在现实层面的灾难意义，因为在本质上大屠杀不仅仅是对人类"共同体"这一社会组织形式的致命打击，更严重的是，其背后传递出来的现代性的深刻危机：绝对理性灭杀人性，而同一性与对秩序的追求又极易变异为对个体生命的摧残，以及对个体存在的差异性的抹除。流动时代到来之后，人类似乎可以充分地拥抱自由的阳光、呼吸差异的空气，一切坚固的东西都烟消云散，流动的现代性告诉人类：一切个体都是自由的，即使这种自由充满着风险与危机。

但作为"自由"的代价，不确定的负面效果首先表现在规范和管理的缺失。在鲍曼看来，确定性是人类设计各类秩序的初衷，也是一切人类组织形式、持久观念的目的所在，无论是社会架构、文化形态、抑或政治经济的组织形式，都是人类为控制风险、寻求生存的确定性的努力。固态现代性对于确定性过度的追求引发了极权主义、大屠杀、种族灭绝等副作用。而流动的现代性

采取了截然不同的态度，其放弃了对社会的严格管理，在追求自由移动的同时，将社会的权力移交给市场和个体。规范与秩序不再是流动现代性所追求的，解构与去中心化才是。生计的无法依靠、多元文化的冲击、身份建构的碎片化、选择过剩的消费市场，一切显示出了流动性与不确定性充斥着世界的每个角落。

同时全球化的负面影响、恐怖主义、战火、贫富差距、结构性失业、社会信用缺失、个体认同混乱，一切最基础的问题都是全球性的。但权力的缺席和结构性的丧失，使一切重担都被压在了个体身上。个体的无力感使得生活无法被掌握，开放与流动的社会又使得差异成为普遍的存在。所以，恐惧也就缺失了指向性，个体无法根究恐惧来源于何物，也更加不可能明晰如何去消除恐惧。鲍曼认为我们在流动的现代性的负面作用下，人们对于恐惧的抗争极有可能成为新的恐惧的源头。人与人之间的关系也不再被信任。于是，恐惧在个体化与不确定性的"温床"中呈现出一种自我循环与自我增长的面貌，而不断增加的恐惧，又使人类的联结更加困难重重。

流动的生活中的恐惧取代了奥斯维辛的痛苦。随着制度性安全网络的解体，人们相信他们归属其中并且能够寻找到参照与庇护的共同体，被一同丢进了液化浪潮中，不确定性的幽灵逼迫人们重新狂热地追求起"共同体"。这一追求形成两种当下"共同体"令人失望的变体。第一种就是"审美共同体"令人失望的几种样态，也就是鲍曼提及的"钉子式共同体"或者"狂欢节式共同体"。这一类型的共同体放大了感觉的瞬时性与官能性，并且建构情感联结之时仅停留在感官的表层维度，不涉及诸如情感结构、道德认知、理性思考等范畴，因此不能完成共识的塑造。这种类型的共同体仅仅是无数个人因为审美经验的相似而短暂聚合的产物，实质上依旧是个体化的而非集体的。这种共同体内的"安全感"，仅仅是一种"共同体式的感觉"。这种共同体一方面使人们在短暂的麻痹中沉迷于感官的刺激，另一方面它又在提供虚幻感觉的同时兜售恐惧，凡是能够引起注意和恐慌、能够建立起情感壁垒的突出的社会问题和社会公敌都可以成为这一共同体聚合的焦点，从而实现它自身的自我维系和扩张。第二种则是因为恐惧而建构的"共同体"，一个拥有"意味着隔绝、隔离，象征着防护墙和被守卫的大门"的防止外界威胁、防止被盗和防止陌生人的"安全环境"❶。正如鲍曼所说，这种"安全的居民共同体"实质上是"自愿的隔离区"这一怪异的突变体——被迫的隔离区意味着对自由与多元的否认，"自愿的隔离区"却是借着自由的名义行事。这一类共同体将生存的不安通通转化为对外界的排斥与恐惧，继而利用这种不安与情绪来强化共同体内部安全的重要性，并将之视为第一性的存在，不断为它的存续增添令人信服的理由（不断宣传强化外部世界的可怖），从而拥有一种可怕的自我维系与自我强化的能力。

无论是"钉子式共同体"还是"自愿的隔离区"，它们都不是真正意义上的共同体，只不过是共同体的幻影，前者以消费美学的逻辑容纳了差异，却仅仅是将诸多的差异冷漠搁置，等待"表演"结束，焦点转移之后共同体便轰然解体；后者则是以通过牺牲自由来换取稳定，通过对差异的妖魔化而达到内部同一，并且用高墙隔离差异，其内部的和谐一致依赖于牺牲、封闭与距离的保持。这两个类型的共同体最大的错误就是它们或者宣称个体能够在其中得到安全与自由的平衡，或是将安全视为最高价值，却把公众的注意力从不确定性真正的根源上转移开来。所以，鲍曼认为当前的共同体并非疗救流动现代性诸多问题的良药，而是社会失序的前兆，有时甚至会是社会失序的原因。

（二）作为包容共通系统的丝路审美共同体

鲍曼认为在当下要以一种全球性的视野来构建不同民族、不同文化、不同共同体之间的联合，通过长期的对话、交流、协商，遵循平等、宽容、保证自由的原则，来达成一个多元融合、包容开放的系统机制，以此来构筑人类团结的纽带，消除极端多元主义造成的文化的隔阂和交流的失效。所以，我们所努力构建丝路审美共同体，正是基于一种"共和模式"的、包容共通的共同体。在丝路审美共同体中，不同文化系统经历着共时与历时的相遇与交流，不同的文化传统、文化创意、生活方式，以文化交流与感性共通的方式分享着彼此的生活。这种建构的过程绝不以邻为壑，牺牲自由与差异来达成同质化的文化整合；而是努力促进内部成员的交往协商，在保持差异与自由的同时，达成一种

---

❶　齐格蒙特·鲍曼. 共同体［M］. 欧阳景根，译. 南京：江苏人民出版社，2003：132.

整体上的共识，编织覆盖整个共同体的安全之网。即使共同体的边界之上冲突与矛盾时有发生，但这一边界也是人类共同生活的艺术的实验空间，不同质的文化传统、不同的生活方式相互激荡，各种可能性在这种相互阐释、相互影响中迸发出来，并接受检验。液态社会中这一在不同形式的（也注定一直不同）生活与文化中找到一种基于共识与互惠的共同生活的复杂任务，需要丝路审美共同体这样一个多元文化并存共生的试验场。在那里，能够发现或发明、试验、最终在不断实践中找到并掌握人类共居在一个全球化的星球上的方式与手段。

在流动的液态社会，任何企图以某种外部强制性的力量对自由与确定性加以平衡和协调的方法都是很难实现的。最重要的是，自由与确定性之间的平衡总是不够坚定而太过脆弱，如果无法以一种温和而持久性的努力将两者平衡，那么这一组矛盾关系之间的巨大张力很可能会撕裂巧妙编织的社会网络，从而造成更大的矛盾冲突。所以，这种平衡的努力需要一种天然的、温和的桥梁，而审美的共通感能够担任这一中介。所谓的"共通感"本质上是一种感觉的开放状态，当个体身处一个共同体之中时，其必然思考共处于这一群体中他人的感觉，这种彼此间相互纳入考虑范围的心理运动，就使得个体不再单纯地依据自身做出判断，而是作为共同体的一员进行思考。这使得个体与个体之间具备一致性，从而构成组建共同体的纽带。共通感即是通过这种对私人场域的打破，通过个体间的相互判断与期待走向整体，经情感间的交流共通，最终走向共同体的形成。

而丝路审美共同体的建构，是以审美的感性力量达成内部成员（无论是不同文化系统、不同民族还是差异性的参与个体）的互通与理解。同时丝路审美共同体以审美文化的交流、创新等依据不同审美习惯对审美对象进行改造、创造，加之创新性的审美活动实践，既改变审美对象的状态，促进不同对象间交流的可能，从而激发"共通感"的生发，又借此有效地调节不同审美主体间的审美差异，继而在一种沟通、互信中达成审美视域的融合和心灵的互通，以此建立一种"歧感"基础之上的共识，保持一种整体性下的文化与审美的自由活力。这一丝路审美共同体包容共通的基本生产与运行机制背后，是通过"丝绸之路"这一本身具有包容共通、多元融合的文化、地理、经济、政治场域，化身为一种符号性的力量参与当代政治、经济、文化话语的实践操作中，不断再生和衍生出新的丝路审美文化。通过对丝路审美文化的不断创新生成、生产以及再生产，推动丝路审美共同体内部成员的生活世界与心理认同的彼此结合与沟通。

审美的功能在此基础上，就不仅局限于感性，而且经由感性上升到理性层面。同时在这一过程中，丝路审美共同体通过审美唤起对他人的关涉与共同体的联结。无功利的审美期待（通过审美的共通达成一致）使每个人对感觉的普遍性加以考虑，促使个体的内心向他者敞开，形成人际纽带的联结。这种动态的、充满歧感的"一致"与"共通"构成一个趋于合乎这种目的、自由与安全相协调的共同体，并经由审美的联合，达到情感结构与共同记忆的唤起，由审美而至文化，由文化而至认同，在普遍性的认同中建立彼此的长期、有效的沟通与对话，从而使集体的持久联结成为可能。正如历史上辉煌的唐文化，其中不乏大量"胡风""胡俗"，无论是服饰、食物，还是舞乐，都昭示出唐文化与西域各民族文化的共生共在，并且进行实践与良性互动，从而拓展了唐人生活的可能性。通过审美的流动、对他者的包容，最终达到一种情感结构的共通，从而形成辉煌瑰丽、包容开放的唐文化。

丝路审美共同体正是要借助丝路审美文化资源，让不同的个体、群体，乃至不同思想、经验、语言共处于一个动态包容、开放共通的系统之中相互碰撞，获得和检测其在原本的单一共同体中无法得到、无法反思的特性与事物，在各种异质性、陌生性的文化因子的不断交流中保持不息的创造性。由审美而至共识、由共识而至道德与责任的共担，由"轻盈"的凝聚人心而到"稳固"的共识之网。身处这样一个共同体内部，既不会将外在的不确定性与陌生性转化为自我隔离与极端排外，也不会因为差异的普遍存在而无法达成共识。在平衡自由与安全的同时，丝路审美共同体进而协调不同民族、区域之间的文化摩擦，最终在交流、共识、实践中寻求社会问题、全球问题的解决。通过丝路审美共同体的建构，这种包容与共通达成审美与社会的同构，从而以审美为出发点，通过审美文化的交流达成理解的可能，完成从民心相通到命运与共的跨越，在理论与实践两方面助力构建人类命运共同体。

三、突破消费主义桎梏的丝路审美共同体

（一）消费主义与去伦理化的难题

流动的现代性阶段与固态现代性阶段最大的不同，既在于社会的整体规划的失效，不确定性、易变性和液态性取而代之成为社会的常态；也在于流动的现代性带来了一个与固态现代性下"生产者社会"截然不同的"消费者社会"。正如尼采喊出"上帝已死"所昭示的西方的信仰危机，流动性融化了曾经社会成员赖以生存的种种"固体"，但一直未能冷却出新的准则。缺乏坐标的参照，个体无法找到自我存在的位置，生活中巨大的空虚感和不安全感伴随着不确定性的恐惧弥漫开来，而流动的现代性时代中消费填补了秩序的空白，成为人们找到的"新神"。正如鲍曼所说："今日社会塑造其成员的方法是首先并主要由消费者角色的义务所决定的，我们的社会向其成员提出的标准是有能力并愿意去扮演消费者的角色。"❶ 在一个充斥不确定性的世界之中，"购物由强迫性行为转变成上瘾行为，这是一场针对严重的伤透脑筋的不确定性（uncertainty）的艰苦斗争，也是一场针对恼人的、让人感觉变得迟钝起来的、不稳定性（insecurity）的艰苦斗争"❷。

而当消费成为人们生活的主要活动之后，社会整体的伦理与持久观念便受到了损害。人类历史上之所以约定种种道德与伦理的准则，正是希望这一规范超越时间而存续下去，使"未来"可以被设计、被把握。这一对于"持久性"的追求，源自古老的人类对于生命不朽与存续的美梦，来自人类天性对于安全与确定性的渴望。而一个"液化"一切的流动的现代社会使得对未来的规范和对于生命不朽的追求不再有效，人类对于确定性的追求也就难以寻觅一个新的支点，这种渴求也就发生了转移。消费在此时宣称可以提供给人们确定性的体验，消费者在消费过程中，在支付完成的那一刹那也确实完成了对商品的支配与控制，而消费带来的快乐体验也实实在在发生在当下，无须等待、无须忍

---

❶ 齐格蒙特·鲍曼. 全球化 ［M］. 郭国良，徐建华，译. 北京：商务印书馆，2001：77.

❷ 齐格蒙特·鲍曼. 流动的现代性 ［M］. 欧阳景根，译. 北京：中国人民大学出版社，2017：144.

耐，任何的需求都可以在瞬时的消费体验中得到满足。于是，消费市场愉快地填补了"上帝死后"的空缺，当消费产生之时，消费者通过对商品的占有，体验到了主体对"他者"的支配感，从中感受到自身的存在和力量，片刻的不朽与"活在当下"的感觉油然而生，消费也因此成为一种本体性的需要。消费者需要消费来体验、印证自身的存在，需要用消费来对抗不确定性和流动的恐惧。但消费仅仅是属于个人的、即时的活动，消费自身无法承诺任何的持久和未来，而消费本质的属性也是反对持久和排斥对未来的规划。消费主义的核心原则之一是快乐原则，唯有当下可以切实被感知、带给人愉悦的快乐才能在流变不息的社会现实中使消费者暂时摆脱不确定性的困扰。在快乐原则的作用下，消费者身处的世界被抹平了道德的需要，而仅仅作为一个新奇感觉的巨大容器，以供消费者在其中不断收集着快乐的感觉，极力逃避沉重的、令人不快的责任与道德。正如鲍曼所说，在消费者社会中，"道德责任既不是公民权的原因也不是公民权的目的。公民的理想就是成为一名满意的消费者。社会存在于个体寻求和发现对个人需求满足的过程中。社会空间首先是一块牧场，美学空间则是一个游乐场。人们既不要求也不寻求道德空间"❶。

消费主义在侵蚀了持久观念与伦理道德之后，进一步加深了共同体的缺位与个体身份的离散。"流动的现代性"的本质就是"流动"，社会的各个要素都流动不休，人类的认知观念、生活方式，乃至于存在状态都进入了一种普遍性的"流动"与不确定之中。个体能够获得的"身份材料"也是碎片化的，并且随着参考系的不断变化，身份的更迭也就没有了尽头，永远有个"更好的"或"不一样的自己"在前方等待。碎片化的原材料所构筑的身份也因此充满裂隙，消费会不断拓宽个体的心理限制，从而使个体将"做更好的自己"转化为对消费欲望的不断助长。个体只有在无穷的符号消费中，在一次次的购物与体验中，才能如同试穿衣服一样体验与选择不同身份，跟随上社会流动的脚步。消费者社会因此得以按一个人是否是一个合格的消费者，以及消费能力的大小来确定个体的身份。消费成了通行的、近乎唯一的分类标准，鲍曼说道："在消费社会中，对消费品的依赖性——即对购物的依赖性——是所有个

---

❶　齐格蒙特·鲍曼. 后现代伦理学 [M]. 张成岗，译. 南京：江苏人民出版社，2002：287.

体自由的必要条件；它尤其是保持不同的自由和'获得身份'的自由的前提条件。"❶ 同时，消费还借助媒体为大众塑造了生活的标准，大量的广告、视频、无处不在的媒体宣传，给予人们一个超真实的"拟像世界"，而这一"购物天堂"中人与人的联结与相遇都是被"净化"过的，相似的购物欲望和渴望祛除不确定性的愿望促使消费者不断地奔赴各类消费场所。消费的瞬时性满足与多变性遮蔽了我们与陌生人之间的差异，消费主义建构的"购物天堂"构筑了一个"共同体"的幻象。在这一幻象中"不需要任何商量，任何交易，任何追求共鸣、理解和妥协的努力"❷，于是人们的社会责任感与道德意识也随之消解。当社会的整体性受到个体化进程的损害之后，社会的团结与集体精神的形成也就难上加难。

（二）作为敞开生成系统的丝路审美共同体

在一个消费者社会，占据社会主体的是追求自由与快乐的消费者，而消费也取代了工作，成为生活方式、审美价值乃至社会运行的核心与纽带。消费承诺会为消费者带来自由，而自由的获得需要消费者参与无尽的消费，服膺于消费美学的引导，以追求感官和瞬时满足的快乐原则作为生活策略。市场不断向消费者释放一个信号：你可以同时在这里体验到充足的自由和安全，而无须付出诸如道德和责任等沉重的代价。但市场提供的也仅仅是"体验"，消费者只有在不间断的消费过程中才能体验到"共同体般"的感觉，体验到自由与安全的平衡，但体验之后，不会有任何持久的结果和真正的改变。

故而鲍曼批判这种消费主义的"审美共同体"，认为在工作伦理让位于消费美学之后，沦为快乐感觉收集者的消费者，往往忽视道德与义务，任何价值都要让位于美学价值，让位于快乐的满足。民族团结、人际关系、共同体情感都持续弱化。但审美并非只是单纯的感官快乐，在当下，我们不仅能够通过审美与艺术来表征、解析流动的现代性给人们带来的诸如秩序的解构、意义的缺乏、中心的丧失等痛苦与困扰，而且能够通过它们来重构生活的意义。在固态

---

❶ 齐格蒙特·鲍曼. 流动的现代性［M］. 欧阳景根，译. 北京：中国人民大学出版社，2017：148.

❷ 齐格蒙特·鲍曼. 流动的现代性［M］. 欧阳景根，译. 北京：中国人民大学出版社，2017：175.

的现代世界中，艺术虚构的否定性曾经揭露的是人类理性秩序所掩盖的世界的偶然性与荒诞性，一如卡夫卡小说中揭示的现代社会极端秩序之下的深层荒诞。而流动的现代性到来之后，艺术所做的则是通过对意义的寻找，将生活的碎片组织起来，简化难以理解的复杂性，从而在多元与不连续的生活经验中挑选有限的事物与行为，并将之安排组合为可供人类思考的"故事"。艺术和审美不仅可以协调差异，使人们重新寻找和发现生活中的意义，继而重构碎片化的生活；也可以通过审美的共通、艺术的"惊异"，使人们在共通的感受中打破人们之间的冷漠与隔阂。这种"共通的感受"将是建构于审美的否定性力量，而非单纯的官能刺激，审美也就从消费中挣脱出来，将人们从市场的旋涡中分离出来。

"艺术被看作是一种深入到人的主体间性关系当中的'中介形式'。席勒把艺术理解成了一种交往理性，将在未来的'审美王国'里付诸实施。"❶ 自私自利以及快适艺术的享乐目的最终必然导致个体化的自闭和人类联结纽带的破败，从而使"共同体"不再成为可能。所以，要让文化的交流持续向"他者"敞开，让审美的力量促成人类理解的共通，就要去追求一种具有社交传达性的美的艺术，让艺术变为对未来的创造与意义的生成。在这种情况下，我们正需要丝路审美共同体这一特殊的场域，其内部的成员站在多种文化、多种社会的结合处，不同民族、国家（或是生活在多元文化圈中）的人们借助对丝路审美文化资源的开发，亲密地分享他们的文化生活和传统。不同文化因接触而产生文化的变迁和融合，不同的个体也在通过对丝路艺术等丝路审美文化表征的欣赏、对丝路审美文化产品的消费中，彼此敞开互相间的审美感受，继而达成一种和谐的共同生活，而在这一过程中我们可以探求文明的变迁与人类共存的方式。

同时丝路审美共同体所追求的，还在于发掘"器"与"道"相融合、相兼顾的丝路审美文化，既研究丝路文化之"道"的层面，注重从观念、理论和形而上的向度展开探讨，寻找多元文化融合并生的理论基础；又将之引入"器"的层面，注重从经济、实用和器物的向度探讨，使丝路审美共同体的建

---

❶ 尤尔根·哈贝马斯. 现代性的哲学话语［M］. 曹卫东，等译. 南京：译林出版社，2008：47.

构能够兼顾社会效益与审美意义。对于介乎"道"与"器"之间"审美文化"的研究，在当下的丝路审美共同体建构的实践中，应当转化为一种对于丝路文化创意的实践，去发展一种丝路文化创意经济，从而将创意和审美渗透文化产品生产的各个环节，并且与知识、信息、技术等诸多要素相互整合，既满足大众对具有文化审美性的产品需求，又为我们提供了一种弥合经济与文化、审美间裂隙的桥梁。通过创意审美文化与创意经济的协同发展，满足丝路审美共同体内部成员的审美、文化需求的同时，又将丝路之上的文化底蕴和文化记忆转化为成员间彼此喜爱并接受的形式，进一步增进文化的交流、民心的联通。

"审美"在丝路审美共同体建构中的积极作用在于对时间与空间的超越。通过审美对时空间的克服，不同地区、不同民族、不同文化背景的人们可以通过多种形式的审美活动"遥相呼应"，继而由审美互通而至民心相通，继而形成跨地域、跨国别、跨民族、跨文化的认同。这一认同的形成，需要在丝路审美共同体的建构中，始终保持群体的或个体的参与者们积极参与文化活动的自由。这种自由的提供，可以通过文化消费来实现。这里所指的文化消费并非属于法兰克福学派大众文化批判的组成部分，而是意指文化与经济联动，通过发掘丝路之上流通的各种"物"与艺术表演的文化价值，以审美创意、文化生产的方式将之加以商品化，一方面满足共同体内部成员的文化需求，另一方面激发经济活力。人们通过对这些丝路审美文化产品的消费，通过实际对于"物"的触摸与把玩、对于表演的观看与欣赏，进入一个满含丝路文化记忆的审美空间，并借此激发审美共通感与文化认同的形成。正如丝路审美文化"其意义在于激发人们从'文化间融通生产'（intercultural consiliense）的角度去理解和解释相关的文化资源和文化行为"。[1] 丝路审美文化现象与产品需要在文化交流与消费流通中不断汲取他异性的滋养，通过不断地"跨界"实现自身的转化与发展，并在消费的流通环节对丝路审美共同体内部"共识"与"认同"的形成进行反哺，从而使丝路审美共同体中文化的交流在能够产生经济效益的同时，又不落入消费主义的窠臼。

---

[1] 张进. 论丝路审美文化的属性特征及其范式论意义 [J]. 思想战线，2019（4）：140-147.

四、化解陌生人与废弃物的丝路审美共同体

（一）陌生人与废弃物的难题

当消费者社会到来时，共同体的纽带无法依靠属于纯粹个人的消费行为来联结，即使能够短暂地建立联系，也不会持久。液态社会中无处不在的"陌生人"成为我们每个人必须面对的社会现实。同时消费者使用消费来锚定自身的认同、建构自身的身份时，"合格的消费者"固然可以体会到不同身份带来的新奇，选择自己想要成为的身份，但那些"不合格的消费者"将彻底丧失拥有身份的资格，贫富两极分化进一步加大，造成共同体边界与主体间的严重冲突，于是，"陌生人"与"废弃物"成为共同体话语亟待解决的问题。

人们与"陌生人"的关系在不同历史时期呈现不同的形态。鲍曼认为在前现代时期，小规模的共同体中即使有个别陌生人出现，也会被这一共同体同化，从而很快消弭掉其"陌生性"。到了固态现代性时期，新的生产方式与资本运作造就了新的生活，但新的秩序也带来了大量的"陌生人"，其迫使离开土地的农民别无选择地涌入城市，成为城市中的"陌生人"。同时，资本的扩张与交通技术带来的时空压缩，导致全球贸易与殖民的兴起，异文化、异民族开始更加频繁地进入西方人的视野。城市化与全球化同步进行，造成西方视野中"他者"与"陌生人"的大量出现。这种全新的固态现代性中，暗藏着西方中心主义的话语，以及对"他者"与"陌生人"的排斥、同化与监管。在固态的现代性时期，"陌生人"指的是秩序之外的人与物，一切的"陌生人"或者"他者"，都是需要被纳入监管、纳入以西方为主导的"现代"之下的存在。进入流动的现代社会，我们已经身处一个全球化的、多元的、充满差异的世界，当下人们面对的问题不再是如何管理、同化或者消灭陌生人，而是如何与陌生人"共舞"，彼此共同生活在这个多元的世界中。

在一个消费者社会中，人们往往因为难以与陌生人相处，并且不愿为之付出长时间的努力与协商，因而会与消费主义"共谋"，从而将陌生人"净化"。在消费主义搭建的"审美共同体"中，"他者"被伪装成有着相同趣味与消费体验的"同志"，是"和我一样"的消费者，从而"陌生人"的异质性被抹

除、与他者交流相处的努力也被搁置，陌生人之间的相遇没有过去也没有未来，而仅仅是短暂的消费体验中的偶然邂逅。于是，个体间的疏离感再次被加强，共同体的衰败也因此加重。同时，在不确定性带来的不安之下，陌生人与陌生人之间的冷漠、人与人之间的距离极易"病变"为人与人之间的隔离与对立。"陌生人"意味着潜在的威胁，流动的现代性使社会中的成员纷纷"被个体化"。人际关系的信任与纽带一旦断裂，那么共同体中那种兄弟般的情谊便一去不复返。人们习惯于将"他者"与"陌生人"视为威胁的化身，人们为了保证自身的安全而躲进某个所谓"共同体"的围墙之内，抑或在消费主义塑造的"购物天堂"中以虚幻的感觉饮鸩止渴。

同时，流动性与消费主义也不断给两极分化推波助澜。液态社会中，"全球精英"所代表的富人们，可以轻巧地穿行于全球空间，超越一切"在地"因素的束缚，在流动变化中与无数的新机会相遇，而缺乏金钱与资源的穷人则只能困居于原地。当富人们已然超越民族国家的限制，追随资本自由的跨国流动之时，穷人却无法支付远程出行的费用，因此也无法去寻找任何改变的可能性，从而愈发地被困在原地。这种穷人无可奈何的被动"留守"，在那些可以自由移动的"全球精英"看来，却成为穷人因之贫困的"劣根性"，穷人被认为是没有资格并且自绝于"文明世界"的"废弃物"；穷人被视为"流浪者"，是潜在的危险，是盗窃、抢劫的嫌疑犯，是不洁与无资格的存在。流动能力的两极分化背后，实质上是富人通过迎合资本的流动，剥削了穷人赖以维生的资源，富人们可以轻而易举流动和改变的自由，源于对穷人自由的剥夺。

当这种阶层的对立达到极致之后，新的液态社会的"新穷人"，即那些无法跟上社会运动的速度，也无法作为合格消费者的人群，成为边缘，乃至于不被需要的群体，成为"废弃的生命"。他们对于掌握资源与权力的"世界精英"们来说，其唯一的用途就是成为负面的标靶，流动的现代性中不确定的恐惧在新穷人那里有了具体的形象。抢夺工作机会、占据福利资源的移民；影响社会稳定、需要被隔离"处理"的难民；乃至于恐怖分子、盗窃者、流浪汉……这些群体的"陌生"与"无用"造成他们集体的被排斥与否定。在这些"陌生人"或者说"废弃物"身上，作为美学感受的"陌生性"与作为政治问题的移民、难民等形象相牵连，在鲍曼那里共同指向了当代人类社会的运行困局：对"他者"与"废弃物"的处理问题。"陌生人"因其陌生而使人感到恐惧，而"废弃物"因其"无用"而亟待被消灭，两者都是作为具体生命的人类群体的一部分，却都被排斥于人类的共同体之外。在对 20 世纪奥斯维辛集中营事件的反思和在对人权之窘困的批判中，阿伦特指出："被迫生活于共同世界之外的人的存在，产生巨大危险，他们在文明当中被扔回到自然天性和纯粹差异当中。"❶ 难民、移民、新穷人不仅是当代的社会学问题，也是共同体话语中的重要问题。这些游离于各种共同体之外的生命，时刻刺激着共同体的边界，促使我们去思考共同体内部成员的标准以及共同体边界的界限。

（二）作为流动更新系统的丝路审美共同体

废弃物、陌生人这些秩序之外的存在，一方面不断破坏既有的秩序或者已经固定下来的规则，另一方面又促进秩序不断重组以及规则进一步改善。因此它们是矛盾的存在，同时既是神圣的又是邪恶的，其矛盾性在于它是作为一个社会、共同体，乃至个体的异质性存在，是显目的"他者"。在此意义上来说，废弃物与陌生人作为异质的存在对于我们构建丝路审美共同体是不可或缺的，这种异质也并非只是被动的否定的存在，而是作为一种主动的更新力量，它扰动稳定的结构，使之不断推陈出新。正如朗西埃所说的"歧感"，通过感性的扰动打破既有的、固化的社会组合，从而在裂隙中生长出民主与新的秩序。流动的时代有着变动不居的液态之美，"陌生人"等他异性存在既是令人着恼，也是令人惊异的存在。生活在液态社会中的人们需要面对这种"异质"，无论是个体还是共同体都需要不断通过这种差异重建秩序的过程完成自我的更新。

无论是"陌生人"还是"废弃物"，这两种存在以其异质性和否定性扰动着共同体的边界，或者说这两种存在本身就是一种边界概念。流动的液态社会中几乎无处不在的"陌生人"与"废弃物"扰乱、打断着传统共同体的联结方式，从而作为"差异性"和"否定性"的力量打破了共同体中固化的倾向，使得共同体不至于陷入同质化的阴影之中。虽然"陌生人"与"废弃物"着

---

❶　汉娜·阿伦特. 极权主义的起源 [M]. 林骧华，译. 北京：生活·读书·新知三联书店，2014：395.

实令人头痛，与其相处也需要更多的勇气和付出更多的努力，但在这两种存在与共同体的碰撞中，必然会令共同体内部发掘其本身无法察觉的事物，从而激发共同体发展更多的可能性，同时，与这两者存在接触的地带，也将孕育具有无数潜在性的场域，从而生发新的流动和交融。

而丝路审美共同体构建的原则，则是一方面摒弃了固态现代性时期西方中心主义对"他者"与"陌生人"的净化；另一方面又不落入流动现代性时期消费主义对"废弃物"的抛弃和对"陌生人"的冷漠。在丝绸之路上，各类艺术或通过直观的形象，或通过舞蹈、音乐等不同的表达形式，传达、沟通着不同文化、不同民族中个体间的情感，以审美的互通来诉说人类文明在丝路上留下的灿烂历史。建筑、雕塑、绘画、服饰艺术、音乐、舞蹈，以及玉器、青铜器、陶器、织物等工艺品、民族民间艺术、口头文学等艺术因丝绸之路上不同文化的交流，在无数他异性的文化艺术因子的组合、创新、变异、生成下发扬光大，并传播出去，最终形成丝路多元文化与多元艺术交相辉映、相互促进的整体风貌。丝绸之路上的审美文化的交流，并非一种静态、不同民族国家艺术成果的叠加，或者说是各种不同艺术门类的简单比较，更重要的是基于一种对"陌生人"敞开的文化态度。通过将大量"陌生性"的审美文化整合入一个多元系统中，使各子文化共同体之间整体创造、交流、融汇、相互影响，最终生成不断更新的丝路审美共同体。这一流动更新的丝路审美共同体化解了极端的文化中心主义，东西方不同的话语形态彼此异质，也彼此对话交流。

丝路审美共同体内部也因为这种拥抱"陌生人"的想象方式，通过各种途径发掘、建构成员彼此间共同的文化记忆、遗产，从而借由审美感受的一致与情感结构的联通不断更新自我、发生转变。丝路审美共同体绝不是一个单一的、普遍的丝绸之路叙事的整合，而是承认"陌生性"与"差异性"的巨大潜能。同时，生长在"一带一路"倡议与"人类命运共同体"背景下的"丝路审美共同体"也有着巨大的潜能，不仅可以通过对丝路之上多元文化的流通与互动的研究，发掘丝路之上被遮蔽的历史，从而建立一个平台，既讲述"玉出昆冈"、天马东来、维纳斯化为大佛的故事；也讲述火药、印刷术进入欧洲所引发的颠覆性的改变；以及鲜为人知的阿拉伯和波斯对文艺复兴，乃至对现代西方文明的影响。丝路审美共同体的"潜能"还体现在经济领域，通过文化创意、文化产业等激发丝路沿线国家的经济活力，不仅能够重写丝路之上古老的故事，建构民心的相通；也能够推进"一带一路"建设，重新调整关于东方与西方、中心与边缘、衰落与救赎的话语，继而促进沿线地区的共同发展。丝路审美共同体所书写的有关过去和未来的故事中，既有张骞、法显、马可·波罗携手通行、沟通东西方世界，使人们共同想象和践行一种人类团结共处的生活；也不断介入当下的经济、文化现实，让不同地区成员增进理解、共享发展果实，从而消解"废弃物"的存在。

丝路审美共同体以一种流动开放的姿态，向"陌生人"敞开自身的边界。一方面，"陌生人"的"陌生性"不仅在感知上提供新奇感，也让我们得以打破既有的认知模式，创新对事物的体验方式，从而将"陌生感"作为艺术创造的源泉。另一方面，这种对"陌生人"的接纳，也使得丝路审美共同体得以不断地吸纳新的成员，突破既有的地域、文化、民族的限制，扩展到更广阔的天地。在丝路审美共同体中，"废弃物"是一个"伪概念"，共同体中的任何组成部分都有着平等的地位，有着尚未挖掘出的价值。通过平等的态度，将被忽视的、弱势的群体、国家纳入视野，将之在审美上作为否定性上升的力量，一方面在经济上寻找合作发展的潜力，另一方面使审美介入，作用于从人文领域的民心相通到"一带一路"全球共同发展的各个环节。丝路审美共同体通过对具体国家民族艺术、服饰、器物、文化等的观照，激活各文化的精神元、生成新的审美文化，使文化价值在整体系统中不断增殖，乃至反哺经济层面的文化产业发展与经济增长。在全球化背景下，丝路审美共同体通过这种方式，坚持协商、对话、和平、共在的原则，探索一种共和、和合、熔铸生成的文化模式与共同体范式，并通过审美的互通与情感的联结，使个体与个体、共同体与共同体、国家与国家之间重返一个共同的"公共领域"，化审美、文化的"无用"为大用。在这种"无用之用"中，达成共识观念的生成、经济文化的跨界融合、科技与资源的彼此共享，揭示人类共同生活的艺术，最终走向人类命运共同体的建构。

小　　结

丝绸之路作为"一带一路"建设的核心领域，作为一个多民族、多文化之间交流的发生空间，成为一个天然而理想的多元文化共生并存的实验场所，能够供我们去尝试利用丝路审美文化这一资源的天然优势，遵照包容差异、和谐共生、熔铸生产、人文化成的构建方向，让物质、艺术、语言、经验、感知和情感多维度地参与共同体审美维度的建构与表达，努力尝试建构一种基于容纳差异的、活态的、无边界的、非实体的、流动的审美共同体。通过对丝路审美文化的"多元系统性""熔铸生成性""活态空间性""历史物质性""事件流通性""融通生产性"等属性特征的发掘，丝路审美共同体呈现出一种多元活态、包容共通的系统形态，以审美共通感让不同国家、不同民族和个人共同参与，成为系统的一部分，彼此交流共通，在审美判断上达成共识。通过感性的共通与情感结构的建立，达成相互理解与尊重，以此提供并保障共同体内部成员的安全、自由与尊严，从而协调共同体内部的安全与自由的矛盾，在包容差异的基础上建构共识的网络。丝路审美共同体还致力于通过挖掘丝路审美文化资源，让文化的交流持续向"他者"敞开，让审美的力量促成人类理解的共通，让艺术变为对未来的创造与意义的生成，通过审美文化大范围流动产生审美文化的附加值，使文化与经济同步发展。而"陌生人"也在此基础上，成为丝路审美共同体中新奇感和审美性的重要来源；成员间的平等消解了"废弃物"的存在，并将之在审美上作为否定性上升的力量，也使丝路审美共同体不断完成自我的更新。

近年来，"丝绸之路"研究已经在国内外成为一股研究的热潮，毫无疑问，这与中国的"一带一路"建设有直接关系。"丝绸之路"不单单是一个东西方的研究者，以及沿线的各民族、各地区成员彼此谈论过去、缅怀历史、发掘人类智慧结晶的地方，而且是一个关于未来的话题，是一个人类共处共存，面对共同命运的场域。在长期的历史发展过程中，丝路审美文化立足于一种平衡地方性与全球性的文化视野，因其多民族文化融合的形成基础，体现出重视文化交流、致力于文化"和合共生"的文化策略，并在这种文化的融合和互鉴中，力图在差异性的协商中提取整体性，在异质文化的碰撞中实现意义的增值和创新的发展。因此，丝路审美共同体的最终目的，就是提供一个多元、活态、敞开、更新的框架，使世界范围内的诸多"差异"得以更好地互动与理解，并在此基础上形成共识；由审美的互通与彼此的理解，化解安全与自由的矛盾；既超越消费主义的负面影响，又将"陌生人"和"废弃物"转化为不断自我更新的动力，使得共同体内部成员面对共同的命运，以团结和集体行动践行共同的责任，从而走向"人类命运共同体"，应对当下现实中的种种问题。

第八章　"文学世界共和国"理论视角

　　法国理论家帕斯卡尔·卡萨诺瓦（Pascale Casanova）以"文学世界共和国"（the World Republic of Letters）的方式构想世界文学，具有"范式论"意义。其"范式论"思想最早可以追溯到柏拉图的理想国，内涵特征主要体现在祝圣的文学评价机制、中心化的文学地理空间以及民族主义的方法等。本章通过吸收"远距阅读"和"星球诗学"的理论资源，对卡氏文学世界共和国的欧洲中心主义与政治性予以反思性批判，从而实现范式转换，使得该范式蕴含了历史、开放和平等的特性，由此对丝绸之路这一广袤深邃的历史文化地理空间中流通生成的审美文化现象，参与全球化语境下丝路审美文化共同体的构建，提供了研究范式与理论参照。

　　历史学家海登·怀特（Hayden White）认为历史话语中，隐喻、转喻、提喻、讽喻提供了诗性语言的四种比喻类型，其中，提喻用对象与总体的关系来预构经验世界，意指总体诸要素之间的定性关系。❶ "文学世界共和国"是一种提喻，可视为这一空间存在的深层叙述结构。建构"文学性"，排列文学秩序和文学空间的运作机理，探讨民族文学与民族之外的文学语境、世界文学语境之间复杂的互动机制，以动态模式构建一个跨民族文学共和国。卡萨诺瓦对民族性与世界性的探索蕴含丰富理论资源，"丝绸之路"作为审美文化资源高度集中、审美交流密集频繁、审美衍生再生产品丰富多样的文化地理空间❷，

---

❶　海登·怀特. 元史学［M］. 陈新，译. 南京：译林出版社，2004：47.
❷　张进. 论丝路审美文化的属性特征及其范式论意义［J］. 思想战线，2019（4）：140-147.

能从中得到全球主义下观照本土化的启示。

一、文学世界共和国诗学范式

"范式"是指"特定的科学共同体从事某一类科学活动所必须遵循的公认的'模式',它包括共有的世界观、基本理论、范例、方法、手段、标准等与科学研究有关的所有东西"。● 文学世界共和国的诗学范式作为一种研究世界文学的构想提出并不久,但其思想渊源久远,在柏拉图创造的理想国中便初见端倪。理想国通过个体灵魂的结构类比阐发建立理想国家的结构,由殊相上升到共相建构,其中诗人因被认为会助长心灵的低贱部分而缺席,代表理性的哲学家被视为理想的国王人选。卡萨诺瓦对柏拉图继承式批判,同样以诗性的方式构建共和国,但批判柏拉图对诗人的驱逐,她认为诗人同样可以创造一个共和国,如文学世界共和国,因而在卡萨诺瓦的思考之上,"文学世界共和国"诗学具有范式论意义。

文学世界共和国围绕"什么是文学"的基本问题制定文学世界的版图,形成这一空间内的文学家共同遵循的"模式",包含运作标准、方法论和范例。通过借鉴和深化"场域"理论,卡萨诺瓦将布迪厄专注法国的相对自主的文学场、资本与信仰的生产性场域和界线与占位的斗争场等理论拓展至跨民族视野,从政治、经济和空间地理上建构"文学性"。法国巴黎成为共和国的"首都"、文学"信贷"的"中央银行"和文学世界的"格林尼治",获得至高的荣耀,划定审美的界线与规则、掌握维护文学合法性的标尺。由此,法国成为"祝圣中心",法语在文学写作中占统治地位,居于边缘"小"民族文学的作家通过翻译、评论和获得世界奖项等方式进行"祝圣"被认可进入中心。整体的文学空间在动态生成的运作机制中展示出来。这一范式的纵横广阔离不开其驳杂的方法论。其一,空间、历史与地理相结合。卡氏运用独特的空间地理学方法,如文学世界共和国中的格林尼治子午线是参照地理上作为测量经度的起始经线"本初子午线"进行的划分,由此构筑出中心。这属于列斐伏尔

● 库恩. 科学革命的结构 [M]. 金吾伦, 胡新和, 译. 北京:北京大学出版社, 2003:175.

"中心化的空间"，中心具有最高的可视化、划分出中心与边缘、构成性中心存在于想象的和真实的空间中❶，作为中心的巴黎具备这些特征。同时借鉴年鉴学派布罗代尔的"长时段"理论，重视长时段历史过程与宏观区域尺度。其二，采用比较文学传统研究方法即法国影响研究，这一方法统摄和鞭辟入里地贯穿在文学世界共和国的浩瀚文本中。如对詹姆斯·乔伊斯独特文学的分析，既往前追溯对但丁思想的继承，又往后梳理深受乔伊斯影响的作家如阿尔诺·施密特、亨利·罗斯，学习乔伊斯寻求自主语言、否认民族美学模式等好的先例，同时以城市与农村的不同支持者，对比分析福克纳与乔伊斯不同的美学决裂方式。其三，卡氏的构想是一种民族主义或国家主义的方法论。民族身份的认同问题居于文学世界共和国斗争的内核，在普世化的全球化规则下，少数民族文学的作家与文学世界的关系充斥痛苦与矛盾，倍感自身是"渺小"的他者。❷ 不同选择下，走向被主流同化或进行艰难反抗与颠覆。范式是共有的范例。文学世界共和国中便有一个独特的爱尔兰范例，卡氏将其作为柏拉图意义上的"原型"，以持续 40 年成功反对文学等级的爱尔兰文艺复兴史为例证，为帮助和理解所有文学反叛提供了一种理论和实践模板。事实上是将文学世界共和国范式抽象的法则具体化，将其视为世界性的文学结构中特殊的解决办法还原文学界特有的历史，仍包含在世界性的文学年表中，彰显共和国范式普遍法则的应用对象。其中最具代表性的是被视为革命者的乔伊斯和福克纳，通过制订异端文学计划，以特殊手段缩短与主流世界的距离，乔伊斯通过多语写作、福克纳作为"时间加速器"带起一行追随者，与美学决裂，在文学世界共和国中争取到有一定自主地位的空间。

文学世界共和国以其巧妙的构思而具有独特性，却也渐显理论的限度。首先，这是一个资本与等级的权力空间，带有布迪厄理论的区隔性。以国家的形式想象世界文学，这本身便充满悖论，国家结构和制度在走向全球化过程中应当调整，而文学世界共和国保留国家的政治性、等级和边界，将走向单一封闭。同时这一"世界"并不完整，一些"世界"文学人物缺席，如典型的英

---

❶ 列斐伏尔. 空间与政治 [M]. 上海：上海人民出版社，2008：11.

❷ 帕斯卡尔·卡萨诺瓦. 文学世界共和国 [M]. 罗国祥，陈新丽，赵妮，译. 北京：北京大学出版社，2015：211.

语作家约瑟夫·康拉德，他是来自欧洲边缘的艺术家的典型人物，挣扎在用英语还是法语写作的基本选择中。可见这个文学世界作为一个全球单位的假设，确实存在克里斯托弗·普伦德加斯特在《协商中的世界文学》中细致查找的漏洞，"文学世界共和国"理论具有欧洲中心主义取向。

其次，具有案头化的文本主义弊端。法国的保罗·利科尔向伽达默尔发动了攻击，他把"文本"作为理解和解释的重心，建构起"文本中心论"的诠释学理论体系。他强调文本的永恒性，从而使理解的确定性成为可能。卡萨诺瓦的文学世界共和国由文学作品构筑，是文本主义的，表现出明显的案头化倾向，见于其文体与载体。文体上关注语言和技法，新的民族文学空间中关注福克纳的技术创新和乔伊斯方法带起的革命，阐述文学化机制。霍尔主张语言在表征系统中发挥重要作用，语言是文化价值和意义的主要载体。在语言中用符号或记号代表或向别人表征我们的概念、观念、感情。他声称只有这样意义的生产和循环才能发生，才能形成一种文化的共同生活世界。❶ 语言在卡萨诺瓦的空间机制中同样关键，却更凸显由语言获得权威话语和竞争资本，法语取代拉丁语成为优势语言。自此，巴黎的首都地位、翻译成法语的祝圣机制等顺理成章，在其中，这一共有世界的个体间的观念和情感无法被表征，在垄断的话语下，霍尔所称的对话体的表征功能失效。同时这一文学空间的文本主要以小说为载体，贯穿起思想结构、文化背景等，缺少其他形式的载体。卡萨诺瓦的文学空间未能囊括完全的文学，某种意义上，活态的文化被文学世界共和国遗忘。梁启超认为："凡史迹皆人类过去活动之僵迹也，史家能事乃在将僵迹变为活化。"❷ 以文字为载体的文献及其范式正在挤兑以文物古迹为载体的实物遗存和以口传身授为载体的非实物文化艺术传承及其范式。❸ 这一挤兑导致在文学世界共和国中缺少非文字文本，涵盖的作品形式单一，忽视文本的文学性与美学解释，进而将文学等同于静态的文学作品文本，事实上窄化了文学的概念。

---

❶　斯图尔特·霍尔. 表征：文化表象与意指实践 [M]. 徐亮，陆兴华，译. 北京：商务印书馆，2003：5.

❷　梁启超. 中国历史研究法 [M]. 长春：吉林出版集团股份有限公司，2016：3.

❸　郑培凯. 口传心授与文化传承 [M]. 桂林：广西师范大学出版社，2006：4.

另外，文学世界共和国历时性弱，涵盖的文本多为近百年。爱德华·萨义德建议国家的问题应该作为对"世俗性"的诠释而被放在当代的批判性议程上。强调国家的政治统一在于对其无可救药的多元现代空间的焦虑的不断转移，代表国家的现代属地性变成了传统主义的古老的、返祖的时间性。这种意识形态位移的起点是分化的空间边界"外部"向传统的认证"内部"时间的转变。不同于卡萨诺瓦将奈保尔作为保守的同化者，宣称自己是西方文明的产物的英国式世界观❶，霍米巴巴认为奈保尔强调的"特立尼达人是世界主义者"暗示了"本土世界主义"的可能图景，有利于区分当下的世界主义思想。霍米巴巴提出当下有两种世界主义：一种是把这个行星变成一个由民族国家延伸到地球村的同心圆世界，会衍生出不平等；另一种是特立尼达式的世界观，即本土世界主义，以少数派的眼光衡量全球发展，追求自由平等，强调人人有权保持"平等的个性"。显然，卡萨诺瓦的文学世界共和国被认为属于前者，应走出不平等的思维模式。爱尔兰裔的本尼迪克特·安德森提出不同于卡萨诺瓦划定的"爱尔兰空间"的时间，借用本雅明"同质的、空洞的"时间来描述新的时间观，他在《想象的共同体》中建议，现代国家的叙事只能从"符号的任意性"这个概念分裂中世纪世界的神圣本体论及其压倒一切的视觉和听觉想象开始。安德森认为，通过"将语言与现实分离"，任意的能指使"同时"成为一种国家的时间性，一种同质的空时形式。这种时间性的形式产生了一种象征性的国家结构，即"想象的共同体"❷。文学世界共和国秉持一种同质化的时间，并且通过祝圣奉为"经典"的机制走向窄化的近距离阅读，使得众多作品不可见。

库恩指出，当范式变得模糊，随之使常规研究的规则松弛时出现危机。❸但危机并非对范式的否定，相反，危机是新理论出现的前提条件，孕育着范式转换的可能性，即从一个处于危机的范式，转变到一个常规科学的新传统能从

---

❶ 帕斯卡尔·卡萨诺瓦. 文学世界共和国 [M]. 罗国祥，陈新丽，赵妮，译. 北京：北京大学出版社，2015：242.

❷ 本尼迪克特·安德森. 想象的共同体——民族主义的起源与流布 [M]. 吴人叡，译. 上海：上海人民出版社，2005：21.

❸ 托马斯·库恩. 科学革命的结构 [M]. 金吾伦，译. 北京：北京大学出版社，2012：77.

其中产生出来的新范式。这将改变研究领域中某些最基本的理论概括，也改变该领域中许多范式的方法和应用。❶ 文学世界共和国诗学范式处于危机时期，文学理论家积极应对，尝试终结危机的各种新理论，其中，莫莱蒂的远距阅读和斯皮瓦克的星球诗学最具产生新范式、实现范式转换的潜能，同时指明文学世界共和国诗学范式发展的未来向度。

二、远距阅读视域下的开放与多元

新批评以细读法确立了传统的阅读范式，代表作有利维斯的《伟大的传统》，阅读"经典"，以文本为中心，用语义分析方法解读文学作品。文学世界共和国诗学范式也是这一模式。这一范式受到文学研究者广泛推崇，但遭遇无法解决的困境，莫莱蒂犀利地揭示，"细读（从新批评到解构主义都是它的化身）所带来的困扰在于，它必定依赖于极少的经典。目前这可能已成为一个无意识的和无形的前提，但它也是残酷的前提：只要你认为它们之中很小的一部分是要紧的，你就会在个别文本上投入很多；否则，那将毫无意义。如果你想超越经典（世界文学当然会那么做：不那样做是很荒唐的），细读是做不到的。实际上，非常庄严地对待少数文本是神学仪式，然而，我们真正需要的是跟魔鬼签订一个小小的契约：我们已经知道怎样阅读文本，现在让我们学习怎样不读它们。"❷ 其指出细读使文学失去赖以生存的空间，即巨大的市场、变成屠宰场；批判细读法对经典的态度：把它当作神学崇拜的对象。莫莱蒂追求的是客观性而非文本的形而上意义，把文学变成知识的对象，是对神学目的论和历史目的论的解构。这正是库恩指出的，新范式优于先前范式之处在于能更好地表现出自然界的真相，更接近于理论的真理。❸ 新历史主义同样反对传统的细读模式，格林布拉特指出，传统的"近距离阅读"倾向于建立一种强烈的崇拜感，与吉纽斯的庆祝有关，而新历史主义的阅读往往是怀疑、谨慎、

---

❶　托马斯·库恩. 科学革命的结构［M］. 金吾伦，译. 北京：北京大学出版社，2012：85.

❷　Franco Moretti. Distant reading［M］. New York：Verso，2013：61.

❸　托马斯·库恩. 科学革命的结构［M］. 金吾伦，译. 北京：北京大学出版社，2012：173.

去神秘化、批判，甚至是敌对的。❶

　　莫莱蒂认为要提出更大的文学史概念，看到经典与非经典，看到被遗忘的大多数，即科恩所说的"伟大的未读者"群体。因此，莫莱蒂提出远距离阅读理论，指出距离是知识的一种条件，它允许你专注于更小或更小的单元或比文本大得多的：设备、主题、比喻，或者流派和系统。文学远距离阅读的核心要义乃是以各种模型处理"大量未读"（unread）问题。莫莱蒂的远距阅读思想历经发展完善。在 2005 年的著作《图表、地图、树：文学史的抽象模型》中，世界文学研究的框架被文学史所取代。莫莱蒂用更系统和整体的方法，以文学史的视野研究世界文学，但在该书中，它们被转化为数据点。文学史的系统方法也成为中心，标题中的抽象建模设备——图表、地图、树，被用来探索和可视化文学史的运作，"通过把分散的、零碎的关于个案之知识缝合起来将无助于理解如此庞大的领域，因为文学领域绝非一个个单个文本相加的总和，它是集合系统，应该被当作一个整体来理解"❷。远距阅读范式的方法论是进化论、地理学和形式主义，具体表现为建立一系列模型，注重定性分析。一方面更注重文本群（多个文本）；另一方面，它是以数据为基础的。莫莱蒂表明尝试更多可能性的态度，"新方法要求新的数据，但那些数据不是现成的，我不能确定该怎么去发现它们"❸。进化论是莫莱蒂研究文学最重要的理论依据，树形图是莫莱蒂文学进化研究的具体表征。"我们从大量的历史中绘成图表，从地埋学中获得地图，从进化论中构建树的模型。"❹ 图表、地图、树形，各自遵循自己的逻辑，但又相互支撑。超越单个文本，思索文本之间的勾连，这是注重"互文"的解构主义时代的特点。莫莱蒂以树的认知隐喻，以一种新的方式看待文学史。若将文学史看作一棵树，追溯将其塑造成形的原因，并非

　　❶　C. Gallagher, S. Greenblatt. Practicing New Historicism［M］. Chicago：The University of Chicago Press，2000：9.

　　❷　Franco Moretti. Graphs, Maps, Trees：Abstract Models for a Literary History［M］. London and New York：Verso Press，2005：4.

　　❸　Franco Moretti. Atlas of the European Novel，1800-1900［M］. London and New York：Verso Press，1999：5.

　　❹　Franco Moretti. Graphs, Maps, Trees：Abstract Models for a Literary History［M］. New York：Verso，2005：8.

文学史的分支或文本。真正原因在于线索的缺席、在场、必要性和可见性。这些分支是一个比文本更小的单位——装置扭曲变形的结果。反过来，分支也是比任何文本更大的东西的一部分，这就是类型。装置和类型是一个非常小的形式单位和一个非常大的形式单位，这些是树这个图形背后的力量，也是文学史背后的力量，不是文本。文本是真实的对象，但不是知识的对象。若要解释文学史的规律，必须转向一个超越它们的形式层面，向下或向上，即装置或流派。树形图集历时与共时进化于一体，用树形图来抽象概括文学史的进化全景，展现动态的文学时空体系。计算方法和数字资源反过来又是莫莱蒂 2013 年《远距离阅读》一书的核心，但在那里，文学史让位于"文学理论"，成为"阅读"的焦点。在莫莱蒂的文学史著作中，文学资料始终作为事实而非解释呈现，将数据可视化作为历史的透明窗口。

远距离阅读范式解决了文学世界共和国诗学范式无法涵盖的文本容量，拉近自我与他者的距离，避免在文学世界共和国内部因强弱、大小、中心边缘等力量不均衡所造成的"不平等关系"，同时在当代大数据时代显示出优势。莫莱蒂所倡导的"数字人文"，开辟计算机计量批评的新领域，和远距离阅读都保持着密切的联系。莫莱蒂将数字人文学科与三个要素，新的研究工具、更大的档案以及一个（可能的）新的解释框架联系在一起，探寻一种新的理论和文学史，塑造一个扩散和一般化的系统，假设通过使用模拟书目来生成已出版内容的"随机样本"，以克服大规模数字化馆藏的选择和偏见。在"远距离阅读"的时代，借助这一精神空间可实现多元对话，从而修正文学世界共和国诗学范式的弊端。

三、星球诗学视域下的平等与生态

文学世界共和国以严格的中心和界线造成区隔，建起有碍于沟通的等级壁垒。斯皮瓦克提出以"星球"替代"地球"，以"星球化"思维模式打破僵化的边界和结构，拯救危机中的比较文学。这分为三步进行，首先，试图跨越阶级、区域、语言、伦理、宗教、性别等方面的边界。斯皮瓦克定义的"文本"关注原地生成的文学特质，具有跨界的特性。这里的"文本"不仅指纸质的文字材料，而且泛指任何文本，视觉的、声音的、媒体的、历史的、社会的、政治的等所有通过符号系统表达意义的文本。其次，借用德里达"遥远的想象构成"概念，斯皮瓦克指涉经由文本阅读的方式和远方的他者透过想象而结合为一群体，创造出一个对话的场域，最后营造一个新的星球。这是一种新的想象力，打破此前的纪律规则，重建新的语言和新的交流方式，并"强迫"对文本进行不同的解读。

星球的概念在抽象的模式下运作，运用一种未经检验的环境主义论，以一种他异性的类型，运用开放的星球思维❶，包含一个取之不竭的分类系统，既包括又不等同于整个人类的共相，召唤进行想象，将涉猎亚洲、非洲以及西班牙裔等更古老的少数种族。星球的认知方式，迫使形成一种寻找这些更早的文本可以被重写时刻的阅读，重视文本的前历史，这与诺瓦利斯强调原始世界文学片段相一致，由此"星球性"逐渐进入理论家的探讨当中。曼弗雷德·斯蒂格认为全球经济、政治、文化和环境之间存在关联和流动，全球性可能会成为一种叫作"星球性"❷的东西，对太阳系进行成功殖民后带来的一种新的社会构成。多克托罗构想一个跨国别、跨种族、没有等级制度、没有仇恨、充满和谐的不同文化共存的世界，认为在其中的人的身份是星球性的。作家艾特玛托夫的艺术新思维，融历史神话、现实问题、未来幻想为一体的开阔思维被称为"星球性思维"。可以看出，在跨文化框架中出现的"星球性"问题在文学世界创造出更大的平衡和世界性的洞察力。

除此之外，人类世中出现的美学关系也指向了一种新的星球联系规模，为文学世界共和国提供深厚宽广的历时和空间视野。荷兰大气化学家保罗·约瑟夫·克鲁岑在 2000 年提出"人类世"的概念，表明地球正在脱离其当前的地质时代，称为全新世，且人类本身已经成为一股全球性的地质力量。人类世开始于 18 世纪英国的工业革命，告别了全新世思维，即通过客观框架来理解世界，这种客观框架保持了人类与构成自然的事物之间的等级距离，而进入人类世思维，认为随着欧洲进入资本主义积累和提取阶段，人类将自身理解为环境

❶　斯皮瓦克. 一门学科之死［M］. 张旭，译. 北京：北京大学出版社，2014：90.
❷　曼弗雷德·B. 斯蒂格. 全球化面面观［M］. 丁兆国，译. 南京：译林出版社，2013：6.

和关系秩序的一部分。苏珊·巴拉德通过当代艺术追溯了人类世的存在，找寻隐藏在人类世尺度中的星球美学。人类世的概念提供了一种跨地质、地理、物种和感官的多种物质关系的方法。苏珊·巴拉德着眼于地球系统，并深入研究能量和物质的关系，自然界的星球美学被理解为不断发生地质变化的场所，人类已经成为一种地质能源。一个地质力的折叠和展开将我们推向星球理解的人类世。能源的"物质媒介、物质约束和物质排斥"挑战了人类、自然和生态之间的固定界限。这便是星球纠缠。文化理论家麦肯齐·沃克认为，抽象的定义是纠缠在事件本身中，隐喻在时间和空间中的演变。地理学家劳伦·瑞长兹（Lauren Rickards）在她对人类世的隐喻研究中，展示了"人类作为一种地质力量"的概念如何重新定位人类在世界上的位置，不仅通过科学标记，而且通过我们用来描述自己的语言。隐喻、科学和理解的纠缠是人类世语言情感强度转变的核心。一方面，星球美学重新审视了人类的本质主义模型，超越了植根于殖民化和全球化的人类世的字面灾难，以及将人类生命政治体构建为与周围世界分离的身份。抛弃此前作为一个理性的、没有感觉的思考存在，能量在可见和不可见的边界被感知。放弃关注人类的时间尺度而重视星球尺度。人类世的概念扩展了我们对地球的自然观，后人类、超人类、非人类，这些术语指向一种寓言式的冲动，在视觉上定义了一种扩展的行星性质。另一方面，人类世是我们对星球生态的集体形象，自然世界的星球美学被理解为一个持续的生态转变的场所。生态一词的词根"生态"来自希腊语 oikos，意为房子或家。当法国哲学家吉尔·德勒兹（Gilles Deleuze）和菲利克斯·加塔利（Félix Guattari）一起写作时，提出地球哲学创造新思想、可以改变生活和促进星球更新，以"召唤一个新的地球，一个新的民族"。❶ 在《三个生态》中，加塔利进一步提炼出社会、心理和审美三种生态系统，共同指向人类世的星球美学。人类处于多物种的关系网络中具有不稳定性，哈拉威创造了"自然文化"（naturecultures）这个术语，并将我们所有人都置于一个新的"时间景观"（ti-

---

❶　Gilles Deleuze, Félix Guattari. What is Philosophy? ［M］. trans. Hugh Tomlinson, Graham Burchell. New York: Columbia University Press, 1994: 95, 99.

mescape）中，她将其命名为克苏鲁世（Chthulucene）❶。巴巴多斯诗人布拉斯韦特创造了"潮汐学"（tidalectics）❷一词来描述一种充满活力的思维方式和与世界相处的方式，这表明星球拒绝被纬度和经度所固定，有意识地拒绝事物的固定顺序，而是随着潮汐涨落的时刻变化。大学潮汐项目活动（TBA 21-Academy tidal tics）发现殖民关系的星球网络，从而转向一个混合的交流空间，强调潮汐能的思维和实践。通过重新绘制星球的权威地图，时间和历史重新纠缠，过去的运动层叠在现在的领土上，挑战了单一全球化人类世的神话和帝国主义的强光。同时毛利艺术家蕾哈娜（Reihana）的作品通过再现毛利、太平洋和其他原住民历史，回应了以欧洲为中心的艺术传统，重新校准了全球殖民化，展现对差异的彻底重新思考。人类世产生了一个人类与非人类、自然与生态紧密相连的星球环境，走向一种美学的认知方式，提出了想象我们所居住的星球的新方式，一个走向不断变化的充满活力和思辨的能量世界。

四、通向一种历史、开放与平等的诗性共同体

"丝绸之路"纵横千年，汇集丰富精彩的审美资源与文化，在推动人类命运共同体的建设中也融入了全球化进程，借助文学世界共和国诗学范式对丝路审美文化进行观照，具有理论和实践的现实价值与意义。"丝路审美文化"广义上是指与丝路相关联、缘丝路而生发、因丝路而熔铸的，体现于物质、图像、文学、行为（活态）、创意等领域的现象和产品中的文化，具有"歧感共通性""活态空间性""熔铸生成性""历史物质性""事件流动性"和"融通生产性"等属性特征。❸以卡萨诺瓦的文学世界共和国诗学范式进行理论观照，能拓展深化丝路审美文化的"活态空间性""历史物质性""事件流动性"等典型特征。

---

❶　Donna Haraway. Staying with the Trouble：Making Kin in the Chthulucene ［M］. Durham，NC：Duke University Press，2016：5.

❷　Kamau Brathwaite. Contradictory Omens：Cultural Diversity and Integration in the Caribbean ［M］. Kingston，Jamaica：Savacou，1974：64.

❸　张进 . 论丝路审美文化的属性特征及其范式论意义 ［J］. 思想战线，2019（4）：140-147.

　　首先，丝路审美文化的流通，构成一个复杂宏大的"多元系统"，作为一种跨文化现象不能孤立地看待，而必须与整个文化系统、与"世界文化"这个人类社会中最大的系统中的现象联系起来研究。❶ 以色列学者佐哈尔的"多元系统论"，强调任何一个子系统，都不仅与"同一文化"的更大的系统相关联，而且与这个文化"之外"的"其他文化"之间形成互动。"文学世界共和国"具有开放性，是一个跨文化、跨民族、跨国别的多元文学系统，一个民族性与世界性、本土化与全球化冲突协商，跨越边界走向多元包容的星球。丝路虽是交流互通的大系统，但在现阶段子系统不可避免地以国家的形式参与关联。其中，各民族国家驳杂矛盾的层级结构、民族身份认同等问题以星球化的思维能有效化解，实现地方性与全球化的动态制衡。

　　其次，"活态空间"是丝路审美文化重视的元场域和元空间，具有构成性和生产性。这综合了列斐伏尔"空间生产"和索亚"第三空间"思想，针对的是丝路审美文化互通的历史过程中，以民间和底层民众为主体的文化交往和文化生产活动，也取其方法论来审视人们在生产生活实践中实际发生的审美交流和交往活动。"第三空间"更具基础性和始源性。❷ 同时丝路审美文化具有"历史物质性"（historical materiality），主要彰显审美文化现象、产品所累积的历史信息和物质性内涵，活态空间也是历史流传物的见证。文学世界共和国诗学具有历史性，于人类世的星球尺度拓展历时维度，深入探寻人类嵌入地质的影响，仍在活跃地变动，追寻斯皮瓦克所重视的前历史阶段，能涵盖上至史前的口头等活态文本再到未来向度的发展趋势。同活态文化与物质材料关系密切，彰显人类作为地质力量的存在，以人类世的大的时间尺度来看，不同地质时期活态空间的流变得以整体觉察。相反地，负面的危机元素也将得到有力的警示。随着进入具有独特的人类印记的地质时期，面对物质越界等生态威胁，要意识到相较古老的活态空间的新变，反思警惕有损于丝路文明的地质活动，构建多物种稳定和谐的丝路生态空间。

　　最后，丝路审美文化具有"事件流通性"。广松涉试图确立一种新的关系

---

❶　张进. 中国 20 世纪翻译文论史纲 ［M］. 兰州：兰州大学出版社，2007：1.
❷　张进. 论"活态文化"与"第三空间" ［J］. 中南民族大学学报（人文社会科学版），2014（4）.

主义的"事的世界观",认为所谓"事"并非指现象或事象,而是存在本身在"物象化后所现生的时空间的事情(event)",关系性的事情才是基始性的存在机制。❶ 事件是一个生产性的元过程。❷ 文学世界共和国以远距离阅读的视域观之,也是一个事件,具有平等性,实际上是一种"后撤"的目光看待,从庞杂的文学作品中抽离,把握更具生产性的全面的文学史。丝路审美文化也可以借由远距离阅读理论打破神圣化的"经典",容纳更全面的丝路文学,甚至借鉴其方法论跨学科地构建丝路审美文学数据库,在大数据时代释放更多活力。总而言之,文学世界共和国诗学以新的世界观观照丝绸之路广博的时间与空间维度,为构建历史、平等和开放的丝路审美文化共同体提供了一种世界主义的路径。

小   结

在史前史阶段,柏拉图的理想国就有体现范式的萌芽,但柏拉图存在驱逐诗人、忽略诗性的不足。在吸收布迪厄理论的基础上,卡萨诺瓦把诗人重新召回理想国的建设中。由此,文学世界共和国诗学范式表现出丰富的内涵特征,即以"首都"巴黎,格林尼治子午线为法则界线,衍生出翻译、评论、奖项的祝圣机制,采用了空间、历史与地理结合等方法,但也存在其自身等级化、文本主义与民族主义的限度。

通过吸取远距离阅读和星球诗学的理论资源,文学世界共和国诗学范式得以转换,从而在范式论意义上重申了"人类命运共同体"的根本立场,同时对丝路审美文化研究中可能存在的"国家主义"和"西欧中心主义"等弊病作出警示。这一范式基于新发展语境,以其平等、开放的理论视域对丝路审美文化中物质的、文学的、民族的诸方面进行了考量,以平等、开放的文学世界共和国方式想象了"丝路审美共和国"的建设,并为"丝路审美共同体"的建构以及推动全球化进程提供了研究范式和理论参照。

---

❶ 广松涉. 事的世界观的前哨 [M]. 赵仲明,李斌,译. 南京:南京大学出版社,2003:15.
❷ 张进,张丹旸. 从文本到事件——兼论"世界文学"的事件性 [J]. 文化与诗学,2017(1).

第九章　"生态审美共同体"理论视角

　　丝绸之路是促进文明交往的公共场域和生产审美新质的活态空间，丝路研究既需要从内部把握发生在其中的文明交往活动，又需要从外部视角考察丝绸之路本身特质与丝路活动间的相互关系，须将丝绸之路看作由人的活动、物的往来、生态环境等多元要素构成的生态审美共同体。生态审美共同体包含介入式审美、连续性和生态性三个主要特征，丝绸之路作为生态审美共同体的现实形态，需要在主客融合的审美场中以审美介入的多感官感知方式把握丝路审美文化的独特性；丝路文明及其相关衍生再生的审美文化必须在连续性视野下加以观照，将丝路上人的活动视为丝路整体生态系统的有机构成，发掘丝路审美文化研究中被长期忽视的生态性维度，考察丝路生态与丝路文明交往间的互动关系。生态审美共同体重新激活了物质、图像、文学、行为（活态）、创意等多模态的丝路审美文化研究，关联着人类命运共同体和地球生命共同体建设。

　　丝绸之路上有着密集频繁的审美交流和丰富多样的审美衍生再生产品，形成别具特色的丝路审美文化。丝路审美文化研究是当前丝路研究的前沿领域，"与丝路相关联、缘丝路而生发、因丝路而熔铸的，体现于物质、图像、文学、行为（活态）、创意等领域的现象和产品中的"❶ 丝路审美文化研究取得了重要成果。研究以流通于丝路上的"物"的生命传记为突出表现形式，聚焦丝路流通过程中审美意义的熔铸生成，既有研究成果丰硕，集中研究物的流通过程中社会物质性与历史物质性的变化过程，勾勒物的生命轨迹，探寻其审

---

❶ 张进. 论丝路审美文化的属性特征及其范式论意义［J］. 思想战线，2019（4）：140-147.

美意义生产机制，指出其意义生产的横向接力、互相磋商、反复熔铸等特征。不足之处在于，首先，研究多集中于阐释学路径，探析丝路审美文化的生成机制，美学视域的研究局限于个体艺术品的审美特质，尚缺乏一种对丝路审美现象进行整体观照的美学理论，缺乏对丝路审美活动独特性的论述。其次，丝路研究多呈区域化和团块式的散点研究，多集中于丝路特定地域，缺少对丝路审美文化在丝路上的流通生产过程的整体性把握，丝绸之路被切割成各个区段，丝路审美文化的连续性被遮蔽。最后，丝路审美文化研究侧重研究人的往来活动，研究多集中于发生在丝绸之路上的活动，忽略了作为媒介的丝路自身的特性，尤其忽略了丝路的生态维度在审美文化交流中的重要作用。

　　就其内在逻辑而言，既有丝路研究的诸多缺陷的根源在于对丝路的生态性❶重视不足，未能把丝路视作整一的、相互关联的生态系统，而仅仅将其视作各地域的相加或各阶段文化产品的汇合，未能在宏阔的生态视野中考察丝绸之路。丝绸之路研究往往直接聚焦丝路中的活动，未能意识到这些活动是丝路整体生态系统的有机部分，因而也就难以理解被丝路所锻造的审美文化的独特性与地方性。要正确定位丝路审美文化，就必须结合作为其存在环境的丝路生态加以理解。生态审美共同体是伯林特的主要创见，伯林特生态审美共同体理论聚焦审美活动的生态性，考察审美感知与生态环境的辩证关系，能够为缺失生态性的丝路研究提供理论指导。他在《感知力与感觉：人类世界的审美转向》（*Sensibility and Sense：the Aesthetic Transformation of Human World*）和《生活在景观中：走向一种环境美学》（*Living in the Landscape：Towards an Aesthetics of Environment*）中集中论述了具有生态性质的审美共同体理论。❷ 生态审美共同体不是以人为核心的社会治理形式，不强调自上而下的感性分配，而是立足

---

　　❶　这里所说的生态性并不是仅局限于客观的自然生态，而是包含物质、文化、社会等诸多要素的更为包容性的概念，即包含生物生态学与文化生态学的生态学，将丝绸之路视作整体性的生态系统，生态性即这个生态系统自身的特性。

　　❷　国内学者多将 aesthetic community 译为美学共同体，如陈盼翻译的《生活在景观中：走向一种环境美学》，廖建荣和刘长星都从此译。廖建荣 . 阿诺德·柏林特的环境美学共同体 [J]. 南京林业大学学报（哲学社会科学版），2018（1）：50-57；刘长星 . 美学共同体与环境美育 [J]. 美育学刊，2015（3）：49-54. 笔者以为，汉语语境中美学一词更倾向于一种学科建制与划界，具有静态性和建构性；审美一词则指向活动本身，具有活态性和流动性，通观伯林特全部著述，他致力于一种审美活动的研究，故此将之译为审美共同体。

审美感知，探究审美场中感知的共通与差异。伯林特以审美感知为纽带，以多感官的介入式审美将世界整合为具有连续性的整体，将生态性作为审美共同体的价值指引，尤其强调生态范式对人类思维的巨大变革，这对于生态性缺失的丝路研究具有重要借鉴意义。

生态审美共同体有三大特性：其一，区别于静观式、无功利审美的介入式审美是其首要特性，介入式审美强调在场感与交融感，强调审美者与审美对象的融合统一，观察者与参与者的融合统一❶，呼唤一种全感官参与的多模态审美，置身情境与环境之中，便能够体察审美者与环境间的连续性关系。其二，连续性是生态审美共同体的构成条件，要求恢复审美对象及其场域和情境的关联，以包含差异的连续性看待各具特色的审美对象，人与环境被包含于连续统一体之中，这为生态性开辟了空间。其三，生态性是生态审美共同体的存在状态，要求从生态系统的整体视野观照人类活动的生态意义和生态影响，发掘人类审美活动的生态维度，实现人的生态存在。

丝绸之路上有着密集频繁的审美交流和丰富多样的审美衍生再生产品，形成别具特色的丝路审美文化。要考察丝路审美文化自身特质与独异性，即考察其何以称为独属于丝路的审美文化，便要考察丝路在这一独特审美文化形成过程中发挥了什么样的作用，进一步考察作为产品的审美文化与作为媒介的丝路之间的互动关系。要做到这一点，便要亲身介入审美对象得以形成和被塑造的审美场中，于亲历和在场的现实情境中体验审美文化的地方性和独特性。同时，又不把这地方性与独特性强化为特定民族或地域的独特标志，而是在丝路互通的连续性视野中，指出任何在地的独特性都是不断生成、反复熔铸的丝路审美文化互通的阶段性产物，是丝路交往这一连续性过程的地方性表现。如果说介入性和连续性针对的还是丝绸之路上的互通行为，生态性则明确指向丝路本身的特质，强调丝路生态在丝路开辟和丝路往来互通中的构成性作用。

生态审美共同体理论为丝路审美活动提供了可供参酌的介入式审美模式，为丝路审美文化交流提供了连续性视野，为丝路往来互通提供了生态性框架，

❶　Arnold Berleant. Living in the Landscape：towards an Aesthetics of Environment［M］. Lawrence：University Press of Kansas，1997：152.

以全新视角烛照丝路审美文化研究的幽暗之处。介入式审美模式❶、连续性和生态性是生态审美共同体的主要特征，强调以整体的、连续的、生态的眼光看待审美活动，要求在审美活动中实现观察者与参与者的合一，强调一种多感官联合、全身心参与的介入式审美，在连续性的基础上重新把握共识与差异，并在"以大观小"的视野中，将人类活动视为整体生态系统的有机部分，挖掘人类活动的生态性。生态审美共同体立足丝绸之路的整体视野，面向丝路审美文化自身的独特性，意在擘画一种统摄整体视野与独特属性的生态审美共同体理论。丝绸之路是具有连续性的、包含丰富的审美文化资源的文化/自然生态系统，本章从介入式审美、连续性和生态性三个角度考察丝路审美活动的独特性、丝路审美文化的存在状态和丝路生态与丝路审美文化的互动关系，以生态审美共同体理论将丝路研究再问题化，探索丝路研究的新向度。

一、介入式审美：丝路审美新范式

首先，介入式审美是生态审美共同体的首要特性。介入这一概念源于对以康德为代表的静观式审美模式的反拨，指向一种全感官参与的多模态审美。介入式审美不是在二元对立传统下孤立的审美者对自足的审美对象的静观，而是审美者与审美对象处于同一场域的密切关联之中，艺术家、审美者、表演者、审美对象及其他相关要素组成相互影响、密切关联的审美场❷，审美者受到审

---

❶　介入的英文为 engage，学者李媛媛将其译为介入，中文语境中介入一词包含从外部强力参与，具有较强主体性色彩，与伯林特的本意相去较远。另有其他学者将其译为"参与""交融""结合"等，伯林特在《审美场：审美经验现象学》(*The Aesthetic Field：A Phenomenology of Aesthetic Experience*) 中就已使用 engage 这一概念，在 (*Art and Engagement*) 中对其进行集中论述，意指一种区别于静观式审美的全身心、多感官参与的审美模式，这种审美模式强调一种融合或交融的难以区分的状态，包括审美者与审美对象的交融、审美者与表演者的交融以及审美者融入审美情境之中。因此，介入这一概念没有中文语境中强烈的主体性反而包含着受动意味，审美者受到审美对象的刺激与感召，悬置自身主体性，卷入一个审美情境或一场审美事件中，实现与审美对象、艺术表演者的融合。笔者仍沿用"介入"这一译法，但对其含义作了重新界定。

❷　伯林特在《艺术与介入》(*The Aesthetic Field：A Phenomenology of Aesthetic Experience*) 一书中集中论述了审美场 (The Aesthetic Field) 这一概念，着力反拨自夏弗兹博里到康德以来将审美者与审美对象隔绝开来的美学传统，强调对审美活动产生影响的诸要素处于相互作用、密切关联的审美场之中，审美感知活动发生时难以截然区分审美者与审美对象、审美者与艺术家和表演者。

美对象的感召介入审美场中，与审美对象、艺术家和表演者处于密不可分的交融状态。"审美介入摒弃了把欣赏者与艺术对象、艺术家与观众、表演者和其他人分离的传统。"❶ 介入式审美包含三个向度：以相互影响、彼此交融的审美融合取代审美者—审美对象二分传统，以多感官的物质性身体把握多模态的物质性审美对象，以审美者与表演者相融合的活态审美经验取代二者截然分离的美学传统，这对理解形态多样的活态丝路审美文化具有范式论意义。

对于丝路艺术和审美现象的传统研究是选取单个艺术对象作为样本，细致考察其形式特征与审美意涵，欣赏者以批评家式的外在观察者的眼光静观对象，置身审美对象所处的情境之外，甚至仅仅从经过电子转化的图案和文本中获得审美体验，欣赏者很少进入审美对象所在的审美场域，故而缺少对审美对象与其存在环境或情境间关联的思考。换言之，缺少一种置身其中的在场感与内在体验者的视角。审美对象与塑造和影响其存在形态的诸多因素间的血脉关联被切断，成为孤立僵死的秀出之物。❷ 这种将焦点只集中于审美对象自身形式特征的做法是康德静观式审美的典型体现，于一种有距离的鉴赏中获得心灵的愉悦，这实际上认为审美对象的形式是一种客观普遍的存在，不因其所处情境的不同而改变，抹平了丝路审美文化的独特性，忽略了丝绸之路这一独特生态系统对存在其间的审美文化的重塑与铸造作用。丝路审美文化之所以独特，就在于对它的理解必须结合其所在的独特审美情境来进行，审美者必须与审美对象共处同一审美场域中，这是传统的形式主义批评和静观式审美模式难以做到的，也正是介入式审美应用于丝路审美文化研究的广阔空间。

介入式审美强调审美者与审美对象处于相互交融、共同作用的审美场中，审美是主客联动共作的事件性存在。静观式审美传统主张审美无利害，将审美者与审美对象视作互相孤立、互不影响的存在，这种观念建基于牛顿绝对时空观之上，"在这个体系中，空间和时间都是客观而绝对的"❸。这种时空观强化

---

❶　Arnold Berleant. Aesthetics and Environment Variations on a Theme ［M］. Abingdon：Routledge，2018：152.

❷　当然，也有研究强调丝路艺术和审美文化的在场感的重要性，如巫鸿对敦煌石窟的系列研究，但这终归只是个案研究，未能形成系统化的理论。

❸　阿诺德·贝林特. 艺术与介入 ［M］. 李媛媛，译. 北京：商务印书馆，2013：76.

了审美者与审美对象的分离，认为"我们可以站在事物之外，在一定距离之外注视它们，不会卷入它们的发展进程"，"空间作为一种抽象、普遍、不具人格的媒介，物体分布其中，这里设定了距离模式，这种模式既体现在感知者的态度中，也体现在艺术对象领域本身，这种距离不仅作为一种使感知者与对象分离的空间，而且还作为他们之间的一个分界线而存在。"❶ 审美者与审美对象在实际空间中被视为两个互不影响的孤立存在，审美者在审美心理上需同时保持超然、客观的心理距离，以冷静的旁观者而非积极的参与者的视角欣赏审美对象。这种时空观被艺术体制以框架的形式确定下来，绘画的边框、戏剧的高台、文学作品"纯属虚构"的前言声明等框架在欣赏者与艺术物间设置了物理距离或心理距离，强化了审美者与审美对象的分离。

　　然而，现代物理学证明孤立的、互不影响的实体并不存在，审美者与审美对象处于相互影响的统一力场之中，"如果我们把观察者看作一个拥有重力的身体，而不是一个无实体的心灵的话，那么观察者的存在所带来的时空的曲率就会出现变化"❷，审美者的存在本身会作用于审美对象与审美者共处的环境，并通过施加于环境的影响对审美对象的性状产生影响，审美者与审美对象从一开始就处于相互影响的交融状态。丝路审美活动尤其如此，花儿、民间戏剧和小调及地方性剧种的表演不在表演剧目与观众间设置物理距离，观众本身就参与表演活动之中，成为表演空间与情境的一部分。"除了可见性之外，在物理层面上可接近对艺术品也很重要，因为它决定了观众的规模和他们的潜在活动，物理上的可接近性与空间的配置有关，这种配置能够促进或者限制人们以身体参与艺术交流的能力。"❸ 丝路审美文化和艺术往往以活态的、民间的、在地的地方性展演形式存在，秦腔、花儿等民间小调和剧种往往以露天的和大众的形式表演，田间地头等公共场所是这些艺术形式的存在场域，观者与艺术品之间并无空间区隔，而是共同参与艺术表演的场域之中，观众的表情、言语、叫好、惊叹等活动直接作用于审美对象本身，双方共同促成一场审美事件

❶　阿诺德·贝林特. 艺术与介入［M］. 李媛媛，译. 北京：商务印书馆，2013：76.
❷　阿诺德·贝林特. 艺术与介入［M］. 李媛媛，译. 北京：商务印书馆，2013：79.
❸　Marit K. Munson. The Archaeology of Art in the American Southwest［M］. Plymouth：AltaMira Press，2011：79.

的发生。

丝路审美活动尤其如此。丝路审美活动提供的不是孤立的、仅供静观的单个艺术品，而是将审美者、审美对象以及对审美者和审美对象产生作用的一系列物质的、历史的、文化的因素包容其中的审美环境，丝路审美并非点对点的对象性审美，而是置身其中、相互交融的环境式审美，这种审美拒绝主客二分的对象模式，消融了欣赏者与审美对象间的心理距离，感知者作为审美情境的一部分"并不是一个与它的外部环境相对立的内部"❶，而是置身环境之中进行审美欣赏，形成审美者及其对象的审美交融，"在审美交融中，边界消失了，我们直接亲密地体验这种连续性"❷。在丝路审美活动中，审美者所面临的并非与自身截然隔绝的自足对象，而是将自身包纳其中的场域性和情境性环境，如丝路上的寺院、宝塔、洞窟艺术、宫殿、洞穴、城堡等审美对象，欣赏者与对象之间难以保持静观距离，而是介入其中与对象融为一体，感知自身与对象的审美交融。欣赏者置身石窟或城堡中，石窟或城堡的内部状况会对审美体验的性质及强度产生重要影响，这是站在特定距离静观难以获得的审美体验，"我们现在意识到个体不是静观地观察世界而是积极地参与经验过程中"❸。这种审美更强调在场感、现场感与参与感，审美者置身审美环境中作为发挥作用的参与者被卷入一场审美事件中。

在欣赏敦煌石窟的艺术品时❹，欣赏者进入石窟中，石窟内部的光线、温度、湿度、气味等众多环境性因素包围着欣赏者，将他卷入其中。同时欣赏者呼出的气体、携带的光源、欣赏者的重量对地面的影响以及欣赏者衣物与墙面的摩擦、对墙面的抚摸等众多因素也会对石窟及石窟中壁画的审美性状产生影响，随着观赏者一同进入的外界光线与新鲜空气会作用于石窟墙壁，影响壁

---

❶　阿诺德·贝林特. 艺术与介入［M］. 李媛媛，译. 北京：商务印书馆，2013：217.

❷　阿诺德·贝林特. 艺术与介入［M］. 李媛媛，译. 北京：商务印书馆，2013：139.

❸　Arnold Berleant. Living in the Landscape：towards an Aesthetics of Environment［M］. Lawrence：University Press of Kansas，1997：12.

❹　巫鸿对敦煌石窟欣赏有细致分析，他指出敦煌石窟"指涉的不只是外在的物理空间，而且也关系到主体的意图和经验感受"。参见：巫鸿. "石窟研究"美术史方法论提案——以敦煌莫高窟为例［J］. 文艺研究，2020（12）：144-145. 巫鸿注意到进入石窟之中身体感知对距离感、高下感和观看方式的影响，但由于巫鸿是从美术史角度出发研究石窟，故而只关注进入石窟中视觉感知（如距离感、明暗等）的变化，对温度、湿度、气味等作用于审美活动的多感官要素有所忽略。

画的审美品质和雕塑的外观状况。"我们以身体介入其中的情境的条件（包括其文化和历史特征），一定是独特的和在地的。"❶丝绸之路上的艺术品是与其存在环境和特殊场域密切相关的关系性存在，其审美品质与其处身其中的独特环境和在地场域密不可分。因此，丝路审美是欣赏者卷入其中的介入式审美，是审美者与审美对象在同一场域相互交融、共同作用的审美事件，需要将艺术品连同其处身环境一同加以观照才能把握独属于该场域的、在地的审美现象的独特性，丝路作为一种整体性的审美环境召唤一种介入式审美模式。介入式审美并不意味着地理决定论或客观环境决定论，"因为环境是一种情境而不是一个场所，是一种语境而不是一个地理位置"❷，介入式审美与实体场所相关又不局限其中，气氛、氛围、在场感和文化语境都是介入式审美需要关注的内容。

其次，介入式审美主张以多感官的身体把握多模态对象的审美属性。静观式审美将审美感知局限于视觉和听觉这两种近感知器官，嗅觉、触觉、味觉等其他身体感官因其对感知对象物理性质的把握而被康德废黜了审美能力，这导致了审美者与审美对象的双重阉割，审美者被简化为只有眼睛和耳朵的存在，而审美对象视听之外的属性则被剔除无余。同时，康德将物的可感属性对审美感官的刺激视作不可共通的感官愉悦，将审美仅仅保留在形式鉴赏的范围内，审美对象可被感知的丰富的物理物质性被遮蔽，物在审美活动中成为受动的、被静观的一方，物的能动性和施为性融化在审美者主体情感的愉悦与否之中。并且，审美感知各感官往往被视作单一通道的孤立感知，视觉、听觉等感官被认为进行孤立的运作。然而，"审美场是感知的场域。它不是只有视觉和听觉经验的领域，而是包含人类有机体能够产生的所有感官反应的领域。审美体验和其他体验一样都包含视觉、触觉、听觉、味觉、嗅觉、动觉等其他感知"❸。丝路审美场包含丰富多样的物质文化资源和审美产品，丝绸、瓷器、玉器等艺

---

❶　Arnold Berleant. Living in the Landscape: towards an Aesthetics of Environment [M]. Lawrence: University Press of Kansas, 1997: 3.

❷　Arnold Berleant. Living in the Landscape: towards an Aesthetics of Environment [M]. Lawrence: University Press of Kansas, 1997: 167.

❸　Arnold Berleant. The Aesthetic Field: A Phenomenology of Aesthetic Experience [M]. Christchurch, New Zealand: Cybereditions Corporation, 2000: 71.

术品和香料、水果、作物等食品以及骆驼、天马、狮子等异域动物都是丝路审美场中重要的审美对象，视觉、听觉无法感知丝绸的质地、瓷器的手感、香料的气味、苹果的味道和天马的骑乘感，这些存在于丝路这个特殊审美场域并在其中被不断赋义、不断再生产的审美产品的审美属性需要多感官、全身心参与的介入式审美，丝绸之路上广泛存在的寺庙、宫殿、建筑、地方特色食物乃至服饰和生活习俗等活的审美经验更需要一种体察身受、体物入微的介入式审美感知加以全面综合把握，丝路上与特定地方密切相关的天气、景观、水文和地貌等审美资源更需要介入其中的多感官身体的切实参与，因为"感觉模态可以在空间意识中结合起来……这些各异的空间意识的感觉通道从来不是单一的，甚至不是多元的……在其中，所有的感觉都结合在一个未分化的统一体之中"❶。丝绸之路上的活态的、在地的、地方性的多模态审美资源召唤一种多感官共轭的介入式审美。

再次，介入式审美并非完全由审美者主导的、主体强力介入其中的主体性空间，而是主客体共同参与、相互交融的作为行动者网络的审美事件。传统审美活动局限于视觉和听觉器官且尤以视觉为重，"气味和味道不是典型的审美判断的内容是无可争议的……感官的等级将远端感官提升到近端感官之上"❷，丝绸之路上的植物、香料、瓷器、漆器、表演活动等需要嗅觉、味觉、触觉等多感官把握的审美现象被局限于视听觉的审美模式所忽略。介入式审美模式强调的多模态的、全感官的审美感知包含视觉形式之外的审美经验，而对这些审美对象的欣赏与接受往往并非审美者的自觉主动的行为，审美对象的物性主动刺激着审美者的诸感官，发动了审美事件，审美者处于被卷入、被置入的状态，如洞窟中的温度、湿度、气味对人的身体感官的冲击与影响，香料的香味、表演活动的声音及周边环境的声景因素对审美经验的形成具有的作用，在这些视听之外的审美经验的产生过程中，审美者的身体感官往往处于受动状态。视觉感知则不同，较之其他感官，视觉感知具有主动性和选择性（这主要是因为眼睛有起遮挡作用的眼睑），接受者可以自主选择是否观看审美对

---

❶　阿诺德·贝林特. 艺术与介入 ［M］. 李媛媛，译. 北京：商务印书馆，2013：128.

❷　Glenn Parsons，Allen Carlson. Functional Beauty ［M］. New York：Oxford University Press，2008：186.

象，"结果，我们陷入有目的的和有选择的感知之中"❶，眼睑的保护让审美者可以选择不看不符合既定审美心理和审美规则的对象，"在这个层面视觉是主观性的"❷，视觉审美具有更多剔除性和选择性，更容易受到固有审美心理和审美偏见的影响。介入式审美包含的嗅觉、触觉等知觉形式具有开放性和受动性，不会主动剔除环境中不符合原有审美习惯的因素，如在欣赏洞窟时，眼睛可以选择回避"伤风败俗"的图案，耳朵、鼻子和其他身体感觉却总是向声音、气味、温度、湿度、风力等因素开放，能够更为全面而真实地把握审美情境中的多重审美要素。

最后，丝绸之路上的艺术是在地的、活态的、现场性的活态文化和表演艺术，丝绸之路上密集频繁的审美文化交流活化了审美文化资源，丝路人员往来不仅促进了静态物质产品的交换，还促进了活态审美文化的生产与再生产。丝路往来人员携带着来自异域的审美习俗与文化风尚进入这条运转不息的文化交往之路，在沿线地区遭遇特定的地方性审美经验并"经历了多向度、交互式、接力式、生成性、往复循环的'熔铸'"❸ 而生成一种彼此授受、互动融合的审美文化新形态。穿行于丝路上的人在这种艺术或审美形式的源发地或许是观众与欣赏者，当他携带着具有地方特色的审美风习和文化偏好行走在丝路上时，他就自觉或不自觉地变成某种审美文化的传播者与表演者，将一种新的审美形式带到丝路中并随着自身的行进促进这一形式的重熔再生。因此，丝路审美文化的生产与传播并不意味着表演者、欣赏者与艺术家的截然分离，穿行于丝路上的人员可能身兼数职，既是审美文化的接受者，又是艺术形式的表演者，还是新的文化形态的生产者与传播者，介入式审美为这种存在于丝路上的独特审美现象提供了可供参酌的理论范式。"审美介入放弃了欣赏者与艺术对象、艺术家和观众、表演者与其他人之间的传统的分离。"❹ 如作为华语文学明珠的东干文学便是东干部落口传身授的活态文化与地方性经验在丝路上的集

---

❶ Simon Bell. Landscape：Pattern perception and Process［M］. New York：Taylor and Francis, 2012：48.
❷ Simon Bell. Landscape：Pattern perception and Process［M］. New York：Taylor and Francis, 2012：48.
❸ 张进. 论丝路审美文化的属性特征及其范式论意义［J］. 思想战线, 2019（4）：140-147.
❹ Andrew Light, Jonathan M. Smith. The Aesthetics of Everyday Life［M］. New York：Columbia University Press, 2005：28.

中展现，东干人既是东干文化的享受者与传播者，更是东干文学与东干文化的创造者与继承者。

介入式审美面向基于特定经验而形成的、与现实的行动、经验、实践相关联的活态的、实践的、施为性的丝路审美文化，能够开掘出丝路审美文化生动鲜活的、身体在场的、环境参与的、欣赏者与创作者合一的具有活态性、民间性和地方性的丝路审美文化特质。介入式审美不独属于丝路审美文化本身，它向所有具有活态生成、经验相关特征的审美文化开放，"所有的艺术共有的特征是我称之为审美介入的参与式欣赏"❶。集中体现于丝路审美文化中的介入式审美能够把握为文献记载所疏漏的、被对象性审美模式所忽视的活过的与活着的经验，成为复数形式的、多维面向的审美范式。

二、连续性：丝路审美交流新起点

连续性是生态审美共同体内部各要素的内在关联，也是整体的构成条件。连续性不是后天强加的，而是共同体内部诸存在之间本身自有的。连续性思想源于杜威，意指审美经验与日常生活经验的内在关联，伯林特将其指认为有别于区分—隔离传统的另一思想传统，并将连续性思想追溯至康德，"康德最正确地通过认识人类理解在世界的有序化和统一化过程中所扮演的构成性角色"❷ 建立了人与现象世界的连续性，这为人与环境的连续性奠定了基础。现象学的意向性观念开辟了连续性在意识层面的维度，梅洛·庞蒂对人与世界"肉身性"和知觉交叉的揭示指出了知觉层面的连续性，技术哲学对"自然"与"人为"概念的辨析建立了人与环境在事实层面的连续性。连续性包含物质和精神两个维度，"连续性有一个既具有知觉性又具有物质性的意义"❸，介入式审美化解了传统美学理论设立在审美者与审美对象、表演者与欣赏者之间

---

❶　Arnold Berleant. Living in the Landscape：towards an Aesthetics of Environment ［M］. Lawrence：University Press of Kansas，1997：3-4.

❷　阿诺德·伯林特. 生活在景观中：走向一种环境美学 ［M］. 陈盼，译. 长沙：湖南科学技术出版社，2006：4.

❸　阿诺德·伯林特. 生活在景观中：走向一种环境美学 ［M］. 陈盼，译. 长沙：湖南科学技术出版社，2006：114.

的裂隙，为连续性开辟了道路，"在审美介入中界限消融了，我们直接而亲密地体验到连续性"❶。这种体现于审美感知活动中的具体的连续性被伯林特提炼为一种把握世界的基本方法，"从把事物结合在一起的连续性的角度勾画人类文明的轮廓是很有趣的"❷。这为将连续性作为一种普遍性的解释武器和思维范式提供了依据，从连续性出发，丝路研究将会获得新的理解。

"在严格意义上所说的丝绸之路的开通（汉武帝时期）以前，欧亚大陆之间的交通就有了一些固定的道路。"❸ 因此，张骞凿空西域并非广义上的丝绸之路开辟的源头，而是具有连续性的以丝绸之路为表现形式的人类文明交往过程中的事件性行动，这一行动更加强化与凸显了久已存在的各文明之间的联系。因此，丝路研究不能以张骞凿空西域为界，对此前的文明交往历史置之不理，而应该将这一重要事件纳入丝路开通的连续性过程中，从时间维度上拓宽丝路研究的疆界。同样，丝路研究也应当破除空间上的壁垒，勾勒出天山南北的天青石之路、草原之路与丝绸之路的密切关联❹，不把这些人类交往活动看作界限分明、互不相干的实践行为，而是在连续性视野中考察丝绸之路与其他人类文明交往之路的密切关联与微妙互动。

因此，就丝路研究本身来说，必须在时间和空间维度上引入连续性思维，考察丝绸之路和其他人类文明交往活动和历史实践行为的动态关联。丝路审美文化互通同样需要在连续性思维中加以把握，需在丝路流通的整体视野中探析丝路审美产品的意义流变过程，将其作为具有空间迁移维度的"历史流传物"来看待。在这种视野下，所谓的"代夫特陶瓷""撒马尔罕的金桃"之类的说法便难以成立，因为它将处于不断流传、层层赋义的审美对象加以固定化和本质化，将仍在不断变动中的、处于过程中的物象当作最终结果或最初来源。当

❶　Arnold Berleant. Aesthetics and Environment Variations on a Theme ［M］. Abingdon：Routledge，2018：152.

❷　Arnold Berleant. Sensibility and Sense：The Aesthetic Transform of the Human World ［M］. Charlottesville：Imprint Academic，2010：193.

❸　蓝琪. 丝绸之路开通前欧亚大陆中部的交通状况 ［C］//三条丝绸之路比较研究学术讨论会论文集,2005：78.

❹　蓝琪. 丝绸之路开通前欧亚大陆中部的交通状况 ［C］//三条丝绸之路比较研究学术讨论会论文集,2005：77.

前丝路审美文化研究对丝路审美文化互通中的连续性认识不足，往往局限于特定地域审美文化的独特性，未能在更大的连续性视野中对这种独特性的来龙去脉进行追索，过分强调审美经验的独异性、地方性、民族性与不可通约性，过分拘于一得之见，陷入原境主义或极端民族主义的泥淖，割裂了本来、外来与未来的关系。因此，要全面理解丝路审美文化的熔铸生产过程，就要立足连续性视野，在连续性基础上看待丝路审美互通。

就丝路审美文化而言，连续性是把握丝路审美文化内质的逻辑前提。传统审美活动往往聚焦于审美对象本身的形式特征，将审美对象视作自足的和孤立的实体，这在审美无功利传统中表现得尤为明显。"审美无功利将审美感知对象视作孤立的和自足的"[1]，仅关注作为审美焦点对象自身的属性而忽略了其处身其中的情境、场景和环境特征。这实际上将审美对象限定为孤立的、静态的实体而非流动的、不断生成的关系性存在，将审美对象作静态化理解而忽略了其生成过程，忽略了环境和情境对审美对象存在状态和审美属性的影响，忽略了审美对象作为活的产物仍处在不断变化与生成之中。艺术品的框架加深了艺术品与其存在环境间的断裂，导致"艺术框架之外的任何东西都无法成为与之相关的审美体验的一部分"[2]，割裂了审美对象与其存在环境间的血脉关联，这种内在关联正是在特定场域和环境中才会产生的地方性审美经验的来源。参与审美活动的不只是孤立的人与物，还包含塑造人与物的存在形态、影响人与物的存在状态的广泛环境因素。如欣赏石窟中的壁画时，既要聚焦相对静态[3]的壁画自身的笔法与色彩，更要关注到使壁画得以以此形式呈现的石窟内的湿度、温度、光线和气味，还要注意到欣赏石窟和壁画时所产生的特定审美感受与石窟环境条件间的连续性。审美活动不仅要关注作为前景与秀出的审美对象本身，更要关注造就审美对象存在形态、影响审美者心理、打造审美场特定氛围与情境的环境性因素，正是这些与审美者和审美对象具有连续性的因

---

[1]　Arnold Berleant. Beyond disinterestedness [J]. The British Journal of Aesthetics，2019（3）：13.

[2]　程相占，阿诺德·伯林特，保罗·戈比斯特，等. 生态美学与生态评估及其规划 [M]. 郑州：河南人民出版社：2013：3.

[3]　之所以说是相对静态，是因为温度、湿度、光线等因素也会影响其存在形态，造成颜色明暗变化和图案形状的剥落，只不过这种变化要在相对较长的时段里才能显露出来。

素的存在使审美活动得以可能。因此，审美活动"不需要把审美对象从其他对象、其他活动、其他情境中孤立出来"❶。这种连续性正是滋养地方性和在地感的基础，对特定丝路审美文化产品的欣赏与体验需要关注它与其处身环境间的连续性关系并进而将审美感知扩展到情境与气氛中。"审美欣赏确实需要我们关注审美情境中存在的任何事物，它不一定是通常意义上的艺术对象，而是对环境感觉性质以及相关图像和想象的感知。"❷

　　丝路上的审美产品和审美现象是在流通交往的整体语境中经多次改造、反复熔铸形成的历史流传物，从一地到另一地的空间和文化场域的变易造就了有差异的地域性意义，如欧洲语境中代表不和的金苹果到中国却代表平安吉祥，这与欧洲神话传统和中国"声训"思想密切相关，但要理解苹果意义流变更易的过程就必须以连续性的视野，将苹果置于丝绸之路回环往复、多维立体的交流系统中加以理解，在横向交流的维度，物的审美意义的生产与增殖呈现出连续性过程。理解丝路审美文化现象时不能将其现有状况视为本来状况，忽略原物与实物的差别，因为"实物并不等于原物"❸，需明了最终呈现在我们眼前的是经过重重改写的最终样态的实物。同时也不应过分夸大这种流传中生成的意义差别而将有意义差别的同一物品视为两种文化系统中互不相干的各自孤立的存在，需以连续性眼光看待流通中的意义生产与脱落，在意义生产的居间空间——丝绸之路中对意义的流转作连续性把握。但这种连续性并不意味着截然抛弃原有的意义，而是对传统意义的重新发明与在地化。连续性不意味着完全同一，"连续性也不意味着否认特性和差异"❹，丝路上的中国瓷器在流转过程中形成日本有田仿制的克拉克瓷风格、荷兰台夫特风格和德国风格，瓷器风格的演变呈现出有差异的连续性进程；欧洲18世纪流行的中国风产品经历了

---

❶　Arnold Berleant. Beyond disinterestedness［J］. The British Journal of Aesthetics，2019（3）：11.

❷　Arnold Berleant. Beyond disinterestedness［J］. The British Journal of Aesthetics，2019（3）：8.

❸　依照巫鸿的观点，原物指的是艺术品在其创造之初的存在状态，实物则是由于历史变迁而最终呈现的状态，巫鸿将这种变化称为历史物质性的研究。可见，巫鸿关注的是在同一语境中历史纵向沿革所导致的艺术品历史物质性的改变，尚未关注到文化横向交往与流通过程中其社会物质性和历史物质性的双重改变，笔者在此探讨的即是这种双重改变。

❹　阿诺德·伯林特. 生活在景观中：走向一种环境美学［M］. 陈盼，译. 长沙：湖南科学技术出版社，2006：84.

连续性改造与变化的过程，"在模仿东方图案的时候，织工们做了细小的变动，改变了它们之间的关系，并最终把它们同来自中东的图案和铭文一起，收入了哥特式饰品精美的珍藏品之中"❶。这些艺术品的独特风格建立在中国风格的连续性变化之上，将丝路上艺术风格的横向演变与纵向沿革置于连续性视野中，便能勾勒出发生于丝绸之路上人类文明交流的大致框架和基本特征，将特定地域的丝路审美文化产品视作某一时段和某一进程中的暂时形态，以此为据，追究其历史演变、探索其未来走向，便能更好地理解"文明因交流而多彩，文明因互鉴而丰富的"人类文明的自然图景，更好地发挥丝绸之路助益文化交流、推动文明共享的中介与桥梁作用。

连续性既表现为丝路审美文化交流中单一艺术门类被不断改写赋义，更表现为多种艺术门类的彼此挪用、相互阐联、互鉴互用。艺术的丝路流通并非单一门类的横向发展，而是多种艺术门类彼此授受、共生互成，例如，拜占庭式象牙珠宝箱上的凤凰图案就以浮雕手法改造了来自中国丝绸上的平面图案，通过雕塑对刺绣的跨界生产出拜占庭式中国风；❷佛教造像艺术对中国石窟艺术和雕像艺术的影响，受到佛像风格影响而形成的"曹衣出水"的中国式绘画风格；丝路交流带来的青金石造就的独具特色的青绿山水画，青绿山水画与景德镇青花瓷间的互相影响；受鲜艳富丽、华美精致的画珐琅风格影响形成的艳丽、柔和、精致的粉彩瓷；受绘画艺术影响，瓷器由简约雅致的审美风格向状物写生、铺陈叙事风格的演进等审美事实有力地说明了丝路艺术风格新变不仅要从在地性改造的空间维度入手，更要从各艺术门类间互相借鉴、互相影响、齐头并进的跨门类交流角度考察，西方绘画的叙事与写实和中国瓷器的抒情与写意交融制造出中西交融的审美新风尚。艺术间的互相授受与彼此挪用并不局限于既存的艺术形式之间，还表现为现行审美风尚对历史上艺术符号的挪用与再创造，如时装设计对陶瓷图案、纹饰和形状的借鉴与再创造，时装设计清洗

❶ 休·昂纳. 中国风：遗失在西方八百年的中国元素［M］. 刘爱英，秦红，译. 北京：北京大学出版社，2017：42.

❷ 休·昂纳. 中国风：遗失在西方八百年的中国元素［M］. 刘爱英，秦红，译. 北京：北京大学出版社，2017：40.

了古代官服的政治意味而将其转变为展现个性的潮流设计❶，"这些设计师们追求的并不是完美的复制或者精确的临摹，而是通过一种看上去矛盾的后现代的建构方式来对它们进行重新的塑造与解读……将无法相互协调的风格元素……结合并置为令人惊异的集锦"❷。因此，对丝路审美艺术的研究不能仅局限于某种特定艺术的单一领域之内，也不能局限于同一时代各种平行的艺术门类之中，既要考察文化语境和审美心理等"外在"因素对艺术风格的催化与改写，也要关注不同艺术门类间相互挪用、双向改造的历史事实，更要关注具有历史特征的艺术形式在现代审美风尚中的再现与新变，在艺术门类的连续性中从横向与纵向两个维度把握丝路审美文化的新质生产。连续性不仅是丝路审美文化交流的客观事实与存在方式，更是对其进行深入把握的理论方法和思维范式，连续性"是从完全不同的方面来理解人类世界……连续性并不是只为环境所限制，它是实现更一般的形而上学的理解的关键"❸。从有差异的连续性出发，丝路审美文化的复杂性与多样性才能得到充分理解。

三、生态性：丝路审美文化研究新维度

目前丝路审美文化研究对丝绸之路生态性的关注仍嫌不足。丝绸之路不仅是文明交往和文化传播之路，更是多种生命共存、多元生命形态互动往来、迁徙变异的生态交往之路。丝路文化交流和审美活动发生于丝路生态系统中，丝绸之路沿线的生态景观和生命系统构成丝路交流传播的基本框架，"越来越多的人认为气候与环境因素可能在促进丝路乃至更广泛地区的经济与社会文化交流方面发挥了重要作用"❹。在以农业和畜牧业为主的丝绸之路上，气候、水

---

❶　有关西方时装设计师化用中国陶瓷形制、纹饰及古代官服创造时尚新品的图案可见：安德鲁·博尔顿. 镜花水月：西方时尚里的中国元素［M］. 胡杨，译. 长沙：湖南美术出版社，2017.

❷　安德鲁·博尔顿. 镜花水月：西方时尚里的中国元素［M］. 胡杨，译. 长沙：湖南美术出版社，2017：20.

❸　阿诺德·伯林特. 生活在景观中：走向一种环境美学［M］. 陈盼，译. 长沙：湖南科学技术出版社，2006：5.

❹　Yang L E, Bork H R, Fang X, et al. On the paleo-climatic / environmental impacts and socio-cultural system resilience along the historical Silk Road ［M］//Yang L E, Bork H R, Fang X, et al. Socio-Environmental Dynamics along the Historical Silk Road. Cham：Springer, 2019：4

源等生态条件直接作用于丝路沿线文明，影响文明的程度和规模，作用于人的生活习惯和审美心理。丝绸之路自身的兴盛与衰落和生态条件息息相关，对气候变化反应敏感的"亚洲中部干旱区还是丝绸之路的核心区，也是史前人类扩散和东西方文化交流的重要通道，以及欧亚大陆文明演化的交汇区……气候变化可能是导致该地区古文明衰亡的重要因素之一"❶。晚全新世气候的改善和农业技术的传播为丝路开辟奠定了基础，温润多雨的气候促使蒙古帝国兴起，从而带动了丝路的复兴❷，即便同为丝路，青海道的萧条和河西道的繁荣也与其独特的生态环境密切相关。❸气候等生态要素对丝路的存在形态及丝路交往活动影响巨大，这并不意味着气候或环境决定论，因为"不同的社会面临相似的气候变化时，会根据现有的环境和文化因素采取不同的适应策略"❹。这反而是指出，在丝路交流互通活动中，生态条件是不可忽视的必要因素。"丝路环境复杂而多样，气候敏感而多变。该地区文化的发展深受自然环境及环境演化的影响。"❺同时，丝路审美文化研究的生态维度并不意味着生态条件对人类活动的单方面作用，而是在行动者网络视域下将人的活动纳入丝路整体生态演化过程，考察丝路交往活动与丝路生态环境间的辩证关系，考察丝路交流活动的生态影响。

　　人类文明交流和文化传播只是丝路上多元生命相互往来的一种形式，是丝路沿线生态系统展演变化的重要动力。人类文明的往来互动不仅促成作为人工制品的文化产品和思想意识的交流，还不自觉地促成了其他生命形式的相互交往和动态变迁。生态系统和文化交流的互动影响造就了新的生态境况，同时也

❶　陈发虎，董广辉，陈建徽，等.亚洲中部干旱区气候变化与丝路文明变迁研究：进展与问题[J].地球科学进展，2019（6）：562.
❷　陈发虎，安成邦，董广辉，等.丝绸之路与泛第三极地区人类活动、环境变化和丝路文明兴衰[J].中国科学院院刊，2017，32（9）：972.
❸　阎永宏.浅析经青海通西域路线不发达的原因[J].青海社会科学，1999（4）.
❹　Yang L E, Bork H R, Fang X, et al. On the paleo-climatic / environmental impacts and socio-cultural system resilience along the historical Silk Road [M] //Yang L E, Bork H R, Fang X, et al. Socio-Environmental Dynamics along the Historical Silk Road. Cham：Springer，2019：5.
❺　Yang L E, Bork H R, Fang X, et al. On the paleo-climatic / environmental impacts and socio-cultural system resilience along the historical Silk Road [M] //Yang L E, Bork H R, Fang X, et al. Socio-Environmental Dynamics along the Historical Silk Road. Cham：Springer，2019：8.

影响着文明交往的方式，文明交往的频繁程度和技术水平影响了丝路沿线生态系统，这种影响甚至溢出了丝路，扩展到其他文明区域。丝绸之路在横向维度上跨越了农耕区、游牧区和荒漠区，这些景观既是自然条件的产物，又是人类活动的结果，还是制约人类活动范围、影响人类活动形态的基础与框架。丝路往来交流的形式与规模影响丝路景观的外在形态，更作用于丝绸之路上的整体生态。"在建城早期，水源对区域文化的分布起主导作用……丝绸之路开通以后，交通成为影响文化遗址空间分布的最重要力量。"❶ 在这些活动中，难以在人为与自然间划出清晰界限，二者共同作用于丝路生态，参与丝路流通过程中。丝路商客马队的行进路线和人员规模及货物运载量受到沿线水源分布、植被状况、天气条件和野兽活动区等生态条件的影响，同时丝路沿线来往人员对沿线植被、动物分布状况、土地状况也会产生直接影响，"人类活动尤其是冶铜活动对环境影响的强度显著增强，改变了人为土和聚落下游湖泊沉积物的化学性质，对植被组合也产生了较显著的影响"❷。队伍中随行的异域生物在沿途各地的买卖与繁殖会影响本地生物群落的生存和分布状况，如西域天马的流通对中原马匹的替代和对中原马匹基因的改善，马群及驼队对沿线植被的影响以及丝路沿线居民为供应来往马队和驼队粮草而种植的特定草类作物都对当地生态具有重要影响。

丝绸之路作为生态审美共同体的实践形态，其生态性指向三个维度。其一为平等性，这种平等性超越了人类自身而扩展至广大生态系统。平等性不仅指伦理上的等量齐观，更强调作用上的一视同仁。丝路的开辟及发生于其中的互通交往活动往往只强调人的作用，将丝绸之路的开辟视为人单方面作用的结果，忽略了丝路生态系统中其他力量的重要影响。丝绸之路的开辟及丝路上各文明分布状况、交流时间、规模、行进路线、携带物品等，既是人的主观意图和实践行为的结果，也离不开丝路上的气候条件、地理环境、河流水文、生物分布和灾疫疾病等生态系统中行动者的参与。耐寒农作物大麦、小麦和家畜羊

---

❶ 安成邦，郑力源，刘露雨，等 . 环境考古视角下的丝绸之路早期城址：从河西走廊到中亚 [J]. 第四纪研究，2022（1）：308.

❷ 陈发虎，董广辉，陈建徽，等 . 亚洲中部干旱区气候变化与丝路文明变迁研究：进展与问题 [J]. 地球科学进展，2019（6）：565.

的传入增强了人们适应环境的能力，驱动草原民族频繁入侵中原的动力是特殊的生态环境和由此形成的逐水草而居的生活习惯，草原民族豪放洒脱的性格和悲壮苍凉的艺术风格与生活其中的雄浑壮阔自然环境密切相关，敦煌之所以能够保留大量的艺术产品和珍贵文献而成为丝路审美文化研究的宝库，依赖于得天独厚的气候条件，"干燥的沙漠腹地是保存文书的最佳环境，同时艺术品、衣物、宗教文献、钙化了的事物以及尸体也保存了下来"❶。对丝路审美文化的研究不能局限于人类中心的视角，要以平等的态度考察丝路交往中生态环境的重要作用，发掘非人类的行动者在丝路开辟和文化交流中的贡献力量。

丝路流通既是丝路沿线各个国家和地区文化交往、经济往来、军事战争、宗教活动的产物，又包含随着这些人类活动而进行的动物的往来、物种的迁徙与融合、沿线生态状况变化等因素，人类活动与生态变化彼此交织、相互作用、互为因果。丝路交流不仅是人类活动的结果，还是生态系统主动介入其中、人作为生态的一部分与其协商合作、妥协共存的产物，是作为物的行动者网络的生态系统中的人与其他生物、非生物的广泛存在联动的结果。例如，在蒙古帝国远征欧洲的进程中，"蒙古人的政府行动给欧洲带来的最重要的影响并不是贸易、战争、文化或货币，也不是野蛮勇士、异域物品、贵重金属和流行于整个世界的思想和风尚。事实上，造成极端影响的是某种彻底融入血液的东西：那就是疾病"❷。随着蒙古军队的扩张同步扩张的还有黑死病，它以比蒙古军队更迅疾的速度入侵欧洲，"欧亚草原曾是各种牲畜和游牧民族生存的家园，但它同样也是滋生世界上最危险的瘟疫的温床，干旱和半干旱的生存环境极利于鼠疫耶氏菌（Yersinia pestis）的传播，特别是通过跳蚤叮咬的方式"❸。丝路交流的脚力骆驼和马匹正是这些蚊虫的天然宿主，中亚适宜的气候条件进一步助推了瘟疫的肆虐，对欧洲历史影响巨大的黑死病与生物迁移密切相关，这些被忽略的因素是影响丝路交流进程乃至人类整体文明进程的重要

---

❶　芮乐伟·韩森. 丝绸之路新史 [M]. 张湛，译. 北京：北京联合出版公司，2015：5.

❷　彼得·弗兰克潘. 丝绸之路：一部全新的世界史 [M]. 邵旭东，孙芳，译. 杭州：浙江大学出版社，2017：157.

❸　彼得·弗兰克潘. 丝绸之路：一部全新的世界史 [M]. 邵旭东，孙芳，译. 杭州：浙江大学出版社，2017：157-158.

因素。疾病的传播在造成大规模人口死亡、重创欧洲诸国的同时也遏止了蒙古铁骑的进军步伐，疾病的大规模扩散迫使蒙古军队不得不仓皇撤军，而他们撤军途中抛入城中的病死的士兵尸体反过来又瓦解了城中守军的战斗力❶，灾疫和疾病这种伴随着丝路交往与旅行的副产品甚至比军队和强权更能影响地区间的实力对比和政权形式。"瘟疫带来了恐怖景象，但它也成为社会变革和经济变革的催化剂。其深刻影响远不只是欧洲的死亡，它促进了欧洲整体的再生。这一变革为欧洲在西方的崛起奠定了重要基础。"❷ 瘟疫造成的劳动力大量缺失改变了劳动力结构，客观上增加了妇女在劳动力市场上的占比，纺织等家庭手工业的比例也随之发生变化，产业结构的变动进而影响到国家经济结构。这一切变化都源于丝路旅行中不起眼的老鼠、蚊虫、细菌和微生物与病毒，正是这些生态系统中的其他存在在丝路交流中可能发挥着更为重要的作用。

　　丝路生态性的第二个维度指向整体性。丝路的生态性并不局限于丝路上的、实体的自然生态环境之中，而是一种整体性、关联性的思维范式。伯林特指出："我们对于生态性的理解已经经历了几个阶段，从它最初的生物学意义，即所有构成环境的生物群落及其物理要素间的相互依赖关系，到将其发展为一种把握人类物理环境和文化环境间关系的概念。"❸ 生态性既包含自然环境与生物因素，也包含经济、政治、文化、审美等要素，"较之其他物种，人类更要依赖于社会组织和文化实践实现自我的生存与繁荣。这些是人类生态系统不可分割的一部分"❹，强调丝路的生态性并不导向地理环境决定论，而是以整体的、关联的、"以大观小"的思维模式看待受到多重作用力的、处于多重网络接触交合地带的丝路审美文化，充分考虑在丝路审美文化的形成、发展、变化过程中起到构造、影响、参与作用的多元作用力。在整体关联的生态

---

　　❶ 彼得·弗兰克潘. 丝绸之路：一部全新的世界史［M］. 邵旭东，孙芳，译. 杭州：浙江大学出版社，2017：158.

　　❷ 彼得·弗兰克潘. 丝绸之路：一部全新的世界史［M］. 邵旭东，孙芳，译. 杭州：浙江大学出版社，2017：161.

　　❸ Arnold Berleant. Sensibility and Sense：The Aesthetic Transformation of the Human World ［M］. Charlottesville：Imprint Academic，2010：101.

　　❹ Arnold Berleant. Sensibility and Sense：The Aesthetic Transformation of the Human World ［M］. Charlottesville：Imprint Academic，2010：101.

性思维的烛照下，丝路审美文化的复杂性和多义性得以彰示。

丝绸之路交流往来一直被视作以政治、经济、外交、文化需求为推力的互通行为，实际上究其根本，起到最重要作用的反而是始终被忽略的生态环境。东方特殊的生态环境、气候条件、土壤状况等造就了花椒、茶叶、桃子等原产于东方的物品，江南丘陵特有的土壤和气候条件为精美绝伦的景德镇瓷器提供了得天独厚的优势，适于养蚕、利于桑树成长的气候环境使得中国丝绸冠绝天下，而产于阿富汗地区并随着丝路流通对青花瓷样式产生重大影响的青金石无疑与其当地地理条件密切相关。实际上丝路往来互通是以政治、经济、军事、外交为外在表现形式的丝路整体生态系统内部各个子系统间物产的相互往来流动，丝路上"不同的气候生成了不同的饮食习惯、生产生活方式、宗教文化等，这也使得丝路沿线的文化交流与文明碰撞更为丰富"❶。中亚大草原上的天马随着丝路流入中原并最终改变了中原王朝与少数民族的力量对比，随着西方殖民者的步伐进入亚洲的玉米、土豆、烟草等作物大大改变了所在地区的地表形态，新的产量更高、味道更可口的作物代替了本土作物被大规模种植，"新石器晚期'史前食物全球化'深刻改变了丝绸之路沿线先民们的生业模式，并显著影响了农牧业人群活动的时空格局"❷。引入的是小麦还是牧草？当地环境适于耕作还是放牧？青藏高原河谷地区以农业与狩猎采集业为生的种群间的物物交换促进了民族融合，牛羊等家畜的传入推动了齐家文化的兴盛❸，丝路上每一次文明的变迁和文化的交流都有生态要素的强力参与，这些生态因素或许比文化心理和技术条件更深刻地影响着一个民族文化的走向，影响人的身体形态、生活方式、饮食习惯和审美心理，进而影响丝路沿线各文明间的存在形态和力量对比。

丝路生态性的第三个维度指向流动性。丝路生态环境并非亘古不变的参照与背景，而是在人的活动与自身演变的双重作用下的流动介质。"因此环境的

---

❶ 张盛达，裴卿，章典.小冰期丝绸之路地区气候变化与战争关系的定量分析［J］.第四纪研究，2022（1）：251.

❷ 董广辉，芦永秀，刘培伦，等.6000～2000 a B. P.丝绸之路国内段人类活动的时空格局与影响因素研究［J］.第四纪研究，2022（1）：6.

❸ 董广辉，芦永秀，刘培伦，等.6000～2000 a B. P.丝绸之路国内段人类活动的时空格局与影响因素研究［J］.第四纪研究，2022（1）：8.

意义已经发生了巨大变化。它不能被视作周边的环境而是一种流动的介质，一种具有不同形式和密度的全球性四维流体，人类和其他一切事物悠游其中。"❶丝绸之路上人的往来与物的流通并非在静态不变的环境中进行，季节的四季变更以及气候环境的更替参与到丝路往来互动的过程中，人的文明交往和物质性实践行为作用于丝路生态环境，丝路环境的特性及变化指示着人类活动的范围及强度并对其产生限制和引导作用，丝路生态环境作为行动者与参与者进入丝路审美文化互通进程中，实现对人的活动与自身存在的双向改造。如班固在《汉书·西域传》中记载的"多兼葭、柽柳、胡桐、白草，民随畜牧逐水草"的鄯善（本名楼兰）到了唐代就只剩"城郭岿然，人烟断绝"，生态环境的变化构造了中原王朝对西域诸国的空间想象。故此，应当以流动性的眼光看待丝路互通与丝路生态环境间的互动关系，在生成论的视野中考察丝路的生态性。

　　就审美文化自身而言，丝路上的生态变化带来了人们审美心理的变化。存在于东西方神话和史诗文本中的洪水神话表征了东西方远古先民的共同记忆，而这一记忆无疑指向一场生态灾难。黑死病动摇了人们的宗教信仰，改变了宗教传教方式和存在状态，教士们面对灾疫不得不对教义重新修正，为平息上帝之怒造成了对女性和犹太人的迫害❷，瘟疫造成的惨状在各种艺术门类中得到广泛记述，尤其以薄伽丘的《十日谈》最为突出，灾疫书写与表现成为一种新的文学艺术题材并催生了新的表现手法❸，客观上促进了文学艺术的兴起。就人的审美感知活动而言，人的审美感知能力的强弱及偏好与其所处的生态环境密切相关。伯林特指出："有机体与其栖息之所的连续性是新的生态科学的核心原则。然而这种连续性不仅仅是一个生物学的事实，它对于有意识的人类有机体的直觉环境来说也同样真实有效。"❹西欧人对天气的敏感源于其温和多雨的西风气候，中亚干旱少雨多风沙的天气塑造了当地人独特的穿衣习惯及饮食习惯，其栖身的生态环境塑造了其身体感知的后天可能。

---

　　❶　Arnold Berleant. Sensibility and Sense：The Aesthetic Transformation of the Human World ［M］. Charlottesville：Imprint Academic，2010：102.

　　❷　彼得·弗兰克潘. 丝绸之路：一部全新的世界史 ［M］. 邵旭东，孙芳，译. 杭州：浙江大学出版社，2017：160.

　　❸　如薄伽丘写作《十日谈》以框型嵌套结构记录了黑死病对欧洲的巨大影响。

　　❹　阿诺德·贝林特. 艺术与介入 ［M］. 李媛媛，译. 北京：商务印书馆，2013：127.

随着丝路流通而来的异域人种、异域动物、异域植物和异域生活习惯为文学艺术提供了新的表现题材，附着于这些异域存在之上的审美心理也对传入国的艺术范式和审美心理产生重要影响。唐代诗人对胡人、天马、葡萄、琵琶等西域之物的书写与想象无不证明着属于另一生态环境的物品对既有生态系统中人的世界观念和思维范式的冲击与影响。"丝绸之路还是人群扩散与融合之路"❶，这不仅影响了人种的空间分布，还影响着民族观念与情感认同，"其最后王朝莫卧儿王朝皇家自称是蒙古后裔"❷。传入的异域生物与本土生物的交融结合双向改变了彼此的存在形态，从而生产出两地均无的新物种，这些新物种又带给人们异于当地物种的审美经验和文化内涵。来往于丝绸之路上的不只是作为人工制品的文化与器物，更多的是对人的存在影响重大但人们习焉不察的生物、生命和生态系统间的动态交互。人的活动仅是丝路往来交流的一部分，伴随着人类活动发生的生物的往来迁移与人类活动施加于丝路沿线生态的作用及其造就的丝路沿线生态环境状况，从根本上制约着丝路交流的形式、规模和成果。"6000-2000a B. P. 丝绸之路国内段人类活动的时空格局变化是该时期欧亚大陆农业发展扩散、跨大陆交流、气候变化等多因素共同作用的结果"❸，丝绸之路不仅是文明交往共同体，更是人类命运共同体和地球生命共同体的实现形式。因此，要对丝路上的文化交流和文明往来有更深刻的把握和理解，就必须从丝路生态系统的整体性、全局性视野出发，考察影响重大但往往为人们所忽视的生态条件的重要作用，这将是丝路审美文化研究大有可为的全新领域。

小　结

审美交流密集频繁的丝绸之路拥有高度集中的审美文化资源，也是多元文

❶　陈发虎，安成邦，董广辉，等．丝绸之路与泛第三极地区人类活动、环境变化和丝路文明兴衰［J］．中国科学院院刊，2017，32（9）：972.

❷　陈发虎，安成邦，董广辉，等．丝绸之路与泛第三极地区人类活动、环境变化和丝路文明兴衰［J］．中国科学院院刊，2017，32（9）：972.

❸　董广辉，芦永秀，刘培伦，等．6000~2000 a B. P. 丝绸之路国内段人类活动的时空格局与影响因素研究［J］．第四纪研究，2022（1）：9.

化共在、多种生命共存的生态审美共同体的典型形态，经济、实用、器物层面的相互交流将丝绸之路变为中介与融通不同文明的居间存在，关联着、调解着进入这一场域的不同文化，生产出丝路审美文化的多元系统。丝绸之路上人的往来与"物的流通"体现出的流动性和语境融合使参与审美活动的所有因素都有作为审美经验生产者的机会，将其纳入互动性的审美场之中。审美者需要亲身介入熔铸锻造独特丝路审美文化的丝路审美场之中，将多感官的身体置入与众多在地性环境要素密切相关的审美环境中，体验扎根于丝路活态空间的审美文化的独特魅力。简言之，丝路研究不仅要聚焦区域化、阶段性、地方的审美文化，更要关注连续性、流通性及熔铸生成的整体过程，将丝绸之路视作以现实形态存在的生态审美共同体，介入式审美模式以多感官参与模态能够精确把握丝绸之路上物质的、活态的、语境相关的审美事件和审美现象，连续性为把握丝路审美文化的承续与新变提供了新的视角，生态性则从丝路生态系统整体变化的角度重新审视人类在丝绸之路上的诸活动，对人类行为及其影响进行重新定位。

　　丝绸之路不仅是文明交往和文化传播之路，更是多种生命共存、多元生命形态互动往来、迁徙变异的生态交往之路。介入式审美能够把握审美现象与其环境间的密切关联，捕捉特定地方和场域中审美现象的独特品性；连续性将人类文明视作本质上互相关联但又经由交流互动时时生产新质的连续统一体，人类诸文明间的深层的内在连续性为构建人类命运共同体提供了有力学理依据；生态性不把丝绸之路完全看作人类文明的产物，而将其视为丝路生态系统中人与其他生命以及非生命等行动者共同构成的行动者网络，丝路的开辟不仅有人的作用，更有其他生命的积极参与和生态系统中其他要素的主动介入，正是这多方力量的共同协作使得丝绸之路以如此形态呈现。将丝绸之路视为整体性的生态系统，同时将人看作在其中发挥有限作用的一个因素，有利于在更深层次上理解地球生命共同体的内涵，这意味着地球的命运绝非由人单独决定，而是生态系统中的诸成员面临的共同任务。

第三部分
物质性与丝路审美
共同体的生成

第十章　苹果与丝路审美共同体

在丝路审美文化视域下研究物质审美意义的生发熔铸，其基本诉求是要通过个例的发掘为当下面临的问题提供经验。基于自然——社会影响下生成的文化符号，苹果的丝路旅行背后粘连着丝路文化交流与互鉴问题，同时也关涉不同的文化背景下民族审美思维方式的形成。同样重要的是，在倡导建设丝路审美共同体的大语境下，苹果符号的互文性以及丝路旅行过程所显示的融合性和共通性衔接着古代和现代、史前史和史后史，是丝路审美共同体建设的现代延伸。因此，选取苹果作为研究对象，由此切入丝路审美文化研究，并以植物典型展开分析，可为中西文化的交流互鉴探索新途径，从而为文化研究和现代丝路审美共同体的建设提供新的研究范式。

丝绸之路作为古代世界贸易交往的主要通道，植物传播更是物质文化交往中的重要一项。在此，伴随着人类各民族间的交易、战争、传教活动以及其他各种形式的人间往来，植物开始了其在丝绸之路上的"跨界旅行"。丝路上流传的物质不能仅仅理解为直接交换的物品，还包含效果史的研究，即精神性也不可忽视。作为最古老的聚花果，苹果走过了一条从植物到富有多种意义的物质文化生产之路。在丝绸之路的物质交换史上，作为物质的苹果既是纯粹的自然生命体，又是作为被关照的审美对象，在跨文化、跨语境和跨国界的"旅行"中，苹果在流传过程中被附加于其上的物质性已经产生了新的意义附加值，自然生命和社会生命共同构成其生命样态和意义的生产基础。故在考察苹果在丝路上生发的审美意义之前，"为物立传"，考察作为物质文化基底的植物——苹果的丝路旅行历程极其必要。

探究苹果在其丝路旅行意义的生产过程，首先需要有一个原点或者类似原点的东西，即观念赖以在其中生发并进入话语的一系列发轫的境况，❶ 使它能以此为基点生发意义并进入话语。为了寻求苹果审美意义生发的源点，那么对苹果起源进行探究就显得尤为重要。人们普遍认为现代苹果的大部分遗传背景均可追溯至古代贸易路线的中心地带——哈萨克斯坦的天山山脉❷，此地的野生威塞士苹果是栽培苹果的祖先，苹果在中亚已经进化了 450 万年。资料显示，在第四世纪冰川来临之时，由于天山山脉特殊的地理气候，那些未受到冰川袭击而又免于间冰期荒漠干旱作用的前山谷底植物，如我国新疆地区、哈萨克斯坦以及其他地区的野苹果，躲过了第四纪冰川期，是世界上现存最宝贵的天然苹果基因库。

　　作为人类驯化较早的植物，最早的苹果考古证据包括在史前湖栖人遗址中发现炭化了的苹果果实，以及在幼发拉底河河口附近乌尔皇家古墓中所发现的一串被切成两半的干燥苹果，❸ 以上时间最早可以追溯到公元前 4000 年，可见苹果在 6000 年前就已经开始种植了。向西，它很快传到了西亚——在美索不达米亚平原的早期楔形文字中已经提到了苹果，后来又出土了串成一串的苹果干，文字与实物相互印证。此后，经由旅行和侵略战争，苹果又以西亚作为中转点传入古希腊、古罗马，最终在欧洲栽培成现代苹果。同时，在中亚与中原丝路贸易的密切交往下，苹果在西汉时向东则传到了新疆，后扩散到甘肃、山东，进而传播至黄河流域。并且，在乌兹别克斯坦帕米尔山脉高处的丝绸之路采矿小镇塔什布拉克（Tashbulak）发现的苹果种子可以追溯到公元前 1000 年的晚期❹，这也证实了苹果沿着丝绸之路路线进行传播的事实。

　　绝大多数作物都是起源于地球上的某一特定区域，同一作物独立地起源在两个相隔离的区域，这种现象是很少见的。❺ 一种植物在起源地栽培不久，其

　　❶ 爱德华·W. 萨义德. 世界·文本·批评家［M］. 李自修，译. 北京：生活·读书·新知三联书店，2009：401.

　　❷ Erika Janik. Apple：A Global History［M］. London：Reaktion Books Ltd，2007：8.

　　❸ Robert N. Spengler III. Fruit from the Sands：the Silk Road Origins of the Foods We Eat［M］. California：University of California Press，2019：236.

　　❹ Robert N. Spengler III. Fruit from the Sands：the Silk Road Origins of the Foods We Eat［M］. California：University of California Press，2019：28.

　　❺ 星川清新. 栽培植物的起源与传播［M］. 段传德，丁法元，译. 郑州：河南科学技术出版社，1981：10.

种子和植株就会被传播到其他区域。与大多数驯化植物一样，了解大型果实植物驯化的关键在于从野生到人为种子传播机制的转换。植物考古学家斯宾格勒教授提出："植物和动物最早的驯化是一个与野外进化平行的无意识过程。"❶从早期苹果的传播来看，苹果首先是作为食物存在，其繁衍和传播才得以可能。每个物种都有其繁衍的欲望，在成为美味可口的食物之前，苹果早就在野外开始了它的演化之旅。由于苹果属植物有个非常突出的特征：自交不亲和，也就是植株必须要接受其他植株的花粉才能结实。因此，基于苹果这一特性，植物具有"植物的欲望"——植物以花朵、果实等利用动物和人类的传播活动传播物种。种子传播互惠共生通常依赖于动物，"果实变大正可以说明，这种果实吸引了哺乳动物的食用，以此来完成撒播种子的任务"❷。作为食物，苹果在演化早期主要通过吸引鸟类和一些古代大型动物取食它的果实来传播种子。早期苹果的果实较小，很容易被鸟类吞食。而苹果光滑、坚硬、泪滴状的种子果核中含有氰化物，被坚硬的内果皮包裹着且十分苦涩，在防止动物啃啮的同时可以完好无损地通过动物的消化道，并再次传到其他地方去。正因如此，随着早期动物的迁徙，苹果果实被食用而种子被扔下，其后幼苗生长，数百万种独特的苹果品种在整个亚洲和欧洲便涌现出来。

但是，苹果要顺利地传遍欧亚大陆甚至全世界，还是离不开人类在其中的作用，驯化研究经常忽略人类共同进化的过程。古代中亚以狩猎采集为生的游牧民族所留下的有关苹果传播的线索甚少，但根据青铜时期的遗址我们可以发现，早在史前时期，东西方就经由"亚洲内陆山脉走廊"进行着贸易的交流。一方面，因为苹果树根系强健、荫叶性强、抗逆性强，且耐寒耐干旱，适生范围广的特点，又因苹果果实味道可口，大而可食，植物性特征满足了早期人们果腹的生物性需求，故受到早期农牧民族的喜爱，广泛种植。另一方面，由于位于"亚洲内陆山脉走廊"的中心，哈萨克斯坦很快就成为中西贸易线路上的一个重要中转站，而发生在这条路上的有关人类的政治外交、民族迁徙、商业贸易、宗教传播等相关活动又进一步促进了苹果的传播。

❶ Robert SpenglerN. III. Origins of the Apple: The Role of Megafaunal Mutualism in the Domestication of Malus and Rosaceous Trees [J] Frontiers in Plant Science, 2019.

❷ 艾丽丝·罗伯茨. 驯化 [M]. 李文涛，译. 兰州：读者出版社，2019：324.

在这一动态的旅行过程中，人类在物质生产实践中驯化苹果，在精神世界中书写苹果，苹果成为众人熟知的品类。同样，苹果也在借由人的力量实现进化，改造着原始先民的饮食结构，塑造着我们对于食物的味觉感知。苹果的书写包含各民族的审美观念，并通过社会编码的行为模式和语法进行共享，呈现审美的融通性。同时，苹果的审美意义生产也根据其捕获价值的历史意义而变化和发展，永远是变换无穷的"这一个"。审美是食物和价值交织在一起的，意味着我们与食物不可避免的关系，使其成为我们体验中的一部分。所以，植物的栽种史事实上就是其以物质性满足人类的种种欲望进而达到它们繁殖扩充之欲望的历史，同时也折射着人类某些文化审美观念和思维方式的发展演进。自然物种在丝绸之路上的生长、培育、撒播和交换以及由之伴随着的，社会群体在丝绸之路上的使用、赋义、传播和回溯，共同构成植物之路的自然信息和文化档案的铭写。

一、物质与精神：苹果域外旅行及文化生成

作为苹果的原产地及周边发源地带，中亚地区人们很早就学会利用和种植苹果了，苹果与早期人民生产生活实践密切相关。树作为地缘关系的象征，其总是与家园紧密相连，哈萨克斯坦的前首都阿拉木图在突厥语中意指"盛产苹果的地方"，是人们对生活环境的认识以及下意识改造原生态的具体形式表现，反映着人们与地域空间紧密的生态关系。另外，苹果在美洲的传播更是承载着独特的象征意义——苹果树是美国人和地方联结的纽带。在早期西部边疆的开拓时期，西北边疆的土地使用许可特别要求定居者要"种植至少 50 棵苹果树或者梨树"，❶ 种植苹果树成为最早期在美国边疆定居的仪式之一。苹果在此成为一种家园式的象征，将个人和土地紧密联系、将新教徒与光明图景相连，苹果也被赋予独特的地域意义甚至成为美国精神的物质性载体。

在原始草原农牧时代，由于当时的物质生产力低下，人类心理主要建立在对大自然本能消极适应的基础上，只能屈从于自然力量的摆布，所以对植物的

---

❶ 迈克尔·波伦. 植物的欲望 [M]. 王毅，译. 上海：上海人民出版社，2005：30.

认知和理解就常常呈现为崇拜文化的发生——万物有灵是原始初民的普遍信仰，植物崇拜是原始初民最常见的自然崇拜。树作为食物、资源和庇护所的来源，便成为人类创造性思维一个引人注目的象征。树木潜在的拟人化外观使其与人或神的想象融合，❶ 那些具有强盛生命力、能为人类生命和生存提供物质来源的树木与想象的观念内容在心理上建立某种特殊的联系，自然物象就被视为崇拜的对象，以生命树的形式为人们所感知，同时伴随着强烈的情感活动。正如前述，生长在天山河谷里的苹果群落躲过了冰河世纪，种子又凭借各类动物得以传播，这一生命力强盛的特点吸引了早期先民的注意，也提供了吸引创造性想象力的品质矩阵。"兴的起源植根于原始宗教生活的土壤中，它的产生以对客观世界的神化为基础和前提。"❷ 从表象来看，苹果花瓣、果实剖面容易让人联想到女性的生殖能力。从内涵来看，苹果树虽是一年一度开花，但叶片繁茂，果实结满整棵树，并且生命力强盛、存活时间长，所以可与生命、青春、长生不老联系起来。再者，苹果具有药用价值，常被用于养生祛病，因而成为先民生死观念和死亡意识的承载物。根据交感巫术原理，人们通过顺势或者模仿具有神圣能量的物质可产生一种推动力。即通过一种我们肉眼无法看见的"以太"把物体的推动力传导给另一个物体❸，故而通过模仿和接触便可以使自身拥有同样力量。因此，苹果树经常被拟人化，作为生命之树的观念与对母神的崇拜联系在一起，树木被认为是自然和精神再生的源泉，与生命和再生有关。

在认识到苹果上述植物属性的基础上，远古先民将这些于冰川世纪存活下来的、枝叶繁茂、花朵绽放、果实丰盈的苹果作为族群生命之树加以崇拜，借以祈求自身生殖繁盛、繁衍不息以及长生不老。从中东到斯堪的纳维亚半岛，各民族神话中都有关于生命苹果的故事流传：在北欧神话中，苹果与巴尔德（光明之神）有关，青春女神伊敦掌管具有让众神永葆青春神效的黄金苹果。

---

❶ Victoria Bladen. The Tree of Life and Arboreal Aesthetic in Early Modern Literature ［M］. New York：Routledge，2022：9.

❷ 赵沛霖. 兴的源起——历史积淀与诗歌艺术 ［M］. 北京：中国社会科学出版社，1987：5.

❸ 詹姆逊·乔治·弗雷泽. 金枝：巫术于宗教之研究 ［M］. 徐新育，汪培基，译. 北京：中国民间文艺出版社，1987：21.

在古希腊、古罗马神话中，苹果又与阿波罗紧密相连，赫拉克勒斯盗取金苹果便是苹果神话的典型之一。另外，在凯尔特传说中，青春之岛"阿瓦隆"也种满了使人长生不老的苹果树。在宙斯神庙里，神像便雕刻有手捧苹果的赫斯佩里得斯图案。❶ 拉丁姆地区祭祀女神时，祭祀的宴席就摆置在结满果实的苹果树周围，以此祈求女神佑护。另外，在古罗马屠牛广场旁，大力神赫拉克勒斯神庙崇拜雕像左手便拿着赫斯佩里得斯家的三个苹果。除去长生不老的象征意义，又因表征繁殖和生育的缘故，苹果树作为神话生命之树可以预示爱情和欲望便为题中应有之义——在整个亚洲、欧洲和北美的民间传说中，苹果都是爱情和欲望的预言者。作为先民寄寓强大繁殖力、生命力的生命之树，其承担的首先是女性抚养者和养育者的身份，因而苹果又与女性紧密相连，常出现苹果与女性互比的现象。并且，苹果的生物性与女性具有高度的重叠性——其果实鲜红光亮，且呈完美圆润的球形，与女性红润娇美的容颜十分相似——因而成为比喻女性的绝佳喻体。在中亚民歌、传说故事中都有不少以苹果起兴抒发对姑娘爱意的句子，如"人人都喜爱红红苹果，因为果汁是甜的。我心里爱上了一位姑娘，因为她在姑娘中是最聪明的"❷。

在经历了原始时期先民将苹果这一自然物象与女性、生殖等宗教观念结合的过程后，苹果崇拜作为历史内容积淀在人的主体心理的结果，其经由习惯性联想所外化的象征意义也逐渐规范化。希腊神话中，苹果也主要是作为女性神的圣物而存在的，红艳鲜嫩、香气清新的苹果首先和"爱情""美丽"等寓意相关。地母该亚以苹果作为宙斯和赫拉的结婚礼物，是苹果在神话中的首次出现，苹果在此象征着爱情和完美婚姻之意。其后，无论是因"送给最美女神"而引起特洛伊战争的苹果，还是诱惑美丽猎女阿塔兰忒输掉比赛而嫁给希波墨涅斯的苹果，又或是为养子阿多尼斯的死亡感到悲伤而化为苹果树的爱神祭司梅卢斯（Melus），苹果都与象征着美丽和爱情的守护神阿弗洛狄忒密不可分，成为爱情与美丽的典型象征，并借由其特殊象征性在文学艺术中成为广泛描写的对象。苹果被认为是爱神圣地最好的祭品——女神阿弗洛狄忒的神苑里常常

---

❶ 丽佐布卢. 橄榄·月桂·棕榈树——奥林匹克运动象征植物［M］. 朱圣鹏，译. 广州：花城出版社，2008：7.

❷ 阿·科日木，里提甫江. 维吾尔族民歌选［M］. 乌鲁木齐：新疆人民出版社，1986：85.

种有苹果树。❶ 所以，在经典的壁画、油画和雕塑作品中，爱神阿弗洛狄忒，即罗马神话中的维纳斯，就常以手持苹果的形象出现，向众生撒播情感。公元前 2 世纪发现的美神大理石雕像，阿弗洛狄忒便左手拿着苹果，神情安静温柔。另外，希腊作家朗戈斯在《达佛涅斯和克洛伊》中描绘牧羊人和牧羊女天真烂漫的爱情所选用的定情物就是苹果，古希腊爱情诗人萨福在《新娘》一诗中也将梦中情人比作红苹果，在阿尔忒弥斯神庙前也有向心爱之人扔苹果表达爱意的婚姻仪式。

在神话和文学艺术的影响下，苹果逐渐成为祭祀、竞技等重要仪式节庆中不可或缺的水果。作为地母该亚的礼物，也总是与地母所象征的生长、丰收等意象密切相关，喻示着大地母亲神圣的力量。富有象征意义的丰饶角（cornu copiae）在许多雕塑和静物画中尤其多见，其起源于古罗马，以羊角形状呈现，多以桃、苹果、石榴等各种常见的水果和鲜花装饰，往往由古希腊神话人物相伴，象征着"丰产的巨大源泉"。卡比托利欧山雕塑尼罗河神与台伯河神手持丰饶角，给人们带来丰收的美好希望。赫拉神庙中有狄俄尼索斯躺在种满苹果树、石榴树和葡萄藤下的图案。另外，因神本身与某些特定植物密切相关，植物冠冕最初是保留给神的，神话中出现的植物就名正言顺地被当作祭献给神的礼物，进一步与祭祀、竞技会等神灵膜拜的仪式关联起来。最初用来为奥林匹亚竞技会优胜者编织花冠的树枝是从苹果树上摘下的，"前 6 届的奥林匹克运动竞赛中获胜的人都会受赠一顶苹果枝编成的头环"❷。奥林匹亚运动会最初被称为米利忒斯，在希腊语中意为"与苹果有关的"，这也证实了优胜者的奖品就是苹果。一方面，苹果树叶子常绿、新枝易再生、根系错综复杂及对环境条件的适应性强等系列特点，正与奥林匹亚竞技会宣扬的坚持不懈、永葆生命活力的精神符合。另一方面，苹果果实呈季节性丰收，且苹果花纯白圣洁，更与竞赛的光荣、圣洁特点相为呼应。在神话辐射之下，苹果不仅具备了象征的客观基础，也被用于各类行为体制中，表征着人们的纪念观念。很快，

---

❶　J. H. Philpot. The Scared Tree or the Tree in Religion and Myth ［M］. London：Natl Book Network，2014：80.

❷　丽佐布卢. 橄榄·月桂·棕榈树——奥林匹克运动象征植物 ［M］. 朱圣鹏，译. 广州：花城出版社，2008：34.

这种用苹果树枝编织而成的植物冠冕便被扩及各类仪式活动，其身影也频繁地出现在诸如节日、婚礼、宴会等场景中。

到了古罗马时期，苹果经由战争传播到整个欧洲，其植物生命和文化生命也处于不断延伸的状态之中。在辉煌的罗马帝国时代，苹果被视为权力的象征，被统治者拿在左手中。苹果在波斯帝国，以完美的球形，早已成为统治者权力的象征。希罗多德记载了波斯国王薛西斯一世的王宫，那里的贴身护卫的尖矛上都挑着金苹果，而御林军的矛尖上则是银苹果。在德国，象征王权和皇权的金球也体现了苹果的神圣尊严，直到君主体制的终结。❶ 权杖上的苹果是权力的象征，欧洲皇帝、国王们的权杖上都顶着一个圆形的苹果，手握"帝国的苹果"是统治者显示至高无上权威的具象化表征。到了中世纪，随着基督教在欧洲统治地位的确立，苹果的文化意义又进一步更新，并以多维度表征实践的形式存在并处于不断强化之中，具备原型的典型特征。

希伯来语把苹果称作"香果""芬芳之果"，其认为植物的气息就像人类的呼吸和话语一样，是生命的表述，把气息和话语对应起来，苹果也就成为话语的象征，在基督教中也就意味着上帝的话语不可违抗。在所有与苹果有关的想法中，天堂的概念最直接地跃入脑海。所以当《旧约》记录上帝告诫亚当、夏娃不可食用"知善恶树"上的果实，亚当、夏娃却因蛇的诱惑而忍不住偷食"禁果"之时，其本质上便挑战了上帝的话语权威，构成了智慧僭越的"原罪"，因此被上帝逐出天上乐园。"禁果"在此象征着"失乐园的失去"以及惩罚的"原罪"，即"Malum ex malo"（俗语表达为：一切灾祸起源于苹果）。弥尔顿的《失乐园》经由复现《创世纪》故事以及描述魔王撒旦率兵反抗这两条线索，便再次强化了苹果作为宗教符号的意义。另外，巴黎圣母院、布鲁塞尔大教堂甚至各类文学作品、绘画都以创世纪故事为原型，被作家或诗人提炼成宗教文化下罪恶"禁果"的象征，是宗教语境中原型的"复活"，具有强烈警示和嘲讽意义。而实际上，"禁果"所指苹果是基督教在中世纪的传

---

❶ 玛莉安娜·波伊谢特. 植物的象征［M］. 黄明嘉，俞宙明，译. 长沙：湖南科技学术出版社，2001：10.

播过程中才逐渐被确定的。❶

　　首先，这是由于民族语言在翻译过程中的误读造成的。美国人弗兰克·布朗宁（Frank Browning）在《苹果：诱惑与背叛——从伊甸园到现代果园》一书中写道："希腊文中的苹果是 melon，拉丁文中的苹果是 melum，这两种语言的表述都与'恶'非常相近，即 malum 与 mal。"❷ 因而随着拉丁文版的《圣经》在基督教中法定地位的确立，苹果便误读成了"果子"的所指，进而在创世纪故事的传诵中被实物化，承载着"原罪""邪恶"这一宗教性隐喻。其次，苹果隐喻的产生同样也建立在身体的审美感知基础上——对物的感知是形成物意义的基础，苹果本身的植物特性以及给人带来的审美感官体验在这一赋义过程中同样起着重要作用。红色象征着血，金色象征着贪婪，而苹果圆形的形状则象征着生育。❸ 并且，很多果实成熟之后会慢慢变软，苹果却不会，所以中世纪的学者认为这是"非自然的"，是"邪恶、冷酷和令人迷乱的本性"的征兆。

　　另外，"苹果的罪恶"表征还与味觉紧密相连，"味觉是一种复杂的感知系统……指向一种语境体验"❹。中世纪的基督徒认为：苹果初尝甜美，回味却为酸涩——甜味代表着诱惑，酸涩代表着背后有恶魔作祟。苹果的"酸"是建立在味觉基础上的感受性获得，酸涩的苹果入口让人产生不适，使人无法将其和美好相联系，经由"酸"这一味觉感受性获得再进行认知投射——"酸"的味觉隐喻便与罪恶、痛苦等负面感情色彩、寻求宗教拯救等意义相联系。苹果与恶相连正是基督教神权话语体系下生成的结果，带有浓厚宗教性意蕴的苹果既成了导致人类"原罪"的"禁果"，又寄托着基督教信徒对于拯救灵魂的渴望——救世主耶稣、圣母玛利亚所握的苹果寄托了人们赎罪使灵魂回归天堂的教义。古赞《潘多拉魔瓶前的夏娃》、老卢卡斯《苹果树下的圣母

---

❶　苏文生，赵爽．人文草木：16 种植物的起源、驯化与崇拜［M］．天津：天津人民出版社，2020：5.

❷　苏文生，赵爽．人文草木：16 种植物的起源、驯化与崇拜［M］．天津：天津人民出版社，2020：5.

❸　Erika Janik. Apple：A Global History［M］. London：Reaktion Books Ltd，2007：19.

❹　Nicola Perullo. Taste as Experience：the Philosophy and Aesthetic of Food［M］. New York：Columbia University Press，2016：9.

子》、丢勒《亚当与夏娃》便是人们在宗教性空间下对于苹果这一意义的形象表征。

苹果原型的表现形式永远只是具体的"这一个",处于不断生成中并具有激活潜藏在深层的集体无意识的作用。在文艺复兴时期,宗教神学的地位得到挑战,重新考虑文化的传统和人的发展问题便成了时代命题,苹果表征科学也正是这一时期的成果。牛顿的苹果将人们从形而上的梦中带出,原本以仰望上帝为象征的苹果成了理性冲破宗教束缚而探索人性的典型象征。作为"神话的位移",苹果的审美表征正是以多维度、多方面的表征方式而完成的苹果"原型"的审美形式化。作为频繁出现于西方人日常生活中的文化意象,"苹果"符号作为文化负载词从文学艺术延伸到了日常生活语言的使用,伴随着表述语境的变化便生出许多意义来。事实上,除了罗马语系以外,所有的欧洲语言都使用一个词根为 ap、ab、af 或 av 的词来表示苹果和苹果树。❶ 除此之外,在许多相关的英语表述中我们都可以见到英文 Apple 一词的身影,如"Apple of discord""Apple of one's eye""Adam's apple""An Apple of Sodom/A Dead Sea Apple",等等,其作为独特的文化信码参与了人们对于世界意义的传达,起着"述行"的作用。正如奥斯汀所指出的:"说出一个句子本身就是'实施'一个行动。"❷ 当我们说出上述语句中,我们指向的是"不和之源""瞳仁""罪恶之果""死海苹果"这几件事件所具备的隐含意义,我们表述的态度、产生的意义和效果就是 Apple 一词所具备的述行效果,其指向负面的"争端""惩罚"以及隐喻瞳仁般宝贵的物品。也正因如此,苹果符号正在不断地使用中复现着文化中不同的表征意义,指向了"共享的文化信码",起着实现意义顺畅交流、构建文化认同的作用。到了现代,伴随科学技术的发展,苹果从一个具身性的象征融于消费主义浪潮而成为抽象性的符号,"乔布斯的苹果"被喻为现代人类进程上的又一伟大革命,书写了消费社会中符号拜物教的新纪元。从同一语境的文化符号到世界性的商品消费,苹果身份被重新界定,"被咬了一口的苹果"这一图标,作为消费主义下完全抽象的图像艺术符

---

❶ Erika Janik. Apple: A Global History [M]. London: Reaktion Books Ltd, 2007: 27.

❷ 奥斯汀. 如何以言行事 [M]. 杨玉成, 赵京超, 译. 北京: 商务印书馆, 2013: 107.

号，是审美资本和时尚文化的典型代名词。

从原产地的苹果崇拜、古希腊罗马神话中苹果原型的出现、以《圣经》为体裁的各种文学文本、图像、雕塑到"牛顿的苹果""乔布斯的苹果"，"苹果"符号审美意义随着具体历史不断生成，苹果符号借由多维度表征方式，从一个触手可及、张口可尝的具体意象，提升为一个底蕴深厚灵活多元的抽象符号，完成了从物质到文化的内涵递进，并具有超越时代、民族、阶级的普适性和开放性。作为原型，"苹果"符号所蕴含的象征意义是普遍的，能为人们无限度地理解，包含着从古代直至近代世界文明的发展——它不属于一个时代，而属于所有的世纪。

二、神圣与世俗：苹果在中国的本土化

苹果在丝绸之路上的文化旅行要经由源点、横向距离、接纳和融入四个阶段，但苹果的旅行并不是单向度、一次性的完成，一次理论旅行的结束并不意味着此后不会再继续。相反，苹果的理论旅行从宏观角度来看确实是一个无限循环的过程。❶ 它总不是"这一个"，而是永远处于"下一个"当中。同样，伴随着丝绸之路上的物质文化交往，从域外到本土，基于源点文化的沉淀，苹果又开启了新文化语境下的新一轮旅行。

苹果在汉语中有"奈""林檎""花红""蘋婆"等别称，人们普遍认为苹果是西汉张骞出使西域后经由丝绸之路传播至本土，河西地区是其重要产区。西汉文学家司马相如《上林赋》记有："枇杷橪柿，亭奈厚朴"句，❷ 其中"奈"就是我国本土种植绵苹果最早的名字。另外，西汉刘歆的《西京杂记》、晋代郭义恭《广志》、明代王象晋《群芳谱》、清代吴其濬《植物名实图考》等文献皆有记载，并互为佐证。《齐雅》、周伯琦《扈从诗后序》、熊梦祥《析津志》便记载了苹果的珍贵，谢肇淛《五杂俎》更是"上苑之苹婆"列为地方名果。

---

❶　唐佳. 萨义德"旅行理论"探析［D］. 西安：西北大学，2012：20.

❷　司马迁. 史记·司马相如列传［M］. 北京：中华书局，1975：3028.

　　当远道而来的苹果裹挟着原初的审美意义和文化内涵进入中国并与本土文化结合，其必然要经历一个碰撞再融合的过程，它们的接受史可能会发生断层——新的文化语境中的接受方式与接受习惯可能会改变甚至取代其在原初文化中的接受方式，从而衍生出独具本土特色的文化意义。不同于苹果在原初语境中所具备的神圣性和威慑性，经由丝绸之路传播的苹果，其首先和中国本土的道教进行结合，在道教修仙长生的修道思想下，苹果被蒙上了一层浓厚的神秘特色。受地域想象的影响，自汉时起，柰与神仙丹药的传说就密切相关，东晋《汉武帝内传》、王嘉《拾遗记》、南朝陶弘景《真诰》、《洞仙记》、《南越夫人传》均记录了苹果作为"仙药"的神仙故事，蕴蓄着对西域这一地域的空间想象。其后，伴随着西域与中原的深入交流，苹果借由佛教进一步实现了本土化。苹果的别名"频婆"一词本源于梵语，原指印度频婆树所结果实，也呈鲜红色。唐朝时期，僧人慧琳曾在《一切经音义》中释频婆"其果似此方林檎，极鲜明赤者"❶。同时期郑常《洽闻记》、元代陈大震《大德南海记》、佛经《采兰杂志》的释义更直接将两者等同。此后，苹果本土的名称如"柰""花红"直接被"频婆"一词代替，产生了"同名异物""同物异名"现象，苹果的本土名称换为梵语频婆，这也正显示了苹果借由外来佛教文化交流而完成名称本土化的降落过程。而无论苹果是在道教还是在佛教文化中实现赋义，苹果都并未在中国本土形成神圣性的宗教力量，其象征意更是从原语境中的神圣下降到了世俗。本质上，柰的神秘化及误读现象反映着汉民族对异域物品的审美想象和审美惊奇，也显示着汉文化对他者文化的对话现状，这一变化显示了苹果融入新的文化语境下的方式，指向其依附宗教而逐渐拥有意义的过程。

　　苹果在中国语境下的意义生成不仅要从物质交换的角度来理解，更是要探索考究其被纳入文学文本和民俗文化的审美化过程。自汉以来，大量文人雅士歌咏苹果，赋予此果丰富的文学和文化含义。首先，苹果作为物质，最先被列入文本书写的是"视觉意象"。透过解释符号及其内涵找出等值联系，诗人以等值关系赋予苹果拟人姿态，这些隐喻再配以相称的女子形象，形成物与人交

---

　　❶　释慧琳. 一切经音义//三校合刊本［M］. 徐时义，校注. 上海：上海古籍出版社，2008.

相叠合的美感——苹果因外观呈现的红艳色彩与古代女子在视觉上有直接的相似性，又因其花洁白素朴使人常联想到清新脱俗、高雅的品质，由植物素雅之美喻纯洁之人发端的文化内涵渐渐产生，因而产生了与女性同构的文学意象，也就是以苹果比喻女子清淡秀丽的容颜、清雅高洁的品质。西晋潘岳《闲居赋》、王建《故梁国公主池亭》、宋王庭珪《国材侄送林檎》、清代李渔《频婆果赋》等诗都有将奈花与女性作比，花与美人二者通过越位观摩，产生相互渗透、相互补足的美感。

其次，苹果还因其自然物质属性，被文人以性比情或以花比情，纳入文本书写之中，即"人格寄托于花格，花格依附于人格"❶。宋代刘希夷的《同前八首》、明代袁宏道《瓶史》、清屈大均《除夕咏感揽和王使君八首》、叶玉森《印度故宫词》、查慎行《永安寺蘋婆花下》便借以苹果开花结果的自然习性，表达与此情境相同或相反的感情色彩。陈与义以"妍媸都无十日事，付与梧桐一夏凉"句❷，查慎行的"黄蜂飞过短墙去，零落频婆两树花"，❸"小子幽园至，轻笼熟奈香"，❹都是以频婆花开花落起兴，进而以花为隐喻媒介促成图绘、观看与歌颂，借以抒发文人多样化的情思。除了苹果入诗入词，文人对苹果之美的直接关照，在绘画、书法上的体现也十分显著。另外，北宋蔡襄《林檎贴》、南宋林椿的《果树来禽图》都是借苹果作为借物表意的媒介，以花或实作为一种隐喻媒介进行观看与歌颂，铺陈着由花和实之物质性所散发色芳菲馨香，在味觉、视觉和嗅觉等多感官共轭的基础上，对植物苹果颜色、形状、品性等美质进行发掘。

"谐音祈福"是中华传统中最原始的精神活动，它以语音相谐为手段来表示某种吉祥的愿望。由于汉语释义多为音训和义训，而音训便与语音、语义上的联想相关联，"苹"和"平"的发音相似，苹就被引作平安的谐音联想与祝愿。因此，以苹果作赠礼暗喻了永远和平之意，它相当于"祝你平安"这一

❶　何小颜. 花与中国文化［M］. 北京：人民出版社，1999：5.
❷　雷寅威，雷日钏. 中国历代百花诗选［M］. 南宁：广西人民出版社，2008：507.
❸　查慎行. 敬业堂诗集（卷七）［M］. 上海：上海古籍出版社，1986：147.
❹　黄勇. 唐诗宋词全集·全唐诗［M］. 北京：燕山出版社，2007：709.

问候。❶ 谐音依托物象来取象比拟，"苹"和"平"在语音上建立了指代关系，并在民俗语境中逐步生成特定的含义。在中国北方，一幅画着苹果花和玉兰花的画可以理解为"预（玉）祝荣华富贵"。❷ 同样，在老北京民间订婚仪式中，男方送女方苹果寓意平安。❸ 在此，苹果符号表征着吉祥文化，其超越了它的对象物而成为一种观念深入人心，并影响着文化属性、心理特质及思维习惯的形成，成为民俗生活和社会交往中约定俗成的礼仪规约。到了现代，随着基督教的传入，苹果在圣诞节中又具备了新的象征意蕴——人本价值尺度影响下，圣诞的文化内涵逐步与中国的吉祥文化衔接，表现出较强的世俗性及泛神性，圣诞送平安果便是这一节日重要的仪式之一。所谓的平安果其实就是苹果，苹果意寓平安，送苹果寄托着人们送平安的美好期许。对比中西，圣诞节作为异质文化的传播，是在中国传统文化框架内进行的"他者"建构，宗教语境下以圣诞追求彼岸性的理念被强烈的世俗实用色彩所替代。为纪念耶稣诞生而准备的圣诞树等具宗教意义的视觉符号被替换成富含本土人文价值意蕴的吉祥礼物，并形成本土化圣诞文化。在此过程中，伴随着苹果的审美意义的增殖和脱落，苹果文化由此走下宗教神坛，进入世俗生活。吉祥文化，是对苹果文化的重新塑造，展示了中国的传统思维方式、审美心理。经由重新赋义的苹果不仅没有失去本身的特质，反而在此基础上顺利地进入节日实践，也为苹果符号的本土化奠定了基础。

总之，无论是从实用转换到审美、宗教下沉到世俗，还是从西方传播到本土，苹果的审美意义的本土化经历了脱落和增殖的过程。苹果符号具有普适性和开放性，其身上既包含西方神本主义的宗教色彩，又具有中国人本主义的内涵；既具备神圣的象征意义，又可融入中国的实用主义土壤；既是文学艺术审美观照的高雅对象，又实行着世俗文化、语言交流的述行功能。正如德勒兹所言，"文学是一种生成问题"❹，不同语境下，苹果的符号意义一直处于生成

---

❶ C. A. S. 威廉斯. 中国艺术象征词典［M］. 李宏，徐燕霞，译. 长沙：湖南科学技术出版社，2006：9.

❷ 爱伯哈德. 中国文化象征词典［M］. 陈建宪，译. 长沙：湖南文艺出版社，1990：6.

❸ 周星. 汉族民俗文化种的谐音象征［J］. 民俗学，1993（1）.

❹ John Marks. Gilles Deleuze：Vitalism and Multiplicity［M］. London：Pluto Press，1998：125.

中。苹果的传入不仅是物质本身的空间位移，更是随着文化语境变换而不断变换着文化意义的过程。从具体物质的存在到抽象符号的表征，丝绸之路苹果的传播体现了文化的融合和交流，即各民族文化都处于一种"互文"现象中。

三、交汇与熔铸：苹果审美意义的生产

（一）作为"物质"的苹果：丝路传播及审美感知的萌发

植物苹果的栽培、嫁接、传播、审美生产过程都并非在真空中进行，它总是与其关联的"多元行动者"产生互动，并随着互动而改变自身的意义。对苹果的物质性研究就是将苹果放在丝绸之路这一空间视域下，作为实存于现实生活与社会世界中的物质，理解其作为物质的生产、栽培、流动和传播的过程，以及它与诸多社会行动者之间的关系。苹果的传播过程呈现出物质性交融的特点：作为"物质"的苹果，其进化和传播是各方力量共同演练和促进的结果——一方面，苹果凭借自身作为食物的功能满足了人类的欲望；另一方面，苹果在丝路上的遗传进化也离不开其对人类的"诱惑"，战争、传教、文化交往等活动都是物资苹果传播的绝佳途径。其中，苹果种植遍布全球离不了嫁接技术的作用——生长于荒野，活跃于人们的生产生活，苹果的每颗种子都含有一种全新的遗传物质，每一代的外表和味道都不同。如果没有嫁接——一种古老的技术，将一种植物的嫩枝或芽插入另一种植物的茎或干中——世界上的每一个苹果都会有自己独特的品种。所以说，作为"杂合性"植物，人为的栽培嫁接对于苹果品种的进化起着决定性的影响。

对物质的交换过程乃至其自然生命道德考察，实际上是为了探查其在人的交往活动中起到的建构作用。从原产地中亚到中国，无论嫁接技术从何而源起，在这其中，苹果的性状改进、品种改良直接说明了嫁接技术随着丝路传播背后所显示出来的文化交流和交融。人与物之间存在一种主体间性，这种主体间性使物质性成为社会性的一个基本平台和媒介。嫁接正是这个沟通人与物质的桥梁。一方面，正是嫁接改变了苹果的物质性，使苹果以其大而圆、甜而红的外观出现在人类生活当中，并纳入人类审美。另一方面，物在服务于人们、被人们改造的同时，它也在改造着我们对于美的感知，改造着我们对于"甜"

这一味觉的经验。正是在这个意义上，物与人相互牵绊，构成了共同的审美共通感和文化记忆。

苹果及其符号的传播是多种社会力量、多元文化对话协商的结果，植物的自然土壤和文化土壤共同培育、滋养了植物的艺术表征，物质性是审美观念生成的基础。从苹果的故乡——中亚地区的哈萨克斯坦到欧洲的地中海沿岸，再到新大陆美洲，从汉代西域的神秘之地到中原地区的吟咏歌颂，苹果跨越了三洲四海，处于不断"旅行"之中，在空间范围和社会历史这两方面都是如此。"史书只是提供历史框架和重大事件，在漫长的岁月里，填充其间的场景与细节绝非尽是豪迈与辉煌，而是充满了征途的坎坷与先贤志士的血汗。"❶ 一方面，植物传播过程中，商旅活动、战争、传教、移民浪潮等作为行动元，与苹果的传播和审美意义的生成紧密地缠绕在一起，他们的行为和经历无疑构成了苹果传播中的"文化记忆"，也构成了苹果文化和丝路文化的"生命曲线"和"文化载体"。另一方面，物并不是毫无生命、毫无欲求、任人主宰的，它们已经深深地编织进了我们的日常生活，以至于在任何一种形式中我们都能找到它相应的位置。作为植物的苹果，其具有作物传播和遗传的欲望：将种子包裹在厚实的、甜蜜的果肉里，苹果创造性地找到了一种合适的方式来开启哺乳动物喜好甘甜的牙齿。同样，作为遗传进化的防范，苹果也采取了一定的措施来保护它们的种子——含有氰化物的苦感和坚硬，难以下咽。在这种甘甜的力量和苦涩的保护下，苹果既满足了人类的欲望，也借其力量实现了植物在丝路上的传播。在这样一种植物苹果传播与人类密切相关、苹果和人类共同进化的情况中，苹果与人相互作用，满足各自的欲望以构成交换的好处：人类就此品尝到了新的食物，苹果的基因得以顺利传递。在此，双方处于一种共同进化的关系中，主体和客体没有绝对的区分，人与物位于"亲密的互动关系"之中。

除去植物与人的"相互利用""共同进化"的关系，物在人的活动下也被带到了社会关系网中。由此，物也可以看作衔接社会与社会个体的重要纽带。"物存在于关系的网络中，这些关系界定、调和并规制着物，而这些物和人类

---

❶ 王蓬. 从长安到罗马 [M]. 西安：太白文艺出版社，2011：256.

主体又反过来'以此行事',在社会关系体系中赋予物以目的和意义。"❶ 每一个颜色红润、形状浑圆、受人喜爱的苹果,在其内部都拥有关于我们对于美的一些观念。花朵和果实是植物演化出来的进化策略,其不仅给这个世界提供了饱腹的实用性,也展示了美的观念。同样,如果没有物质性作为苹果审美萌发的基础,我们永远也不可能培育出与之相关的物性思维和情感。苹果审美文化的萌发机制正是基于其物质性的基础上,经由多感官的"通感"进而获得审美感知,实现心物相应、物我相契之感,从而完成审美赋义的过程。

总之,透过物质性的进路研究苹果,这意味着将苹果看作处于"关系"中的物质,以及将苹果置于人与物、人与人、物与物的相互作用中。由对苹果物质性的探究可见,苹果在植物学、考古学及主流文化视域中被界定为有生命但无能动性的植物,其实却是"活力之物"。在此,笔者重新界定了苹果物质性的问题:苹果本身就是物质,具有自然生命,其自然生命依靠人为的栽培、嫁接和传播的作用。同时,物质也并非一个一成不变的本质化实体,苹果还具有社会生命,是能动的"行动者",在社会中实现审美意义的生成、传播以及体制化,与不同的行动者产生联结,并参与社会事实的建构——丰富了人们对于物质的审美感知以及文化表征。另外,在物质审美文化机制的阐发下,作为物质的苹果也参与了历史文化、社会记忆的构建。

(二) 作为 "符号" 的苹果: 文化旅行中的多重解释项

苹果作为植物,在物质传播的过程中也被人类纳入文化领域。苹果文化将人类欲望的自然史与植物生长的社会史进行有机结合,完成了其自然生命和社会生命的结合。可以说,苹果在进入人类社会生活之后,它的传播就具有了符号意义。之所以这么说,是因为物除了自然性外,还具有重要的文化意义,意义只能由符号来表达,符号的功能就是表达意义。那些"自然的"东西,在本质上、深层次上必将是"历史的"。苹果从具体的物种融入社

---

❶ 伊恩·伍德沃德. 理解物质文化 [M]. 张进, 张同德, 译. 兰州: 甘肃教育出版社, 2018: 18.

会，发展为苹果文化，就产生了更为广泛的物联想意义，指向它本身以外的事物。

作为符号学先驱的索绪尔，从语言学的角度提出了言语/语言、能指/所指、共时/历时、组合/聚合这四大对立项。皮尔斯在索绪尔的基础上提出了三分构造说，即符号是由再现体、对象、解释项组成。在皮尔斯看来，一个符号只有能被解释成符号才能成为符号，也就是每个符号都必须能够表达一个解释项。❶ 有关符号意义的问题，只有通过符号解释项的研究才能解决。在苹果的跨文化传播过程中，解释项决定着苹果符号各种新意义的衍生。皮尔斯将解释项进一步分为三项，分别是直接解释项、动态解释项（动力解释项）和最终解释项（共同解释项），即过程、产物以及效力。其中，直接解释项称为"符号的意义"，可以理解为解释者以何种方式去解释符号；动态解释项是指符号解释后造成的实际施行效力，它指向符号被理解和接受的结果；最终解释项可以理解为一种解释习惯、翻译规则，是不同语境下构成符号解释行为者得以交流和理解的规则。

首先，苹果文化在原产地的传播是由宗教符号、文化符号和艺术符号等多种子符号共同构成的符号系统。在原始宗教语境中，中亚地区的先民受自然崇拜的影响，赋予苹果"生殖繁衍""生命力""族源""祛病驱邪""长生不老"的象征意义。由于当时人们认为生育及性行为与苹果有关，且苹果果实鲜红光亮，呈完美圆润的球形，与女性红润娇美的容颜十分相似。故在早期的文学书写中，苹果与女性建立了联系并进行互比，苹果逐渐融入人文生活中，成为比喻女性的绝佳喻体。另外，根据神话学家罗兰·巴特的三级符号系统——"语言—客体""含蓄意指""作为新的能指与所指构成的意指关系"，苹果符号的直接解释项的生成同样遵循这一规则。在苹果原产地的传播中，苹果文化首先得到言说，在各种类型的活动中生成了新的含蓄意指，并与新的对象关联，进而创造了宗教、文化语境下苹果多样化的表征意义。苹果文化建立以后，苹果的文化生命也仍处于生成和更新中，并随着其传播过程而处于不断

---

❶ 查尔斯·桑德斯·皮尔斯. 皮尔斯：论符号 [M]. 赵星植，译. 成都：四川大学出版社，2014：165.

编码中。当腓尼基人进入伊朗高原，接触到中亚文明之时，腓尼基人便对中亚的苹果产生了兴趣。由此，苹果迅速融入了希腊神话和仪式竞技当中，经由意义的再阐发而在当地再度神圣化，进而成为爱情、长生不老、智慧和荣耀的象征。在基督教统治的欧洲地区，苹果因由宗教故事的缘故而表征着罪恶的含义，成为典型的宗教崇拜符号象征。

其次，苹果文化在中亚地区形成之后，又随着战争、商旅和文化交流而不断向外输出。"所有符号都是先前符号的结果，受连续论或连贯性的原则所支配。"● 在苹果符号意义的增衍过程中，符号解释项本质上处于一个持续不断的连续生成过程中。在新的文化语境下，苹果符号形成新的解释项，被赋予新的符号意义。一方面，从苹果文化所生成的解释项来看：在希腊地区，苹果是丰收、富饶的象征，又表征着爱情与美丽，在竞技活动中又成为荣誉和胜利的代表。随着基督教地位的不断提升，苹果又带上了"原罪"和"邪恶"的象征色彩，而在现代消费文化语境下，苹果变成了抽象的表征符号，成为创意文化和现代科技的代表。在此，苹果符号作为原型得到了多维度的表征实践，并不断地生成新的解释项。另一方面，从苹果文化的发展过程来看：苹果在中亚象征着生殖崇拜和女性的解释项启发了它在古希腊神话中作为爱情和美丽的解释项；宗教文本中邪恶和原罪的象征又启示着文学书写、语言施行中苹果作为"坏"的解释项；而中国语境下苹果与吉祥相连，与女性同构的解释项回顾和参照了苹果在西方语境中作为爱情、美丽的解释项；苹果宗教意义的脱落和重新生成又是对西方语境下神圣符号意义的重新表述。总之，苹果文化处于一种无限衍义的过程中，在前后启发、相互参照中实现了意义的演变。

最后，苹果从西方传入中国后，中国不仅接受了苹果原初语境下的符号意义，而且结合自身的文化语境，赋予苹果全新的符号意义。因此，苹果文化的传播过程，实际上就是文化交往的过程，也是直接解释项与动态解释项在交流中"焊接""熔合"，相互作用下生成"共同解释项"的过程。共同解释项是对持有共同符码的一个确定，它包含符号发送者与解释者存在于脑海中、可被

● 查尔斯·桑德斯·皮尔斯. 皮尔斯：论符号 [M]. 赵星植，译. 成都：四川大学出版社，2014：49.

充分理解以及传递的东西，从而使发出的符号可以被理解、实施实际效力，最终形成"互文"的状态。也就是说，发送者传递的符号必须与解释者拥有共有之感知才能促成交流的发生，其要求一种群体感觉性。一方面，作为符号的苹果，可以看作同一语境下衔接社会经济结构与社会个体的重要纽带。苹果符号作为共同解释项参与社会表征或社会象征的建构中，人们共享这一符码以实现自身的认同以及文化记忆的维系。物表征社会，为社会所认可。❶ 无论是神话与竞技仪式下的苹果，还是基督教语境下的苹果象征，其都是通过圣化了的行动—仪式—调节和规定人们思想、意志和行为，人们在其中构建着自我在信仰体系中的位置。另一方面，苹果符号在传播过程中所生成的共同解释项也构成了不同文化语境下传送者和接收者创造共同感觉性和理解力的基础。苹果的共同解释项组成了一种常识、一个言述宇宙或一种共同基础，人们通过共同解释项领会言述并相互联系。苹果品牌为大家所使用、苹果原型为各民族所理解，同样，含有浓厚宗教意义的苹果符号在进入中国后又经历了接受、改造和本土化的过程，这些都是符号传播、共同建构意义的反映方式。

苹果原本只是普通的植物，由于在与人的互动中被赋予审美意义，并衍生出许多新的解释项，意义处于一种连续翻译的过程中。一方面，现有符号的意义是基于先前符号再生成的结果，每个现有符号意义的产生都指向前一个符号的历史和传统。另一方面，符号还具有与他人相连的一种倾向，也是个体归属于群体、群体之间实现交流对话的基础。总之，苹果文化总是处于这样一种三元关系中，其意义必定是可形塑流动的、可变通延展的。

（三）作为"事件"的苹果：关系主义的多维度视角

如前所述，物的意义永远不是固定不变的，它总是在变动不居的存在和生成中。❷ 苹果的丝路旅行不是既定的历史事实，也不成为对于意义的固定。流动的事件性使其超出物质媒介的范畴，其具有多维度表征的流动性，基于苹果物质性所衍生出来的与之相关的文学文本、绘画、音乐等形式，苹果的丝路旅

---

❶ 伊恩·伍德沃德. 理解物质文化［M］. 张进，张同德，译. 兰州：甘肃教育出版社，2018：31.

❷ 伊恩·伍德沃德. 理解物质文化［M］. 张进，张同德，译. 兰州：甘肃教育出版社，2018：123.

行就成为一个生成性的"事件"。正如萨义德在"旅行理论"中提出的，文化的本质是在流通中生成的，也是由流通得到维系的，各种观念和理论在人与人、人与物、物与物，以及各类文化语境、时代背景之间旅行。作为"事件"的苹果关联着周围的事物，是人与物、物与文化、时代与时代之间的互动，其本身就是历史的一部分，关联着丝绸之路以及"史前史"，并具有面向未来的指导意义。

首先，从植物苹果的丝路传播来看：苹果的传播本身就是事件。"在其中，意义的视域得以敞开，我们对世界的感知以及和它的关系也由此确定下来"❶，将苹果的传播视作"事件"启示着我们关注以往被视为"物的世界像"的旧唯物主义观念，其将对象性实践与意义生成的统一性割裂，属于实体主义的物象观。在广松涉看来，"凡是被认定为'实体'的物，实际上都不过是关系规定的'纽结'"。❷ 一方面，物质传播过程中所存在的物质交往实践应该是"集主体—客体、主体与主体双重关系于一身的物质活动"❸。因此，苹果的丝路传播绝不只是单一主体造就的，而是由多元行动者共同造就的结果。苹果的传播，战争、移民、商旅文人、宗教等都成为促生苹果文化的行动中的多元行动者，并随着文化语境的不断变换而构建了苹果物质性基础以外的多元表征意义。同时，苹果的传入也影响了不同地区的文化形式，苹果符号进入社会关系网络成为人们表征物质、以言行事的工具。作为事件的基本属性之一——流动性，物随着人的流动而处于不断"流动"之中，携带着人们的感知、情感等审美因素，并在不同的文化语境中使审美意义处于不断增殖和脱落中，从而实现审美文化的熔铸共生。从域外到域内，苹果符号经历着不断生成、增殖和脱落，并表征着不同语境的审美文化和价值意义。另一方面，人与物的"双向建构"和"双向整合"关系下，作为主体的人，无论是主体身份还是生存所在的社会关系，都是在交往过程中建构出来的。将人、物和事件进

---

❶ 斯拉沃热·齐泽克. 事件 [M]. 王师，译. 上海：上海文艺出版社，2016：5-6.
❷ 广松涉. 事的世界观的前哨 [M]. 赵仲明，译. 南京：南京大学出版社，2003：15.
❸ 任平. 广松涉"事的世界观"与交往实践的唯物主义 [J]. 河北学刊，2007（5）.

行联系的系统因此也与一种集体意识联系在一起——通过社会认可而获得意义。● 在不同语境下，无论苹果是作为"罪恶"的象征，还是作为消费主义的象征，抑或作为中国吉祥文化的符号，都具备了事件的属性，其能动地与周围事物产生互动，给人思索周围世界、思索他人、思索内心之物的空间，并给出了引导社会行动的纲要模式。苹果的符号形式存在于社会表达之中，并通过集体表征系统得以实现，而个人也正是通过生产具有集体象征符号的方式来融入世界、确定自我。

其次，受"物的世界观"的影响，外在的时空条件并不是物质意义生产的唯一，主观赋义的内部维度同样值得重视。物质是处于动态流动当中的，成为一种可以建构语境的"事件"，这也必然导致我们对"事件与语境"和"文本意义"的重新思考。事件在本质上就是话语中产生的意义（sense），而话语一般以文本的形式呈现，或者也可以说，事件存在于文本之中。实际上，文本在阅读中可以不断生成新的意义，本身就可以看作未完成的事件。在中亚作为自然崇拜象征物存在的苹果，进入古希腊地区以后，其符号意义得到了接受和吸收。这种情况甚至出现在中国早期西域的民间故事中。并且，随着宗教的外扩，苹果的宗教意义已经被世界人民所广泛接受；虽然其经历了不同地区的再语境化生成，但是苹果在丝绸之路的传播过程中无一例外地都以融入当地文化系统为最初步骤，伴随着异质文化进行符号的迁移、变通、改造和融合。从更深层次来看，文本本身就存在一种"互文性"。因此，基于事件性概念，针对作为原型的苹果所具有的"互文性"的解读和探究正是我们理解和发现丝路审美文化融通性和交往性的方式，也是将丝路审美文化的生成和史前史相联系的重要手段。

最后，事件不仅同时将过去、现在和未来衔接起来，而且具备了意义生成的建构性。从事件论出发，苹果的丝路旅行自始至终都是一个动态的、变化的过程，不能被局限于"人工制品"的范畴，具有"活"的性质，其中所形成的习俗节日、文化遗产、口传文学等活态文化更是为"事件"增添了另一种

● 伊恩·伍德沃德. 理解物质文化［M］. 张进，张同德，译. 兰州：甘肃教育出版社，2018：107.

表述方式。从时间上来看，苹果文化处于不断融通和生成中，既包含已经生成的文化——"活过的文化"，又包含正处于生成中的文化——"活着的文化"。"活着的文化"中可见"活过的文化"痕迹，"活过的文化"在"活着的文化"中赓续，苹果原型符号的使用和传递，显示出历时性的向度。同时，正在生成的苹果文化也包含同一时期、不同民族间不同文化的融合交汇，因而又具有共时性的层面。从空间的维度而言，苹果的传播跨越了国家和地域，经历着传入—协商—改造—本土化的过程，表征着不同语境下人们的文化观念和物质想象，承载着共同的文化记忆，是"地方性知识"和全球文化对话协商生成的新型知识范式。

综上所述，苹果在丝路上的旅行这一"事件"，其具有跨文化、跨区域和跨语境的特点，关涉着多元行动者，衍生的现象和成果丰富。就苹果的物质传播过程来说，其关联着物与人、主体与客体的关系，它是一种"双向建构"和"双向整合"的过程。就苹果符号的文本生成来看，苹果被注入动态的视角，具有主观赋义的内部维度，成为一种具备建构力量的"事件"，具有互文性。同时，文本又具有衔接过去和未来的作用，其将丝路的史前史和正在发生的历史进行串联，揭开了那些一直被丝路文化研究所忽视的、非主流化的角度——那些未被文字准确记载，却在苹果的丝路旅行过程中占据重要地位的活态文化，如民俗节日、口传民间文学、图像雕塑等。因此，苹果文化作为事件凸显了时间和空间、过去和未来，甚至是共时和历时、地方的和世界的向度，展现了"跨文化互通"这一基本属性，为丝绸之路的当代阐释寻得了一种有效的话语。

四、苹果的丝路旅行与丝路审美共同体

丝绸之路是古代世界上最大的商业网络，它把欧亚大陆的边缘连接到中亚的贸易中心，并间接连接东亚和西南亚的帝国中心。丝绸之路物质流动的历史，就是史前历史凝固的缩影，人类历史上留下了大量的"丝路遗产"，诸如"丝绸之路""唐蕃古道""茶马古道"等，在文明文化的交流中，丝路研究者更多地将研究重心放在经济、政治、思想、文化等交流上，但事实上，在丝绸之路的物质交流和传播中，物的交流尤其是植物对农耕时代的民族或国家而言

才是更基本的。政治思想文化艺术的交流和传播往往是物质传播交流的衍生物，其中植物的交流必定是最重要的物流之一，并在文明中形成各种以植物为中心的"原型"和"母题"。因此，丝绸之路也是植物之路，通过在全球分布动植物，人类塑造了全球美食和农业实践。在这一过程中，最引人入胜、讨论最少的事件之一发生在丝绸之路。❶ 植物的丝路传播有着不同于其他物质的独特性，研究丝路上诸种植物的交换与传播或许可以为探究丝路审美文化互通与熔铸寻找一个新的视角。

植物在丝路上穿行，人与植物共同进化。通过人的生产生活，植物得到传播并进一步驯化为优良的品种，完成了"植物的欲望"。同时，食物并不纯粹是被动选择的结果，植物也参与了人类的社会生活，拓展了人们对于植物认知的概念以及完成食物对于味觉的改造。人类与植物处于"共生关系"中，植物成了丝路沿线各族人民生活的必需物、历史的参照物和见证物，通过探究植物的旅行及意义生成过程足以洞察丝路史前史和现代史的发展。我们当下所言的丝绸之路多指西汉时期张骞所开辟的贸易之路，而苹果在丝绸之路创生之前便已开始了其进化与传播的旅程，其物质意义上的传播便共同指向了丝路史前史和历史的维度。通过植物发现丝绸之路，丝绸之路远比我们想象的更久远，内涵更丰富，那种原本产自中亚谷底的苹果，却串联着古今中外、时间与空间、纵向与横向、个体与社会，在开放跨越的边缘生成发展"这一个"。

正如前所述，丝绸之路本质上就包含了这样一种现象——具备差异化的多元文化在这一地理空间下进行传播、冲突、对话乃至融合，而文化间性更是寻求苹果传播这一典型"事件"下丝路跨文化审美互通问题的更新的思维方式。基于此，苹果在丝绸之路上所生成的文化传播，其不是静态的、孤立的文化本身，而是不同的文化互相"进入"彼此而出现的不同文化的间性关联过程。从实际效果来看，苹果文化作为丝路文化的一个典型，是在不同文化交互作用为基础生产出的动态性文化，文化间性在其中发挥基础性的作用，其影响是共时性和历时性的。

---

❶ Robert N. Spengler III. Fruit from the Sands: the Silk Road Origins of the Foods We Eat [M]. California: University of California Press, 2019: 25.

从共时层面来看，丝绸之路沿线的多元文化之间存在主体间性，个体文化和他者文化在丝路这一审美空间下共存。一方面，不同文化始终处于相互作用的动态过程中，从苹果的原产地文化到其后在"旅行"过程中所生成的多重意义的表征，其不是一个纯粹时间先后的历时过程，而是不同文化间横向融合，空间上交会、错位对话的结果。从苹果符号在中西方语境下的演变来看，被视为西方文化典型象征的符号，到了中国却显得并没有那么典型；在中国被赋予吉祥、喜庆的意义，到了西方却被挂上了负面的含义。在此过程中，苹果符号更多的是与当地文化系统融合，根据其独特的审美思维习惯进而改造。同时，多种文化的交流总在他者的存在中观照自我，生产主体在面对差异时选择改造和融合，表现出不同文化的"杂语"现象。

从历时层面来看，文化间性表现为不同文化在时间维度上的流动和传播，以及不同历史时期文化交往的主体间性，不同时代历史环境和社会发展都会影响文化的特征。首先，苹果文化既是原始崇拜文化下影响的结果，又杂糅着宗教、文化、历史等因素，在特定语境下具有独特的属性，还在不断的传播中生出不同的符号类型，具有文化交融的特点。其次，即使是同源文化也会因其出现的时代、对文化传统的认可程度以及接受方式的不同而有所不同，苹果符号当下意义的凸显必然吸纳了"在这之前"文本符号的内涵，又为未来的文化意蕴提供指导方向，其具有同源文化发展脉络中的延续继承性，发挥着弗莱所言原型的作用。同时，此刻所生成的意义包含着对"在这之前"文化的背叛和冲突，苹果不属于任何一个单独的时代，是一个在所有的世纪都具有相当丰富意义的符号，当代苹果文化包含着各种文化对应关系的历史演替，这就需要我们秉持着"向后站"视角进行研究。

多样化的表征决定着多样态的文化记忆和情感倾向，因此，丝绸之路中苹果形象及意蕴具有"混合物"的特点。审美文化作为人类审美互动中物化产品、观念体系和行为方式的总和，一方面，以个体情感和审美观念为基础，以文学艺术等具有审美特性和艺术价值的产品作为载体，表达着不同语境和文化传统中个体的精神需求及审美趣味，具有审美融通的差异性。另一方面，在丝绸之路这个审美文化资源高度集中、审美交流密集频繁、审美衍生再生产品丰富多样的文化地理空间中，苹果文化凝聚着独特的资源优势、宝贵的交流经验和丰富多彩的互联互通成果。❶ 个体（不同历史传统下的国家、地区、民族乃至个人等主体）的情感经验和文化记忆推入整个丝路审美文化体系当中，在有机联系、贯通古今、消除内外的交流融通过程中，其差异性和对立性得到抹淡甚至改造，交互性、融合性的特点被凸显。可以说，审美文化既是各民族文化"歧异感"的共存，又融合了集体共同的文化寄托，呈现出融通互铸的特点。

谈论过去的丝绸之路有助于提供一种将民族和文化联系在一起的共同叙事，有助于建立一个共同的叙述，谈论共同的利益、共同的过去和共同的未来。❷ 跨文化互通准则下，苹果符号作为一种"历史流传物"，其始终处于一种动态、开放的发展之中，在历时性和共时性的向度中显示文化间性的基础存在。尽管是观念化的产物，它却不存在于某个人的头脑中；尽管是非物质的，它却不是一个超自然的实体。❸ 经由对苹果作"物的传记"探究旅行过程中符号的阐释，将人们的日常生活与"丝绸之路"联系起来，突出其在人类社会中发挥的价值意义与情感意义。借助苹果文化记忆的动态书写，唤醒丝绸之路这一共有空间下人们共同的历史传统与文化共识，实现过去与现在的双向对话。采取跨文化话语路径，以互相尊重、相互协商的方式在中西之间进行交流，推动文化认同的动态话语建构，苹果因此具有了维系"审美共通感"的潜能。本质上，苹果跨文化审美意义的生成和交汇实际上都反映了一种追求美好生活、寄寓积极希望的心埋，深刻体现着沿线人民的审美共通和文化认同，是现代丝路审美共同体建设的延伸。在此认识基础上，笔者将对已讨论过的内容进行"深描"，以"美学"和"文化"的角度切入丝路审美文化研究，为中西方文化的交流熔铸探索新路径，从这一文化阐释视角切入，苹果的丝路旅行研究就为丝路审美共同体研究的当代阐释寻得了一种有效话语，从而为丝路文化研究和现代审美共同体的建设提供研究范式。

---

❶ 张进. 论丝路审美文化的属性特征及其范式论意义 [J]. 思想战线，2019 (4)：140-147.

❷ Peter Frankopan. The New Silk Roads：The Present And Future of the World [M]. Bloomsbury Publishing，2018：38.

❸ 格尔茨. 文化的解释 [M]. 韩莉，译. 南京：译林出版社，1999：1.

第十一章　茉莉与丝路审美共同体

　　植物茉莉是丝路物质文化交流的见证。在进入中国的过程中，茉莉的文化意义自宗教走向世俗，自物质性转向诗性，其在中华文化域的命名于人与物的交流中最终定型。茉莉经历了物质层面的交换与文化层面的旅行，在宗教、伦理、美学的建构中积极参与文化意义生成，于文艺作品中表现为对植物本身的直接观照、与高尚品德的比肩及与女子形象的同构，最终成长为中国典型的传统文化符号。剖析丝路茉莉文化的生成与发展历程，对物质文化与当下现状的结合与创新具有一定借鉴意义。

　　丝绸之路作为欧亚大陆文化交流的大动脉，物质与非物质的交流长期共存，对中国的生产生活有着重要深远的影响。原产自西域的植物，如葡萄、苹果、金桃等自丝路入华，成为中原人民日常生活的重要组成部分。在与人交互的过程中，部分域外植物以其物质性（materiality）对世俗生活产生了深远影响，超越其实用功能，进入审美领域，成为具有民族特色的文化符号，譬如自域外而生的茉莉。作为文化符号的茉莉在中华文化中有着独当一面的代表性，但茉莉文化的研究中大多论述站在了中华文化语境中，静态探讨"已完成"的茉莉文化，不同空间中茉莉文化历时性的"动态"流变过程却被忽略。茉莉在其生产、输出地已有诗性建构，这令植物的丝路旅行不再是单纯的物质传播及位移，更具深层次文化意蕴：一方面，其美感在物质的交换过程中被感知；另一方面，作为在丝路空间活跃的物质文化，茉莉于中国的诗性建构势必与域外文化有所交集，有着生发、融合与汇通，从而获得新的文化意义。本章试图从物的传记视角出发，对沿丝路入华的茉莉进行探讨，将原本遮蔽了的文化生发过程与社会生命历程展开，探讨茉莉在中国的植物本土化与物质精神化的过程。

一、茉莉入华：植物茉莉的东传

提及"物质交换"时，我们常常将目光锁定在物本身。但随着研究的不断深入，物与人的纠缠所形成的亲密关系而指向的"物质文化"逐渐引起学者注意。有学者认为，物质文化研究最先是在考古学和人类学领域发展成熟的。此处的物质文化一方面指向非西方古老文明的文物，另一方面指存在于非西方的当代部落生活中的物品——这些物品不是日常的、功用的，而是"文化的"❶。更有学者从人类学视角出发指出，物品可以是负荷道德和情感内容的礼品，更可以被人类内在的因素如记忆、情感等进一步加深和决定其含义。❷ 可见，物质本身参与了意义的产生，以某种方式回应着解读者。故在考察茉莉的审美意义之前，有必要考察植物茉莉传入中国的过程。其中，植物茉莉传入中国的时间率先受到学者探讨。在这一点上，学界大体持两种看法：一种看法认为，茉莉早在晋前便已进入中国；而另一种看法则认为，茉莉在五代梁时才传入中国。这两种说法均有学者进行论证。

部分学者认为，茉莉早在晋前便在中国有所栽培，根据的是晋代《南方草木状》："耶悉茗花，末利花，皆胡人自西国移植于南海。南人怜其芳香，竞植之。陆贾《南越行纪》曰：南越之境，五谷无味，百花不香，此二花特芳香者，缘自胡国移至，不随水土而变。与夫橘北为枳异矣。彼之女子，以彩丝穿花心，以为首饰。"❸ 作为迄今为止记载茉莉引入最早的文献，《南方草木状》描写了茉莉在我国南方大范围种植的盛况，并引陆贾的文字描述了当地妇女佩戴茉莉的习惯，可见茉莉的栽培应早于成书时间，即至晚应在汉初。

但唐代成书的《北户录》指甲花条有着截然不同的记载："耶悉弭花，白末利花，皆波斯移植中夏，如毗尸沙金钱花也，本出外国，大同二年始来中

---

❶ 孟悦，罗钢. 物质文化读本 [M]. 北京：北京大学出版社，2008：6.

❷ 马塞尔·莫斯. 礼物：古式社会中交换的形式与理由 [M]. 汲喆，译. 上海：上海人民出版社，2002：3-30.

❸ 嵇含. 南方草木状 [M]. 北京：中华书局，1985：21.

土。今番禺士女，多以彩缕贯花卖之。愚详末利乃五印度华名，佛书多载之。"❶ 同时，成书早于《北户录》的《酉阳杂俎》中，毗尸沙花条所记载的传入时间亦同于《北户录》，这使得茉莉传入中国的时间引起了争议。部分学者认为，《南方草木状》被多次修订，其中引用的《南越行纪》一书也早已失传，且自晋《南方草木状》至唐《北户录》成书的百余年间，有关茉莉的史料文献却为空白，故晋代是否存有茉莉，成为近古学者探讨茉莉入华时间的关键点。明代《丹铅总录》有言："《晋书》都人簪奈花，云为织女戴孝是也。则此花入中国久矣。"❷ 清代《清稗类钞·植物类》亦有云："茉莉为常绿灌木……北土曰奈。《晋书》：'都人簪奈花'。"❸ 在后世学者的论证中，似乎晋代茉莉的存在因《晋书》的记载而毋庸置疑。但《晋书》仅言"望之如素奈"❹，并未说此种白花就是素奈。故部分学者尝试从《北户录》记载中突破——他们认为，《北户录》上有关茉莉及耶悉茗的记载或可有另一种解读，即"耶悉茗、末利两花来自外国，有如大同二年移来中土的两种金钱花一样。并无指耶悉茗、末利亦系大同二年始来中土之意"❺；且《酉阳杂俎》也明确把"野悉蜜"单独列出，与毗尸沙花条等条目有明确区别。经由多渠道的考证，"梁代传入说"因缺乏证据逐渐式微，"晋前传入说"逐渐成为主流。

从前人研究成果可见，先前的学者往往从古籍史料出发，对茉莉传播进行点到点、面连面的抽象地理路线研究，忽视了茉莉传播过程中对丝路空间的影响。但物种迁徙势必与人类活动有所交互，人们的社会活动对茉莉进行意义建构的过程中，茉莉也会塑造人们的实践，进而形成"活态文化"——"指的是人们在特定时空内的日复一日的生活之中经历和体验到的文化"❻，是一种身体实践。如张星烺在《中西交通史料汇编》中考察茉莉传播时，依据多种史料，从语言学角度展现了茉莉作为物种传播时对传入地的影响：

---

❶ 段公路．北户录［M］．上海：商务印书馆，1936：49.
❷ 杨慎，撰，王大亨，笺证．丹铅总录笺证（上）［M］．杭州：浙江古籍出版社，2013：153.
❸ 汉语大字典编辑委员会．汉语大字典［M］．缩印本．成都：四川辞书出版社，1993：494.
❹ 房玄龄，等．晋书［M］．北京：中华书局，1996：274.
❺ 靳士英．《南方草木状》释析［M］．北京：学苑出版社，2017：26.
❻ 约翰·斯道雷．文化理论与大众文化导论［M］．常江，译．北京：北京大学出版社，2010：46.

耶悉茗为排勒维文 Yasmin 之译音，阿拉伯文亦同排勒维文。《南方草木状》为嵇含所著。含，晋惠帝时人也。耶悉茗之名，已于是时输入中国南方，可知当时海上交通之繁。印度人称此花为 mallika。中国文茉莉二字，即其译音。据西人考证，梵语茉莉亦于西晋时传至欧洲。今代英文称此花为 Jasmine，实亦源于排勒维文。非洲东海岸各地，如马达甲斯加岛土人称曰 dzasimini 者，实亦排勒维文，由阿拉伯人传至者也。❶

可见，中西间海陆交流远早于官方的建交和贸易往来，尽管交流细节无从知晓，但物质交流对当地生产生活的影响能从各地的文化及语言的习性上捕捉。在世界各地并未产生大联通的古代，丝路交通随之而来的帝国扩张、使节往返、僧侣传教促进了植物传播和植物知识的扩展。因而考察茉莉的传入时间时，有必要注意推动物质传播的各方力量。茉莉在域外原生语境复杂多样，自宗教携来的"神性"早已附着之上，这使得传入中国的茉莉是物质，更是裹挟着原初语境中文化意蕴和宗教作用的物质文化。在中国语境中，人们对茉莉的认知及文化定位随着时间的流逝变化纷繁，其审美意义也是在广泛的传播和种植中与中华文化熔铸，生成"被创造的传统"，成为带有中华色彩的茉莉。而这从其在中华大地上繁多的命名便可一窥。可以说，茉莉的命名史，正是其在中华文化中的社会生命史。

二、物质交换中的审美建构

作为中国文化语境中从"无"到"有"的存在，植物茉莉亟须名称进行指代。赋予物种意义是物种与人关系不断深化的体现，而这使人力传播成为可能。作为东西方沟通交流的通道，丝绸之路对周边所有国家地区开放，这令丝路之上的物质传播通常是往复式、多向度、不间断的流通与互动，茉莉文化也是在这一过程中有了脱落与增殖。不同于域外浓厚的宗教氛围，中华文化中的茉莉书写更多地围绕"人"展开。实际上，以"人"为本自古以来是中国宇

❶　张星烺. 中西交通史料汇编：第三卷 [M]. 北京：华文出版社，2018：881.

宙观的核心：依照《礼记》，天、地、人须各居其所，并行不悖，伦理纲常萌芽其中。这使得植物意象进入信仰时，不同于域外"以花草树木代言神灵"的传统，花草树木喻人倾向愈发明显，即"汉语民族把花草树木与性别相联系，而英语民族则把花草树木与神相联系"❶——自不同文化域出发，茉莉背后背负的是不同民族的思想与文化。因而进入中国文化圈时，茉莉名称的博弈是文化的交锋，更是茉莉在全新的文化域中找寻文化位、生成审美含义的过程。

尽管在宏观层面的域外文化中，茉莉与"神性"紧密相连，但落实到具体宗教，茉莉的象征必然会被加以限定。因此，尽管"茉莉"一词现今已获得广泛认同与使用，但其刚刚传入中国时，因为传播路径及传播者文化背景的不同仍有细分。劳费尔在《中国伊朗编》中从语源出发，对茉莉在中国的名称分类进行了介绍：

1. 耶悉茗 ya-sit（sid）-min＝帕拉菲语的 yāsmīn，新波斯语 yāsamīn，yāsmīn，yāsamūn，阿拉伯语 yasmin 或野悉蜜 ya-sit-mit（见于《酉阳杂俎》）＝中古波斯语 yāsmīr（？）。从语言学的证据看来，《酉阳杂俎》和李时珍既然都说这植物的原产地为波斯，我们似乎应该承认它是由波斯传到中国的。

2. 末利或茉莉，mwat（mwal）-li＝malli，梵语 mallikā（Jasminum sambac）的译音，西藏语 mal-li-ka，暹罗语 ma-li，吉蔑语 māly 或 mlih，占语 molih。马来语 melati 是来自梵语的 mālati，指素馨（Jasminum grandiflorum）。

3. 散沫，san-mwat（福建方音 mwak）……显然符合于阿拉伯字 zanbaq（茉莉），植物学名称 sambac 就是从这个阿拉伯字来的。

4. 蔓华，见于佛经里，显然是梵语 sumanā Jasminum grandiflorum 的缩写，sumanā 采用到波斯语成为 suman 或 saman。❷

---

❶ 崔爱勇. 英汉语言中的植物文化特点［J］. 内蒙古农业大学学报（社会科学版），2003（2）.
❷ 劳费尔. 中国伊朗编［M］. 林筠因，译. 北京：商务印书馆，2001：168-169.

茉莉入华时的文化及传播路径的多元性可从多样化的名称一窥。有关茉莉来华路线多方早已有所考证，但学界至今尚未达成一致结论。冷蔺莎结合学界相关研究，将"大秦传入说""波斯传入说"及"越南传入说"等主流学说单独列出并探讨。他赞同劳费尔的观点，认为"大秦传入说"不可靠，同时根据植物学考定的茉莉产地及多方资料查证，提出了"印度传入说"并论证。❶冷蔺莎的研究对劳费尔所列出的异名有所佐证，也为中土茉莉文化的研究打下了坚实基础。

在翻阅我国古代典籍查找"茉莉"时不难发现，除劳费尔梳理的几种异名外，"素馨"这一称呼也常常与茉莉并驾齐驱。可以说，"茉莉""耶悉茗"及"素馨"此三种称呼在中国古代很长一段时间占据主流，但最终被沿用至今，广为人知的是"茉莉"这一称呼。称呼的变化本质上是茉莉的审美意义在中华文化中的增衍。

现今常用的"茉莉"一词与"印度传入说"联系紧密，由梵文音译而来；劳费尔所提及的"鬘华"也出自梵语，"佛书曰鬘华"。尽管"鬘华"使用较少，亦可见印度佛教的传入对茉莉传播的积极影响。

"耶悉茗"这一称呼通常认为源于"波斯传入说"。且在晋代《南方草木状》中二者同时出现，可见此类植物的称呼在源于梵语的"茉莉"与源于波斯语的"耶悉茗"的音译名间的胶着于千年前便已开始。名称是文化的隐喻，在率先交锋的译名之争中，"茉莉""耶悉茗"的文化位争夺本质上是古印度文化及波斯文化在中华语境中的博弈。原初的茉莉意象具有浓厚的神性意味，但"神性"茉莉与中华文化相遇时，"大一统"的中国经济文化高度发达，有着极其完善的中央集权制度，世俗王权的强势与威慑，令宗教信仰的传播势必要依托王权的庇佑。因此，源于梵语的"茉莉"因官方对佛教的支持得以被纳入中华文化，与之相对的，"耶悉茗"一名则因波斯信仰在中土的重重受阻，于历史长河逐渐消弭。

尽管"耶悉茗"一名逐渐销声匿迹，但此花对人们生产生活影响不可忽视。从前面的列举、论证可知，"耶悉茗"及"茉莉"在传入之时被认为是两

❶　冷蔺莎，汤洪．茉莉来华路线考［J］．中华文化论坛，2018（4）：15，17．

种花。"耶悉茗"一名的消逝，势必需要一个新的名称来填补空缺，是以更加符合中国语境，也符合植物特性的汉名"素馨"出现。以花之色香取名，便于人们记忆和使用；而素馨与岭南民间传说息息相关的历史文化背景更是其广泛被接受的重要原因："……昔刘王（南汉主）有侍女名素馨，其冢生此花，因名。"❶ 中国自古以来便有着"物名类人名"❷ 的传统，素馨被文化建构的同时也在建构着文化，因而在五代后成功取代"耶悉茗"一名。

那么，茉莉与素馨如今为何不再加以区分，最终以"茉莉"一名来称呼？笔者认为，或许有以下几个原因：从生物特性出发，二花极为相似——"茉莉与素馨皆以日入稍阴乃开，夜合亦然，香皆旖旎近人，沾之者竟日芬腻"❸；实用价值的相近令日常生活中没有再次区分的必要；此外，尽管"素馨"一名易被接受，但梵语名"茉莉"已抢先占据文化位，影响深远，是故"茉莉"的影响力一直远超汉化名"素馨"。这使得后起的"素馨"尽管被使用，其推广及应用度始终难以越过"茉莉"。

植物茉莉的命名之争，是由于物种名称背后往往烙着原生文化的印记，当一个物种进入新环境后，命名的争夺也是文化位的争夺。换言之，茉莉名字逐步稳定的过程实际是其在中华文化场域文化建构的过程。值得注意的是，植物名称的稳定一定程度上也意味着植物本身传入与发展的成熟，为其在中国文化场域进入文化书写打下了物质与精神层面的双重基础。

三、文化书写中的审美意象生成

茉莉在我国的移植和大范围栽种为其意象的生成提供了物质前提。但要使茉莉从其植物物质性中衍生出社会物质性，成为文化象征，势必需要审美主体的积极参与。中国文化中，"自然"并非客观化的物质性存在，而是对于包括人在内的宇宙万物之本原状态的描述，这使得花木的枯荣与人的生命在冥冥之

---

❶　广州市地方志编纂委员会办公室．元大德南海志残本·附辑佚［M］．广州：广东人民出版社，1991：30.

❷　董含．致之校点．三冈识略［M］．沈阳：辽宁教育出版社，2000：71.

❸　屈大均．广东新语［M］．北京：中华书局，1985：644.

中建立起了联系。基于嗅觉与视觉的茉莉审美文化体验本质上构成一种感官的诗学。茉莉在中国文化域的审美生发之旅，实际上是"神性"脱落，"人性"显现之路。以"人"为本早已成为中国文化的核心，这使得茉莉与中华文化进行熔铸时，势必自宗教神坛跌落，在人文化成之域生成独具特色的审美意义。

（一）对植物意象的直接观照

茉莉率先以植物形象出现在诗歌中。通过搜索古代文献数据库可发现，茉莉入诗最早在晚唐，如"天香开茉莉，梵树落菩提"❶"退公只傍苏劳竹，移宴多随末利花"❷等。从留传至今的晚唐茉莉诗可见，茉莉与佛法紧密相连，尚未成为独立的审美对象。茉莉审美含义增衍，必然要率先脱离其原生宗教语境。从花香"娱神"到花卉"悦己"的转变，便是茉莉从宗教走入世俗，成为审美对象的关键。

茉莉正式成为文学书写中的重要角色，自宋始。这与当时历史文化积淀、时代风尚、审美情趣紧密相关。人们在日常生活中追求精神上的诗意生活与艺术享受，世俗与优雅并行不悖。文人书写茉莉，首先是对植物本身的直接观照。正如前文所言，中国人对花香的欣赏，是全身心投入的，"将嗅觉的感受转向视觉、味觉和触觉。'孤'、'暗'、'酸'及至'冷'的感觉纷至沓来"❸。可见，尽管茉莉主要以香气展现自身，但全身心投入的体验让其审美层次十分丰富。茉莉盛开于傍晚，至子时仍香魂未尽，使人流连忘返，故其常在夏夜被用于鼓风纳凉，"不道薰风庭院、雪成堆"（宋·韩元吉《南柯子》）❹；"一卉能令一室香，炎天尤觉玉肌凉。野人不敢烦天女，自折琼枝置枕旁"（宋·刘克庄《茉莉》）❺——黑暗中，其他感官全被遮蔽，茉莉虽亦无法触及，但那别致的芳香于盈盈夏夜在床榻袭人，独显作者情思。

除了香气，茉莉的洁白也令人青睐。茉莉盛开于夏秋，花朵娇小，花色淡

❶ 林德保，李俊，倪文杰，详注. 全唐诗（下）[M]. 大连：大连出版社，1997：2228.
❷ 林德保，李俊，倪文杰，详注. 全唐诗（下）[M]. 大连：大连出版社，1997：2394.
❸ 何丽芳，周本贤. 论花卉在旅游中的审美特征 [J]. 怀化学院学报（社会科学），2003（4）.
❹ 万有文库：广群芳谱 [M]. 商务印书馆，1935：1029.
❺ 万有文库：广群芳谱 [M]. 商务印书馆，1935：1028.

雅素洁。正是因为此花不争春斗艳，文人对它另眼相看。个体化的茉莉，常以盆栽植株观览。以单株呈现的茉莉往往香色并举，颇有娇柔怜爱之意。宋人在描写时常常青睐其颜色素洁，如陈学洙有"山塘日日花成市，园客家家雪满田"（《茉莉》）❶的花田盛景。值得一提的是，茉莉被直接描写时往往香色并举，茉莉因素色小巧，更多的时候会与不同的花木组合入诗，美感丰富，层次鲜明，如"忆曾把酒泛湘漓，茉莉球边擘荔枝。一笑相逢双玉树，花香如梦鬓如丝。"（宋·范成大《再赋茉莉二绝》）❷——白与红交错，荔枝艳丽更显茉莉洁白芬芳；而其与四君子之首的梅更是被奉为"香雪"——冬梅耐寒，在寒苦之地展现别样风姿，茉莉承热，于酷暑带给人芬芳清凉。二花均与极端恶劣气候抗衡，且白且香，故常被一同称颂："梅花宜冷君宜热，一样香魂两样看"（明·沈宛君《茉莉花》）❸，就凸显了此种组合之美。

常言道"书以载道，画为心声"，文人书写茉莉植物特性，实际是托物言志，是人的心灵体验在外部世界投射的直接表现。以身边微小之物直抒情性，更是审美体验下沉至世俗人生，日常生活精致化的大势所趋，而茉莉在入诗的过程中，也进一步获得了更为丰富的美好寓意，从单纯的植物形象上升为含情带意的审美意象，为其沉淀出更为厚重的文化底蕴打下深厚基础。

（二）"比德"：茉莉的伦理性

由前可知，文人雅士喜爱以茉莉交游，为茉莉的审美观照奠定了良好基础。文人雅士常以茉莉寄托情思，"审美移情"（aesthetic empathy）在茉莉意象的生成中尤为明显。诗词中的茉莉形象并非单纯的植物，而带有审美主体的观照，使其产生"自然的人化"，人与茉莉在对视间达到物我同一的状态，宏观层面上体现为茉莉意象的人格化。这在茉莉的审美意义上最为突出的便是"比德"。这在文人拟"花客"之时体现明显：如姚伯声在拟"花三十客"时便以"素馨为韵客"❹，而张敏叔则在"花十二客"中认为"茉莉为远客"❺，

❶ 雷寅威.雷日钏编选.中国历代百花诗选［M］.南宁：广西人民出版社，2008：658.
❷ 万有文库：广群芳谱［M］.商务印书馆，1935：1027.
❸ 万有文库：广群芳谱［M］.商务印书馆，1935：1028.
❹ 姚宽.西溪丛语［M］.孔凡礼，点校.北京：中华书局，1993：36.
❺ 黄永川.中国插花史研究［M］.杭州：西泠印社，2012：96.

同有君子之德行的茉莉为友，彰显自身高洁的德行与文化品位。

宋代以降，家国的危机、仕途的挫折令士大夫常以诗文表达内心愤懑，生长在贬谪之地的茉莉/素馨自然被纳入审美范畴。以靖康之变为界，南宋时书写茉莉的文人较北宋而言明显增多：王庭珪三首、李纲四首、吕本中两首、严博文一首、叶庭珪一首、郑刚中四首、胡寅二首、刘子翚二首，远多于北宋时期同类作品。❶ 北方失守，政治经济重心的不断南移，士人的文学书写范畴随之南退，于北方甚少入眼的茉莉在文人的审美活动中逐渐占据一席之地，"闽广多异花，悉清芬郁烈，而末利花为众花之冠。岭外人或云抹丽，谓能掩众花也"❷。茉莉盛开于傍晚，不与群芳争艳，所处境况与贬谪士人十分相似。因而文人在吟咏茉莉时，往往具有表现政治隐情和特殊心境的作用。如李纲主张抗金遭到奸臣排挤，被贬逐海南。在那里，他再一次同茉莉产生了共鸣："清香夜久偏闻处，寂寞书生对一灯"（《茉莉花·风露扶疏蔓翠藤》）❸。可见，诗人再遇茉莉时的心境同数年前迥异，难以施展抱负的无奈与豁达跃然纸上。尽管同样遭受贬谪，先前颇受赏识的郑刚中心境有所不同："荔枝受暑色方好，茉莉背风香更幽"（《封州》）。面对岭南风光，乐观豁达跃然纸上；但被奸臣构陷，诗人内心势必充满不甘。他以茉莉自比——"不是满枝生绿叶，端须认作岭头梅"（《茉莉》）。岭南的茉莉与北方的冬梅虽生长两地，但均在恶劣的气候中顽强生存，作者显然以此展现自己的高洁情操。可见，尽管诗人作诗心态迥异，但茉莉审美活动均围绕政治伦理中心，服务于政治教化问题。贬谪士人借茉莉歌颂自身高洁品德，抒发对打败敌人、击倒佞臣的期许以及对和谐美好社会的追求，显示出较强的理性色彩。

（三）茉莉与女性的同构

如前所述，花朵的色、香、味、形极易与人的形体、姿态、容貌产生共通；而当花被整体感知时，其呈现的与人相近的气韵特质又令花自然而然走向人格化的道路。相较于"比德"，这种审美体验更加直观，使得茉莉不仅频频出现在文学书写中，更在普世性的民间艺术中大量展现——底层民众是民间艺

❶ 任群. 绍兴和议前后士风与诗风演变研究 [D]. 南京：南京师范大学，2011：130.
❷ 张邦基. 墨庄漫录卷七 [M]. 北京：中华书局，2002：198.
❸ 北大古文献研究所. 全宋诗：第 27 册 [M]. 北京：北京大学出版社，1998：17571.

术的主要创造者与接受者，他们通常没有接受过专门的培训，也缺乏完备的文化知识体系，因此，世俗社会与日常生活成为他们创作的重要素材，也更是重要反映对象。因而相较于士大夫将茉莉与高洁品行相比拟，茉莉同女子形象的建构更具有普遍性的共鸣。回望民俗文化长河，茉莉与女子的稳定同构在民间艺术领域——民歌《茉莉花》中有着深厚沉淀。

现今我们欣赏到的现代民歌《茉莉花》是多代人共同努力的文化结晶。因而重现这朵茉莉的"绽开"过程，考察其作为审美文化时的意义流动与变化是笔者探讨的重心。茉莉入曲，最初并非象征女子，而是具有浓郁的宗教意味。现今追溯到的较早歌咏茉莉的歌曲是五台山的藏传佛教音乐《八段锦》。经相关专家考证，《八段锦》不但曲调与《茉莉花》相似，其内容也同样与茉莉花息息相关。❶ 佛乐中的茉莉尚未衍生独立的审美意义，但类似《八段锦》的悠扬佛乐，有利于吸引普罗大众来到属于佛法的宗教空间，加速茉莉意象走下神坛，融入民间文艺的进程。

随着城市经济的不断发展，曲艺乐器、形式的多元，至明清，自娱性的民歌俗曲在市民阶层发展势头强劲。由于民歌对情感阐发的普世性，士人阶层对其亦有深切喜爱，这让原本疏于文字记载的民歌得以传世，茉莉与女子的构建在这一过程中得以强化。我们现在能够看见的最早的与现今民歌《茉莉花》歌词相似较高的是明代文学家冯梦龙收集的民歌《挂枝儿》的"感部"。其歌词如下：

> 闷来时，到园中寻花儿戴。猛抬头，见茉莉花在两边排。将手儿采一朵花儿来戴。花儿采到手，花心还未开。早知道你无心也，花，我也毕竟不来采。❷

此曲借描写女子采花、戴花、看花的动作表达了青涩的爱慕之情，"将摘未摘"的茉莉自然与这一情愫紧密相连。尽管《挂枝儿》借茉莉表达的情感

---

❶ 专家：江南民歌《茉莉花》曲源于五台山佛教音乐［EB/OL］.［2022-05-21］. http://www.chinanews.com/n/2003-08-03/26/331143.html.

❷ 冯梦龙，编.陆国斌，校点.挂枝儿［M］.南京：江苏古籍出版社，1993：80.

已与现代民歌《茉莉花》有所相似，但其歌词依旧有所差距。另有一更加相近的版本，则被后代学者在清代戏曲剧本选集《缀白裘》中发现。在《缀白裘》的《花鼓曲》中，前两段词与现今的版本十分相近：

> 好一朵鲜花，好一朵鲜花，有朝一日落在我家，你若是不开放，对着鲜花骂。
>
> 好一朵茉莉花，好一朵茉莉花，满园的花开赛不过了它。本待要摘一朵戴，又恐怕看花的骂。❶

此曲歌咏茉莉，借描写想摘花却欲摘又止的心理活动，表达了歌者的单相思与忐忑之情，可见茉莉与女子的同构在此处有着强化。但《缀白裘》仅记载了歌词，并未留下曲谱，这使得对其音乐方面的深入探讨缺乏空间。

国内可见《茉莉花》的最早曲谱，在清代道光年间（1821—1850）贮香主人所编的《小慧集》的《鲜花调》中，原初以工尺谱记载。现今流传最广的江苏版本民歌《茉莉花》便是以此曲为原型改编，因此《鲜花调》又被看作民歌《茉莉花》的最早曲谱。江苏版本《茉莉花》歌词如下：

> 好一朵茉莉花，好一朵茉莉花，满园花开香也香不过它。我有心采一朵戴，又怕看花的人儿骂。
>
> 好一朵茉莉花，好一朵茉莉花，茉莉花开雪也白不过它。我有心采一朵戴，又怕旁人笑话。
>
> 好一朵茉莉花，好一朵茉莉花，满园花开比也比不过它。我有心采一朵戴，又怕来年不发芽。❷

从对曲词、曲谱的追溯可见，茉莉成为歌曲元素后，其与女子的同构十分稳定，民众对美好情感的希冀跃然词间。诚然，歌咏茉莉的曲调远不止笔者前文

---

❶ 孟繁树，周传家. 明朝戏曲珍本辑选（上）[M]. 北京：中国戏剧出版社，1985：140-141.

❷ 吴斌. 义务教育音乐课程标准试验教科书·教师用书·简线通用（第 11 册·六年级）[M]. 北京：人民教育出版社，2013：37.

陈列分析之数，民歌《茉莉花》是在人民大众的实践与交流中修缮而成的，不同的地理环境造就了不同的风土人情，《茉莉花》在流传中也展现出明显的地域性特点。尽管各地鲜花小调迥异，却不约而同地以"茉莉"作为歌咏起始——就歌词而言，娇小白皙的茉莉符合中华文化中温婉柔美女子形象，且含蓄表达感情是我国传统，因而低调清丽的茉莉在歌咏爱情、相思的《鲜花调》中备受青睐，且《鲜花调》歌词淳朴，情感真挚，易引起人们共情；就曲调本身而言，中华特色的五声调式优美，颇具民族风韵，易于被接受与再度唱诵。

中华文化大家庭中，任何一种民族文化的发展均需要其他民族文化的交流与支持。在丝路物质交换与直观的审美体验中，茉莉在中华文化中不断交流、碰撞，找寻到文化位，在自身物性基础上逐渐融汇，生成独特的茉莉审美文化，这使得茉莉在中华语境中一旦被提起，便再无法以植物自居。它是中华文化的典型代表之一，在人与物种的对视间引起无数共鸣。

小　　结

本章通过勾勒"茉莉"在丝路空间中自物质至文化、自神圣至世俗的生成历程与演变轨迹，探索、展示了作为舶来物种的"茉莉"于丝路空间的本土化与诗意化过程。在丝路空间传播交流的植物茉莉，文化的生成扎根于其物质性，而茉莉文化的发展更是观念、思想、习俗等在物质交换中往复熔铸，整体呈现出"宗教—伦理—美学"的变迁过程。在文明内核迥然不同的丝路文化交流中，基于植物茉莉的文化之源，其审美意义不断被强化。值得注意的是，茉莉文化增衍并非人单方面对植物的解读，茉莉自身亦与人有着互动，在感性体验与直观感受中从单纯的植物意象上升至审美意象，于中华文化语境内完成了审美意义增衍。但由于茉莉文化植根于物质本身，茉莉的物质性既是其特点，也是局限，这令茉莉审美意义的生成只是物质文化的发展范式之一。向外开放的茉莉文化如何顺应时代发展继续生长，还需将物质文化与当下时势结合，在人与物的交互阐释间达成物质文化体系的平等建构。

第十二章　橄榄与丝路审美共同体

　　物质审美文化是构建丝路审美共同体不可或缺的维度。在从西方到东方的丝路旅行过程中，橄榄原本在传统西方文化中象征希望、和平、友好等审美意义，在汉朝进入中国后转变为谏果、忠臣义士、佳士等审美意涵；到现当代中国，橄榄吸收了传统西方的审美意义，遗失了作为谏果等方面的审美意义，并生成了象征"流浪之美"与生态环保的审美意义。通过丝绸之路在世界范围内的"旅行"，橄榄及其携带的审美意义被各个地区、国家、民族的文化所接受，并在接受过程中不断脱落、增殖，生成新的意义，促进了不同文化之间的交流与对话，同时促进了"丝路审美共同体"的构建。

　　"物"并非仅仅作为对象而静止存在，它自身携带着文化与审美的因素，其传播与接受都时刻带动着文化与审美的交流与对话。三毛作词的歌曲《橄榄树》中为橄榄赋予的"流浪之美"的审美意义重新激活了我们将橄榄视为一种在世界范围内"旅行"的"审美文化"的研究。作为植物存在的橄榄，在人类行动的作用下，在不同文化间传播，衍生出一系列不同的审美意涵，成为一种审美文化产品。橄榄作为一种典型的丝路物质审美文化产品，从西方到东方的丝路旅行，促进了丝绸之路上不同地域、国家、民族间的审美文化交流，也促进了自身审美意义的增殖。不同的橄榄文化在对话与交流过程中，其审美意涵不断汇通熔铸，成为构建"丝路审美共同体"典型的物质文化例证。橄榄一开始虽然作为物质文化存在，但在旅行过程中同样生成了如文本、图像等其他模态的文化表征载体。因此，对橄榄审美文化意义的剖析既需要"物质阐释学"（material hermeneutics）❶ 的理论方法，也同样需要寻求融通文本、图像、物质、行动的"多模态的"（multimodality）"事件阐释学"（evential hermeneutics）理论方法❷。

一、橄榄在西方的旅行及其审美意义的生成

橄榄，一般指木樨榄属的小乔木植物油橄榄。橄榄树原产地无法准确得知，但据学者推测，它的发源地与地中海重合的可能性极大❸，其传播与地中海文明总是相生相伴。❹ 有些植物学家认为油橄榄可能起源于地中海沿岸的小亚细亚，在第十九王朝时期从小亚细亚传入埃及，后来才传到希腊、意大利和欧洲其他国家。❺ 橄榄向世界的传播线路主要是从叙利亚出发，沿着地中海盆地向三个不同方向进行传播：一是从叙利亚向巴勒斯坦传播，最后到达埃及；二是从叙利亚向塞浦路斯传播，然后再分别传播到土耳其、克里特岛、希腊；三是从叙利亚传播到埃及，再沿着非洲北部经利比亚传到突尼斯，再从突尼斯传播到西西里岛，最终传播到意大利；或从突尼斯传到阿尔及利亚，然后再由阿尔及利亚传播到法国、西班牙、葡萄牙等地区，最终传播到摩洛哥，覆盖整个地中海地区。❻

作为"物"的橄榄在西方宗教、神话中总是带有希望、和平、胜利的意涵。橄榄树在希腊至高无上的地位是同雅典娜分不开的。雅典娜不但被赋予了智慧女神的形象，也是雅典城邦的保护神。在神话中橄榄树便是由雅典娜赠予人们的礼物。希腊文字中的雅典娜名为 Athene，其中"-ene"在希腊的文字中通常表示地名。故推测，雅典娜的名字很可能起源于雅典的城邦。古希腊的

❶ Don Ihde. Material Hermeneutics：Reversing the Linguistic Turn ［M］. London and New York：Routledge，2022：16.

❷ Claud Romano. Event and World ［M］. Shane Mackinlay，trans. New York：Fordham University Press，2009：15.

❸ 邓煜. 油橄榄品种图鉴 ［M］. 兰州：甘肃科学技术出版社，2014：4.

❹ 李聚桢. 中国引种发展油橄榄回顾及展望 ［M］. 北京：中国林业出版社，2010：1.

❺ 徐伟英，王贺春. 油橄榄及其栽培技术 ［M］. 北京：中国林业出版社，2004：83-97.

❻ Bartolini G，Prevost G，Messeri C，et al. Olive Germplasm：Cultivars and World-wide Collections ［M］. Italy：FAO Library，1998.

雅典娜作为奥林匹斯（Alps）山里极为关键的神灵之一，其被人们所赋予的外在形象是一位全副武装、手持长矛的女武者形象，象征着坚定与勇敢。关于橄榄树的起源，希腊神话中有着如下记载：宙斯为了平息雅典娜与波塞冬关于争夺雅典的纷争，他确立了一个评判标准。雅典最终归属于可以为雅典带来最大收益的人。最后，波塞冬给雅典地区带来了马匹，而雅典娜则帮助雅典的土地生长出橄榄树。最终雅典娜赢得了这个土地的统治权。雅典娜最初在雅典卫城当中种下了第一棵橄榄树，在经历此事之后便立刻得到雅典人的供奉，橄榄树也因此成为雅典最重要的圣树之一。❶

在古希腊社会，橄榄树与无花果树、棕榈树等都是圣树，被人们当作圣物用来崇拜，具有极高的神圣性。宗教崇拜活动从迈锡尼时期开始就已经存在，出土文物帮助我们了解到当时人们聚集在圣树下进行祭拜的场景。信徒在树下设立祭所进行献祭，而圣树的周围一般都有围墙将其与其他东西隔开，彰显出圣树的神圣。古希腊的人们曾经将橄榄作为圣物崇拜，在古希腊留给后世的诸多广为人知的文化遗产中，最著名的文化遗产之一便是古雅典的竞技会。奥林匹克运动会由赫拉克勒斯（Heracles）创立，是古希腊最重要的盛会之一，同时奥林匹克运动会也是古希腊人作为庆典的节日。赫拉克勒斯在希腊神话中每次出现似乎都会与树枝有关，他在希腊神话中的形象是手持橄榄枝的神祇。"橄榄树象征着和平与胜利，也象征着美德、品行和男子气概。卑微的野橄榄树蕴含着古代奥林匹亚精神。橄榄枝桂冠，竞技会的最高奖品，带给运动员无限的荣光。"❷ 在最初的六届奥林匹克运动会上，苹果是优胜者的奖品，而从第七届开始，奖品则变为科提诺斯，即一项用野橄榄树枝编织的花环。制作奥林匹克奖品的花冠橄榄枝，同普通橄榄树所摘下的橄榄枝并不相同，用以制作赛会所用的花冠的橄榄枝是来自野外自发生长的橄榄树，并不属于雅典卫城中人工栽培的树。此树来自古希腊伊利斯地区的阿尔提斯庙（也就是宙斯神庙）。这棵野生橄榄树被希腊人誉为"神圣的桂冠之树"，人们在这棵树的周边设立了一座神坛，通过供奉橄榄树旁的神明来为摘取桂冠的人们祈祷特殊的

❶ 尼·库恩. 希腊神话［M］. 朱志顺，译. 上海：上海译文出版社，1998：376.
❷ 阿内塔·丽祖，索亚菲·丽左布卢. 橄榄·月桂·棕榈树［M］. 朱圣鹏，王小英，译. 广州：花城出版社，2008：49.

庇护。科提诺斯蕴含着古代奥林匹克精神的全部哲理：参加竞赛，就能出类拔萃。每一位奥林匹克运动会的优胜者世世代代都被普遍认可并名垂千古。到2004年，雅典奥林匹克运动会的正式会徽就是科提诺斯。马拉松战役中，雅典击败波斯，为了将胜利消息迅速传回雅典城，斐迪庇第斯（Pheidippides）从马拉松跑回了雅典城，成功将消息传递后，因体力不支去世。他跑回雅典城中，手里拿着的，正是橄榄枝。现代第一届奥林匹克运动会为了纪念他而增设了马拉松项目，而橄榄枝也因此一直带有和平、希望、胜利之意。由此可见，在西方，橄榄树与橄榄枝一直都有胜利与和平的世界性象征。

在希伯来神话中，橄榄树是上帝对人类的恩赐，是和平与希望的象征。橄榄树在基督教文化中象征着和平与上帝之爱，它在圣经故事中象征着大地复苏，而后西方国家用橄榄树来象征和平。《圣经·创世纪》记述："在2月17日这一天，天窗大开，瓢泼大雨连下40天40夜，整个大地一片汪洋。"❶诺亚和他的妻子乘坐方舟一连漂流了40天，最后停留在高山上，诺亚放出鸽子打探洪水是否退去的消息，鸽子最后衔回了橄榄枝。自此之后，橄榄枝便成为和平的象征。

橄榄树、橄榄枝象征的希望、和平之意，在西方文学作品中同样屡见不鲜。在早期希伯来文学中，橄榄就一直占有极高的地位。橄榄树在希伯来文化中是极具特色的果树，其名字在《圣经》《密西拿》《塔木德》和《米德拉什》等著作中反复出现。橄榄在犹太象征意义中代表和平与幸福，代表着幸福和生活的快乐，并且代表着智慧，象征着生育。在荷马史诗《奥德赛》中提到了奥德修斯返乡与橄榄树的关联。在希腊特洛伊战争胜利之后，奥德修斯和他的追随者们在海洋上遭遇了重重艰难险阻，后在女神的帮助下有惊无险地从海洋回到陆地。橄榄树森林在此时出现在他的眼中，且为他挡下了风雨。奥德修斯因此对橄榄树萌生了崇拜这一特殊的感情，信奉奥德修斯的众人们也开始继承起了这种情感。基于这种对橄榄崇拜的"共情"，橄榄树被大量种植与栽培，变为希望、生命的代名词。

---

❶ Coll. The King James Version of the Holy Bible [M]. DaVince Tools, 2018: 14.

20 世纪，法国作家吉奥诺则尝试通过结合自身经验，详细在作品中描述了"橄榄树"这一意象。在《屋顶轻骑兵》中，主人公昂热洛所到之处充满潮湿阴暗，臭味熏天，就在这令人作呕的地方，橄榄树在阳光的照耀下，微风拂过比水还清的树叶，带来片刻的幸福。通过描写，橄榄树给人们在奔波劳累的环境下开辟了一片适合人类生存的新天地，舒缓了人们在苦难中的焦虑情绪，为人们带来了生命的希望。在吉奥诺的作品中，橄榄树总是能够在地中海恶劣的环境中茁壮成长。在霍乱时期，仍有着一片片的橄榄林庇护着法国来来往往追求生存的人们，也寄托着人类对霍乱结束的希冀。橄榄树在吉奥诺笔下享有"光明与文明之树"的称誉，寄托着普罗旺斯的"橄榄的文明"，它呈现了蛮荒之地中永不凋零的人性之花的象征意义。❶

在与图像表征的艺术作品融汇中，橄榄树也生成了自身的审美意蕴。在现收藏于奥特络市克罗勒-穆勒博物馆中的凡·高的油画作品《橄榄树》中，弯曲的线条所塑造成的橄榄树，曳动不安，要想拔出地面，让树枝伸向空间。画中没有一棵树是笔直的，像是与周围环境搏斗，如同病痛时的凡·高与命运的拼搏，在逆境中寻求生命的希望。在同一系列的另一幅作品《黄色阳光下的橄榄树》中，一片橄榄树林整个沐浴在温暖的阳光下，似全部在健康茁壮地生长。这里的橄榄明显也传递着积极、温暖、向上的含义。凡·高画中的橄榄树种植在凡·高休养病院的墙外，凡·高依据现实环境，用细腻的笔触表达着他对"生命"的希冀与渴望。法兰德斯代表性画家保罗·鲁本斯的政治寓意画《战争与和平》曾充当和平使者，促成英国与西班牙之间的和平。画面中央的和平女神、丰裕之角的孩童以及橄榄枝环，都意喻和平带来了繁荣、财富、丰收和幸福。鲁本斯以热情洋溢，气势宏伟，色彩丰富，运动感强的独特风格，成为巴洛克美术当之无愧的翘楚。这里的橄榄形象无疑具有和平与希望之意。

二、橄榄在中国古代的旅行及其审美意义的增殖

橄榄大约在汉朝时期传入中国。《三辅黄图》记载："汉武帝元鼎六年破

---

❶ 陆洵. 生态视域下吉奥诺小说的植物意象分析 [J]. 法国研究，2014（4）：77-83.

越南，起伏荔营，以植所得奇草异树……龙眼、荔枝、槟榔、橄榄、千岁子、甘橘百余本。"❶ 由于《三辅黄图》成书年代并无法确证，所载内容在史学界无法被证实，所以对于我国橄榄的具体种植年代亦无法确认。贾思勰在《齐民要术》中记载：橄榄子，大如枣，二月华色，仍连着实。八月、九月熟，生食味酢，蜜藏仍甜。❷ 可以看出，北魏时期对于橄榄及其果实的特性已经有了一定程度的认识。唐代《酉阳杂俎》中记载："齐敦树出波斯国，亦出拂林国（今叙利亚），拂林呼为'齐虚'。长二三丈，皮青白，花似柚，极芳香，子似杨桃，五月熟。西域（今敦煌西北）人压为油，以煮饼果，如中国之用巨胜（芝麻）也。"❸ 齐墩树是橄榄树的别称，由波斯商人通过丝绸之路引入唐朝。❹ 从上述材料可以看出，橄榄树传入中国的确证年代是中国唐朝时期。而汉朝、魏晋南北朝时期已经有了橄榄的记载。汉朝张骞出使西域，开通了传统意义上的丝绸之路，大大拓展了中西交流的道路。结合汉朝对于橄榄的记载，可以推断，橄榄在汉朝已经通过丝绸之路传入中国。

从《齐民要术》的记载，以及出土汉墓中发现的橄榄种子，可见在中国古代历史中，橄榄的栽培历史已经超过 2000 年。但在以中原为中心的文学作品及其他文献中出现甚少，一直到唐代领土范围扩大并有效经营后，橄榄才在唐诗中涌现。如白居易《送客春游岭南二十韵》一诗中就有"浆酸橄榄新"这样的诗句。橄榄果实生食苦涩微酸，咀嚼后味方甘美。❺ 宋朝梁克家所修丛书《三山志》中记载："橄榄，木端直而高，秋实，先苦后甜，脆美者曰碧玉。"❻ 这段描写对橄榄的植物形态、成熟时间、食用味道以及外观都进行了客观描述，说明在宋朝时期橄榄的习性已被人熟知，橄榄的种植更是在当时的农业生产活动中被灵活开展。

橄榄果实青绿清爽，入口微苦，反复咀嚼，苦尽甘来，如同"忠言逆耳"一般。因此，橄榄果实在古代诗歌中往往被称为"谏果"，以比拟忠臣义士仗

❶ 陈直，校证. 三辅黄图校证·扶荔宫 [M]. 西安：陕西人民出版社，1980：75.
❷ 贾思勰. 齐民要术·卷十 [M]. 北京：中华书局，1956：86.
❸ 段成式. 酉阳杂俎 [M]. 杭州：浙江古籍出版社，1987：332.
❹ 毛民. 榴花西来：丝绸之路上的植物 [M]. 北京：人民美术出版社，2005：77.
❺ 潘富俊. 草木缘情：中国古典文学中的植物世界 [M]. 北京：商务印书馆，2016：380.
❻ 梁克家. 三山志 [M]. 福州：海风出版社，2000：79.

义执言、忠贞不渝的政治品行。据潘富俊记载，橄榄作为"谏果"最初出现于唐诗中，这与唐朝版图扩大，文化灿烂，中西文化交流密切相关。因此诗句中对于橄榄等果实的记录开始涌现。❶ 自唐朝开始，宋元明清等各个朝代的文学作品中均有对作为"谏果"存在的橄榄果的描述。宋朝赵藩《倪秀才惠橄榄》诗之二记载："直道堪嗟故不容，更持谏果欲谁从？"❷ 元朝王祯所著《农书》记载："橄榄生岭南及闽、广州郡……其味苦酸而涩，食久味方回甘，故昔人名为谏果。"❸ 这些诗句都印证了橄榄作为"谏果"的存在。王禹偁作诗歌《橄榄》："江东多果实，橄榄称珍奇；北人将就酒，食之先颦眉；皮核苦且涩，历口复弃遗；良久有回味，始觉甘如饴；我今何所喻，喻彼忠臣词；直道逆君耳，斥逐投天涯；世乱思其言，噬脐焉能追。"❹ 诗人以此诗为自己呐喊，表达自己如橄榄一般，因为没有得到君主的欣赏，而让自己受到了贬谪。在江东地区有很多植物果实，其中橄榄最为珍贵，北方人在喝酒时喜欢吃橄榄作为搭配。橄榄的皮和里面的核都是苦涩的味道，一开始觉得很苦，可是越吃越甜，诗人借橄榄呐喊自己的内心。南宋时期中国人的橄榄文化主要表现在对橄榄果和橄榄树的人格比拟上，其理由是橄榄果初食涩口，久含之后则有一种清甜的味道。由此，人们从"良药苦口""忠言逆耳"的品格中就赋予了橄榄果的耿介、忠心、谏言等审美意涵。

宋诗中的橄榄意象，经由"谏果"的审美意涵，衍生出更多与之相关的审美意涵。古代文人大多数以"立德、立功、立言"为终身的理想，但由于封建政治机制内在的一些原因和文人过于理想化的人生追求等影响，致使许多文人不能实现自己一生的理想抱负，加之在现实中屡次遭受挫折与打击，造成或官场不得意，或怀才不遇的现象。橄榄入口苦涩，浸满了辛酸的心灵，其后续绵远的清香更能安抚诗人孤寂的内心。因此，橄榄在古代就成了诗人表达内心情意的精神寄托，同时也成为阐释人生以及抒发胸怀的诗歌意象。黄庭坚《谢王子予送橄榄》记载："方怀味谏轩中果，忽见金盘橄榄来。想共余甘有

---

❶ 潘富俊. 草木缘情：中国古典文学中的植物世界［M］. 北京：商务印书馆，2016：229.
❷ 北京大学古文献研究所. 全宋诗：第48册［M］. 北京：北京大学出版社，1998：29929.
❸ 王祯. 农书译注（上）［M］. 缪启愉，缪桂龙，译注. 山东：齐鲁书社，2007：313.
❹ 北京大学古文献研究所. 全宋诗：第2册［M］. 北京：北京大学出版社，1998：687.

瓜葛，苦中真味晚方回。"❶ 黄庭坚被贬谪泸州时，泸州太守晋城人王献对黄庭坚多方关照，并时常派儿子们前去看望，借余甘初苦而终有味，来告知黄庭坚，先苦后甜，苦尽甘来之意。橄榄果实的味道使其带有人生先苦后甜，对生活充满希望之意。"酸苦不相入，初争久方和。"欧阳修的《橄榄》也表达了自己身处的困境，酸味和苦味本是不被人喜欢的，但是橄榄入口之后却又不止酸苦，反而唇齿留香，略带甘甜，别有一番滋味。其中也是借橄榄来表达被人误解、被贬的苦涩感情，同时也借橄榄的苦和酸来反衬当前的困境，并对未来充满憧憬，期望未来的仕途会像橄榄的回味一样甘甜。

元代洪希文《尝新橄榄》诗："橄榄如佳士，外圆内实刚，为味苦且涩，其气清以芳。侑酒解酒毒，投茶助茶香。得盐即回味，消食尤奇方。……虽云白霜降，气味更老苍。"❷ 由此诗可见元代中国人赋予橄榄以"外圆内刚""苦涩但气清芳"的人格形象，并将这种形象称为"佳士"，反映了古代中国典型的以物拟人、赋德以物的比赋文化特点。明代洪武年间浙江瑞安有一个进士名唤卓公，此人为人正直，遇事敢于直言，永乐初年因徙藩之事而殉难。他忠贞不屈，视死如归的精神感动了当时的温州百姓，人们用橄榄树来比喻他"秉性忠鲠，直言进谏"的品格。因此，这种忠贞果敢的精神一直存在于橄榄这一物质载体中，中国古人的橄榄文化中也就有了以橄榄比赋"忠谏之臣"的文化形象。橄榄果实生食苦涩微酸，咀嚼后才觉甘美，古人以之比喻渐入佳境；明清以后的诗文，多取此意行文。❸ 从谏果、忠言逆耳、忠臣义士到佳士、怀才不遇、苦尽甘来等审美意涵来看，中国古代并未将橄榄树视为神树、圣树，把橄榄果视为神果、圣果，把橄榄枝视为和平、平安、吉祥的象征，这与古希腊、古犹太文化有所差异。元代中国人还把橄榄与品香、品茶文化相联系，反映出古代中国典型的实用文化和雅趣文化特点。

---

❶ 黄庭坚. 黄庭坚全集［M］. 成都：四川大学出版社，2001：278.

❷ 洪希文. 续轩渠集［M］//赵传仁，鲍延毅，葛增福. 中国书名释义大辞典. 济南：山东友谊出版社，2007：1038.

❸ 潘富俊. 草木缘情：中国古典文学中的植物世界［M］. 北京：商务印书馆，2016：380.

三、橄榄审美意义在中国现当代的接受、脱落与增殖

20 世纪初，油橄榄再次被引入中国。到 20 世纪 40 年代以前，油橄榄在我国不过是分散化地进行小量引种，陆续被留学生或者传教士引入。直到 1956 年苏联送了一批油橄榄种子，我国开始小规模试种。随着 1964 年周恩来总理完成非洲、欧洲、亚洲等地区友好访问后，决定更大规模地从阿尔巴尼亚引进油橄榄。1959 年，根据绉秉文先生提议，齐墩果改名为油橄榄。❶ 西学东渐以后，中国大量引进西方文化，橄榄在西方的审美意义也随着中国对西方文化的接受而汇入中国文化。

橄榄在中国同样带有希望、和平、友好的意涵，如向某人"抛出橄榄枝"，同橄榄枝在《圣经》中记载的审美意涵一般。中国军人的服饰上不仅印有橄榄意象，其颜色也多用橄榄绿，用以象征正义、希望、和平。橄榄绿在陆军军装中使用的频率非常高。橄榄枝是和平的象征，橄榄绿自然就成为军队服色的首选。❷ 发展至今，以橄榄绿为主色调的军装已成为中国武警的新式军服，并且中国人民武装警察部队队旗下半部也增加了三个深橄榄绿条，象征着维护和平。橄榄绿色意味着对生命充满希望，预示对和平、正义的渴望。

橄榄所代表的和平、希望的审美意涵在中国现当代文学作品中同样有所展现。朱春雨创作的长篇小说《橄榄》❸，具有十分开阔的艺术视野。小说讲述不同国家、不同民族之间的人们相处并产生情感的国际性题材的故事，其展示了一个大多数国人不熟悉的现实世界。小说以四个不同国家的家庭为主线，在两代人道德观念的碰撞冲突中，引出了社会性问题。小说以橄榄为名，寓意两代人的思想犹如橄榄一样，入口极苦，当经过磨合交流之后，苦味转为甜味。同样，在小说中，作者又表达出拒绝战争、渴望和平的愿望。

随着中国当代对生态、环保的关注，橄榄又衍生出绿色环保、健康、生态

---

❶　卓人政. 周恩来引种油橄榄二三事 [J]. 红岩春秋，2019（4）：36-40.

❷　郑晶. 解析我国人民解放军军服设计——系统性论述我军陆军常服及礼服设计并提出设计方案 [D]. 上海：东华大学，2007：3.

❸　朱春雨. 橄榄 [M]. 上海：上海文艺出版社，1987.

等审美意涵。随着绿色健康生活理念的盛行，橄榄开始获得越来越多人的青睐，橄榄的附加价值不断被挖掘。如今的橄榄主题餐厅、橄榄油等相关衍生品成为现代人注重健康、积极阳光的审美象征符号。这种审美象征已部分脱离了许多受到西方感染影响而产生的文学作品中纷繁复杂的审美意象，生成了橄榄在新语境下独有的审美意义。即使橄榄所象征的绿色环保、健康等审美意义已经与西方文化中橄榄的审美意义有所差异，中国在此意义上也仍然部分地接受了西方审美文化。因为橄榄油在古奥林匹克运动会中就被用给运动员涂抹身体，以达到按摩、放松的作用，且橄榄油在古希腊还用于清洁身体。而在此过程中几乎被完全抛弃的，是中国文化中橄榄作为谏果、忠臣义士、佳士以及渐入佳境等含义。

我国台湾地区作家三毛作词的歌曲《橄榄树》赋予了橄榄一种新的审美意义："不要问我从哪里来/我的故乡在远方/为什么流浪/流浪远方/流浪/为了天空飞翔的小鸟/为了山间轻流的小溪/为了宽阔的草原/流浪远方/流浪/还有还有/为了梦中的橄榄树/橄榄树。"这首歌曲的歌词是三毛于 1971 年归台期间应李泰祥先生邀请而作。以往对这首歌歌词的分析往往仅结合三毛的创作背景，而忽视了其中对于"流浪"的咏叹为什么以"橄榄树"命名。三毛把自己的恨和爱，把自己所理解的对于远方、过往、未来、流浪及归途书写入歌词中，歌词中的草原、小溪和鸟儿均为三毛梦中之景。她基于自己的情感，借助上述事物，以橄榄树为意象对流浪的目的和本质加以隐喻。

三毛作为一个半生时光都在旅行的、喜爱"远方"的作家，甚至曾明确表示自己喜爱"流浪"，但她为何在众多"物"中选取了"橄榄树"作为"流浪"的表征？结合三毛写下《橄榄树》前后的生平我们可以得知，三毛的丈夫荷西为西班牙人，两人共同穿越过撒哈拉沙漠并在其中结婚。三毛曾在书中抱怨："结好婚了，沙漠里没有一家像样的饭店，我们也没有请客的预算，人都散了，只有我们两个不知怎么做才好。"❶ "为了天空飞翔的小鸟，为了山间轻流的小溪……"今天来看更像三毛对于与荷西在西班牙流浪的怀念。西班牙地处欧洲与非洲的交界半岛，同样是油橄榄的出产地，三毛后与荷西定居

---

❶ 三毛. 撒哈拉的故事 [M]. 北京：北京十月文艺出版社，2011：14.

半岛依然属于西班牙，可以推测三毛对于"橄榄"的特性可能比较熟悉。她的一生基本处于飘零之中，"我的半生，漂流过很多国家"，但她本人多次表示，自己很享受这种状态。我们所研究的对象橄榄，作为一种从小亚细亚"旅行"到世界各地的植物，也是"四处流浪"，穿行于不同地区、不同国家之间，直到今天也未能停下脚步。橄榄树是外来树种，本身一直进行着从西方到东方的"旅行"。"橄榄树"在地中海来回往复，后又走入美亚非三个大洲，没有停下流浪的脚步。这种流浪的特性与三毛自身的经历有着极高的吻合度。三毛一生游历过多处国家，居无定所，自称为"浪子""异乡人"的她似乎恰好也在《橄榄树》中印证着自己和橄榄树的相似性。❶ 这应该也是三毛选取橄榄树作为她情感寄托意象的主要原因。《橄榄树》赋予了"橄榄"一种不同于过去东西方审美文化中的意义。直到当代，人们依然会用橄榄来形容"打破寻常生活状态的一种向往，对于未知世界的不懈探寻，对于故土过分依恋的抗拒"的精神状态。

　　从上文的考证中可以看出，橄榄两千多年以前就已经经由丝绸之路进入中国，但橄榄作为希望、和平、友好的审美意义在此过程中并未传入，或者说没有被中国文化接受。与橄榄自身密切相关的希伯来文化中的《圣经》，大约在唐代传入中国。基督教则被认为较可能是在隋代进入中国，其传入中国的可靠年限是 635 年（贞观九年）。❷ 这意味着"橄榄"作为希望、和平意味的审美意蕴可能已经进入中国语境，但在中国古代社会中，橄榄带有的审美意象中并未明显瞥见希伯来文化的痕迹。这可能与中国古代文化较为强盛，对西方文化并没有过度重视有关。自晚清中国国门被迫打开，西方文化大量涌入中国。中国文明在遭遇西方文明以后，开始寻求自身的变革之路，而引进、学习西方文化成为当时思想家寻求变革的重要路径。鸦片战争以后，教堂在中国城镇乃至乡村大量被建造，大量传教士在国内开展活动❸，西方文化在中国的传播速

---

❶　徐发秀. 三毛传奇的生成——1980 年代中国大陆"三毛热"现象研究［D］. 重庆：重庆大学，2016：10.

❷　黄昌渊. 中国古代基督教研究——以 7—14 世纪景教研究为中心［D］. 西安：陕西师范大学，2013：19.

❸　徐敏. 中国近代基督宗教教堂建筑考察研究［D］. 南京：南京艺术学院，2010：9.

度、力度以及深度得到极大扩展，橄榄在西方文化中的审美意义也因此被中国文化所接受。随着中国文化对西方文化的接受与吸纳，前者不再仅仅限于对后者文化的被动接受，而开始寻求自身创新之路。在橄榄作为和平、希望的审美意义被中国文化接受的过程中，对于橄榄历史、特性等各方面的了解也随之增加。《橄榄树》这首歌的歌词更是很好地印证了这一观点。橄榄在世界范围内的"旅行"使它很好地契合了"流浪"这一审美意义。

小　　结

在《橄榄树》这首歌曲中，流浪不再作为一种"怀乡病"式的贬义词，而是一种"流浪之美"。一种舶来品对人们生活的影响不仅仅在于物种本身，更在于对人思想观念的冲击。❶ 中国古代与传统西方都存在橄榄这一植物，对于它所表征的审美意涵却不尽相同。而到了现当代，虽然橄榄在中国生成了新的审美意义，但仍有一些共同的（希望、和平、友好）审美意义为世界范围内所接受。橄榄通过丝绸之路在世界范围内的"旅行"使它及其携带的审美意义被各个地区、国家、民族的文化所接受，并在接受过程中不断增殖，同时也有一些审美意涵在此过程中脱落——生成了新的意义，促进了不同文化之间的交流与对话，同时促进了"丝路审美共同体"的构建。

---

❶ 薛爱华. 撒马尔罕的金桃——唐代舶来品研究［M］. 吴玉贵，译. 北京：社会科学文献出版社，2016：30.

第十三章　苜蓿与丝路审美共同体

　　苜蓿这一丝路外来植物，传入中国后在中国文学（特别是唐代文学）中形成了大量的艺术书写，被赋予各种文化象征隐喻，从而彰显出外来植物与唐代文学的双向互馈关系。以此为窗口，可以审视唐人对待外来植物的态度、接受心理，唐时外来植物融入中国本土文化的图景，乃至唐代东西方文化交流状况，亦可为"丝路上的植物及其文化赋意"相关研究提出参照。

　　丝路亦是沟通域外与中国境内东西南北间的植物交流之路，出使经行于此的各国使节承担着国家之间的对外交往使命，亦带回域外植物；奔波辗转于此的各地商贾在逐利的同时，亦递送、交换、传播着植物物种的文明；朝圣修行于此的僧人教徒传播、吸收、交汇交融着不同宗教的信仰文明，亦带来佛教植物及其文化；行军征战于此的将军士卒在此征战不休，亦为植物的迁移引入开出通道；而贬谪、从军、出使沿此经行、徜徉于此的诗人记录着沿途所见外来植物、人情（外来的、本土的、故土的、他乡的、熟悉寻常的、陌生奇异的）与情感、心路历程。有关丝路的文学书写、史籍文献、出土文物，共同记录丝路曾经留下的繁华记忆与文明文化交流印记。

　　在大量经由丝路进入中国本土的外来植物中，有一批植物不仅顽强地在此生根，而且为人们喜爱且熟识，并深深地融入中国本土文化中，成为人们日常生活的重要组成部分，也进入思想意识、文学艺术的空间，最终化为外来文化的代名词或象征符号，被赋予特殊的文化意蕴——本章所论及的苜蓿便是其中之一。苜蓿是最富历史和文化内涵的植物之一。迄今为止，在众多植物中，很少有植物能像苜蓿一样亦饲亦肥，被誉为"牧草之王"；在漫长的栽培利用历史中，很少有作物能像苜蓿一样亦蔬亦药，被誉为"食物之父"。苜蓿不仅在推动畜牧业发展中作出过巨大贡献，而且在促进人类生态文明中发挥过重要作用。自汉代由西域传入中国以来，苜蓿已成为中外科技文化交流的象征，成为丝绸之路上一颗耀眼的明珠，影响甚广甚深。回溯过往，在汉代，苜蓿与"蒲萄"相提并论，与汗血宝马是互为依存的"孪生兄弟"，皇家苑囿中的苜蓿常常成为外国使团参观的对象。在后来的关中驴、秦川牛等优良家畜品种的培育形成过程中，苜蓿作为这些家畜的优良牧草亦功不可没。同时，苜蓿传入以来，它就一直是很多地方（特别是西北地区）青睐的佳肴——清明前后，中国新疆、甘肃等地会采摘鲜嫩的苜蓿来拌凉菜、做包子馅儿等，不仅味道鲜美，而且有清胃热、振食欲的效果。从古至今，苜蓿在中国历史上具有较高的地位和重要的作用，上至皇帝下至黎民百姓都曾关注和赞美过苜蓿。那么，苜蓿进入中国本土后，和中国人的生活发生了怎样的关联？人们对其的接受态度、心理与接受程度如何？中国人对苜蓿有怎样的认知，它又被赋予了怎样的文化内质？基于对上述问题的思索，本章以唐代文学中的"苜蓿"赋意为研究对象，探讨其何以被选入唐代文学，又被作以怎样的本土化书写与呈现；以及其所反映、折射出的唐人对待外来植物的态度、心理，从而进一步分析丝路外来植物与唐代文学之间的关系，唐代的外来物本土化过程，唐代的中外文化交流境况——需要说明的是，在中国文学作品中，历朝历代都对"苜蓿"进行过书写和咏叹。比如，明太祖朱元璋曾在《征陈至潇湘》中赞颂苜蓿道："马渡江头苜蓿香，片云片雨渡潇湘。东风吹醒英雄梦，不是咸阳是洛阳。"除皇帝对苜蓿格外青睐以外，普通百姓对苜蓿亦是情有独钟，特别是诗人或文学家更具苜蓿情怀。如晋代葛洪在《西京杂记》中赞叹道："乐游苑自生玫瑰树，树下有苜蓿。苜蓿一名怀风，时人或谓之光风。风在其间，常萧萧然。日照其花有光采，故名苜蓿为怀风。茂陵人谓之连枝草。"宋代梅尧臣在《咏苜蓿》中咏叹道："苜蓿来西域，蒲萄亦既随。胡人初未惜，汉使始能持。"又如，陆游《秋声》中的"五原草枯苜蓿空，青海萧萧风卷蓬。草罢捷书重上马，却从銮驾下辽东"，以及清代何椿龄的"苜蓿满城秋，秋风不扫愁。此心如落木，何处是绵州"……凡此种种，不一而足。那么，笔者为什么要选择唐代文学，主要基于以下思考。第一，由于疆域的扩大、交通的发达、丝路的畅通等原因，唐朝与其他朝代相比，对待本土与外来文化更具有"开放包容"

的政策与态度。丝绸之路作为贯通东西文化交流的重要枢纽，在唐代"海纳百川"的精神中得到更明确的体现。唐人好奇热情的气质、宽广包容的胸襟、开阔深广的视野，以及唐代社会的自信开放、繁荣富足的程度、唐人对苜蓿等外来植物的态度等都在唐代文学中有所呈现。第二，文学比历史更为生动细致地描绘出丝绸之路沿途的山川物候、风土人物、草木禽兽，记录下以此为枢纽的文化交流的诸多印记，勾勒出多民族、多国家之间的交融、情感与心灵历程。而唐代作为古代丝绸之路最繁盛的时代，理应成为关注和研究的重点。

一、苜蓿东传至中国

在汉文古籍中，被称为"苜蓿"的植物，还有许多异名，诸如"牧宿""光风草""怀风草""连枝草"等。之所以称为"牧宿"，据说是因为宿根能够自生，并用作牧养牛马的饲料。至于其他异名的来源，在《西京杂记》卷一的解释颇具诗意："乐游苑自生玫瑰，树下有苜蓿。苜蓿一名怀风，时人或谓之光风。风在其间，常萧萧然。日照其花有光采，故名苜蓿为怀风。茂陵人谓之连枝草。"

据此看来，似乎不管如何命名，名字均带有一定的"含义"。不过，"苜蓿""牧宿"诸名的语源，最初很可能并非出自上述含义。因为无论是古代的中国学者将它说成原产于大宛❶，还是现代的外国学者将它说成原产于伊朗或其他地区，苜蓿最初来自域外是绝无疑问的，故而其语源包含非汉语的成分，应该是十分正常的事情。

有的学者认为苜蓿的语源为伊朗语 buksuk 或 buxsux，有的学者认为应当是突厥语 burchak，有人则认为是乃里海方言吉拉奇语中的 buso。❷ 这类说法孰是孰非姑且不论，但显然都表明汉文中的"苜蓿"乃是音译名。故"宿根自生，可饲牧牛马"之类的说法，分明系后人附会之辞。

---

❶　大宛（dà yuān），古代中亚国名，是中国汉代时，泛指在中亚费尔干纳盆地居住大宛附近各个国家和居民，大宛国大概在今费尔干纳盆地。

❷　苜蓿的语源讨论，可参看 B. Laufer, Sino-Iranica（Field Museum of Natural History, Publication 201, Anthropological Series, Vol. XV, No. 3）"ALFALFA"条, Chicago, 1919, pp. 208-219.

在古代伊朗，苜蓿是极为重要的农作物，是重要的饲料，故与良种马的畜养事业有着十分密切的关系。据中世纪阿拉伯史家的记载，萨珊王朝的科斯洛埃斯一世（531—578）曾将苜蓿列入其新设的土地税体系中，苜蓿的税额高达小麦和大麦的 7 倍，足见其价值之高。据认为，希腊的苜蓿草系从波斯人那里引进，而印度及其他阿拉伯国家的苜蓿也得自伊朗。所以，现代学者通常将伊朗视作苜蓿的原产地。

固然，若追本溯源的话，中国的苜蓿当得益于伊朗，但是，苜蓿最初并非直接从伊朗传入中国，而是很可能获之于大宛。即使不是由张骞本人取来，也是在他正式开拓中国与中亚的官方交往之后，苜蓿才进入中原的。《汉书·西域传上》"大宛国"条对于此事已经叙述得相当清楚："贰师既斩宛王，更立贵人素遇汉善者名昧蔡为宛王。后岁余，宛贵人以为昧蔡谄，使我国遇屠，相与共杀昧蔡，立毋寡弟蝉封为王，遣子入侍，质于汉。汉因使使赂赐以镇抚之。又发使十余辈，抵宛西诸国求奇物，因风谕以伐宛之威。宛王蝉封与汉约，岁献天马二匹。汉使采蒲陶、目宿种归。天子以天马多，又外国使来众，益种蒲陶、目宿离宫馆旁，极望焉。"按照此说，则苜蓿种传入中原，是在贰师将军李广利讨平大宛，夺得大宛"天马"（前101）之后的时期内。当时大宛迫于汉军之威，每年都要贡献良种马，而汉王朝的使臣们（其中许多人均为名义上的"使臣"、实际上的商人）也频频前赴大宛等西域诸国，意在扬汉之威，并求取更多的奇异方物。大宛的良种马嗜食苜蓿，因此一旦这样的马引入中国，作为其专用饲料的苜蓿也就必然随之输入了。

苜蓿自古以来就是费尔干纳（"大宛"）的特产农业之一，即使时届近现代，它也仍然被大量种植，并是当地唯一的饲料植物，在该地的经济中占有很大比例。苜蓿每年可以收成四五次，新鲜的或干燥的均可用以喂养牲畜。到20世纪前期，苜蓿籽依然是费尔干纳及其周近中亚地区的最大宗的出口品之一。

苜蓿传入中国以后，最初似乎由朝廷方面专门种植，如上引《汉书·西域传》谓武帝时将苜蓿种在宫、馆之旁，则该植物仅见于京城之内。南朝梁代任昉《述异记》卷上云："张骞苜蓿园，今在洛中。苜蓿，本胡中菜也，张骞始于西戎得之。"这里称为"张骞苜蓿园"，似乎表明此园始于西汉武帝时代，并是张骞的私产。张骞为何要辟出专用园地而种植苜蓿？好像于理不通。不过，它倒有可能是当时官方的苜蓿种植场，作为马的饲料基地，而"张骞苜蓿园"之名或许只是后人的附会而已。

西晋时的洛阳亦开始种植苜蓿。《洛阳伽蓝记》卷五载："中朝时，宣武场在大夏门东北，今为光风园，苜蓿生焉。"古籍中常将西晋建都洛阳的时代称为"中朝"；宣武场则为魏晋时期的习武场所。由此可知，降及北魏，中原地区的苜蓿种植量似乎更有扩大，至 6 世纪上半叶（《洛阳伽蓝记》成书于这一时期），将前朝的演武场也改成了苜蓿园（如前所述，"光风草"即苜蓿的异名），便是一例。按北魏乃是鲜卑人所建，该族出自游牧人，其于马的饲养和需要，当较诸前朝更甚，因而扩大苜蓿的种植规模，也应在情理之中。

唐代颜师古注《汉书·西域传》云："今北道诸州旧安定、北地之境往往有目宿者，皆汉时所种也。"汉代的安定、北道等州，地处今甘肃、宁夏，兼及陕西。颜师古谓这些地区的苜蓿皆汉时所种，未必确实，但在他的时代，那里颇多苜蓿，则是可以肯定的。以上为唐代苜蓿种植情况一瞥。

宋代寇宗奭在《本草衍义》（成书于 1116 年）中说道，苜蓿盛产于陕西，用以饲养马牛，也可以供人食用，但不宜多吃。

元朝统治者为蒙古人，且武力甚盛，故马匹需求量之大也达到空前规模，牧场的广大，令人咋舌。《元史》卷一〇〇《马政》云："其牧地，东越耽罗，北逾火里秃麻，西至甘肃，南暨云南等地，几一十四处，自上都、大都以至玉你伯牙、折连怯呆儿，周回万里，无非牧地。"既然有如此广阔的牧场，则马饲料之一苜蓿的种植量之大，也就可想而知。

不过，苜蓿在元代，亦如宋代一般，不仅用作饲料，也可充任人类的食粮。忽必烈在位之初，就颁布法令："仍令各社布种苜蓿，以防饥年。"（《元史·食货一·农桑》）可见，苜蓿是人们果腹的食品之一。这时所谓的"社"，是全国农户的基层组织，这是在至元七年（1270）设立司农司后就确定的体制。其规定，每个县邑所属的村庄，均必须设"社"，以五十家为一"社"，并选择年纪较大、熟晓农事的人担任社长。所以，下令"各社"种植苜蓿，也就意味着全国的农民都得参与此事，那么，当时苜蓿的种植量，岂不远胜于前代？

明代李时珍在《本草纲目》卷二十七谈及苜蓿时说道："今处处田野有之，陕陇人亦有种者。年年自生，刈苗作蔬，一年可三刈。二月生苗，一科数十茎，茎颇似灰藋。一枝三叶，叶似决明叶而小如指顶，绿色碧艳。入夏及秋，开细黄花，结小荚圆扁，旋转有刺，数荚累累，老则黑色。内有米如穄米，可为饭，亦可酿酒。"似乎到了明代，苜蓿已以野生为多了，并且，其功用似亦发展到以人类食用为主——既能充饥，又能酿酒、入药。至此，除了在古代文献记载里尚能见到其"舶来品"的痕迹外，在普通大众的心目中，苜蓿已经成为纯粹的"中国货"。

二、"苜蓿"的象征隐喻：以唐代文学为例

如前所述，苜蓿从汉武帝时传至中国，先是在西域边地和长安宫苑栽植，逐渐蔓延至京畿，再至洛阳，其栽植范围不断扩大，人们对其熟知度亦渐多，同时其食用、医用、药用等功用亦不断被认知和开发。在历代叠加的苜蓿文化认知与唐代苜蓿生长地域蔓延、广被种植，时人所见所闻甚多的基础上，苜蓿亦随唐人视野的扩大与认知的加深进入唐代文学，与之联系深厚，并与葡萄、石榴一样，成为唐代文学中频频出现的外来植物，亦因此成为文明、文化交流的象征符号。下文将以唐诗为例，以说明苜蓿在传入中国后被赋予的文化隐喻。

（一）与天马、榴花共构的生态图景及文化意蕴

唐诗中的苜蓿往往与特定的物象组接或对仗，从而共构鲜活的唐代苜蓿生态图景，或形成特定的苜蓿文化意蕴。其最常和天马组合，二者有着生养依存的食物链关系，也是时人心目中认为有此必当有彼的一对密切组合物象，也常常和同样有着外来身份的石榴花、葡萄等外来植物相连，从而形成固定的外来物标志符号，并组成独具异域风情的生态情境，有时也会和沙鼠、昆仑山石等有着典型风土标志的事物相连，从而勾勒出独具风味的画境。更有诗作将外来的苜蓿与中国本土楚地的江蓠相对仗，并赋予其新的意蕴，即李商隐的《九

日》所言："不学汉臣栽苜蓿，空教楚客咏江蓠"❶，以暗喻不同的身世处境，在诗人的眼里、心中，苜蓿有汉使将其从遥远边地带到繁华长安的良好际遇，而江蓠则只能身处偏僻之地空被楚客吟咏。

1. 苜蓿天马组合的象征符号

唐诗中的苜蓿多与征马并联，有历史的根源，二者同出西域，而征马依赖苜蓿而生，从其出现在国人视野、被引入并载录史册起，即与大宛马并联。据《史记·大宛列传》载：大宛"俗嗜酒，马嗜苜蓿，汉使取其实来，于是天子始种苜蓿、蒲陶肥饶地。及天马多，外国使来众，则离宫别观旁尽种蒲萄、苜蓿极望"。❷《汉书·西域传》云："罽宾国有苜蓿，大宛马嗜苜蓿。武帝得其马，汉使采蒲桃、苜蓿种归。"❸直至宋代，在面对唐人的黄马图作文时，宋人仍会以"苜蓿""天马"并称。米芾《画史》中记录高君素收藏的唐韩幹"于阗贡黄马图"，而见到此画，他感慨良多，并为之作赋，在追忆唐朝盛世时，选取象征强大国力的骏马，叙写被送至长安的骏马岂肯浪逐苜蓿之坡，可见即便在后代，提及西域骏马也是要和苜蓿坡并联的，二者在后人心目中显然仍被视为唐王朝强盛国力、开放程度与文明交流的象征符号："高公绘（字君素）又有……唐韩幹图于阗所进黄马一轴，马翘举雄杰。余感今无此马，故赋云：'方唐牧之至盛，有天骨之超俊……岂肯浪逐苜蓿之坡，盖当下视八坊之骏……'"❹

王维的《送刘司直赴安西》云："苜蓿随天马，葡萄逐汉臣"❺，在遥想友人将去的安西之地时，选取的典型物象是苜蓿、天马、葡萄，显然三者已是烙入时人潜意识中的安西物产标识，而苜蓿已作为此地符号植入唐诗之中。岑参的《北庭西郊候封大夫受降回军献上》属实地创作，首句即云"胡地苜蓿美，

❶ 李商隐. 李商隐诗歌集解：编年诗［M］. 刘学锴，余恕诚，集解. 北京：中华书局，1998：1027.

❷ 司马迁. 史记·大宛列传第六十三［M］. 裴骃，集解. 司马贞，索隐. 张守节，正义. 北京：中华书局，1999：2407.

❸ 班固. 汉书［M］. 北京：中华书局，1962.

❹ 米芾. 画史［M］. 北京：中华书局.1977：72.

❺ 王维. 王维集校注：卷 4 编年诗（天宝下）　［M］. 陈铁民，校注. 北京：中华书局，1997：405.

轮台征马肥"❶，以在北庭时时会看见的胡地丰美苜蓿、轮台肥壮征马领起。杜甫的《赠田九判官》云："宛马总肥秦苜蓿，将军只数汉嫖姚"❷，叙写秦地的苜蓿总是可以让同样外来的大宛之马肥壮。鲍防的《杂感》写道："汉家海内承平久，万国戎王皆稽首。天马常衔苜蓿花，胡人岁献葡萄酒。五月荔枝初破颜，朝离象郡夕函关"❸，在感慨时人重远物轻近物的社会风习时，亦可见，天马、苜蓿、葡萄酒、荔枝，这些关外事物的代表物，在唐人心目中不仅成为文化交融、帝国文明、强大国力、文化向心力的象征符号，也已成为奢侈品与社会浮华奢靡风气的象征物，承担着社会之罪与罚，成为寄托暗讽、谴责历史情怀的具象。

　　刘禹锡的《裴相公大学士见示答张秘书谢马诗并群公属和因命追作》云："初自塞垣衔苜蓿，忽行幽径破莓苔"❹，描绘被丞相从并州寄来的骏马自塞垣衔苜蓿而来，在迥异的陌生地奔跑，忽然行至幽微的小径踏破莓苔的生动画面。

　　张仲素的《天马辞》二首其一先是交代天马来自渥洼水的特殊背景，在结句中以玉塞沙路边开满的苜蓿残花，铺开生养天马并任其驰骋的辽阔边塞图景："天马初从渥水来，歌曾唱得濯龙媒。不知玉塞沙中路，苜蓿残花几处开。"❺ 渥洼水是传说中产神马的地方，《史记·乐书》："又尝得神马渥洼水中，复次以为《太一之歌》……后伐大宛得千里马，马名蒲梢，次作以为歌。"裴骃集解引李斐曰："南阳新野有暴利长，当武帝时遭刑，屯田燉煌界。人数于此水旁见群野马中有奇异者，与凡马异……（利长）代土人持勒鞚，收得其马，献之。"❻ 于是渥洼也积淀为唐诗里神马的代名词或神马所来地之通称，而唐诗中有天马、神马，自然少不了苜蓿，二者共构出一幅幅生动的唐代天马苜蓿图。

---

❶ 岑参. 岑嘉州诗笺注：卷 1 [M]. 廖立，笺注. 北京：中华书局，2004：136.

❷ 杜甫. 杜诗详注：卷 3 [M]. 仇兆鳌，注. 北京：中华书局，1979：186.

❸ 彭定求，等. 全唐诗：卷 307 [M]. 北京：中华书局，1997：3484.

❹ 刘禹锡. 刘禹锡集：卷 36 [M]. 卞孝萱，校订. 北京：中华书局，1990：532.

❺ 郭茂倩. 乐府诗集：卷 1 [M]. 四部丛刊景汲古阁本//彭定求，等. 全唐诗：卷 367 [M]. 北京：中华书局，1997：4152.

❻ 司马迁. 史记：卷 24 [M]. 司马贞，索隐. 张守节，正义. 北京：中华书局，1999：1178.

　　时至晚唐，苜蓿天马的组合则充满萧瑟、冷落、凄凉之气，秋风中嘶鸣的病马与春天郊野苜蓿丛中瘦骨嶙峋思念玉门关外家乡的瘦马，已成为连年征战后国运衰颓气象的写照。曹唐的《病马五首呈郑校书章三吴十五先辈》仍然叙写来自渥洼的马，然而曾经的神马如今早已没有昔日的精气神，成为病马，自病后颜色也已半黄如浑浊的泥沙，四蹄无力，双眼慵开，如月宫堕下的玉兔，毛已干枯，打着战栗，亦如失去云朵的龙骨，瘦骨嶙峋，站在平原上向秋风中的苜蓿花嘶鸣，仅能绘出凄凉的秋风苜蓿病马图："骢耳何年别渥洼，病来颜色半泥沙。四蹄不凿金砧裂，双眼慵开玉箸斜。堕月兔毛干觳觫，失云龙骨瘦牙槎。平原好放无人放，嘶向秋风苜蓿花。"❶ 唐彦谦的《咏马》二首其一仍然是写身经百战如今瘦骨嶙峋被放于春郊苜蓿之间的西域瘦马："崚嶒高耸骨如山，远放春郊苜蓿间。百战沙场汗流血，梦魂犹在玉门关。"❷ 只是在追忆昔日汉唐盛世的晚唐诗作中，才会出现生机勃勃的天马苜蓿图景。如李商隐的《茂陵》起句云："汉家天马出蒲梢，苜蓿榴花遍近郊"，将出自蒲梢的天马，与长满长安城近郊的苜蓿、榴花并联，描绘着汉家的国势。

　　2. 苜蓿与榴花、葡萄、沙鼠、昆仑山石的对仗、并联

　　杜甫的《寓目》云："一县蒲萄熟，秋山苜蓿多"❸，描绘甘肃一带的风物，以秋季葡萄成熟、苜蓿漫山作为典型符号。贯休的《塞上曲》二首其一云："锦袷胡儿黑如漆，骑羊上冰如箭疾。蒲萄酒白雕腊红，苜蓿根甜沙鼠出"，择取的西域风物则是白色的葡萄酒与甜甜的苜蓿根，再加上干雕肉与沙鼠。其《古塞下曲》七首其一云："风落昆仑石，河崩苜蓿根"❹，则以风吹落昆仑山石、泛滥的河水淹崩苜蓿之根概括铺绘苍茫古塞的环境。

（二）多愁的或艰辛的苜蓿：融入叠加文化的苜蓿意象

　　唐诗中亦出现烙印着苜蓿文化意蕴的苜蓿意象，此时的苜蓿受历史中的人和事附加的文化意蕴的影响，要么是多愁的，要么是艰辛的，要么是可怜的，

---

　　❶ 韦縠. 才调集：卷 4 古律杂歌诗一百首［M］. 四部丛刊景清钱曾述古堂景宋钞本//彭定求，等. 全唐诗：卷 640［M］. 北京：中华书局，1997：7393-7394.

　　❷ 彭定求，等. 全唐诗：卷 671［M］. 北京：中华书局，1997：7729.

　　❸ 杜甫. 杜诗详注：卷 7［M］. 仇兆鳌，注. 北京：中华书局，1979：602.

　　❹ 贯休. 贯休歌诗系年笺注：卷 11 五言律诗［M］. 胡大浚，笺注. 北京：中华书局，2011：544.

是注入了特定情感的意象，丰富填充着已有的文化意蕴。

1. 艰辛生活的象征：薛令之苜蓿诗逸事源流及其文化意蕴

唐诗中有闽中人薛令之的苜蓿诗，题名《自悼》，自伤身世，为朝不保夕、忧寒逐岁的生活而哀悼，选择食苜蓿作为代表并叙写其细节。朝日照着的盘中阑干苜蓿，味道苦涩，难以用汤匙绾结，羹饭稀疏，食箸都觉得过于宽大，难以夹食稀少的盘中之餐："朝日上团团，照见先生盘。盘中何所有，苜蓿长阑干。饭涩匙难绾，羹稀箸易宽。只可谋朝夕，何由保岁寒。"❶

苜蓿亦因此成为艰辛生活的象征物。中唐时戴叔伦的《口号》以苜蓿寄托叹息与怜惜，面对如雪白发，诗人顿觉年华老大，亦心生倦意，已懒于寒窗著书，最可怜惜的是苜蓿吟咏（或指薛令之吟咏苜蓿自悼，后退隐故乡之事），而自己却不及走向桑榆，归隐田园："白发千茎雪，寒窗懒著书。最怜吟苜蓿，不及向桑榆。"❷

在五代《唐摭言》"闽中进士"条中叙述有薛令之苜蓿诗的逸闻趣事："薛令之，闽中长溪人，神龙二年及第，累迁左庶子。时开元东宫官僚清淡，令之以诗自悼，复纪于公署曰：'朝旭上团团，照见先生盘。盘中何所有？苜蓿长阑干。余涩匙难绾，羹稀箸易宽。何以谋朝夕？何由保岁寒？'上因幸东宫览之，索笔判之曰：'啄木觜距长，凤皇羽毛短。若嫌松桂寒，任逐桑榆暖。'令之因此谢病东归。诏以长溪岁赋资之，令之计月而受，余无所取。"❸

至宋代，有关薛令之苜蓿诗逸事的载录渐多，第一部植物专书——《全芳备祖》中有关苜蓿的资料，基本是汇总前代各种资料而来，但增引了《本草》（始见《汉书·平帝纪》，《汉书·艺文志》未见著录。至南朝梁阮孝绪《七录》始著录《神农本草经》；陶弘景增药草种类作《名医别录》。唐苏敬等修订并增加药草种类作《唐本草》）对苜蓿的记录，云"北人甚重，江南人不食，以其无味也"，可知中国本土北方人与南方人对待苜蓿的态度与接受心

---

❶ 彭定求，等．全唐诗：卷 215 [M]．北京：中华书局，1997：2247.

❷ 戴叔伦．戴叔伦诗集校注：卷 4 伪作部分 [M]．蒋寅，校注．北京：中华书局，2010：261.
此诗被断定为后世人伪作，所据为引王定保《唐摭言》所记唐人薛令之吟咏苜蓿诗之事，而唐人通常不用本朝事。

❸ 王定保．唐摭言：卷 15 杂记 [M]．北京：中华书局，1985：164.

理是不同的，随后引"坡诗注"，与《唐摭言》薛令之苜蓿诗佚事大致相同，但极简略，略去"东宫官僚清淡"与作诗自悼后又"纪于公署"的作诗背景，以及薛令之东归后唐玄宗又出诏令以岁赋资助之事。❶

宋代毛居正《增修互注礼部韵略》解释"阑干"时提及"又阑干，盛貌。薛令之诗'苜蓿长阑干'"。❷《补注杜诗》中仅提说闽中名士对薛令之苜蓿诗的传诵，并对苜蓿阑干之意作出解释："大宛国，汉时通，人嗜蒲桃酒，马嗜苜蓿。后二师至宛，取善马，遂采蒲桃、苜蓿种而归。师与赵曰：'苜蓿所以饲马。'补注：鹤曰：按《唐百官志》：驾部郎中员外郎掌按马，凡驿马给地四顷，莳以苜蓿。闽中名士传薛令之诗云……谓苜蓿之穗如阑干星之长，春生而秋成。今云'总肥春苜蓿'，谓去年所收者，非食其苗也。"❸

宋佚名的《锦绣万花谷》有"东宫官""苜蓿盘"条目，引用《唐宋诗话》的记录，添加了诗人创作的背景，云"为东宫侍读时，官僚简淡，以诗自悼"❹，但无诗成后的玄宗讥讽。朱胜非《绀珠集》的"苜蓿盘"条，简录"开元中为右庶子时，官僚清淡"❺的创作背景，及诗成之后的佚事。至清代，植物专书《植物名实图考》将历来有关苜蓿的文献材料作出汇总，有关薛令之苜蓿诗所见的苜蓿食用并被国人接受的背景，得到更合情理的解释。作者吴其濬认为此事其实反映的是不同身份、地域背景之人，对苜蓿的不同接受心理：对北方人而言，长期的耳濡目染与生活需要，增添了他们对苜蓿的喜爱之情，自其引入后，《西京杂记》中记录了其被种植于京畿，从远处望去极美，并有了"怀风"的美名，而《别录》将之列入上品，作者亲见"西北种之畦中，宿根肥雪，绿叶早春与麦齐浪，被陇如云……夏时紫莩颖竖，映日争辉"。于是认为《西京杂记》谓"花有光采，不经目验，殆未能作斯语""怀风之名信非虚矣！"至于将苜蓿作菜食用，吴其濬亦追溯其历史，"《史记·大宛列传》只云：马嗜苜蓿。《述异记》始谓张骞使西域得苜蓿菜。晋华廙苜蓿

❶ 陈景沂. 全芳备祖：后集卷 26 蔬部 [M]. 北京：农业出版社影印宋刻本, 1982：1424.
❷ 毛居正. 增修互注礼部韵略：卷 1 [M]. 清文渊阁四库全书本.
❸ 杜甫. 补注杜诗：卷 18 [M]. 黄希原，注. 黄鹤，补注. 清文渊阁四库全书本.
❹ 佚名. 锦绣万花谷：卷 12 [M]. 清文渊阁四库全书本.
❺ 朱胜非. 绀珠集：卷 8 [M]. 清文渊阁四库全书本.

园，阡陌甚整，其亦以媚盘飧耶？山西农家，摘茹其稚，亦非常馐……《山家清供》谓羹茹皆可，风味不恶"。但亦客观地指出苜蓿最初是用于饲马的，其"大利在肥牧耳！二人谓刍秣壮于栈豆，谷量牛马者，其牧必有道矣"。而在南方，由于环境的影响，日常很少接触苜蓿，对苜蓿的情感自然与北方人不同，并指出"《释草小记》艺根审实，叙述无遗，斥李说之误，褒群芳之核，可谓的矣"，"李说黄花者，亦自是南方一种野苜蓿，未必即水木樨耳，亦别图之。滇南苜蓿，稑生圃园，亦以供蔬，味如豆藿，讹其名为龙须"。有关这一点，《唐本草》中早就作出记录，指出南人不甚食之，觉得无味，籍贯在闽地的薛令之面对苜蓿菜，自然没有多少好感，此其一；其二，由于身份的不同，"膏粱刍豢，济以野蔌，正如败鼓、鞾底，皆可烹饪，岂其本味哉？"富贵之家将来自山野的食物当作鲜菜野味，会将苜蓿菜视为膏粱之外的清爽素淡野味，而生活困顿之人，以野菜充饥为寻常事，对之自然不会心生喜悦，薛令之面对盘中苜蓿，和东宫太子府以之为菜肴的心理，自然也不一样。

除了对有关苜蓿来源与薛令之苜蓿佚事所反映的不同接受心理的辨析之外，《植物名实图考》还叙述了著作者阅读苜蓿诗的感受，从"阶前新绿，雨后繁葩，忽诵'宛马总肥秦苜蓿'句，令人有挞伐之志"❶的叙述看，苜蓿经过长期的文明交汇与文化积淀，显然已远远超越其植物本体之意，成为国家实力的一种象征。此外，书中还载录了两种野苜蓿，并对野苜蓿和水木樨以及西北苜蓿与生长在江西废圃中的野苜蓿之间的差异作出辨析，而长于南方的野生植物能以苜蓿冠名，亦足见这种外来物融入中国文化与生活之深。

2. 华庑苜蓿园之典与苜蓿吟咏的愁绪

温庭筠的《寄分司元庶子兼呈元处士》在遥望、叙写、想象友人隐居后闭门高卧的嗟叹与月榭怅望的情怀时，选择以刘备种植芜菁之典与华庑被免为庶人，晋武帝登临楼台见其苜蓿园阡陌整齐而感叹之典相对穿插，赋予苜蓿花多愁的意蕴："闭门高卧莫长嗟，水木凝晖属谢家。缑岭参差残晓雪，洛波清浅露晴沙。刘公春尽芜菁色，华庑愁多苜蓿花。月榭知君还怅望，碧霄烟阔雁

---

❶　吴其濬. 植物名实图考：卷 2 ［M］. 北京：商务印书馆，1957：71-72.

行斜。"❶ 唐彦谦的《闻应德茂先离棠溪》中写道："苜蓿穷诗味，芭蕉醉墨痕"❷，以苜蓿、芭蕉相对，赋予苜蓿可穷尽诗味的意蕴。

由上可知，苜蓿与唐诗联系最深厚，并被作为外来植物的代表被频频叙述或描述，也成为唐代文化交流与国力的象征符号。其一，从数量上看，苜蓿与唐诗的联系，比唐代其他文学体裁多。其二，唐诗中的苜蓿，常有固定的组合、并联、组对物象，其中苜蓿与天马的组合最多，二者一起钩织出唐代国运的不同画面，或开放强盛，国力如日中天，令四方稽首，外国朝拜，衔苜蓿而来的天马，即是这一图景的具象象征；或国势衰颓，只留下秋风中萧条的苜蓿与夕阳下嘶鸣的天马；或是征战日久，天马亦老瘦病弱，被弃置中原的苜蓿地，思念着玉门关外的家园，成为大势已去江河日下的唐帝国反战之声的象征。此外，葡萄、石榴、沙鼠、昆仑石等，这些同样来自西域，极具当地特色的代表性事物，同苜蓿一起，勾勒出一个不同于中原、江南或中国本土的充满奇异风情的画面。其三，苜蓿亦成为唐人表情的载体，寄托、绾结着唐人的愁绪，也被赋予清贫生活、归隐田园的文化意蕴。

小　　结

唐代文学尤其是唐诗与丝路外来植物关系密切——这一点从本章论及的唐诗与苜蓿间的关系可窥一二：一方面，丝路外来植物文化作为文化背景影响着创作者的认知，而外来物在中国本土的生长状态则作为一种客观存在，影响着创作者的视野、情感与心灵，激发其创作灵感，成为其创作的源泉，作为文学的表现对象、素材与题材，丰富着文学的内容、思想与情感，塑造着别样的意蕴与意境，让其充溢着一种鲜活的异域情韵。另一方面，外来植物在唐代的生长情境，其被人们接受的程度，人们对其接受的心理与情感，均借由唐代文学生动地展现出来，同时唐代文学还以自身特有的韵味赋予外来植物诗意化的气韵、中国化的风韵，从而让其更丰富、更灵动，更能够合中外文化二者之美，

---

❶ 温庭筠. 温庭筠全集校注：卷 4 [M]. 刘学锴，校注. 北京：中华书局，2007：363.

❷ 彭定求，等. 全唐诗：卷 671 [M]. 北京：中华书局，1997：7727.

具有包容中外、兼容二美的文化内蕴。

　　唐代文学中扑面而来的对外来物从惊奇到习以为常的关系叙写，是构成唐诗异域特质的重要元素。而当丝路外来植物遭遇唐诗，它不仅被再现着，也被表现着，诗人们会通过亲见后的直观描写再现眼前物，也会将个体的情感、认知注入其中，甚至通过文献中的载录想象着这种来自异域并未亲见过的事物，还会在追忆中为其涂抹上朦胧唯美的色彩，于是当外来植物遭遇唐代文学后，也不再是原来的样子，而是在唐人眼中、心目中辗转后的样子，从而别具风采，焕发出别样的光华。当然，需要指出的是，除了上述唐诗宋词等古典文学作品中的赋意外，"苜蓿"在当下还承载着其他的一些文化隐喻。比如，苜蓿的"四叶草"形象代表着好运和幸福，这种观念源自基督教的四叶草文化——苜蓿与东正教十字架有关，四叶植物是四个福音的象征，每一片叶子都有其独特的意义，分别代表希望、信念、爱和幸运。相传这种草只有象征希望、信念和爱的三片叶子，而看到第四片叶子的人即是幸运的人，因此四叶草在西方传统文化中象征着"幸运"，四叶草形象也在著名奢侈品品牌梵克雅宝的再设计下流光溢彩，成为时尚的风向标。如今"四叶草"文化风靡世界各地，其为现代饰品营造了一个隐晦深沉而发人深思的设计氛围，通过继承传统象征特性，加入时代语言和作者个人风格，消费主义时代的"四叶草"饰品大为增加，很多人（特别是女性）愿意佩戴四叶草的项链、戒指、手链等首饰，以期为自己带来好运……

　　无论如何，在文明文化的交流中，尽管当今的研究者把关注与研究重点集中在经济、政治、思想、文学、艺术等的交流上，但事实上，在丝绸之路的交流与传播中，物的交流尤其是植物、动物对农耕或游牧时代的民族与国家而言才是最为重要与基本的。时代的变化让今天的学者在研究时，往往会忽视丝绸之路在其最初出现时存在的本真状态。本章以苜蓿及其文学中的赋意展开论述，只期能够为"丝路上的植物及其文化赋意"相关研究有所启示和裨益。

第十四章　"马可·波罗文本"的
图像表征事件

　　马可·波罗的故事从口传时代的口述演讲，过渡到纸质媒介时代的语言描写，视觉表达取代了话语的口语形态。在文本的媒介转换过程中，人的经验发生变化，从主要依赖听觉转向主要依赖视觉。马可·波罗图像在视觉占主导地位的时代滥觞，并随着马可·波罗故事在全球的旅行而不断传播和生成。马可·波罗图像早已超出装饰美化的狭窄内涵，在审美创意与图像述行、影像表征与多模态叙事、马可·波罗图像的事件化方面呈现了重要的美学价值。

　　将《马可·波罗行纪》（或《马可·波罗游记》，以下统一简称《行纪》）视为一种文学类型，还是看作一种社会行为，这关系到哪些文本可以成为学术研究的对象，更关系到如何理解马可·波罗从古代延续至今的理论意义。马可·波罗可以说从未受到语言文字的限制，既可以在狱中由马可·波罗口头讲述，也可以是他人传抄诵读、表演转述，被不同的媒体记载和表述，无论是在纸张、荧屏、石头上，还是在剧院、博物馆、虚拟网络中，更广泛的社会框架有助于确定马可·波罗在修辞学家（创作者）、艺术品和观众/读者/听众之间的意义生产与生成。

　　人类社会在不同媒介主导下，社会运行方式不同。在口语文化社会，口头的媒介占主导地位；到了文字社会，文字媒介和印刷媒介占据主导地位；在电子社会，电子媒介占据主导地位。马可·波罗的故事从演讲和口语讲述转变为手抄本和印刷本以后，视觉表达取代了话语的口语形式，文字独白代替口语对白。在这个过程中，人的经验发生变化，从演讲口述过程中主要依赖听觉转向文字阅读时主要依赖视觉，在这个转换过程中，马可·波罗图像生成。马可·

波罗图像表征包括各种跨文本、美术作品、戏剧影视等超媒介文本，内容包括表现马可·波罗及其行旅场景、旅行风物等。但是本文并非简单地将马可·波罗的不同图像排列在一起，引起人们对图像模态的文本之间差异的注意；而是在"马可·波罗文本"这一概念下逼近以多模态符号表达的多层次多维度的意义文本，考察马可·波罗文本的图像表征，以及图像与多元模态形式的杂合共同讲述丝路文化的交往"事件"。

一、马可·波罗图像的滥觞及早期图像

图像是通过视觉显示与不可见者进行协商和商讨，并将不可见者表现出来。"图像，始于雕塑，而后描绘而成，究其深渊和功能，是一种媒介，处于生者和死者、人和神之间，一个社群和一片宇宙之间，在可见者和驾驭它们的不可见力量的两个群体之间。因此图像本身并非终极目的，而是一种占卜、防卫、迷惑、治疗、启蒙的手段。"[1] 马可·波罗早期图像开启了不可见的马可·波罗世界与马可·波罗图像再现的可能，是沟通语言文字与读者之间的媒介。直接表现马可·波罗形象的图像，究竟是何时、何地、如何产生的？马可·波罗图像在手抄本时代就已经出现于地图制作和《行记》手稿里。

在手稿时代的地图绘制中较早出现了马可·波罗图像。现存于法国国家图书馆的 1375 年完成的《加泰罗尼亚地图集》用文字符号和图像表征了世界。马略卡地图学派的代表人物亚伯拉罕·克莱斯克（Abraham Cresques）等合作完成《加泰罗尼亚地图集》，绘制在六张双层羊皮纸上，共 12 幅整页图。约翰王子把这幅地图作为礼物献给他的表兄查理王子（后为法国国王查理六世）。这幅地图采用当时地中海世界较为通用的加泰罗尼亚语进行地图标注，突出表现了阿拉贡王国和马略卡岛。这是中世纪对世界各地的特色物产、风俗建筑、重要人物形象所作的详细图像描绘。地图采用的色彩多元，有蓝色、绿

---

[1]　雷吉斯·德布雷.图像的生与死［M］.黄迅余，黄建华，译.上海：华东师范大学出版社，2014：17.

色、橙色、紫色、金黄色、赭色、粉红色、红色。❶ 地图描绘了联通欧亚大陆的陆上丝绸之路，以马队、象队、驼队等旅行群体形象，开放式帐篷、东方地毯花纹样式的地图边缘装饰、马格里布（Maghreb）的游牧民族、网格背景，向西行走的三博士国王，欧洲城市是尖顶，东方的城市是圆顶，根据马可·波罗故事描绘的马可·波罗旅行场景（见图14-1加泰罗尼亚地图集马可·波罗一行在沙漠行走）：在沙漠中向东行走的马可·波罗商队，每头骆驼驮着满载货物的箱子，骑在马上的人们头顶帽子上分别插有翎毛，随从步行跟随在驼队后面。地图还明确标识了中国，详细标注了马可·波罗提到的29个中国城市、1458个东方岛屿。杰瑞·布罗顿编著《伟大的世界地图》一个非常重要的目的是"致力于阐释当时的地图是如何满足它们的阅读对象的特定需求的"❷。加泰罗尼亚地图是对已知世界的整体视图，从斯堪的纳维亚海岸延伸到撒哈拉

图14-1   加泰罗尼亚地图集：马可·波罗一行在沙漠行走

❶　Espagnol 30 ［EB/OL］.［2022 - 12 - 30］. https：//archivesetmanuscrits. bnf. fr/ark：/12148/cc78545v.

❷　杰瑞·布罗顿. 伟大的世界地图 ［M］. 齐东峰，译. 北京：中国大百科全书出版社，2017：7.

以南地带，亚洲从里海北部延伸到印度南部和中国的海洋。地图优美的装饰、明艳的色彩、不同地区人物形象的个性化呈现，提供了关于世界的描绘和审美视觉体验。

1457 年，威尼斯地图学家弗拉·毛罗（Fra Mauro）接受葡萄牙国王阿方索五世的委托，于 1459 年为葡萄牙王子制作完成世界地图。他使用马可·波罗表述的元素来绘制地图，虽然没有像加泰罗尼亚地图那般直接表现马可·波罗形象，但是根据马可·波罗的文字描述绘制了卢沟桥，标注了杭州、泉州，绘制了长江和黄河，绘制了忽必烈的宫殿和首都大都。《旅行地图：论毛罗地图与〈百万〉的关系》❶一文分析了马可·波罗对毛罗地图的知识影响。这一知识影响同样是理查森（Richardson）的研究发现，他将《行纪》与托勒密地图、马特勒斯地图、葡萄牙地图参照分析，认为从 15 世纪末到 16 世纪初，西方世界对东亚和东南亚的认知，深受托勒密地图、马特勒斯地图与《行纪》的影响。❷ 本杰明·B. 奥尔申（Benjamin B. Olshin）从一幅马可·波罗地图出发，研究了意大利的历史、探索时代和制图奇迹。❸ 毛罗根据马可·波罗的描述，把中国的一座座城市描绘为城堡的样子（见图 14-2），最大的都城外围圆形尖顶的蒙古包敞开着，附近有一座桥，河流流经这座桥而入大海。这些城市以古代欧洲城市为想象模型，完全没有东方城市的特征，但是城外的蒙古包似乎是想象了大汗在都城外的行宫，是对大汗游牧生活方式的一种想象性表征。

在印刷术流行之前，手稿时代的马可·波罗游记抄本中已经存在马可·波罗图像。法国国立图书馆手稿编号 Ms. fr2810 抄本，内有 84 幅精美绘画。该书是由勃艮第无畏公爵让（1371—1429）定居巴黎后向布西科（Boucicaut）画坊定制的一套东方丛书，其中 Fol. 1r-96v 是第一本书《威尼斯商人马可·波罗（1265—1324 年）游记：世界奇观》。让于 1413 年把书赠送给其叔贝里公

---

❶ 马晓林. 马可·波罗与元代中国：文本与礼俗［M］. 上海：中西书局，2018：34.

❷ Richardson. East and South-East Asia: Cartographers'Attempts to Reconcile the Maps of Ptolemy and Martellus with Marco Polo's Travels and with Portuguese Charts［J］. Terrae Incognitae，2000，32（1）.

❸ Benjamin B. Olshin. The Mysteries of the Marco Polo Maps［M］. London：The University of Chicago Press，2014.

图 14-2　弗拉·毛罗地图：大汗的城市

爵。这本书 84 幅精美的绘画展现了布西科画坊理解的马可·波罗的世界，手稿图像色彩艳丽。画面分为两种风格，分别出自法国的布西科门下的著名画师、英国的埃格顿（Egerton）和贝德福德（Bedford）两大画师门下。正如书的标题一样，对于奇观异闻的精美展现是这部手稿的重要内容。贝里公爵的秘书让·弗拉梅在手稿衬页上写着，"这是世界奇观之书，包括：圣地（指中东）、大汗汗国、塔塔尔（指蒙古贵族统治下的各汗国）和印度各地的情况"。❶画面的非写实性特别突出，威尼斯和君士坦丁堡的海港位置和出行坐船的实际情况，并未被画师在意，画师主要展现了骑马的马可·波罗。例如，该书扉页插图（见图 14-3）描绘了马可·波罗的父亲和叔叔离开君士坦丁堡前往亚洲，一群人站在房子外面，二人半下蹲与其握手告别，似乎显现出站在房子外面的人的身份比较高贵，旁边有两个人骑在马上等待出发，马蹄扬起预示着即将离开，四周是彩色花边装饰，哥特式字体，上方两角各为一个手持绥带的天使，

---

❶　上海市上海图书馆. 马可·波罗展览手册［Z］. 1998：22.

图 14-3　法国国立图书馆手稿编号 Ms. fr2810 抄本扉页插图

下面两角分别为狮和鹰，画面以下是标题，写道："以下开始了马可·波罗之书：亚洲、大小印度各地和世界不同地区的奇观。"[1] Ms. fr2810 抄本插图还描绘了马可·波罗一行三人离开阿克拉（见图 14-4）前往耶路撒冷。房门外站着的几个人上半身前倾，十分恭敬地送行，与骑在马背上即将离开的马可·波罗一家握手告别，马蹄抬起随时准备出发，马背上的三人身体面向即将离去的方向，回头望着告别的人们。有的房子还不如成人高，这些图像中人与物的比例与实际尺寸不符，象征意味较强。这两幅图像都以骑马作为马可·波罗一家东方旅行的主要交通方式，并没有呈现两处主要依靠港口船舶的出行状况。插图绘制了各地奇观：蒙古草原的无头怪人、独腿怪人、旋掌怪人（见

[1]　上海市上海图书馆. 马可·波罗展览手册［Z］. 1998：24.

图 14-5），一片没有任何建筑的山间草地上，三个赤身裸体的人，无头怪人的五官长在上半身里，独腿怪人抱着一条腿躺在地上，旋掌怪人一只手是扇形的，一只眼睛长在面部中间位置。插图还描绘了其他的奇异景象如云南西部的巨龙、印度安达曼群岛上的狗头人。另外《行纪》插图还有：旅行行程、宫廷生活、贵族家庭、城市乡村、狩猎、贸易交通等。

图 14-4　马可·波罗一行三人离开阿克拉

图 14-5　蒙古草原的无头怪人、独腿怪人、旋掌怪人

　　那些对亚洲或东方的描述，是画师凭借马可·波罗的记述想象的东方，更有图像对文字表述的逸出。例如，游记正文内容表述：波罗一行受大汗接见，向其呈转教皇回函和耶稣墓处圣灯油，马可·波罗成了忽必烈的钦使。图像（见图14-6）则描绘了绿草地上大汗坐在宽阔的红色椅子上，脚底踩着金黄色的毯子，三个侍从随意地扶靠着椅子，尼科洛和马菲奥单膝跪拜大汗并转呈礼物，一本福音书和一个十字架。该图想象地再现了忽必烈汗接见马可·波罗一家的场景，对于宫殿、会见仪式、人物的描写都是出于画师的想象。画师根据马可·波罗的文字描述想象性地再现了中国城市。马可·波罗在其旅行文本中极尽赞美之辞书写的杭州，城里有数不清的桥。画师制作图像时用立体透视感展现了建立于水上的城市（见图14-7），房子之间用桥连接，道路从房子内部穿过，城市里只有房子、小桥、河水，没有居住的人民。

图14-6　波罗一行受大汗接见

　　约1400年荷兰抄写、绘图，现存于英国牛津博德利（Bodley）图书馆的编号Ms. 264《行纪》，有38幅插图，与《亚历山大史记》装订在一起，手稿有哥特式插图装饰。其中，插图描绘了波罗兄弟离开威尼斯的情形（见图14-8），乘坐小船从威尼斯出发，海上游泳的白鹅体型近乎是小船的大小，岸上房屋鳞次栉比，海水通过河道穿过城市，圣马可飞狮矗立在广场上，岸上有人扛着货物前行，还有人摆着货物买卖，岸上站满了送行的队伍，海上还有更多

图 14-7　杭州城

更大的帆船，这幅图像描绘了繁荣的威尼斯港口，城市建筑、货物流通、贸易往来。

图 14-8　波罗兄弟离开威尼斯

　　15 世纪随着印刷术在西欧的流传，印刷版本的《行纪》不断涌现，马可·波罗图像作为出版插图出现在印刷媒介文本中。德国纽伦堡 1477 年出版的《行纪》首页插图❶（见图 14-9）展现了一位小丑模样打扮的马可·波罗形象，红色及膝长袍、高顶帽子、戴着项链、演讲的手势。而西班牙 1503 年版的《行纪》（德国 Archiv fr. Kunst und Geschichte 藏本）中也描绘了马可·波罗木刻像（见图 14-10），他身穿长袍，头戴类似皇冠的一顶帽子。在这两幅图中，马可·波罗双脚向两侧伸展。在肖像插图的下方，绘有数艘在海上航行的帆船，以及岸边的房屋和树林。从图像学的角度来看，早期出现的马可·波罗图像属于纪念性肖像，这类插图的主要功能在于以装饰性的配图使语言文字形式的游记故事充满吸引力，它对以后的马可·波罗图像或者塑像起着指导性作用。

图 14-9　1477 年插图

　　早期出现的马可·波罗图像属于纪念性的肖像画，且产生于马可·波罗去世以后，并没有马可·波罗生前的写真肖像留存。其图像功能主要在于装饰设

---

❶　Marco Polo. Hie hebt sich an das puch des edeln Ritters vnd landtfarers Marcho Polo, in dem er schreibt die grossen wunderlichen ding dieser welt Übers. aus dem Ital［M］. Norimberg, 1477.

图 14-10　1503 年插图

计文本，使其更具可读性、可信性。插图是语言文字所指称意义的图像化，是画师把语言文字转译为图像的过程。马可·波罗所描绘的人们未曾见过的世界被展现为可见的世界，插图本身也为语言文本争取了更多的读者。图像作为语言文字所模仿的世界的形式再现，是在修辞意义上对语言文字表述的放大和彰显，是"图像的修辞"（Rhetoric of Image）在马可·波罗文本中的具体表现。马可·波罗的图像作为"例证""再现"了马可·波罗所描写的世界，是对语言文字描写的"延伸"。画师挑选了一些最能表现马可·波罗东方之旅的形象、情节转译为视觉图像，这些图像不能脱离马可·波罗的语言讲述而存在，是语言讲述的"并置"，对语言符号的依存决定了"图说"的局限性。但是，图像的直观可读性使其超越了语言文字的地域文化限制而随时可读，能被更广泛的群体可视可读。

二、审美创意与图像述行

除了使用语言媒介，"马可·波罗文本"还通过图像生产意义、依靠图像"做事"、实现"施为性"的力量。在冈瑟·克雷斯看来，"对意义的解释同时受到视觉、语言和认知过程的影响，每一次新的意义创造尝试都受到先前经验的影响"。❶ 不同国家和地区的创作者围绕马可·波罗及其东方旅行制作了长相各异、服饰多样、不同情境下的马可·波罗图像，包括插图、肖像画、漫画、连环画以及书籍封面。这些图像成为探索不同时代和地区多元文化的媒介和触点。读者通过对图像主题的思考得到对意义的把握、借由对图像和文字标题以及其他元素的组合考察，以多模态阐释马可·波罗不同图像的话语意义。

　　不同的城市通过马可·波罗雕塑实现了城市话语的自我表达，勾连丝绸之路历史文化场域，重新书写当代城市空间。雕塑是城市景观展现文化底蕴的重要方式。"城市雕塑是城市的眼睛，通过它可以展示一座城市的历史与文化，表现出城市居民的整体素质和审美情趣。"❷ 马可·波罗图像尤其是雕塑、浮雕和城市造型艺术，从分布地区来看主要与《行纪》所记载的马可·波罗旅行中国、在中国经商做官以及返回威尼斯行走过的地区有密切关系，充分体现了马可·波罗故事的在场性特征。"空间模式对视觉效果也非常重要，因为除了多模态对象本身之外，我们在不同空间中观察的理念可以改变看到和阅读文本的过程。"❸ 适合每个空间的行为类型（例如惯例）的话语包括我们感知其中事物的方式的规范。由于个体不同，我们对这些规范的反应使空间模式对阅读产生非常个性化的影响。

　　在中国北京、杭州都有马可·波罗的雕塑，这些雕塑在述行意义上展示着古老中国的开放性。中国美术家协会雕塑艺术委员会副主任、中国美术学院龙翔教授雕刻展览的马可·波罗雕塑，规格 2.5 米×1.3 米×2.6 米，2016 年 11 月 22 日至 12 月 11 日，该作品在中国文学艺术界联合会、中华人民共和国财政部、中华人民共和国文化部主办的"中华史诗美术大展"中展出，展出地址为中国国家博物馆。后来，在"时代经典——2019 中国雕塑学术邀请展"上，他的特邀大型雕塑作品《马可·波罗》（规格 4 米×1.5 米×3.8 米）再次展示了马可·波罗形象。这一雕塑表征了马可·波罗骑马行走的场景：马可·波罗双脚蹬住马镫，拉紧缰绳，马蹄抬起，马背上驮着货物，这个动作瞬间刻

　　❶ Rachel R. Reynolds, Greg Niedt. Essentials of visual interpretation［M］. NY：Routledge, 2021：11.
　　❷ 赵慧宁，赵军. 城市雕塑与城市空间环境设计［J］. 城市发展研究，2006（2）：123–126.
　　❸ Rachel R. Reynolds, Greg Niedt. Essentials of visual interpretation［M］. NY：Routledge, 2021：112.

画了奔波旅行的马可·波罗。2002 年，杭州市雕塑院院长林岗设计或者组织设计了杭州西湖边的《李泌凿井》《惜别白公》《钱镠像》《马可·波罗塑像》，其中《马可·波罗雕像》高 3.7 米，以铸铜和花岗岩为材料，该雕塑获"2004 年第三届全国城市雕塑建设成就展"优秀作品奖❶，杭州西湖的马可·波罗雕塑，马可·波罗左手抱着意大利版《行纪》即《百万之书》，右手握着鹅毛笔，似乎在思考如何继续写东方旅行的故事。2005 年，为纪念马可·波罗来到中国 750 周年，意大利对外贸易委员会、意大利驻华大使馆、意大利大理石机械协会向北京市朝阳区政府赠送马可·波罗雕像，雕像接近 3 米高，由意大利雕塑家桑德拉采用中国四川宝兴大理石制作而成，名称为"一个男人，两个世界"，雕塑是四方柱形，浮雕刻画了马可·波罗在中国所见长城、龙，以及东方见闻，称赞东方富庶、文物昌明。❷ 另外，在马可·波罗的家乡威尼斯早就有马可·波罗的雕塑。单士厘在《癸卯旅行记·归潜记》中记载了她在意大利威尼斯旅行时瞻仰马可·波罗石像。❸ 可以说，雕塑是城市文化建构和意义表达的符号表征，每一尊马可·波罗雕塑都从各自的维度展现了马可·波罗多棱镜的一个面向，与城市的气质和精神相关联，表达城市的历史文化性、丝路关联性。

马可·波罗物品的交流和展览活动，将马可·波罗文本与更广阔的实践活动联系起来，具有话语的功能，产生述行的力量。威尼斯圣马可国家图书馆珍藏的马可·波罗遗嘱以往是作为马可·波罗研究的重要文献依据。现在它重新进入文化流通环节，成为沟通中意两国的重要信物。"存有年代痕迹并且触手可及的物品是另一个时间和空间的担保。"❹ 2021 年 9 月 27 日，世界旅游日，欧洲华人旅游业联合会轮值会长、意大利华人旅游业联合会会长应虹女士和意大利的费迪南多·桑托罗总裁线上共同向世界旅游联盟捐赠"马可·波罗遗

❶　全国获奖：《马可波罗》［EB/OL］.［2022-09-25］. http：//www. hzdsy. com/dszp/show/id/16. html.

❷　侯建华. 意大利向北京市朝阳区赠送马可·波罗雕像在朝阳公园揭幕——雕像由意大利雕刻家桑德拉利用四川宝兴白大理石雕制而成［J］. 石材，2005（7）：9.

❸　单士厘. 癸卯旅行记［M］. 北京：朝华出版社，2017.

❹　阿莱达·阿斯曼. 记忆中的历史：从个人经历到公共演示［M］. 袁斯乔，译. 南京：南京大学出版社，2017：135.

嘱复制品"，该复制品等比例复制，得到圣马可图书馆官方授权。世界旅游联盟意在通过马可·波罗来华的存世物证再次来到中国，展示联结东西，继往开来的美好价值："一个古老物件，一次文明对话。"❶ 2022 年，世界旅游博览馆发布线上展览"行在天城：马可·波罗纪念展"（http：//marcopolo. wtm-exhi-bition. com/），这是纪念意大利方面向世界旅游联盟捐赠马可·波罗遗嘱复制品一周年以及配合 2022 年中意文化旅游年系列活动之一。此次展览以"一份遗嘱、一场旅行、一座天城、一群旅人"为主线，从马可·波罗遗嘱切入，带领观众回顾马可·波罗一生的旅途，了解《行纪》的诞生，走进马可·波罗眼中的天城杭州，并通过观众分享的旅行故事寻找当代旅游者与马可·波罗的对话。本次展览是世界旅游联盟和世界旅游博览馆在推动中西文化交流互鉴、旅游历史文化普及上的一次崭新尝试，是通过文化策展实践文化述行的一种可能。

梵蒂冈于 1996 年发行的"纪念马可波罗从中国返回威尼斯 700 周年"小型张邮票图案为 1477 年德文版《行纪》首页插图（邮票左下角设计增加了梵蒂冈国徽，边框文字是邮票主题"纪念马可·波罗"），边纸则为现代世界地图，红色曲线标识了马可·波罗东行前往中国的路线，左上角为梵蒂冈国徽，右上角为"中国第九届亚洲国际集邮展览"展徽，一只展翅飞翔的鸿雁。另外发行的 4 枚邮票选用不同版本《行纪》中的彩色插图，表述马可·波罗一家拜见坐着的忽必烈大汗并被赐予金牌，波罗一家送上圣母灯油和书信、忽必烈站起身亲自接待，波罗一家穿着异域服饰、布袋子装满金银珠宝返回威尼斯的情景，东方三博士拜见初生的基督。世界遗产委员会评价梵蒂冈城是世界基督教最神圣的地方，这一组四张邮票对刚初生的基督和东方三博士的图像表述，是对共同历史的群体记忆与图像书写，对马可·波罗与东方交往的表述，也是在重新书写东西方的交往历史。

在 1996 年中国举办的第九届亚洲国际集邮展览上，圣马力诺发行的标有"RITORNO DI MARCO POLO DALLE CINA"字样的邮票旨在纪念马可·波罗

---

❶ 世界旅游联盟举办"马可·波罗遗嘱复制品"捐赠仪式［EB/OL］.［2022-10-15］. https：//www. wta-web. org/chn/news/news_027.

从中国归来 700 周年，远处的背景是紫禁城，马可·波罗背对着画面正准备踏上台阶进入宫殿，左右两边站着带刀侍卫，他们三人脚下是暗红色的地面。近处的年老的马可·波罗看着远处的事情发生，左侧装饰是舞动的龙，右侧边框是纹龙柱子，右上角是"中国第九届亚洲国际集邮展览"展徽，一只展翅飞翔的鸿雁，标识中国字样。整枚邮票以红色和黄色为主色调，迎合了对中国的认知和想象。这一枚邮票同时呈现了发生在不同时间的两件事情，表述马可·波罗本人回忆自己在中国的情景。

意大利发行的有关马可·波罗的纪念性钞票或者测试钞，特别重视表征威尼斯总督府和航海的帆船，这是对强盛的威尼斯共和国和贸易时代的纪念和追溯，而马可·波罗正是海上丝路这一群体的符号表征。"古代著名的商人团体，包括罗马人、西域胡商、粟特人、阿拉伯人和威尼斯人，通过贸易的实际参与者，跨越广阔的沙漠、危险的山脉和无边无际的海洋交换有用的物品，为文化交流做出了巨大贡献。"[1] 1982 年意大利 1000 里拉纸币，正面绘有马可·波罗头像，有"Marco Polo"字样，中间绘有圣马可飞狮与和平鸽；背面绘有威尼斯总督府。[2] 同样的图像叙事倾向，也出现在意大利后来发行的纪念钞上面。2019 年意大利发行的面值 2000 里拉的测试钞，正面右侧绘有老年马可·波罗，中央为海上行驶的帆船，左侧为威尼斯港口和它的船舶，标有"MARCO POLO 1254-1324" "REPUBBLICA DI VENEZIA"（威尼斯共和国）字样；背面绘有圣马可有翼飞狮，背景为威尼斯总督府。同年发行的纪念钞也表述了对意大利的古代遗迹的描写与强调：马可·波罗手持书本，眺望远方，背景是大海上航行的船只；钞票背面绘有意大利古罗马斗兽场等古代建筑遗产。

直布罗陀 2021 年发行的纪念马可·波罗的重达 1 公斤的立体银币，用 5 个图案表征了马可·波罗旅行中的重要节点[3]（见图 14-11）。第一面刻有整

[1] Jeong Su-il. The Silk Road Encyclopedia [M]. Seoul Selection, 2016：381.
[2] 去年今日，意大利那些你没见过的钱币 [EB/OL]. [2022-10-04]. https://new.qq.com/rain/a/20210407a0bhkq00.
[3] 直布罗陀 2021 年马可波罗旅行记一公斤立体银币欣赏 [EB/OL]. [2022-10-04]. https://zhuanlan.zhihu.com/p/266928464.

个银币的主题"马可·波罗之旅"（THE JOURNEY OF MARCO POLO）、发行年份"2021"、重量"1公斤"（1KILO）、面额"10英镑"（10POUNDS）。第二面题注"1271年离开威尼斯"（DEPARTING FROM VENICE 1271），描绘了年轻的马可·波罗驾船离开威尼斯的景象，远处的威尼斯总督府、来往的帆船显示了港口的繁忙，空中连绵的云彩和飞翔的鸟，马可·波罗手里握着一份文件，身体朝向远方，这一切把马可·波罗对远方的期待和向往描绘得淋漓尽致，也表现了充满活力的马可·波罗和他的城市威尼斯。第三面主题为"STRUGGLES ON THE SEA"，表征了马可·波罗一家在大海上奋力拼搏的景象。第四面主题为"圣地"（THE HOLYLAND），马可·波罗抵达圣地取到圣墓灯油。第五面主题是"通往中国的丝绸之路"（SILK ROAD TO CHINA），马可·波罗经由丝绸之路驶向中国，驼队载着货物穿过戈壁。第六面主题"服务皇帝大汗"（SERVING EMPEROR KHAN），描绘了马可·波罗向忽必烈汗进献物品，侍从撑着黄罗盖伞，右上角的远方是一个中式花园和凉亭，整幅画面的边框是中式窗格，所有这些图像在表征中国元素。

图14-11　直布罗陀2021年纪念银币

　　1983 年"马可·波罗纪念币"的发行，连同 1982 年中意两国合拍的电影《马可·波罗》，都是在用马可·波罗的象征意义向世界释放中国打开国门、改革开放的信号。马可·波罗纪念币融合了文字、图像或形状、颜色等至少三种模式。文字是识别马可·波罗肖像的重要因素，而图像本身则为纪念币提供了直观的整体视觉，金黄色或者银白色则为纪念币材质的提示。冈瑟·克雷斯研究了当代交流中的社会符号路径，他指出进入停车场的标志使用书写、图像和颜色三种模式有实际的好处。"每种模式都有特定的功能：图像显示阅读耗时过长的内容，而文字书写难以展示的内容，颜色用来突出整体信息的特定方面。如果没有这种符号学的分工，标志就无法运作。书写指示、图像显示，而颜色负责框架和高光；每一种都能达到最大的效果和效益。"❶ 中国人民银行分别于 1983 年、1993 年以马可·波罗为题材发行纪念币，由沈阳铸币厂设计铸造全套 7 枚贵金属纪念币，设计样式有 3 种，这是我国改革开放以来金银纪念币中最早出现的外国人形象。❷ 1983 年发行两种样式 4 种面额金银币，其中，1983 年发行的 22 克圆形银质纪念币，于 1985 年荣获该年度世界硬币大奖"最有历史意义奖"，这也是中国发行的人物币首次获得国际大奖。❸ 纪念币的主题依靠马可·波罗的头像和"马可·波罗 MARCO POLO 1254—1324"字样共同确定下来，假如只有图像而缺少文字提示将导致难以明确纪念币的主题，国家名称、年号、面额，是纪念币的基本信息。除了这些共性特点，这三套样式在象征符号方面显示了差异性。

　　样式一（见图 14-12）的嘉峪关形象凸显了马可·波罗经由陆上丝绸之路（嘉峪关是丝绸之路东段中国长城最西端的关口，是河西走廊上的交通要塞）到达中国，以及经由海上丝路（纪念币绘有大海上航行的帆船）返回家乡。1983 年 100 元和 5 元面额纪念币，分别为金黄色和银白色，图案相同：正面图案有嘉峪关城楼景观，上方环刊"中华人民共和国""1983"；背面右上

　　❶ Gunther Kress. Multimodality：A Social Semiotic Approach to Contemporary Communication ［M］. London and New York：Routledge，2010：1.

　　❷ 张向军. 货币贵族：中国现代金银纪念币 ［M］. 北京：中国金融出版社，2009：49.

　　❸ 马可·波罗金银纪念币 ［EB/OL］. ［2022-09-20］. https：//baike. baidu. com/item/%E9% A9% AC% E5% 8F% AF% C2% B7% E6% B3% A2% E7% BD% 97% E9% 87% 91% E9% 93% B6% E7% BA% AA% E5% BF% B5% E5% B8% 81/53902454？fr=aladdin.

方为向右前方凝视的马可·波罗头像、左上方刊有"马可·波罗 MARCO·POLO 1254—1324"字样，下方是一艘在大洋上航行的帆船，下方刊面额。

正面图案　　　　　　　　　背面图案

图 14-12　1983 年纪念币样式一

样式二（见图 14-13）嘉峪关形象凸显了马可·波罗经由陆上丝绸之路到达中国。1983 年 10 元和 5 角面额纪念币同样分别为金黄色和银白色，图案相同：正面图案是嘉峪关城楼景观，上方环刊"中华人民共和国"、右侧刊"1983"、左侧刊面额。背面中央刻有向左前方凝视的马可·波罗头像、环刊"马可·波罗 MARCO POLO 1254—1324"字样。

正面图案　　　　　　　　　背面图案

图 14-13　1983 年纪念币样式二

样式三（见图 14-14）北京白塔侧重表现马可·波罗于元代到达的中国都城大都（北京白塔为忽必烈所敕令重建，1279 年完工，马可·波罗正是在忽必烈时期在中国经商做官）。1993 年纪念币为 500 元面额为金黄色，50 元、5

元面额为银白色，三种纪念币正面图案中央均为中华人民共和国国徽，上方环刊"中华人民共和国"，下方刊 1992 或 1993。背面图案为向左侧凝视远方的马可·波罗头像、北京白塔、上方分别环刊"马可·波罗 MARCO POLO 1254—1324"字样，下方刊面额。

正面图案　　　　　　　　背面图案

图 14-14　1993 年纪念币样式三

在改革开放的背景下，这一套"马可·波罗纪念币"通过纪念马可·波罗的方式来表达了中国与世界展开商贸沟通的政治信念。对目光凝视远方随时准备出发的马可·波罗、陆上和海上丝绸之路、北京白塔分别给予视觉性呈现，是对古代丝路畅通、和平交流的记忆和对未来的审美期待，这一设计样式获得 1985 年世界硬币大奖"最有历史意义奖"，正是基于时代语境、马可·波罗形象的和平交往价值、丝路交往联通议题对该纪念币在设计理念、图像主题、图像元素设计在审美艺术和政治意义领域的综合性评价。

三、影像表征与多模态文本

模态是一种做事的方式，它意味着"类型""方式"或"手段"。模态本质上是动态的，与实际或潜在的运动密切相关，即使是在明显作为静态意义存在"状态"或"维度"方面。从狭义的文学体裁出发，马可·波罗的文本集中于视觉性的语言文本，以印刷文本为主。然而把马可·波罗现象作为一种社会行为观察，马可·波罗的知识和交流越来越多的以多模态形式实现。从语言文字向语言、身体、声音等综合模态的转变，无论哪一种，都是一种多模态转变。如马可·波罗影视剧、马可·波罗歌舞剧、相声表演、马可·波罗广告、马可·波罗博物馆、马可·波罗展览，等等。多模态理论的提出者冈瑟·克雷斯（Gunther Kress）认为，"不同的交流模态（视觉的、语言的、感知的、其他的）联合产生的意义大于部分之和"。❶ 多模态的马可·波罗文本已经超出了《行纪》的语言文本和语义范畴，在视觉的、听觉的、语言的、感知的、触觉的、嗅觉的通道上延展了媒介形式意义空间。多模态话语理论"打破了传统思维中语言在交流中占主导地位的思维定式，把包括图像、声音、颜色和动作等各种符号在内的所有符号模态看成是与语言符号平等的符号资源在社会交流和社会实践中共同参与构建意义。多模态话语中这种社会符号学的思维方式，有利于从更宽泛的角度来探索意义的生成，有助于更全面、准确地解读话语的意义"。❷ 电子世界是一个多重媒介加工认知的过程。麦克卢汉以人的感知为基础提出了媒介信息加工理论，媒介是人的感觉的延伸。他提出"感官系统"的观念，一方面是强调人同时使用各种感官接受信息，另一方面明确了人通过媒介延伸或者"外化"感官。在"感官系统"的第一层意义上，人的理解是一种多感官系统配合的产物。"要理解一个人使用当代电子媒介的经验，我们就必须研究多感知渠道体验到的多重中介事件。即使看电视，你也在加工听觉、视觉和文字的多种媒介，不是分别加工单一的媒介，而是同时加工所有的媒介。"❸

从运动状态维度可以把图像划分为静态图像与运动图像两种，静态的马可·波罗图像包含插图、绘画、雕塑、瓷砖等，而运动的马可·波罗图像则包含现代影像文本、动画文本。赵宪章指出现代影像文本是作为施为图像再现语言文本，"施为图像与静观图像当然有所不同，主要表现为前者有现代技术的强力支持，从而使图像这一'器物'的'上手性'呈现几何倍增，诱惑越来

❶ Rachel R. Reynolds, Greg Niedt. Essentials of visual interpretation［M］. NY：Routledge，2021：10–11.
❷ 韦琴红. 论多模态话语中的模态、媒介与情态［J］. 外语教学，2009，30（4）：54–57.
❸ 林文刚. 媒介环境学［M］. 何道宽，译. 北京：中国大百科全书出版社，2019：508–509.

越多的受众放弃'阅读'而'观看'文学的表情"❶。1938 年美国电影《马可·波罗东游记》把忽必烈书写为来自北方的权力隐喻，年老体衰而政权不稳，而马可·波罗因为对忽必烈的政治援助而被忽必烈赐予陆路贸易路线开通的特权，马可·波罗成为被大汗仰视的高贵的西方代表。电影将开通中国贸易关口隐藏在西方对中国政权的扶持过程中，通过审美表述完成了对历史事实的篡改。起源于 20 世纪初西方人全球探险的人种学凝视成为 20 世纪 30 年代西方国家政治诉求与流行文化的一部分，加上这一时期特殊的国际国内环境，故而在马可·波罗电影的改编过程中，中国在影视领域成为被西方政治权力处置的对象。随着国际形势的改变，1978 年中国改革开放，打开国门在世界范围内寻求国际经济合作，1982 年中国电影制片公司与意大利合作拍摄电影《马可·波罗》，影片一开始马可·波罗的叔叔马菲奥向教皇宣传中国有"堆成山的金子、钻石，还有银子、宝石，数不尽的珍珠、丝绸、香料和珍贵的皮货"❷，到中国去，因为那里有大量的财富在等着大家。"在历史市场上，处于中心地位的是回忆及其表现形式的多样性和对立性，意即，历史将永远是争议的对象，必须不断寻求新的结论。"❸ 1938 年的美国电影《马可·波罗东游记》、1982 年中意合拍的《马可·波罗》，两部电影都在关注中国问题，基于不同的话语语境作出了不同的马可·波罗阐释，电影话语的制作和发行构成了社会或文化的斗争，参与政治力量的生产过程中，塑造了历史的过程。

马可·波罗文本在不断改编过程中聚合了多模态意义。"在每一个连续的改编中，都是一种艺术形式在另一种艺术上的多模态分层。"❹ 当我们去考察文本实践的形态时，会发现图像的动态与静态形式并不是界限清晰、泾渭分明的存在，而是一种非常奇异的杂合体。比利时创意工作室（Skullmapping）将科技与美食融合研发制作了 3D 裸眼投影的餐前展演，在优兔（Youtube）平台广泛传播，该动画使用了图形、图像、文字、声音，调动了人们食物消费过

❶ 赵宪章. 诗歌的图像修辞及其符号表征［J］. 中国社会科学, 2016 (1)：163-181, 207.

❷ 意大利国家电视台一台出品、中国电影合作制片公司承办. 马可波罗完成台本：第一集·告别威尼斯［Z］. 1984：39.

❸ 阿莱达·阿斯曼. 记忆中的历史：从个人经历到公共演示［M］. 袁斯乔, 译. 南京：南京大学出版社, 2017：156.

❹ Richard Andrews. Multimodality, Poetry and Poetics［M］. Routledge, 2018.

程中的视觉、味觉、嗅觉、听觉、触觉等多种感官系统。上海的法国餐厅将其改编为小厨师追寻马可·波罗东方之旅的美食探险，呈现了一个多模态聚合的马可·波罗文本。它将主题调整为马可·波罗东游寻找食材和调味品，讲述居住在法国的 3D 小厨师（Le Petit Chef）的美食旅行，小厨师因为对自己做菜的不满意而踏上了一场追寻马可·波罗的东方之旅（in the footsteps of Marco polo），3D 裸眼投影设计从马可·波罗的头像和手稿图片开启了古典与现代融合的食物旅行，小厨师穿越沙漠收集了中东特色的餐具，到印度采纳了印度香料咖喱和姜黄等，穿越喜马拉雅山后品尝能在口中慢慢融化的肉桂、酸奶、冰冻果子露，在中国制作了主菜石斑鱼柳，返回法国的小厨师制作了添加香料的香米布丁。科技、艺术、食物与人的具身性结合，既激发了原著的想象力和旅行神韵，又创造了一种新的可能：食物、科学和艺术的共存。因此，它本身就是一个独立的作品，是一个从已有作品中衍生出来的新作品，是对历史的回应。理查德·安德鲁斯（Richard Andrews）强调，纸质文字文本以词语、视觉存在为基础，无论是口头形式的物理表达，抑或书面形式的白纸黑字或者屏幕字幕，它们都是一种强调视觉的成本低廉的组合。而多模态的组合，语言与舞蹈、动作、手势、声音、静止和运动图像以及一系列媒体（包括电影）等其他模态混在一起制造的效果更加令人兴奋。

人们如何观看或体验一则马可·波罗瓷砖广告？马可·波罗瓷砖是 1996 年唯美集团创立的商业品牌，确立了马可·波罗瓷砖的品牌化战略，该公司竞拍购买摄影作品《瀚海行》作为品牌形象画，该图像描绘了在无边的金黄色沙漠中坚定地负重前行的驼队，用来象征唯美集团开创事业的信心、坚忍和探索精神。唯美集团在陆上丝绸之路的历史背景下提出"磨砺知品质，探索见精神"，赋予瓷砖历史记忆和审美向度，它意图拓展瓷砖的空间广度，使人居住在马可·波罗瓷砖制造的环境中如同拥有丝绸之路联结的欧亚大陆、马可·波罗行走过的最广阔的世界。除了视觉形象的展现，它的商品标志马可·波罗头像和中文名称"马可·波罗瓷砖"以及英文单词"MARCO POLO"也需要视觉性阅读。整个宣传片的背景音乐引领观众在听觉、视觉、触觉的统觉感知聚合中，听着音乐，观看马可·波罗旅行故事及图像展示，想象着马可·波罗瓷砖铺设环境的触觉感受，完成对马可·波罗瓷砖宣传片的统觉接受。

在当前文化经济时代，马可·波罗实现了不同媒介文本的叠合（imbrication）存在，印刷文本、电子文本、数字文本、物质实体形式文本、非物质实体的符号文本共存于同一历史时空。马可·波罗作为一种艺术表现对象，具有融媒介的特质。"后人类时代的文学艺术是以多媒介（multimedia），更准确地来说，是以全媒介或融媒介（omnimedia）的形式来完成并传播的。"❶所有这些以马可·波罗为名的社会、政治、经济、文化的日常生活实践可以统称为"马可·波罗文本"。"马可·波罗文本"是一种囊括所有物质媒介形式、体裁类型的马可·波罗的集合体，是一个复合的"马可·波罗"。马可·波罗文本从语言模态向多模态组合的转换，物质形态层面的音像混合、身体的加入、物质的协助，这一组合具有丰富的意义。从语言讲述到表演实践，舞蹈设计、服装设计、艺术设计、舞台设计、灯光设计等，每种模态都在创意生产经济中产生作用。从词汇到图像，从图像到影像，形式的不断转译也是模态的连续性转换，这种模态转换作为一种转译活动，既是一种实践，也是一种隐喻。作为一种文化实践，它允许马可·波罗故事和思想在不同文化间的自由传播。作为一种隐喻，转译表现为一次转变或解释活动的游戏，它促进了一系列话语实践的展开。

四、马可·波罗图像的事件化

马可·波罗文本的图像表征即从语言向图像的外化和延展，这类形象主要是对形象原型和故事场景的呈现。对原型的呈现包括对人物形象、动物形象、景物形象等的展现，艺术家在马可·波罗文本里选择性地呈现语言文本的内容，以"图像直观"阐释马可·波罗故事，形成马可·波罗的世界群像。比如 1477 年德国、1503 年西班牙出版游记、马可·波罗不同雕塑、邮票、纪念币上的马可·波罗形象。对故事场景的呈现包括马可·波罗狱中演讲、威尼斯圣马可广场、乘船离开威尼斯、丝绸之路上的强盗、丝路商旅情节等。加泰罗

---

❶　张进，姚富瑞. 新世纪文论范式：从语言媒介到物质性融媒介［J］. 兰州大学学报（社会科学版），2018，46（5）：1-10.

尼亚地图集的马可·波罗出行图，Ms. fr. 2810 抄本的马可·波罗旅行图等，这些图像形象自从完成创造以后，就对后续的世界产生了影响，影响了后人对世界的阐释、理解。

视觉模态的"马可·波罗文本"在视觉解释方面，提醒我们注意每一种视觉模式都具备独特性，摄影图像、绘画、文字、字体、图形等分别召唤着视觉经验的不同方面。由于后来的文本经常挪用、复制早期图像，使新文本往往成为一种杂合不同时代、不同国家、不同媒介的多元共生的多模态文本。由于早期的马可·波罗图像并非马可·波罗生前的逼真的肖像画，这就导致"可见的越少，可说的越多"❶ 现象，随着时间的推移，更多模样和样式的马可·波罗图像不断涌现于纸质媒介、影音媒介、电子媒介以及其他物质媒介，马可·波罗文本成为一种超级文化现象，不断流转于传统与新兴的媒介，在历史书写与塑造当代社会文化的进程中，成为具有自身进化历史的符号行为。

马可·波罗形象的最大问题是，所有的图像都是后来者想象的马可·波罗，各说各话，莫衷一是。马可·波罗的确切模样无人能知，因为没有马可·波罗本人的真实画像，哪怕画像已经本身已经是镜像。人们仅凭《行纪》留下的文字线索、他的时代、他去过的地方，去猜测性想象性地描绘自己心目中的马可·波罗。文字在图像化的过程中改变形态，视觉想象区别于文字描写，文字用来阅读而图像用来观察。从接受美学来看，想象是一个再造的过程，而非再现的过程。比马可·波罗形象的真实性更重要的是马可·波罗事件的意义。通过重写和再现马可·波罗形象，人们不仅拓宽了事件的跨度，也获得了非常重要的反省自我的维度。对马可·波罗的图像化表述显然是经过图像制作者"过滤"和重新加工的形象展示。通过观察诸多马可·波罗肖像画、雕塑画、影视演员形象等，视觉的可变性就凸显出来。每种图像背后都带有个人的知识经验、社会的集体想象，一方面是对过去历史事件的反映，另一方面又是对诸种可能性的回应，马可·波罗图像成为塑造历史的能动力量。因此，马可·波罗图像不仅是马可·波罗文本的静态构成，而且在动态意义上"施为"

---

❶ 雷吉斯·德布雷. 图像的生与死［M］. 黄迅余，黄建华，译. 上海：华东师范大学出版社，2014：36.

影响了后续事件。

　　将文本视为"事件",首先确认了文本的动态性和过程性。不仅马可·波罗图像所描写的对象是一个"事件",而且图像铭写过程本身也是一个物质性的"事件"。图像书写活动本身得到了"事件化"(eventualization)。在图像书写过程中,语象和意义不断发生转换,图像文本成为生产者与读者开展互动的一个场域,成为话语实践的具体实例。跨越不同介质的文本进行富有成效的交流,让意义在不同文本间流动起来。雅克·德里达明确提出一个跨越言语规范的文本概念,"我提出的文本的概念既不限于图像,也不限于书籍,甚至不局限于话语,更不局限于语义的、表征的、象征的、思想的或意识形态上的领域。我所称的'文本'包括所有被称作'真实的'、'经济的'、'历史的'或是社会机制的这些结构,简言之,包括所有可能的指称"。❶ 马可·波罗图像文本历经时间和空间的转换,在不同语境下被生产和展演,"差异性"与多样性是其基本形态,马可·波罗图像不是静态的存在,而是一个关联着历史话语的动态生成、多元开放过程,在可见与不可见之间通过"绽开与屏蔽"的内在张力实现语言与图像的互文游戏,在展开马可·波罗形象的同时,也遮蔽了马可·波罗的世界。

结　　语

　　当今理解和解释马可·波罗需要经历多媒介的意义协商,不仅需要阅读语言媒介,图像媒介、多模态叙事也需要给予足够的关注。汤拥华认为虽然图像能跨越语言的隔阂为艺术阐释留下空间,但是"视觉对象既有超乎语言的维度又与语言错综纠缠,既立足于传统又可以被跨文化地观看,更有可能激活内与外、古与今的复杂辩证"。❷ 如今,马可·波罗的图像早已超出外在的装饰功能,不仅能够说明和解释历史事件,还在审美创意领域以多模态形式塑造历史,对图像述行、施为言说、古今辩证问题留下了较为重要的美学问题。

---

❶ 乔纳森·卡勒. 理论中的文学 [M]. 徐亮,王冠雷,于嘉龙,等译. 上海:华东师范大学出版社,2019:94-95.

❷ 汤拥华. 走出透视范式:重构中西艺术比较的视觉逻辑 [J]. 社会科学辑刊,2022 (3):162-173,2.

第十五章　金银器与丝路审美共同体

何家村窖藏金银器与法门寺地宫窖藏金银器，分别是盛中唐和晚唐丝路审美文化互融的物质载体。这两处金银器窖藏中的典型器物，在材质、工艺、纹饰等方面，既表现出明显的延续性和继承性，又体现出一定的差异性。物性特质方面的联系和差异为探究唐代丝绸之路审美文化的历时性问题提供了契机。唐代金银器的兴盛与丝路审美文化的互融互通有着密切的内在联系，从历时性视角来看，也反映出唐代丝路审美文化互融在有唐一代的发展演变踪迹：吸收—融合—创新。

汉武帝时，张骞"凿空"西域，开通丝绸之路，这有力地推动了东西方之间在政治、商贸、文化等方面的交流与合作，为促使丝绸之路沿线不同国家、不同地区、不同民族及不同文明之间逐渐形成命运共同体创造了良好开端。历经两汉、魏晋南北朝以及隋等王朝数百年的发展和积淀，时至唐代，国家统一、经济发达、社会稳定，统治者实行开放包容的对外政策，促使丝绸之路迈入了空前繁荣的发展阶段。唐代金银工艺正是在这种时代背景下取得了诸多集大成性的辉煌成就，造就了独具特色的唐代金银艺术瑰宝。唐代金银艺术的辉煌成就与丝绸之路审美文化的互融互通有着密切的内在联系。

一、考古发现唐代金银器群概况

截至目前，考古出土的唐代金银器已达数千件之多，但是最具代表性的为三大金银器窖藏，即陕西西安何家村窖藏、江苏镇江丁卯桥窖藏及陕西宝鸡法门寺地宫窖藏。表 15-1 为此三处窖藏的信息简表。

表 15-1　唐代三大金银器窖藏信息

窖藏名称	数量（件）	性质	时代	发掘时间
何家村窖藏	284	皇室用品❶	盛唐至中唐	1970 年
丁卯桥窖藏	956	地方官府作坊产品❷	中晚唐	1982 年
法门寺地宫窖藏	121	皇室生活器具及供佛专用器具	晚唐	1987 年

　　这三处唐代金银器窖藏中，丁卯桥窖藏的数量最大，但是其性质地位明显逊于另两者，且其同类器的重复率非常高，亦无任何纯金器物。比如，丁卯桥窖藏 956 件金银器中就有 760 件形制相同的银钗，15 件形制相同的素面银圆盒，另有数十件银则、银勺等形制也属雷同。所以，丁卯桥窖藏虽属唐代金银器的三大发现之一，但总体来看其仍然无法与何家村窖藏及法门寺地宫窖藏相提并论，因为其余两者均与唐代皇室密切相关，是整个唐代社会最高层面物质和精神文化的载体。深入推进对这两处金银器窖藏的研究，可帮助我们从具体器物层面洞察由盛中唐到晚唐的历时性发展过程中，唐代金银工艺发展及丝路审美文化互融的历时性特点。

　　自 1970 年何家村窖藏出土之后，虽然学者对其所属主人的争论持续不断❸，但总体来看，这批器物属于唐代上层统治者，且应与唐代皇室有非常密切的关系，而其所属的时代恰为由盛唐向中唐的过渡期，对此学界已基本形成共识。

　　发现于 1987 年的法门寺地宫窖藏中出土金银器 121 件（组），虽然总体来看其均属李唐皇室的供佛器物，但又可细分为两类：一类为皇室成员在"以身事佛"❹观念影响下所供奉的宫廷生活用具，比如懿宗的鎏金双狮纹银盒、鎏金银波罗子、鎏金团花纹银碟，僖宗的一整套金银茶具、鎏金银香囊等；另一类为唐代皇室及其相关人员为迎奉佛骨而特制的供养器，如懿宗供奉的银金花四股十二环锡杖、捧真身菩萨、迎真身金钵盂等。

---

❶　侯宁彬，申秦雁. 大唐遗宝：何家村窖藏［M］. 北京：文物出版社，2007：353.
❷　齐东方. 丁卯桥和长辛桥唐代金银窖藏刍议［J］. 文博，1998（2）.
❸　陕西历史博物馆，北京大学考古文博学院，北京大学震旦古代文明研究中心. 花舞大唐春：何家村遗宝精粹［M］. 北京：文物出版社，2003：16.
❹　董文明. 法门寺蹙金绣服饰——唐代丝绸工艺之精华［J］. 文化创新比较研究，2020（4）.

二、丝路审美视角下的唐代金银器之比较研究

1. 研究对象及范围

何家村窖藏金银器与法门寺地宫窖藏金银器虽然在形成时间上具有明显的早晚之别，但是从其属性来看，均具有鲜明的皇家性质，从其工艺来源来看，都受到波斯萨珊、粟特以及印度等丝绸之路上域外文明的影响，这些金银器的"工艺、造型和纹饰中承载了大量中国传统文化和东西方文化交流的信息"●。为了能够更清晰地探明唐代金银器工艺发展及丝路审美文化互融的历时性特点，在对二者的比较研究中，我们将主要着眼于两处金银器窖藏中同性质、同类别的一些器物，并以相关典型器物的个案研究为突破口，力争梳理出带有一定规律性或趋向性的研究结论。基于这种研究思路，我们将两处窖藏中部分金银质地的杯、盘、碗、盆、碟、盒等生活器皿作为主要研究对象，而尽可能将两处窖藏中各自具有明显独特性的器物排除在研究范围之外，比如何家村窖藏中具有道教斋醮性质的金走龙及法门寺地宫窖藏中典型的佛教专用器物。

2. 外来元素在两处窖藏金银器上的比较

唐代金银器受到丝绸之路沿线异域文明因素的显著影响。罗马—拜占庭等欧洲地区，波斯萨珊和粟特等西亚、中亚地区，印度等南亚地区以及中国周边的突厥、回鹘等民族地区的金银工艺及审美理念对唐代金银器的发展和繁荣起到了非常重要的推动作用，其金银工艺及相关文化元素深度融进了唐代金银器的血脉之中。❷

何家村窖藏金银器属于盛唐至中唐时期的产物，相较于此前的诸多金银器，其已具有比较明显的中国化风格，但是相较于此后的唐代金银器，它们仍然富含较多的外来文化元素。这一时期，高足杯、带把杯、折棱碗、长杯等器形依然流行❸；从纹饰来看，立鸟纹、翼兽纹、缠枝鸟兽纹、忍冬纹、联珠纹、

---

❶　冉万里. 20 世纪唐代金银器的发现与研究评述［C］//西北大学文化遗产学院. 西部考古（第七集）. 北京：科学出版社，2014：321.

❷　杨静. 从唐代金银器看不同文化之间的交融［J］. 中国艺术时空，2019（6）.

❸　蔡依璇. 若星河灿烂——吸收外来文化的唐代金银器［J］. 美与时代（城市版），2017（2）.

摩羯纹、徽章纹等外来纹样大量呈现；从工艺来看，对锤揲、模冲、炸珠、鎏金、累丝等具有外来因素的金银工艺的使用已经非常普遍，尤其是充分吸收中亚、西亚等地的锤揲成型技术对唐代金银加工技术的快速发展起到很大的推动作用。

法门寺地宫窖藏金银器属于晚唐时代，其在延续前代风格的基础上也出现了一些新变化。从器形来看，中唐之前比较常见的曲度较大的多瓣型器，如杯、碗、碟等器物，这一时期其曲度已经明显弱化，且分瓣数量有所减少；从纹饰来看，中唐以前大量出现的翼兽纹、联珠纹、徽章纹等已较少出现或仅以变体形式出现；而团花、缠枝花、折枝花、宝相花以及龟、鹤、鸳鸯等象征富贵祥瑞的纹饰较之以前更为普遍；在加工技法方面，焊接、铆接、结条以及薄片成型等技术表现得更为精湛。

下文选取何家村及法门寺地宫窖藏金银器中的一些典型器物，以对比研究的视角，试析其所蕴含唐代丝路审美文化互融的历时性特点。

（1）鎏金。

唐代金银器在吸收外来工艺方面最为显著的是锤揲、模冲、炸珠等技术。另外，此时即便是中国的传统工艺，也从一定程度上受到了西方风格的显著影响，最具代表性的就是鎏金工艺。何家村窖藏金银器和法门寺地宫金银器上普遍使用了鎏金工艺。如何家村窖藏中的鎏金小簇花纹银盖碗、鎏金双狐纹双桃形银盘、鎏金鸳鸯纹银羽觞以及法门寺地宫窖藏金银器中的鎏金鸿雁纹银茶碾、鎏金伎乐纹银香宝子、鎏金卷荷叶圈足银羹碗子等（见图15-1）。这些器物都使用了鎏金工艺，且均为于錾刻好的纹饰上鎏金，其余部分基本留白，古人称为"涂金钑花"❶。何家村金银器表面的鎏金主纹轮廓鲜明，主体饱满、突出，底纹多为不太突出的鱼子地纹或完全留白，而法门寺地宫窖藏金银器带鎏金部分的主纹有许多并不凸显，且多与底纹处于同一平面，鎏金亮度低于何家村窖藏金银器的亮度。带有鎏金器物的纹饰，何家村窖藏金银器中有较多具有域外特色的兽纹（包括翼兽），而法门寺地宫窖藏金银器鎏金器物表面的纹饰多为花鸟

---

❶ 陕西省考古研究院，法门寺博物馆，宝鸡市文物局，等 . 法门寺考古发掘报告［C］. 北京：文物出版社，2007：227.

纹、人物纹等。之所以会有这些变化，主要原因大约有两点：一是晚唐时社会动荡、经济衰落，金原料的获取难度增大；二是在由盛中唐向晚唐发展的过程中，人们的审美趣味存在由秾艳粗犷向着相对淡雅而细腻方向发展的趋势。

（1）何家村窖藏鎏金小簇花纹银盖碗

（2）何家村窖藏鎏金双狐纹双桃形银盘

（3）何家村窖藏鎏金鸳鸯纹银羽觞

（4）法门寺地宫窖藏金银器中的鎏金鸿雁纹银茶碾

（5）法门寺地宫窖藏鎏金伎
乐纹银香宝子

（6）法门寺地宫窖藏鎏金卷荷叶
圈足银羹碗子

图 15-1　何家村与法门寺地宫窖藏金银器

（2）摩羯纹。

"摩羯是印度神话中一种长鼻利齿、鱼身鱼尾的神异动物，被尊奉为河水之精、生命之本。常见于古代印度的雕塑和绘画艺术中。东晋时期，随着佛经的汉译，摩羯被介绍到中国。到了唐代，它成了金银器上较为常见的装饰图案。"❶ 何家村窖藏出土的鎏金仕女狩猎纹银杯内底中心錾刻摩羯纹（头部）（见图 15-2），此摩羯所显示的正是印度神话中长鼻利齿的摩羯形象，其

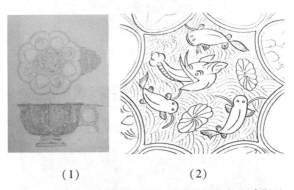

（1）　　　　　　　（2）

图 15-2　何家村窖藏鎏金仕女狩猎纹银杯錾刻摩羯纹

---

❶ 谭前学.唐代金银器的外来元素［J］.荣宝斋，2006（4）.

长鼻利齿的表现方式借鉴了大象的特点。类似的摩羯形象在北周安伽墓、隋代李和墓的出土物上都有所体现。

法门寺地宫窖藏出土的鎏金摩羯鱼三足架银盐台上饰有多处摩羯纹（见图 15-3），这些摩羯虽有长鼻和牙齿，但是其牙齿已非尖长的獠牙，其凶恶性

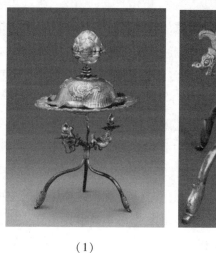

（1）　　　　　　　　　　　（2）

（3）

图 15-3　法门寺窖藏鎏全摩羯鱼三足架银盐台

有所弱化。另外，摩羯的翅膀部位明显突出，增加了其灵动之感。此类摩羯纹在法门寺地宫窖藏出土的银调达子以及丁卯桥出土的鎏金摩羯纹银盆等器物上也有所体现。这反映出唐人对早期由丝绸之路传来的纹饰已由以直接吸收为主变为融合创新，使其更加符合中国人对图像祥瑞化的审美需求。

（3）多曲分瓣形金银器。

多曲分瓣是波斯萨珊及粟特金银器的典型特征，何家村窖藏金银器中有不少器物具有这种特征。如鎏金侍女狩猎纹八瓣银杯（见图15-4），此杯呈八曲葵口形，口沿錾刻一圈联珠纹，杯身以柳枝分为八瓣，每瓣上均錾刻人物图（四幅仕女图和四幅狩猎图），口沿及下方焊接指垫及联珠纹圈形柄，指垫上錾刻一鹿，下腹饰一圈莲瓣，底足饰莲瓣及联珠纹。内底为一摩羯头及三条长须鱼。此杯保留了中亚、西亚金银器中分曲多瓣金银器的特点——腹壁分瓣特征明显，口沿、柄部及足底饰联珠纹；其腹壁的狩猎人物像具有突厥人的特点；内底的摩羯纹为印度文化元素。虽然总体来看，此杯呈现的主要是外来文化元素，但其局部细节已融入唐代自身的文化元素及审美观念，如其圈底造型及腹壁的仕女游乐图均具唐代本土特色。❶

图15-4　何家村窖藏鎏金仕女狩猎纹八瓣银杯

---

❶　陕西历史博物馆，北京大学考古文博学院，北京大学震旦古代文明研究中心.花舞大唐春：何家村遗宝精粹［C］.北京：文物出版社，2003：66.

法门寺地宫窖藏出土金银器中有一件鎏金鸳鸯团花纹大银盆（见图15-5），为葵口，圈足，腹壁分为四瓣，每瓣上錾刻一对站立于阔叶团花丛中的鸳鸯，银盆内底模冲出一对于石榴团花中相拥嬉戏的鸳鸯。❶ 此盆花口及腹壁分瓣的造型，以及锤揲、模冲、錾刻等工艺具有外来特征，但是与何家村窖藏的此类器物相比较，其分瓣明显减少且腹壁分瓣处的分割线较浅，仅保留分瓣特征。该盆的整体器型采用了中国传统青铜鉴的造型，石榴团花及鸳鸯等纹饰更加符合中国本土文化中追求美满爱情及多子多福的审美趣味。因而这件鎏金大银盆从其造型、纹饰到工艺等特征来看，其已将外来审美文化元素内化到唐人自身的文化血液中，其蕴含的审美趣味更具中国化特点。

（1）大银盆 　　　　　　　　　　　　（2）大银盆内底

图15-5　法门寺窖藏鎏金鸳鸯团花纹大银盆

在何家村及法门寺地宫出土的其他器物上也可看出从盛中唐到晚唐时审美文化上的类似变化趋势。比如何家村窖藏的鎏金凤鸟纹六曲银盘（见图15-6）、鎏金海兽水波纹银碗，以及法门寺地宫窖藏的鎏金人物画像银香宝子、鎏金团花纹葵口银碟（见图15-7）等。

---

❶ 姜捷. 法门寺珍宝［M］. 西安：三秦出版社，2014：270.

图 15-6　何家村窖藏鎏金凤　　　　图 15-7　法门寺地宫窖藏鎏金团
　　　鸟纹六曲银盘　　　　　　　　　　花纹葵口银碟

（4）双狮纹。

何家村窖藏出土一件鎏金双狮纹银碗（见图 15-8），该碗内底外圈为一周波浪纹，中心为一对鎏金狮子在缠枝花丛中嬉戏，鱼子纹衬底。其主体纹饰凸起，鎏金，纹饰风格舒朗饱满，带有几何化特点。此碗底纹是较为典型的波斯萨珊徽章式纹饰。而法门寺地宫窖藏金银器出土了一件鎏金双狮纹银盒（见图 15-9），其盖面边缘为一周莲瓣纹，四角为西番莲及蔓草纹，盖面以联珠纹

图 15-8　何家村窖藏鎏金　　　　　图 15-9　法门寺地宫窖藏鎏金
　　　双狮纹银碗　　　　　　　　　　　双狮纹银盒

形成委角菱形，正中心为一对活泼的双狮在缠枝花草中舞动嬉戏。这两个器物上的主体纹饰相同，均为双狮嬉戏纹，由二者的细节处来看却存在明显的差异。首先，徽章式的纹饰不再拘泥于萨珊式风格——周围规整的圆圈变为不拘一格的菱弧状；其次，嬉戏的双狮由略显呆板凝滞的几何化造型变为生动活泼、轻捷有力的形象，形意结合的特征突出。

这一方面显示出，唐代金银加工技术由吸收外来文化时的高度模仿转向融合创新的发展路径；另一方面反映出，唐代晚期金银器纹饰更加趋向于符合中国人偏好具象性画面的审美标准。

唐代金银器于历时性演变过程中，在纹饰、造型等方面所表现出来的动与静、形象与具象、吸收与创新的鲜明对比在其他相关器物上也有较为明晰的呈现，比如何家村窖藏出土的鸳鸯纹银盒（见图15-10）、孔雀纹银方盒、葡萄龙凤纹银碗（见图15-11）等器物，以及法门寺地宫窖藏出土的鎏金双鸳团花纹大银盆、鎏金双凤衔绶纹御前赐银方盒及鎏金卧龟莲花纹五足朵带银炉台（见图15-12）等器物的主体纹饰均可体现出类似的特点。值得注意的是，晚唐金银器纹饰在重视体现细腻灵动与雍容华美的同时，也弱化了其在盛中唐时所表现出的那种朴拙简约但又饱满强悍的力感。

图15-10 何家村窖藏鸳鸯纹银盒　　图15-11 何家村窖藏葡萄龙凤纹银碗

图 15-12　双凤衔绶纹

三、结论与讨论

唐代金银器是古人留给后世的一笔兼具物质性和精神性的宝贵财富，尤其是何家村窖藏金银器与法门寺地宫窖藏金银器，它们既是大唐社会最高层面物质和精神发展水平的真实反映，也是唐代丝绸之路上中外文化交流的见证者。这些珍贵的金银器以实物形态形象生动地反映出唐代丝绸之路审美文化互融的历时性特点。

唐代金银器是随着丝绸之路的畅通和繁荣而发展兴盛起来的，它们融汇了中西方不同的文化基因。通过对何家村窖藏金银器与法门寺地宫窖藏金银器在工艺、器型、纹饰等方面的比较研究，大致可以得出以下一些结论：

（1）唐代丝绸之路沿线国家的金银加工工艺及审美理念对唐代金银器的影响贯穿始终，但是前期以唐人直接吸收外来文化元素为主，而后期更多地表现为融合创新，更加重视以具体器物来表征唐人追求富贵祥瑞的审美趣味。

（2）在由盛中唐向晚唐发展的过程中，唐代金银器的审美风格呈现出由秾艳粗犷转向相对淡雅而细腻的特征。

（3）晚唐金银器在重视表现细腻灵动与雍容华美的同时，弱化了盛中唐时的金银器纹饰以朴拙简约方式所表现出的饱满而强悍的力感。这从一定程度上也体现了整个时代的审美趋向和精神风貌的变化。

　　我们在借助唐代遗留下的金银器实物探讨丝路审美文化互融历史性特点的同时，也须深入思考之所以会呈现出这些历史性特点的原因所在。"丝路审美文化难免跨国族、跨文化地与丝路网络相关联。前此的美学研究，由于全球化语境意识并未得到凸显，大多会走向'共通感'或'差异性'等两个极端。康德等普遍主义者大致属于前者，而特殊主义者则一般选择后者。在这种情况下，'共通感'与'歧异感'之间通常是分裂的，并未达到一种'动态制衡'。而丝路审美文化的现象和产品，却彰显了这种'动态制衡'关系。"❶ 唐代金银器所表现出的丝路审美文化互融的历史性特点正体现了"歧感共同体"的内在机制。丝路审美文化互融的诸多历史性特点实质上反映出的是不同文明之间的互融互鉴。在这种历史性的发展演变过程中，中华本土文化的主体性虽然贯穿始终，但又开放性地接受并吸纳了丝路审美文化的诸多外来元素，其总的趋势是：吸收—融合—创新，并以此实现一种"动态平衡"。

---

　　❶　张进. 论丝路审美文化的属性特征及其范式论意义［J］. 思想战线，2019（4）：140-147.

第四部分
艺术与丝路审美共同体的熔铸

第十六章　丝路"青花"艺术

　　在当下语境，青花瓷被看成"国粹"的典型代表，构成表征中国的视觉符号之一，并且象征着典雅的审美品位。但是，如果我们回顾历史，会发现在青花瓷生产、分配与消费的任一环节中，都隐藏着不同（异）文化传统的身影。与此同时，青花瓷在外销过程中又深刻影响了不同社会的生活方式与审美观念。甚至青花瓷在早期全球化的进程中扮演着风向标的角色，通过考察 17—19 世纪中欧瓷器贸易，可以检视世界体系轴心自东向西的革命性转移。

　　论及"青花瓷"的审美意蕴，李泽厚先生在《美的历程》中有过这样一段简短说明："瓷器本历来是中国工艺的代表，它在明清也确乎发展到了顶点。明中叶的'青花'到'斗彩'、'五彩'和清代的'珐琅彩'、'粉彩'等等，新瓷日益精细俗艳，它与唐瓷的华贵的异国风，宋瓷的一色纯净，迥然不同。"❶ 在他看来，"青花"构成了"新瓷"的一部分，并以其"精细俗艳"的特征与唐瓷、宋瓷并举。李先生的论断不可谓不精彩。然而，他刚在几行前说："明清工艺由于与较大规模的商品生产（如出口外洋）和手工技艺直接相联，随着社会中资本主义因素的出现和发展，它们有所发展。"❷ 既然明清工艺出口外洋，审美趣味受商品生产、市场价值的制约，那"青花"和"异国"又怎能全然无关？另外，李先生还认为："由于技术的革新，技巧的进步，五光十色的明清彩瓷、铜质珐琅、明代家俱、刺绣纺织……呈现出可类比于欧洲

❶　李泽厚. 美的历程［M］. 北京：文物出版社，1981：210.
❷　李泽厚. 美的历程［M］. 北京：文物出版社，1981：210.

罗可可式的纤细、繁缛、富丽、俗艳、矫揉做作等等风格。"❶ 不知道这里的
"彩瓷"是否涵盖"青花",而"类比"一词似乎流露出一种矛盾情感,在将
"青花"与"华贵的异国风"区分后,处于边缘地带的他者换了副面孔又悄然
出场。出于对李泽厚先生这些论断的兴趣与困惑,本章重新爬梳史料典籍、查
阅相关文献,试图厘清青花瓷与异域复杂微妙的关系。

一、青花与"钴"的流通

青花瓷在元代勃兴的背后是一项世界史上前所未有的商业冒险大业正在如
火如荼地开展。这项冒险事业两端分别是景德镇和西南亚,行动者则是阿拉伯
商贾们与景德镇的窑主们,具体表现是:钴石由 8000 公里外的波斯向东运往
中国,为阿拉伯顾客专门制作的大宗瓷器则向西销往西南亚市场。实际上,除
了蒙古帝国辽阔疆域提供的便利外,青花瓷在元代景德镇大放异彩应该部分归
功于两种不同陶瓷传统的互相学习。援引卜正民的说法:"我们所认为与'中
国'同义的瓷器,其实是不同文化的物质因素、美学因素无意间交会的产物,
而这个产物让全球的陶瓷制造为之改观。"❷

早在唐宋时期,中国烧制的瓷器就已经远销西南亚地区,尤以青瓷、白瓷
为代表,其晶莹透亮的外观给异域人们极大震撼。为了追求中国瓷器的审美效
果,西南亚的陶工们尝试各种方式努力模仿中国瓷,这其中一项重大创新即为
锡釉陶的创制。具体来看,当地陶工们把氧化锡作为乳浊剂掺入透明釉中,随
着细密的氧化锡颗粒扩散进铅釉涂层,形成一种柔和的白色表层以掩盖褐色陶
胎,但该技法的缺点在于釉料表层缺乏白瓷的光泽。为了弥补这一缺憾,西南
亚陶工们只好施加蓝色彩绘提升锡釉陶的魅力。正是这种不断完善陶瓷的努力
为青花瓷的出现奠定了工艺基础。自唐朝衰落后,传统中国精神风格逐渐有向
内转的趋向,及至宋代,"内敛风格再度建立",表现在瓷器上则"追求纹饰

❶ 李泽厚. 美的历程 [M]. 北京:文物出版社,1981:210.
❷ 卜正民. 维米尔的帽子:17 世纪和全球化世界的黎明 [M]. 黄中宪,译. 长沙:湖南人民出
版社,2017:70.

低调、比例均衡、形态流动以及冷色系的单色色调"❶，因而从中国本土瓷器发展趋势出发难以理解元代青花瓷的兴起。正如有学者所言："是什么导致了青花瓷在视觉效果上引人注目？为何选定蓝色？有趣的是，对蓝白相间器皿的早期推动很可能来自于中国境外。"❷ 这一观点同样得到卜正民说法的佐证："今人认为纯白底饰上深钴蓝色线条、图案，是典型的中国风，但其实那是借来的美学风格，或者至少是经过改造转化的风格。"❸ 实际上，西南亚地区一直崇尚白色、蓝色，而用蓝色装点各种器物更是有着悠久的审美传统。譬如，"公元前 4500 年左右，埃及人便已用氧化钴和铜染成皂石蓝——此色被视为具有魔力，代表生命和复活——以模仿珍贵的天青石"❹，"早在公元前 6 世纪，蓝色就是巴比伦陶器的一种颜色，当时陶工们已经在生产蓝釉炻器"。❺ 同样，中国史书也记载波斯人（主要是波斯血统的贵族们）尚青、尚白，如《旧唐书》卷 198《波斯国》记载，其俗："衣不开襟，并有巾帔，多用苏方青白色为之，两边缘以织成锦"❻；《宋史·外国传六》载："拂林国……贵臣如王之服，或青缘、排白、粉红"❼；元耶律楚材《西游录》称撒马尔罕"土人以白衣为吉色，以青衣为丧服，故皆白衣"❽。以此视之，就青花瓷本身的色彩呈现而言，符合西亚人民的审美趣味。此外，元朝蒙古贵族也喜爱蓝白两色。据陶宗仪《辍耕录》记载"国俗尚白，以白为吉"❾；马可·波罗曾在游记中提及"是日依俗大汗及其一切臣民皆衣白袍，至使男女老少衣皆白色，盖其似以白衣为吉服，所以元旦服之，俾此新年全年获福"❿；而在年代更早的法国

---

❶　罗伯特·芬雷. 青花瓷的故事：中国瓷的时代 [M]. 郑明萱，译. 海口：海南出版社，2015：131.

❷　Museum of Fine Arts Boston. Blue：Cobalt to Cerulean in Art and Culture [M]. Chronicle Books，2015：88.

❸　卜正民. 维米尔的帽子：17 世纪和全球化世界的黎明 [M]. 黄中宪，译. 长沙：湖南人民出版社，2017：69.

❹　罗伯特·芬雷. 青花瓷的故事：中国瓷的时代 [M]. 郑明萱，译. 海口：海南出版社，2015：170.

❺　Museum of Fine Arts Boston. Blue：Cobalt to Cerulean in Art and Culture [M]. Chronicle Books，2015：88.

❻　刘昫，等. 旧唐书 [M]. 北京：中华书局，1975：5311.

❼　脱脱. 宋史 [M]. 北京：中华书局，1985：14125.

❽　耶律楚材. 西游录 [M]. 北京：中华书局，2000：3.

❾　陶宗仪. 南村辍耕录 [M]. 北京：中华书局，1997.

❿　沙海昂，注. 马可波罗行纪 [M]. 冯承钧，译. 上海：上海古籍出版社，2014：180.

传教士鲁不鲁乞笔下，蒙古妇女用三段丝绸束袍、蒙面，其中，一为天蓝色，一为白色。❶ 因此，白地蓝花的色彩搭配有形成审美共通感的潜能。

若以物质因素来论，青花瓷的出现同样离不开外来元素。西南亚地区对蓝色的崇尚，某种程度上和该地区蕴含着丰富的氧化钴密切相关，甚至可以设想，若是没有波斯地区钴石的进口，青花瓷的兴盛或许有所延迟。证据之一便是及至 16 世纪中叶陶工已将中国本土氧化钴加入外来青料一起使用，对波斯钴料的需求仍旧可观，而此前郑和下西洋期间就已带回了大量波斯钴矿石。进口钴料昂贵的价格也使得其使用过程中须分外精细。"根据朱琰所记，景德镇窑主认为钴料价值是黄金两倍：每 16 盎司的粗氧化钴，只能研磨出 0.6 盎司的纯钴料。然而，一星点钴就能成就大器，因为它的着色力道非凡：只要五十万分之一就能见彩，五千分之一即可烧出明亮无比的青。"❷ 正是由于目睹了景德镇陶工对钴料的珍惜，甚至连绘制过程中溅落在纸上的钴料也小心翼翼地刮下重复使用，致使 18 世纪基督会传教士殷弘绪有了一个大胆建议：在欧洲努力探索同类矿石以运往中国换取青花瓷器。

当然，钴料的进口与青花瓷的外销并非仅仅关联经济史，作为物质载体，铭刻在瓷器表面的纹饰更是几大图案传统的伟大碰撞与融合。在青花瓷贸易开展之初，主要是伊斯兰风格与中国传统审美风格的碰撞。在此之前，两大系统近乎处于彼此隔离的状态各自发展，具有不同的美学风格。"典型的伊斯兰装饰元素如下：方形、菱形、形条纹、重叠交错的圆形、辐射多边形、榫接六角形、太阳光芒、四瓣式花卉、星状格纹等"；而 "中国传统审美原则强调不对称、流动空间感、取法自然、曲线式图纹、旋型图案如云朵、波浪与牡丹涡卷纹"❸。但元代青花瓷贸易的开展刺激了两种图案系统的互相学习，最典型的例子即为 1929 年英国学者霍布逊在大维德基金会东方艺术馆发现的那对 "至正型"青花云龙象耳瓶——这对耳瓶瓶身共绘有八层图案，既包括伊斯兰元素，也绘有中国龙等传统纹饰。等到明清时期青花瓷远销欧洲地区后，

---

❶ 道森. 出使蒙古记 [M]. 吕浦，译. 周良霄，注. 北京：中国社会科学出版社，1983：120.

❷ 罗伯特·芬雷. 青花瓷的故事：中国瓷的时代 [M]. 郑明萱，译. 海口：海南出版社，2015：183.

❸ 罗伯特·芬雷. 青花瓷的故事：中国瓷的时代 [M]. 郑明萱，译. 海口：海南出版社，2015：194-196.

图案纹饰的互相碰撞与融合就更为复杂。不妨以香客瓶（pilgrim flask）的跨境旅行为例。该器物原初地或许在两河流域，一个早期版本现身于公元前2世纪佩特拉（今约旦）纳班坦陶窑（Nabatean pottery）。在公元初前后，沿地中海数个地区的陶工都烧制过类似器型的物品，其得名也应归功于该地区早期基督教朝圣者使用这种陶器携带圣水、圣油等受过祝圣的事物。此后，往返丝绸之路的商旅行人将香客瓶带到了中亚。起先，香客瓶因器型相似与马背上的皮囊壶合二为一，随后波斯陶质和金属香客瓶于唐代进入中国，器物表面经常装饰希腊化图案，包括莨苕叶、女舞者和男乐手等。中国工匠们以瓷器仿制，并绘以自希腊和波斯等地传入的纹饰，甚至于宋时成为陪葬器皿，以显示墓主人身份。稍后，16世纪景德镇陶工们曾以伯利恒天使合唱团的画面装饰了一只青花香客瓶，该器物可能是果阿的葡萄牙基督徒专门订制。在经由历史的兜兜转转后，香客瓶重新复归了基督教的宗教意蕴，只是原初的历史记忆变得模糊起来。

此外，在几大图案系统相互学习的过程中，"文化误读"自然不可避免，但正是由于这种误读现象时有发生，使得各自的图案传统不断涌现新的活力。例如，"面对中国瓷器上难以理解的佛教和道教符号，波斯陶匠偶尔会胡乱错置。他们把中国海棠和牡丹混合成一种新植物，再把这株想象中的杂配奇花植于柏树之旁，后者是西南亚本地的常绿树，与《古兰经》中的天堂相关"❶；在青花瓷传入欧洲地区时，其与丝绸、漆器以及中式园林等共同形成一股"中国风"（Chinoiserie）热潮。在这些器物中，又以能够携带大量中国传统图案纹饰的青花瓷为重。荷兰代尔伏特地区的陶工们为抢占本土市场在其烧制的陶器表面绘制诸种中国主题的图案，包括荷花和牡丹。但由于当时中欧文化之间的直接互动交流有限，对于这些图案的原初意蕴，这些欧洲陶工们自然难以理解，一种误视误读就发生了。"种种所谓中国情调的图案，尤其是人物和山水元素，把中国视觉文化的复杂性过滤简化成定型的刻板成分，变成可以欣赏、可以理解的风景画，而不再是深邃难解的文化符号。出之以假中国风，再

---

❶　罗伯特·芬雷. 青花瓷的故事：中国瓷的时代［M］. 郑明萱，译. 海口：海南出版社，2015：192.

植入欧式观点，荷花脱离了它的佛教寓意，牡丹失去了它的女性魅力，梅花不再具有政治情操。同样地，高高在上的士大夫成了古趣的中国官大人，道教的名士变成了亲切的绅士。胖嘟嘟的布袋和尚原本带着一袋金银赐人财富，却变成了贪嘴的基督教肥修士。有时画上异国图像更只是为了滑稽效果博君一笑，比如 18 世纪初麦森制的一只托碟，画面是一大群蚊子盘旋于一位官大人上方，大人却忙着把两只玳瑁绑在椅脚充当轮子。"❶ 而最为有趣的现象在于，明明是西南亚或欧洲的本土纹饰，经过景德镇陶匠的绘制变形后，再经由青花瓷外销到原初地区，但此时当地手工艺人已经全然分不清这些纹饰了，于是新一轮误读过程开始上演。青花瓷所到之处，相似却又不同的图案纹饰随之一起散布，一种共同的视觉语言也逐渐赋型。

二、青花与瓷器生产

以上我们就青花瓷的物质构成与图案纹饰将不同文化勾连起来，这部分解释了青花瓷得以持续流行的原因。但若从历史发展来看，青花瓷的流行又将深刻影响所到之处的生活方式和审美观念。

就生活方式的改变而言，以青花瓷为代表的中国瓷器的外销使很多地区的饮食习惯与饮食礼仪得以改变。"在中国瓷器输入之前，东南亚一些国家没有理想、适宜的饮食器具。在马来半岛洛坤附近、印度尼西亚爪哇岛中部、文莱一带古国'饮食以揆叶为碗，不施匙筋，掬而食之'，有的'饮食不用器皿，缄树叶以从事，食已则弃之'，'以竹编、贝多叶为器，食毕则弃之'。所以当中国瓷器一经输入，就成了他们理想的饮食器具，这种器具因其卫生、实用、便于清洁等优越性被广泛接受和使用，以致东南亚'寻常人家……盛饭用中国瓦瓮'。"❷

相似的影响也发生在欧洲地区。在中国瓷器传入之前，欧洲流行一种集体

---

❶　罗伯特·芬雷 . 青花瓷的故事：中国瓷的时代［M］. 郑明萱，译 . 海口：海南出版社，2015：344.

❷　方李莉 . 丝绸之路上的中国瓷器贸易与世界文明再生产［J］. 云南师范大学学报（哲学社会科学版），2016，48（4）：75.

共享食物的习俗，这种餐饮习惯很大程度上归因于缺乏充足餐具，当时仅有的餐具主要由木头、陶器、白锡和金银等材质构成。"一如风俗画作所示，当时集体共食是常态：众人共享一杯、一碗、一盘、一勺吃喝。某本礼仪手册指示：'喝前，切记先用布把你的嘴和手擦净，才不会弄脏杯子，否则同桌的人都不想和你共饮。'"集体共享进食的风俗开始从上流社会撤退的物质条件应该是拥有充足的饮食餐具，但贵金属制作器皿成本太高，而木质与陶器也有各自缺陷，因而只有等到中国瓷器大量进口后，欧洲人实现个人分食才有可能。甚至即便等到中国瓷器在 17 世纪初期涌进欧洲，仍然只有少数上流阶层买得起。作为功用性餐具的瓷器摇身一变又成为社会身份地位的象征，拥有中国青花瓷的数量成了竞相夸奢的资本。无外乎青花瓷进入欧洲后立刻在贵族阶级中引发了一场"瓷热病"（la maladie de porcelaine）。当时从葡萄牙国王到俄罗斯皇室无不为之倾心，瓷器遂成为各国王室互相仿效、彼此较劲的身价通货。例如，法兰西国王亨利四世就曾花高价购置了一套瓷器餐具用于其与美第奇家族之女玛丽的婚宴，"席面上都展示着各色金银瓷瓶"；而"他们的儿子——未来的路易十三，每日喝汤都是使用瓷碗"。不过，要论欧洲君主对青花瓷的喜爱，则无人能出萨克森选帝侯奥古斯都二世其右。为了获取无数精美的青花瓷器，他不惜花费大量的时间和金钱网罗收集。一批批代理人被派往荷兰，在荷属东印度公司举办的拍卖会上为他购置巨量的中国瓷器，结果导致其治下学者指责青花瓷为"萨克森的吸血瓷"。奥古斯都二世更为夸张的举措在于，他曾为了追逐 151 件康熙时期的青花瓷，不惜将 600 名萨克森龙骑兵送给普鲁士君主腓特烈·威廉一世。❶ 至于集体共食逐渐从民众阶级消失该等到青花瓷进口量的不断增加。据《瓷器与荷兰东印度公司》一书的统计，仅荷兰东印度公司在 1602—1682 年就从中国运出瓷器 1600 万件，平均每年运出 20 万件❷，其庞大的需求量可见一斑。

此外，在青花瓷流行于东南亚与欧洲地区时，它的影响不局限于日常的饮

---

❶　罗伯特·芬雷. 青花瓷的故事：中国瓷的时代［M］. 郑明萱，译. 海口：海南出版社，2015.
❷　数据转引自：谢小铨. 过渡期青花瓷［M］. 北京：文物出版社，2012：52-53. 但有学者有不同意见，卜正民认为 1602—1682 年，荷兰东印度公司运出瓷器 600 万件。参见：卜正民. 纵乐的困惑：明代的商业与文化［M］. 方骏，王秀丽，罗天佑，译. 桂林：广西师范大学出版社，2016：234.

食层面。从形而上的维度来看，青花瓷给东南亚某些原始部落带来了新的宗教祭祀器具。此前，这些原始地区的人们很少见过制作如此精美的瓷器，他们本土所产的粗陶更是难以企及青花瓷的工艺。因而，"作为从中国一个如此高级文化中输入的瓷器，就被当地土著赋予了一种高深莫测的神秘色彩。这些中国瓷器被土著们用作巫术仪典上摆放高级供品的器具，举行仪典或给人治病时，少不了使用这些瓷碗、瓷碟，一边舞动，一边敲击，或把该病的符号写于瓷器上，置水饮之，以求神灵的到来，让百病远离"❶。

　　若从消费文化的角度来看，青花瓷给欧洲地区带来了一股新的时尚消费风气。在此，我们不妨借助卜正民的论述。他在维米尔的《在敞开的窗边读信的年轻女子》（*Young Woman Reading a Letter at an Open Window*）画中发现了一只中国青花大瓷盘，透过这个小小器物，他解读出 17 世纪早期全球化时期围绕青花瓷展开的远洋贸易。实际上，对于今天观者而言，那个在窗边屏气凝神的女子可能首先得到关注，但在维米尔的时代，那只不起眼的倾斜盘子大概会和那年轻女子争夺观者的目光。之所以如此，是因为青花瓷在当时荷兰人的生活中扮演了重要角色。卜正民说："欧洲人从未曾用过瓷器，刚买进瓷器之后，可能会摆在任何他们认为合适的地方。中国瓷器开始出现在餐桌上，因为瓷器非常易于清洗，不会残留前一餐的菜味。瓷器也拿来摆设，被当成来自地球另一端的高贵珍奇物品。瓷器成为美化桌子、展示柜、斗篷乃至门上过梁的饰物（17 世纪中晚期，荷兰室内场景画开始仔细着墨于门框，这时可见到门框上高高摆着碟子或花瓶）。"❷ 需要注意的是，他在这里描述的主体是"欧洲人"，这不是无意的挪置，事实就是当时的欧洲人，尤其是上层社会迫切渴求这些瓷器。它们不仅对于日常生活非常重要，而且某些精致瓷器甚至被当成社会身份的象征，成为展示的艺术品。尽管这里没有明确说明瓷器的种类，但根据欧洲现在留存的实物判断，青花瓷应该占据很大比例。在这一时期，青花瓷成了室内装饰的重要因素。欧洲各国的王公贵族们纷纷兴起修建瓷宫、瓷屋，

---

❶　方李莉. 丝绸之路上的中国瓷器贸易与世界文明再生产［J］. 云南师范大学学报（哲学社会科学版），2016，48（4）：75.

❷　卜正民. 维米尔的帽子：17 世纪和全球化世界的黎明［M］. 黄中宪，译. 长沙：湖南人民出版社，2017：81.

以储放、展示他们收藏的精美瓷器。例如，普鲁士的腓特烈·威廉一世在柏林附近夏洛腾堡宫制作了一个镜柜，放置他的四百多件中国瓷；俄国沙皇彼得大帝在彼得霍夫附近的孟雷席尔宫专辟一件瓷器室；而在英国，"据笛福所记，玛丽王后在汉普顿宫（始建于 1689 年）首次向英国人展示了'将瓷器堆在柜顶、堆在文具盒、堆在壁炉台每个空间，一直堆到天花顶，甚至专为瓷器设立层架，安放在需要的位置，直到花费过大到伤神伤财，甚至危及家庭、产业的此种要命行为'"。❶ 至于那些购买力不足的普通民众，也都以拥有一件中国青花瓷器为荣，在财力不允许的条件下，他们以荷兰代尔伏特仿制的白地蓝花的锡釉陶替代。由此可见，对于青花瓷的喜爱与追捧已经渗透社会各个阶层。

　　卜正民对 17 世纪中晚期荷兰室内场景画的说明文字还暗中将青花瓷从欧洲人的物质文化领域延伸到审美领域。在维米尔绘制这幅画作之前的一二十年，荷兰画家很少将中国瓷盘放在静物画中，但在那之后的一二十年，中国瓷盘到处可见，"17 世纪的荷兰画家将静物打造成一种艺术表现形式，而中国瓷器正是这种新流行的绘画体裁表现的一部分"❷。不过遗憾的是，卜正民只是将青花瓷器视为静物画素材组成部分之一，没有详细讨论来自遥远东方的瓷器如何给欧洲人审美观念带来的剧烈震动。实际上，伴随着青花瓷在欧洲的盛行，白地蓝花的色彩搭配与复杂多变的装饰图案在潜在层面影响了同时期欧洲的美学风格。当 17 世纪初期，数以百万件计的青花瓷器涌入欧洲时，正是欧洲知识分子不再沉迷于古典文艺复兴风格的阶段，此时他们受到矫揉造作的时髦风尚吸引，而流动自由的中国纹饰因其对平衡对称构图原则的打破，恰好反映了巴洛克品味对蜿蜒曲线和律动节奏的喜爱。因而，在这一时期可以看到欧洲人对中国传统工艺有着极高的热情与美誉，甚至专门著书论述中国工艺独特的美学风格。坦普尔爵士（Sir William Temple, 1628—1699）在一本园林设计著作《论伊壁鸠鲁的园林：或关于 1685 年的造园艺术》（*Upon the Garden of*

---

❶ 罗伯特·芬雷. 青花瓷的故事：中国瓷的时代［M］. 郑明萱，译. 海口：海南出版社，2015：313.
❷ 卜正民. 维米尔的帽子：17 世纪和全球化世界的黎明［M］. 黄中宪，译. 长沙：湖南人民出版社，2017：62.

Epicurus, or of Gardening in the year 1685）中使用了一个新词"Sharawadgi"，根据他本人说法，该词是他从一位中国人那里听到的，指不规则的园林风格。至于该词对应哪个中文词，有各种不同猜测❶，但"既然 Sharawadgi 指的是不规则园林的审美特征或者艺术风格，如果不太计较它的读音的话，将它译回汉语'错落有致'可能更加妥帖"❷。坦普尔爵士原文这样写道：

　　用于设计，其美必须大而醒目，却不可有一眼或轻易即可看出的秩序或配置。虽说我们对这一类美感几乎没有任何概念，他们却有个特定词汇表达——如果一见之下，这种美就触入眼帘，他们就会说，"Sharawadgi 感"极佳、值得激赏，或类似的钦佩之语。任何人如果目睹过最好的东印度袍子，或最好的东方屏风或瓷器画，就会发现它们的美都属于这一类型的美，（也就是说）没有秩序之美。❸

　　在这段话中，当坦普尔爵士在对该词进行词义解释时，不独例举中式园林，而且包括中国瓷器画。实际上，17—18 世纪欧洲人对于中国园林的接触很大程度上依赖于绘制在青花瓷器上的文人山水画，在这些瓷画上，雅致的园林出现频率很高。另外，青花瓷本身蓝白相间的视觉特征就体现出了"错落有致"的风格。随着瓷器绘画工艺的提升，青花晕染层次更加丰富，"康熙以前，青花彩绘多分两个层次深浅着色，而康熙青花则发展成为五个层次的深浅色阶，有'头浓、正浓、二浓、正淡、影淡'之分，尤其在表现山水质感时，其层层晕染竟达到如水墨画般的丰富表现力"。❹ 可以想见具有这些特征的青花瓷对于同时代欧洲人产生的震撼力。

三、青花与中国风艺术

　　在坦普尔爵士高度称赞中国园林艺术不规则美学风格百年后，沃波尔

---

❶　关于 Sharawadgi 的词源考证，参见：张旭春."Sharawadgi"词源考证与浪漫主义东方起源探微 [J]. 文艺研究，2017（11）：31-39.

❷　彭锋. 欧洲现代美学中的中国因素 [J]. 美育学刊，2018，9（1）：1-4.

❸　罗伯特·芬雷. 青花瓷的故事：中国瓷的时代 [M]. 郑明萱，译. 海口：海南出版社，2015：320.

❹　谢小铨. 过渡期青花瓷 [M]. 北京：文物出版社，2012：8.

（Horace Walpole）在 1780 年发表了《论现代园林》（*On Modern Gardening*）的论文。他在文中自然地使用了"Sharawadgi"一词，却丝毫没有提及该词的中国来源。包华石对沃波尔的篡改行为做了这样的评述："在他看来，当时流行于欧洲的园林是英国人独特的成就。值得注意的是，他没有将这个传统叫做'不规则'的园林，也没有用'如画性'来命名，'英中风格'的园林更不行。他所选择的称呼是'现代性'的园林。从文化政治的角度来看，他的措辞是足智多谋的发现。原来在园林的历史发展中，中国的优势源于自然园林在中国的悠久历史，而它在英国的姗姗来迟却令英国人感到羞耻。不过，凡是有悠久历史的当然不可能是'现代性'的。因而，沃波尔使用'现代性'来取代'自然性'，便可以将英国的迟滞状态转化为英国的先锋地位，而将中国原来的优势解释为它的落后性。于是我们就可以推论，'现代性'这个概念的说服力源于它能让欧洲人将他们文化中跨文化的因素转化为自己国家的纯粹产品。"❶ 包华石将这种现象称为"现代性中的文化政治斗争"，而这样的斗争同样围绕着中国瓷器在经济与文化双重层面开展。

　　1698 年一名法国耶稣会传教士殷弘绪在广州口岸登陆，随后他动身前往江西景德镇，他此行目的有两个：一是在陶匠中传播教义；二是打探瓷器的制作秘密。由于存世资料有限，我们难以推测在殷弘绪心中这两个任务孰重孰轻，但就欧洲制瓷史来看，工业间谍殷弘绪远比传教士殷弘绪重要。"在 1712 年至 1722 年十年之间，殷弘绪写过多封长信，向中印传道事务部的司库欧里汇报制瓷方法"。❷ 这些信件很快在欧洲公开出版，而欧洲第一家真正烧制瓷器的瓷厂在 1710 年前后于麦森开张。尽管没有证据直接表明麦森瓷厂的创建与殷弘绪的信件有直接联系，但他传回欧洲的大量制瓷信息无疑有助于澄清当时欧洲人对中国瓷器的误解，进而促进了欧洲人探索瓷器秘密的进程。就在麦森瓷厂创建后的几十年内，欧洲地图上冒出了三十几座瓷厂。

---

❶ 包华石. 中国体为西方用：罗杰·弗莱与现代主义的文化政治 [J]. 文艺研究，2007（4）：142.

❷ 罗伯特·芬雷. 青花瓷的故事：中国瓷的时代 [M]. 郑明萱，译. 海口：海南出版社，2015：22.

　　至于文化层面上的"偷窃瓷器历史"❶的行径,笛福算是沃波尔的前辈。笛福在 1719 年出版《鲁滨逊漂流记》前两卷时,在用词上耍了个小花招,"主人公鲁滨逊把自己制作的器皿叫做 earthen ware,没有叫 porcelain 或 china ware"❷。乍看起来,这似乎没有什么区别,但就小说初次出版时期而言,"porcelain"或"china ware"本身就携带着转喻的修辞效果,直接将思考的方向延伸到那片神奇却又模糊的东方国度,而就读者的理解能力而言,这又是显而易见的。那么会不会有可能笛福使用"earthen ware"一词,只是个人书写习惯?又或者他压根不清楚这三个词的区别呢?但根据现有的文献资料记载,笛福本人似乎还是个瓷器专家。在写作《鲁滨逊漂流记》的同一时期,他发表过好几篇文章抨击进口瓷器贸易,如"用瓷器装饰室内我认为是王后首开先河,在国内渐成风气,继而发展到一种奇怪的地步:每一个橱柜、壁柜、壁炉烟囱上面都摆满了瓷器,一直顶到天花板。在缺乏这类空间的地方,甚至专门设置摆放瓷器的架子。最终成为沉重的经济负担乃至危及家庭和产业"❸。如果再进一步考虑到这一事实,即笛福曾经与别人合作投资了一个砖瓦厂,每年可以为他挣得 600 英镑的进账,或许他对进口瓷器的抨击就不会显得那么纯粹,某种程度上他是为了保护英国国内市场,避免中国青花瓷的倾销。出于同样目的,笛福在小说中将鲁滨逊制作陶瓷的工作转化成对英国清教精神的隐喻叙事,抹去中国的影响。

　　事实上,对中国瓷器的贬斥伴随着中国形象在欧洲的一落千丈。此前欧洲人对中国有着高度浪漫化的想象,及至此时再不复见。在此,我们不妨引用 1815 年出版的英国海军版《鲁滨逊漂流记》中的一个脚注:

----

❶　"偷窃瓷器历史"借用了"偷窃历史"这一概念。该概念源自杰克·古迪的《偷窃历史》,其解释道:"这个标题是指历史被西方接管,也就是说,历史被概念化,并且以发生在偏狭的欧洲范围,通常是西欧范围内的时间加以呈现,继而,这种模式又被强加到世界其他地区。"具体可见:杰克·古迪. 偷窃历史 [M]. 张正萍,译. 杭州:浙江大学出版社,2009.

❷　刘禾. 燃烧镜底下的真实:笛福、"真瓷"与 18 世纪以来的跨文化书写 [M] //孟悦,罗钢. 物质文化读本. 北京:北京大学出版社,2008:364.

❸　刘禾. 燃烧镜底下的真实:笛福、"真瓷"与 18 世纪以来的跨文化书写 [M] //孟悦,罗钢. 物质文化读本. 北京:北京大学出版社,2008:365.

陶艺在中国十分突出。但这不过是一种雕虫小技，是由最粗鄙的人发明的。一般认为，中国出产特具功效的泥土可用于生产这种东西。拜鲁的信息告诉我们，他们瓷器的优质并非是由于工艺优良，而只不过是在选材时精而又精、用心良苦，使其十分纯正。他们缺乏天赋的另一有力证据，就是他们既然拥有可以和制造玻璃相比拟的技艺如此之久，却没有能够发明并且制造这种美妙实用的玻璃，而他们在工艺造型和装饰方面的品位低下到几乎是路人皆知的。❶

显然，生活在 19 世纪的欧洲人似乎已经遗忘了一百年前他们对于青花瓷的狂热了。不过坦诚地说，这时候英国人确实有资本开始这种有意识的遗忘活动，因为他们的瓷器开始销售全球市场了。1792 年马戛尔尼使团出访北京，在进献给乾隆皇帝的贡品中就包括韦奇伍德瓷厂出产的精美瓷器。"据英方日后对此行的记录，中国官员和朝臣故作冷淡，事实上所有眼睛都盯住这些瓶子。"❷ 或许英方记录有夸大之嫌，事实却是景德镇开始模仿韦奇伍德的仿古波特兰瓶，这似乎预演着景德镇瓷业的衰败。此后随着制瓷技术的改进与殖民范围的扩张，英国制瓷业开始在世界范围内推销产品，原本出口瓷器的清朝转而成了进口国。等到《马关条约》允许欧洲列强在中国开办工厂后，景德镇的制瓷业再也没有振兴起来。据《景德镇陶业纪事》记载："近年风气渐开，奢侈日甚，人民喜购外货，如中狂迷。即如瓷器一宗，凡京津沪汉以及各繁盛商埠，无不为东洋瓷之尾闾，如蓝边式之餐具杯盘及桶杯式之茶盏，自茶楼、酒馆以及社会交际场所，几非此不美观，以致穷乡僻壤贩卖小商无不陈列灿烂之舶来瓷，可知其普及，已至日常用品。"❸ 这段文字不仅佐证晚清时期，中国与欧洲瓷器贸易从出口到进口的逆转，更是说明当时中国社会对于东洋瓷的态度已经发生变化。此时这些舶来瓷器成为社会风尚的宠儿，装点着社交门面，这种场面与青花瓷刚刚进入欧洲社会的场景何其相似。更为关键的地方在

---

❶ 刘禾. 燃烧镜底下的真实：笛福、"真瓷"与 18 世纪以来的跨文化书写 [M] //孟悦, 罗钢. 物质文化读本. 北京：北京大学出版社，2008：379.

❷ 罗伯特·芬雷. 青花瓷的故事：中国瓷的时代 [M]. 郑明萱，译. 海口：海南出版社，2015：335.

❸ 向焜. 景德镇陶业纪事 [M]. 汉熙印刷所景德镇开智印刷局经售处，1920.

于瓷器贸易发生的逆转，不只是影响了生活领域，背后更有中西国家力量的翻转。当青花瓷在欧洲大放异彩的时候，也正是欧洲对中国极度浪漫化想象的时候，因而物质推崇与文化想象相互激发，"中国货物不仅作为一种新的时尚宣言而被看重，而且同时也是作为一种完善的文化价值的让人着迷的陌生样式被看重"❶。但随着欧洲本土瓷器蓬勃发展以及新古典主义风格的兴起，欧洲知识分子对中国青花瓷的态度发生了逆转。现在，青花瓷再也不能象征贵族奢华的身份地位了，反之成为柔弱女性气质的标记。"流行的性别刻板印象使然，瓷器形象遂与家务、粗俗品味、道德松弛和不停购物等等结为一体。批评者认为瓷器和女人同类，都是脆弱、装饰性的小东西，而且归根到底，两者都不过是黏土加上时髦的外包装而已。"❷

更具讽刺意味的是，大概与欧洲人对中国瓷器态度发生逆转的同时，龚轼写了一组诗歌描述景德镇的制瓷业，其中有一首这样写道："白釉青花一火成，花从釉里透分明，可参造化先天妙，无极由来太极生。"❸ 就这首诗的内容来看，龚轼对青花瓷的评价颇高，丝毫不见一丝焦虑，此时是道光三年，距离鸦片战争的爆发还有十七载。成书于光绪三十二年的《陶雅》却如此写道："……吾华之瓷业近益凋瘵矣，其犹能以其瓷蜚声于寰球而为寰球之人所称道弗衰者，则国初之旧瓷也。居中国之人，不能使其国以坚船利炮称雄于海上，其次又不能以其工业物品竞争于商场，而仅凭借其国初所出之瓷之声誉以相与夸耀，至使寰球之人目其国为瓷国者。"❹ 陈浏在对清朝衰亡进行总结时，对于瓷器的评价不是很高，尽管他没有将衰亡的理由归结于瓷器兴衰，但在他的观念中，以"瓷国"著称海外并非一件光荣的事情。

至此，在经历了数个世纪的盛行和美誉后，中国外销青花瓷终究没落下来，乌托邦式的中国形象遭到了彻底重塑，世界体系的轴心也完成了自东向西的转移，或许唯一留存的只有不同文化传统相互碰撞、误读与融合的历史。就

❶ 彭锋．欧洲现代美学中的中国因素［J］．美育学刊，2018，9（1）：1-4.
❷ 罗伯特·芬雷．青花瓷的故事：中国瓷的时代［M］．郑明萱，译．海口：海南出版社，2015：324-325.
❸ 陈宁．清代陶瓷文献学论纲［M］．北京：中国轻工业出版社，2017.
❹ 陈浏．陶雅［M］．上海：上海科技教育出版社，1993：381.

此而言，青花瓷作为历史的遗存物属于全人类。但从另一个角度来说，这一历史过程实际上持续到当下并且延伸至未来，于是青花瓷又具有"历史物质性"❶。关于这段历史新进程需要我们进一步考察。

---

❶ "历史物质性"是巫鸿提出的概念，具体指"一件艺术品的历史形态并不自动地显现在该艺术品的现存状态，而是需要通过深入的历史研究来加以重构"。参见：巫鸿. 美术史十议 [M]. 北京：生活·读书·新知三联书店，2008：42.

第十七章　丝路"反弹琵琶"艺术

　　敦煌壁画中的"反弹琵琶"是丝路审美文化多元系统熔铸而成的艺术对象，获得了海内外的审美认同。在丝路中，从"反弹琵琶"外观的相似性和稳定性可以考察出基于物质媒介形式置换而成的"反弹琵琶"的"生命传记"，同时意味着它已经进入并勾连起了丝路中不同的关系网络和文化系统。本章以敦煌莫高窟112窟壁画"反弹琵琶"为中心，考察其形成和传播过程中的物质性及其阐释效用，围绕过程中形成的复杂网络，揭示艺术对象在丝路审美文化多元系统中的影响限度，追踪其在流传轨迹中意义被赋予、深化或修改的过程，以理解不同媒介、不同"版本"、不同时空中的"反弹琵琶"，试图思考基于物质性如何书写丝路审美文化艺术史的相关问题。

　　新时期以来，文化研究参考历史学、考古学和人类学的经验进一步发展了物质文化研究，物、场所和艺术品等越来越多地通过与人类的关系来呈现。❶在此过程中，物质事物（material matter）是可以被理解和接近的，理论上的"狄尔泰鸿沟"（Diltheyan Divide）逐渐变得模糊，文化中的物质性因素成为阐释学研究的新动向，打开了丝路审美文化研究的新视野。"反弹琵琶"是丝路审美文化中典型的审美对象，常见于丝路重镇敦煌莫高窟壁画中，并与其他地

---

　　❶　Dan Hicks，Mary C. Beaudry. The Oxford Handbook of Material Culture Studies ［M］. New York：Oxford University Press，2010.

区、其他物质媒介形式的"反弹琵琶"遥遥相应，由丝路审美文化多元系统❶
交互影响、异域和中原文化并肩运作而成。

"反弹琵琶"外观的相似性，决定了其作为文化符号的象征能力的稳定
性、可复制性。而不同的物质媒介形式同样影响和调节人类的实践方式、感知
经验和意义生成，并联动了与之相关的网络、系统和事件。若把"反弹琵琶"
与语言文本的物质性研究进行对接，会发现该"文本"不仅是佛教教义和宗
教艺术的视觉展演，而且纤维素、亚麻、墨迹、纸浆和可降解的生物因素从语
境中脱颖而出，成为意义制造的关键，自然文本化在页面（page）上。❷ 正如
壁画把自然文本化在地仗上一样，那些被文本化的内容对意义的生成至关重
要。本章以敦煌莫高窟 112 窟"反弹琵琶"壁画为中心，在丝路审美文化的
活态空间中梳理考察外观相似而物质媒介形式不同的"反弹琵琶"的生命传
记，思考为何以敦煌壁画为模型的"反弹琵琶"受到了广泛的认同和改写，
是什么让"反弹琵琶"壁画的特殊性被理解，又是什么限制了对此类艺术对
象的阐释？阐释者该如何对待"反弹琵琶"的物质媒介形式置换以及与其他
形式的物质关系（material relationship）在丝路审美文化多元系统中的往复循
环和意义生产？

一、壁画的物质性及其独特性

"反弹琵琶"壁画是 112 窟《观无量寿经变》的一部分，属于中唐

---

❶　"多元系统论"（polysystem theory）是以色列学者佐哈尔（Itama Even-Zohar）在研究"翻译文
学"（丝路审美文化具有广义的"翻译文化"属性）等问题时提出的理论学说，意指某一特定文化里
的各种文学系统的聚合。多元系统意味着文学是开放的、动态的、异质的系统，同一时间内有不同的
项目可供选择，却又互相依存，并作为一个有组织的整体而运作。它强调任何一个子系统，都必然
"跨文化"地与系统之外的其他文化因素相互关联。见：Itama Even-Zohar. Papers in Historical Poetics
[M]. Tel Aviv University, 1978；Itama Even-Zohar. Polysystem Theory [J]. Poetics Today, 1979（1）：
287-310. 苏联符号学家洛特曼（Lotman）等人的诗学理论从文化符号学的角度，提出文化作为一个整
体可被视为"巨大的、多层次的系统"，是一个"符号球状体"。见：洛特曼. 艺术文本的结构
[M] //胡经之，张首映. 西方二十世纪文论选（第二卷）. 北京：中国社会科学出版社，1989；廖七一.
多元系统 [J]. 外国文学，2004（4）.

❷　Joshua Calhoun. The Nature of the Page：Poetry, Papermaking, and the Ecology of Texts in Renais-
sance England [M]. Philadelphia：University of Pennsylvania Press, 2020.

（766—835）作品。因暂无确切的语言文本考证，物质媒介和语境的特殊性成为理解意义的关键。一方面，112 窟的墙面质料（地仗）、绘画的颜料和墨迹、生物因素等自然生态的物质性因素可以经由技术可视化得以"恢复"，那些以往未被关注的阐释事项变得"可读"。另一方面，画匠使用的工具以及对主题形象的修改、翻新和变形，表现出特定时间内创作者和供养人的意图和感知变化。从物质维度对其阐释将获得更加直接的证据。再者，敦煌很多壁画下常叠加多层壁画，如果技术能够在不破坏壁画的情况下，考察叠加情况，可能会更加明晰"反弹琵琶"壁画的历史性和特殊性。也就是说，把该壁画视为一种艺术实践的过程，既涉及物质材料、物质媒介，也涉及物质符号行动者的嵌入性（embodiment）及其语境。

考古学、自然科学家使用现代技术可以把物质，尤其是器物、场所等变成阐释学的，以理解古老的艺术实践是如何通过物质进行工作的，技术可视化的图像也为该艺术对象的历史书写提供了一种语境。对于无文字、语言参照的艺术对象的研究，物质阐释学（material hermeneutics）❶是一种积极的方式。主张扩展阐释学（expanding hermeneutics）❷的后现象学家唐·伊德（Don Ihde）认为物质阐释学是一种通过新的科学成像技术"让事物说话"的解释方式，并指出这样一种物质阐释学也许会取代由保罗·利科改良的常用语言——文本阐释学（linguistic-textual hermeneutics）。❸它可以带来一种与文学文本不同的研究。碳-14 测定、同位素溯源、多光谱成像、质谱技术等创造了新的解

---

❶　据现有材料来看，德国文学阐释学学者斯丛狄（Peter Szondi）于 1975 年提议并使用了"Materiellen Hermeneutik"一词，在其著作《文学阐释学导论》（*Einleitung in die literarische Hermeneutik*）中探讨了语言文本的物质性在文学阐释学中的作用。20 世纪 90 年代美国后现象学家、"技科学"研究者唐·伊德（Don Ihde）立足实证主义和具体的科学文本，把自然科学重新拉回阐释学视野，提出并论述了"事物阐释学"（Hermeneutics of Things），从物质性角度考察物质技术在科学研究和科学文章中发挥作用的方式。经过维贝克（Peter-Paul Verbeek）、梅迪纳（Leandro Rodriguez Medina）等人在"物质阐释学"概念下对伊德思想的引申论述，以及伊德本人对"物质阐释学"的系统阐发和分析应用，"物质阐释学"逐渐突破特定类型"文本"的物质维度范围，渐次发展为一种基于物质性研究的新型的"一般阐释学"，一种非单一学科（自然科学和人文科学）的通用方法。

❷　Don Ihde. Expanding Hermeneutics：Visualism in Science［M］. Evanston：Northwestern University Press，1998.

❸　Don Ihde. A Prelude to Material Hermeneutics［J］. Acta Baltica Historiae et Philosophiae Scientiarum，2020（8）：5-20.

释可能性，告诉我们关于"反弹琵琶"更多的信息。物质阐释技术可以"复原"壁画的创作过程，揭示其颜料的使用和顺序、绘制技法、层次的叠加等壁画状况，也可以通过对物质材料的 DNA 溯源，缀联起"反弹琵琶"在丝路审美文化活态空间中的生命传记。

该研究中的"物质性"概念借鉴了"行动者网络理论"研究学者约翰·劳（John Law）的观点，认为物质性"是一种思考物质（material）的方式，被视为一种持续实施的关系效应。这意味着物质（materials）本身并不存在，而是无休止地生成，至少有可能被重塑……物质性在物质和理想（ideal）之间没有先验（priori）的区别"❶。也正是在这个意义上，一切可以被视为一种"物质符号行动者"（material-semiotic actor）并嵌入复杂的语言和文本序列的意义中，同时也包含在物质性（materialities）的具体安排中。❷ 所以，基于物质性研究，"反弹琵琶"壁画可以视为人类与非人类行动者共同参与并发挥作用而形成的一种艺术形式，强调了艺术形成过程中人类和非人类行动者的作用。

经过技术手段对物质材料的分析，敦煌莫高窟颜料大部分为天然矿物，少量是植物颜料和人工合成颜料❸，矿物颜料有一定的稳定性，不易变色，这也是壁画颜色能够留存千年的重要因素。"反弹琵琶"的敷彩以石绿、赭黄、铅白为主，所用颜料及其成分主要如表 17-1 所示。❹

表 17-1 "反弹琵琶"主要敷彩颜料及成分

时期	颜色	主要成分
中唐	红色	朱砂，少量土红、土红+铅丹
	蓝色	石青，少量青金石
	绿色	氯铜矿，少量石绿+氯铜矿
	棕黑色	二氧化铅
	白色	方解石+滑石，少量云母

❶ John Law. After Method. Mess in Social Science Research［M］. London：New York：Routledge, 2004：161.

❷ Donna Haraway. The Haraway Reader［M］. London：New York：Routledge, 2004：67.

❸ 吴荣鉴. 敦煌壁画色彩应用与变色原因［J］. 敦煌研究, 2003（5）.

❹ 李最雄. 敦煌莫高窟唐代绘画颜料分析研究［J］. 敦煌研究, 2002（4）.

红色以朱砂为主，长期来看会从橘红色变为暗红色。铅丹自初唐至中唐使用量逐渐增加，学者分析指出："敦煌莫高窟早期壁画中的朱砂和铅丹应该是从印度、阿富汗等中亚国家传入新疆，再传入敦煌。"● 不过铅丹经过时间洗礼会变为棕黑色（PbO_2）。土红也一直是莫高窟壁画中使用较多的颜料，这种土红是从河西地区出产的赤铁矿中制得，应是敦煌本地或附近产出。青金石源地与铅丹相似，国内还未发现与青金石产地相关的本土信息。青金石之路象征了丝绸之路产生以前各文明之间的交往，从艺术史的角度来说，青金石是重要的艺术资源，作为宝石和古代壁画蓝色颜料的原材料被广泛使用。● 石青可能产于祁连山一代，也可能由中原流入，因价格低于青金石逐渐被大量使用。绿色颜料中的氯铜矿也由同一途径传入，不过唐以来的经济繁荣、交通便利，祁连山一带的孔雀石生产的石绿和从中原传入的石绿也被使用。而白色颜料易得，取材和加工都很方便。"黄色主要是地仗层泥土自身呈现的土黄色，一般构图时提前预留出土黄色位置，上面不再覆盖其他颜色。"● 总体来看，中唐时期使用的矿物颜料较多从印度、阿富汗等中亚地区传入，根据敦煌本地土质和审美需求，配以相应技术（外来和本土）制得。

绘画颜料的区域性和在丝路上的"旅行"，反映了丝路交流交往中艺术材料的丰富和多样，它们以丝路为契机，实现了自身的跨区域流传。敦煌石窟对颜料色彩的选择一般取决于当时的艺术风格、地域条件、画工技法等，所以时代不同，颜料选择和来源也不尽相同。对朱砂、铅丹、青金石、氯铜矿等外来颜料的选择是根据丝路上进口地区的审美需求和目的而实现分配的，当时的敦煌受到长安和吐蕃的双重影响，尤其是吐蕃统治时期（781—848）还出现了石窟"重构"现象和"原创性"图像。● 此时期的"反弹琵琶"壁画线条明显，用色大胆，通过技术对这些色彩的物质材料的分析，利于追溯物质如何经由丝路传播进入敦煌艺术实践；发掘出物质材料的能动性，追溯其携带的文化

● 李最雄. 敦煌莫高窟唐代绘画颜料分析研究 [J]. 敦煌研究，2002（4）.

● 沈爱凤. 从青金石之路到丝绸之路：西亚、中亚与亚欧草原古代艺术溯源 [M]. 济南：山东美术出版社，2009.

● 李海磊. 4—6 世纪中国北方地区壁画色彩技术及应用研究 [D]. 上海：上海大学，2019：55.

● 沙武田. 吐蕃统治时期敦煌石窟研究 [M]. 兰州：甘肃教育出版社，2010.

基因，如何跨越万里，被用于中国寺庙、石窟壁画等颜料中。

这种物质阐释方式现在常被用于文物保护，已有学者通过对物质材料变化的原因进行分析，[1]试图降低因为颜料变化而对壁画带来的损害，甚至可以根据材料的变化速度和时间，判断壁画的制作时间和当时的颜色状态。这将利于阐释者"回到"当时的阐释语境，对壁画作出合理的理解和意义阐释。如学者运用晶相显微镜、X 射线粉末衍射仪（XRD）、能量散射 X 射线荧光分析仪（EDXRF）、扫描电子显微镜-能谱仪（SEM-EDS）等方法对敦煌西千佛洞 12窟壁画制作材质及工艺进行的研究，揭示了颜色的主要成分，地仗组成，含沙比、含草量等。[2]若把这些技术运用到 112 窟中，对"反弹琵琶"壁画做考古学、地质学阐释，可能会对敦煌壁画绘制时期的地质状况、生物群落、历史事件等有进一步认识。

使用物质阐释学方法，也可以了解壁画如何经由修改而最终成型的过程，这同时利于澄清"阅读"壁画为何可以让我们更接近创作者的"思想"，因为"思想"概念本身是由记录思想的物质对象、物质媒介、物质技术等塑造和调节的。正如伍尔夫（Virginia Woolf）所言，日记的物质媒介形式不仅迫使"游离的想法"形成特定的形状，而且以某种方式刺激了思考。[3]壁画也是如此，对壁画内外的物质阐释将利于考察创作者的意图、思想，以及该意图、思想是否根据物质材料和媒介形式发生了改变。

即使壁画是画匠、画工的个人创造，也包含一个文化历史前提，因为无论是人还是物质材料都有一定的存在语境（context）。在丝路没有开通的年代，诸如青金石之类的颜料无法被用到艺术实践中去。20 世纪 50 年代，丝路未提供良好的矿物颜料流通语境，常书鸿带领画家临摹壁画时，不得不使用一些调和漆、染料等，后来尝试使用一些锡管颜料、水粉颜料，这些材料自身的弊端使临摹出的壁画无法达到矿物颜料的神韵。2000 年以后，随着丝路语境的变

---

[1]　王乐乐，李志敏，马清林，等. 高光谱技术无损鉴定壁画颜料之研究：以西藏拉萨大昭寺壁画为例 [J]. 敦煌研究，2015（3）.

[2]　马赞峰，汪万福，胡源. 敦煌西千佛洞第 12 窟壁画制作材质及工艺研究 [C] //全国第十一届考古与文物保护化学学术研讨会论文集，2010：276.

[3]　Virginia Woolf. A Moment's Liberty：The Shorter Diary [M]. Anne Olivier Bell, ed. NewYork：Harcourt Brace and Co. , 1990：90-91.

化，才有条件使用矿物颜料以临摹出较相似的壁画作品。

最早来敦煌临摹的画家是李丁陇，他于 1937 年 10 月和 1938 年 6 月分别两次进行临摹。这影响了张大千、王子云等人，王子云曾言："对于敦煌壁画的摹绘方法，我们与同住的张大千有所不同，我们的目的是保存原有面目，按照原画现有的色彩很忠实地把它摹绘下来。而张大千则不是保存现有面目，是'恢复'原有面目。他从青海塔尔寺雇来三位喇嘛画师，运用塔尔寺藏教壁画的画法和色彩，把千佛洞因年久褪色的壁画，加以恢复原貌，但是否真是原貌，还要深入研究，只令人感到红红绿绿，十分刺目，好像看到新修的寺庙那样，显得有些'匠气'和'火气'。"❶ 在张大千看来，藏教壁画似乎和莫高窟壁画所用颜料、技法在根源上有某种相似性，可以通过塔尔寺壁画的技法恢复莫高窟壁画的"原貌"。而王子云显然对这一做法存有异议。

实际情况是怎样呢？技术的物质阐释或可解释清楚，一方面通过技术的质谱分析把同一时期或同类型的绘画材料、绘画技法等可视化并进行对比，考察它们之间是否有时间上的先后或空间上的延续等。该方法也可以用到与其他石窟寺的对比中。另一方面把物质资源进行数字化处理，极有可能恢复"原貌"，与张大千的"原貌"不同的是，它是基于对矿物颜料、绘画技法的流传等为基础进行的，是基于一种行动者的物质性自身的流变历史，而非一种假设或语言文本的考证。向达也曾在《莫高、榆林二窟杂考》❷ 一文中利用文本文献记录中的有关技术、画理知识，探索了敦煌壁画的制作制度、粉本比例、凹凸法等情况。若我们通过技术手段，把诸阶段的物质材料通过不同的质谱"可视化"为图像，以分析使用的物质材料的顺序和过程，不仅对以上情况作出补充或印证，而且利于了解画工、画匠、供养人等的意图演变。因为技术可以作为一种理解物质事物的工具，让事物的物质性发出"声音"。

壁画的特殊性是通过物质性表现出来的，技术可视化以"复原"或把以往未被关注的物质信息纳入经验的考量范围，不仅可以"阅读"作为对象的"反弹琵琶"壁画，而且可以"阅读"作为物质事件的"反弹琵琶"。物质阐

---

❶ 王子云. 从长安到雅典：中外美术考古游记（上）[M]. 长沙：岳麓书社，2005：70-71.

❷ 向达. 莫高、榆林二窟杂考 [C] //唐代长安与西域文明. 石家庄：河北教育出版社，2001：384-408.

释学对于反弹琵琶物质性的揭示，利于形成与文本文献记载不同的知识内容，而将注意力转向行动者的物质方面，研究的关系或现象至少可以引导我们进行更精确的解释。❶ 换句话说，看到物质在文化网络中的"能动性"（agency），并将其视为一种"行动者"。

　　既然基于"开放文本"❷ 可以把诗歌视为一种语言的事件，那么在对过程的强调上，艺术也可以视为一种物质的事件。在这个意义上，"反弹琵琶"是一种"开放文本"，其内部物质不仅仅是艺术品的组件，更像是一种表演的事件。这意味着"反弹琵琶"壁画是过程性的，不仅涉及原始语境，而且涉及物质媒介置换的过程和意义生产，需要我们去建设性地"阅读"，关注其物质性指向的事件。而且这种开放意味着对"反弹琵琶"之外开放（松动的是原始语境），尤其是对"读者"开放，其意义是参与性的、生成性的。这种阐释关注到物质可以左右审美经验，反拨了创作者对意义的权威，强调了艺术品及其物质语境在过程中的阐释力。

　　对"反弹琵琶"进行"阅读"的时候，不仅把它视为一个对象，更是一个事件，关注的问题不再仅是它是什么，而是理解它是如何发生（occur）的。按照伽达默尔的参与美学（aesthetics of participation）的相关概念，这种发生是基于照面、接触（encounter），而且是在表演（performance）过程中与之相遇，表演是作品的存在方式，无论作品发生了多少改变和扭曲，它仍旧是它自

---

❶ Leandro Rodriguez Medina. Material Hermeneutics in Political Science：A New Methodology ［M］. Lewiston, Queenston und Lampeter：The Edwin Mellen Press, 2013：9.

❷ 与 20 世纪 70 年代中期以来的许多诗人一样，美国当代女诗人琳·海基尼安（Lyn Hejinian）把语言视为一个社会空间、一个哲学探究和政治演讲的场所。在《拒绝关闭》（The Rejection of Closure）一文中，她区分了封闭文本和开放文本，认为封闭文本是其元素完全集成（无剩余部分）且读起来像收敛在一个点上；而开放文本是并列的（paratactic），由间隙或断裂组成。开放文本打开了语境，使单词更像是事件去表演，而不是结构的组件。开放文本强调过程或突出过程，无论是原始作品的过程还是后续由读者创造的作品过程。开放的诗是一个低技术的超文本（low-tech hypertext），由此而形成的阅读是一种表演艺术（performance art），诗需要被视为一个事件，而不是简单的一个对象。（Lyn Hejinian. The Language of Inquiry ［M］. Berkeley：University of California Press, 2000；Gerald L. Bruns. The material of poetry：sketches for a philosophical poetics ［M］. Athens and London：The University of Georgia Press, 2015：28-29. ）

己，每一次重复都和作品本身一样具有原创性。❶ 对于"反弹琵琶"的"再语境化"的阐释也就不能将其视为一个复制艺术品的事件，而是以一种新物质媒介指向了与之相关的新事件，这也为"反弹琵琶"创造了新的生存空间和审美价值。

二、物质媒介形式置换与审美赋值

20 世纪 80 年代，文化人类学领域开启了"物的社会生命"和"物的文化传记"研究，强调物作为"行动者"对文化秩序和人的社会生活的侵入，形成一种"价值的政治"。❷ 在这种研究中，物可以像人一样用"传记"记录它的生命。而"反弹琵琶"之所以可以被看作一种"物"，是因为它需要物质媒介提供载体，每一种物质媒介形式都是其表演/展演自身的方式，它无法脱离物而单独存在。所以可以通过对"反弹琵琶"物质媒介形式的置换及相关事件的研究，考察其生命传记，并思考它如何对丝路审美文化秩序和人的社会生活产生影响。

就目前的资料和研究来看，"反弹琵琶"最早出现于初唐，始见于敦煌莫高窟 329 窟（618—704）的飞天伎乐中。初唐是敦煌壁画汉化的转型期，该伎乐形象和装饰都是唐代风格；作为舞台表演艺术的"反弹琵琶"最早出现在莫高窟 172 窟盛唐时期的壁画中；中唐（766—835）112 窟南壁东侧的"反弹琵琶"是现代舞蹈研究史上常见的形象（也是现在流行风尚的"原境"）；中晚唐至西夏十余幅壁画中均有"反弹琵琶"舞姿形象。实际上，"反弹琵琶"舞姿是琵琶舞中的一个姿态，并不是完整舞蹈，壁画中出现不同时代不同形式的"反弹琵琶"舞姿共 51 处，集中展示了琵琶舞发展变化的不同风格。❸ 综合敦煌壁画中出现的各种"反弹琵琶"舞姿，可以发现姿势各有差别，如吸腿反弹、侧吸反弹、前别腿反弹、后别腿反弹、盘腿反弹、踏步斜后弹、后吸

---

❶ 汉斯-格奥尔格·伽达默尔. 真理与方法：哲学诠释学的基本特征 [M]. 洪汉鼎，译. 北京：商务印书馆，2017：142，171-178.

❷ 张进，王垚. 物的社会生命与物质文化研究方法论 [J]. 浙江工商大学学报，2017（3）.

❸ 高德祥. 敦煌壁画中的反弹琵琶舞姿溯源 [J]. 北京舞蹈学院学报，2021（3）.

侧下弹、跪式背弹、跪式上反弹、跪式下反弹等。❶ 同一物质媒介上的同一艺术形象不尽相同，很大可能在于每一种舞姿和色彩的选用是其物质语境提供的，而每一时期又有不同。通过对这些物质材料的解释，不仅可以了解与之相伴的语境状况，而且可以从另一方面证明"反弹琵琶"之所以被视为典型的原因。

在对莫高窟壁画进行历史的划分和对比中，可以发现唐以后经变画逐渐繁荣，宗教世俗化倾向增强，虽然有些菩萨留有胡须，但面容较丰腴、体态婀娜，尤其在伎乐天舞伎的展现中，更有"菩萨如宫娃"之说。"反弹琵琶"伎乐天不再是高不可攀的极乐世界中的形象，而与世俗生活相关。这些敦煌壁画中的"反弹琵琶"充当了粉本、画稿的职能，并最终形成 112 窟的形象。唐代前期敦煌洞窟壁画的绘制就已经大量使用粉本画稿❷，这些画稿，尤其是白描稿（sketches）是一个可视化的艺术活动的索引，强调了作品的未完成状态。❸ 这一概念可扩展至广义的"粉本"和草稿概念，"从现有的资料看，敦煌绘画艺术品主要有洞窟壁画、彩塑、藏经洞绢画、麻布画、纸本画、各类纺织品、幡画等，画稿与它们之间关系密切。可以说画稿是敦煌艺术研究的基础，通过对画稿的研究可以加深对其他绘画艺术的理解与认识，为广泛的敦煌艺术研究积累资料与方法、思路与线索"。❹ 在敦煌壁画诸多的"反弹琵琶"形象中，每一种都是一个版本，对此类"画稿"的研究将一种过程性和历史性纳入研究视野。一方面可以复原壁画的创作过程和创作意图，另一方面在不同版本之间的对比中，关注到历史发展的"断裂"，发现它并不是一成不变的，而是经过丝路审美文化活态空间的往复式循环确立的。

考古学为"反弹琵琶"的生命传记补充了一种基于物质材料的空间联动的证据。葛承雍依据近年出土的长安唐贞顺皇后石椁线刻画，指出"反弹琵琶"最早源于开元二十五年（737）男性胡人的艺术造型，从男性舞者转变为

---

❶　高金荣. 敦煌舞蹈 [M]. 兰州：敦煌文艺出版社，1993：151-152.

❷　山崎淑子. 试论敦煌莫高窟第 217 窟 [C] //2000 年敦煌学国际学术讨论会文集·石窟考古编. 兰州：甘肃民族出版社，2003：215-224.

❸　Sarah E. Fraser. Performing the Visual：The Practice of Buddhist Wall Painting in China and Central Asia，618-960 [M]. Stanford，CA：Stanford University Press，2003.

❹　沙武田. 敦煌画稿研究 [M]. 北京：民族出版社，2006：1.

女性舞伎的过程是从长安皇家艺术吸纳异域外来文化中开启，传播至敦煌艺术工匠创作之中的，异域的绘画粉本是敦煌"反弹琵琶"的传播来源。❶根据"反弹琵琶"出现的先后顺序，敦煌壁画一方面借鉴了长安宫廷的乐舞形式，记录了宫廷伎乐场景中的人和事物，并被敦煌工匠想象性加工成宗教极乐世界，另一方面吸收了吐蕃时期日常生活或民间表演中的舞蹈姿势。在"吐蕃反弹琵琶银壶"（兽首胡人纹鎏金银壶）的考证中，宿白也认为："银壶人物中反弹琵琶的图像，多见于吐蕃占领敦煌时期（781—848）在莫高窟所建的洞窟壁画中，如第 112 窟壁南壁东侧观经变相，据此似可推测反弹琵琶的舞姿流行于 8、9 世纪。"❷

敦煌壁画、石樽、银壶等物质媒介上的"反弹琵琶"佐证了其跨区域的流动性，而且各个版本的"反弹琵琶"都代表了当时、当地对艺术形象的最终选择。敦煌艺术系统受到长安和吐蕃等文化系统的共同影响，并与丝路审美文化中艺术品的往复流通相关。根据唐代出土文献和文本材料，唐玄宗及以后的龟兹乐，应主要是从隋唐九部、十部伎乐歌舞大乐发展而来，多种胡鼓类乐器与舞蹈相互应和，琵琶退为起支撑与伴奏作用，其代表音乐——龟兹乐最终以一种特殊的音乐表现形式呈现了出来——鼓舞乐及其中的反弹琵琶。❸另外，"舞蹈史研究者推测（反弹琵琶舞姿）可能是吐蕃统治敦煌时期传入的。据舞蹈工作者考察，西藏定日地区至今还有反弹四弦琴起舞的形式。当然，也不能排除西域昭武九姓原有乐舞中就可能有反弹乐器而舞的动作，以显示舞蹈者的精湛技艺"。❹所以，"此所谓'考姆兹'（琵琶）并不是如岸边成雄所说，是什么'土耳其系乐器，自西亚变形起到欧洲后广为流传'，而正是在深受楚汉文明影响之地产生的'龟兹秦汉琵琶'的一脉嫡传"。❺

在适应敦煌艺术系统的过程中，与"反弹琵琶"类似的伎乐形象自身也

---

❶ 葛承雍."反弹琵琶"：敦煌壁画舞姿艺术形象来源考 [J].敦煌研究，2020（1）.

❷ 宿白.西藏发现的两件有关古代中外文化交流的重要文物 [G] //魏晋南北朝唐宋考古文稿辑丛.北京：文物出版社，2011：202-205.

❸ 陈岸汀.华化与分型——汉唐琵琶的类型研究、演奏方式及其人文存在研究 [D].北京：中国音乐学院音乐学，2015：170-171.

❹ 王克芬，柴剑虹.箫管霓裳：敦煌乐舞 [M].兰州：甘肃教育出版社，2007：26.

❺ 牛龙菲.敦煌壁画乐史资料总录与研究 [M].兰州：敦煌文艺出版社，1996：338.

发生了变化。"在西域非常流行的印度式女性造型——丰乳、细腰、大臀的裸体菩萨和裸体舞女,在敦煌莫高窟被代之以'非男非女'的菩萨、伎乐、飞天的形象,这不仅适应了儒家伦理道德观念与审美时尚,同时又不违背佛教'菩萨无性'的思想。同是对生命的讴歌与礼赞,莫高窟佛教艺术中代之以神思静穆、神情温婉,体现了适应儒家与佛教要求的结果。"❶ 该结论在很大程度上是基于一种物质实体的对比。

总体来看,无论是在敦煌艺术系统中,还是在跨文化的时空考察中,"反弹琵琶"的最终定型是丝路审美文化互通互融、协调选择的结果。在粉本、壁画、绘画、雕塑到舞蹈、影视等物质媒介的置换中,它从《观无量寿经变》中的娱神伎乐天,变成诸多文化语境中的文化符号,改变的是舞姿的物质媒介形式和物质语境,这也意味着它可以进入不同的文化系统和网络,并关联其原有的审美基因,创造新的艺术形式和艺术品。"出现于四面八方的'反弹琵琶'以其颇富魅力的优美造型而得到人们审美趣味上的共同认定,不是一种偶然,况且从古丝绸之路上颇为盛行的柔术、杂技等高难度技巧并颇受欢迎程度上看,亦极有可能在技巧的难度上给予'反弹琵琶'舞姿以一定的启迪,当然也不排除其在形式上具有类似'京剧中的亮相'(张道一语)般程式化和雕塑化表现。"❷ 它在丝路审美文化的推动下不断被编辑进其他艺术形式中,与其他文化相遇(encounters)、纠缠(entanglement)、混杂(hybridity),最终熔铸生产出新的审美附加值,并反作用于丝路审美文化。大量史料和实践活动证明丝路审美文化是"多向度、交互式、接力式、生成性、往复循环的'熔铸'"过程。❸ "反弹琵琶"正是这一过程的具体表现,关联起具有"全球化"早期形态的丝路中与跨文化现象相关的一些维度。❹

虽然"反弹琵琶"的物质媒介形式发生了变化,使图像表征的一致性被复杂的物质张力改变,但其意义并不总是滑动的,它拥有一种符号意义的稳定

❶ 周菁葆. 敦煌壁画中的人体艺术研究 [J]. 艺术百家, 2010 (2).

❷ 易存国. 敦煌艺术美学: 以壁画艺术为中心 [M]. 上海: 上海人民出版社, 2013: 395.

❸ 张进. 论丝路审美文化的属性特征及其范式论意义 [J]. 思想战线, 2019 (4): 140-147.

❹ 弗兰科潘. 丝绸之路: 一部全新的世界史·序言 [M]. 邵旭东, 等译. 杭州: 浙江大学出版社, 2016: XI.

性。诸多大型舞剧，把"反弹琵琶"融入丝路故事中，不仅脱离了宗教语境，而且扩展了适用语境，增加了丝路中日常生活的审美性和故事性。从敦煌壁画中借鉴而来的敦煌舞姿，呈现了"偏头、收腰、顺胯"等动态的"S"形弯曲体态，并结合眼神、表情、服饰等全身全态的配合，把"反弹琵琶"伎乐天作"活"了。有些"反弹琵琶"舞姿已经摆脱了琵琶，仅仅一个动作就表达了其审美含义，如舞蹈《反弹琵琶品》。琵琶由对身体的"扩展"收束到了身体本身，好像已经融进身体。这种完全具身化的呈现，使大众文化改造和变形了具有宗教意味的文化，通过形式化的改造和命名权的掌握，增加了"反弹琵琶"艺术的丰富性和适应性。

　　"反弹琵琶"由壁画到绘画，由视觉到平面，由静态到动态，由单一到多样，在横向和纵向维度延展了自身的审美形式和内涵。从"反弹琵琶"由敦煌—中国—海外以及回返式的"旅行"来看，它已经成为审美文化的象征，是丝路文化尤其是敦煌文化的典范。对"反弹琵琶"来说，我们关注的"不再是一件作品的原始动机和创作，而是它的流传、收藏和陈列——它的持续的和变化中的生命"❶，以及与这种生命历程相关的事件。"反弹琵琶"是丝路文化多元系统孕育而成的艺术形象，是诸多子系统交互运作而成的、跨文化文明的现象。在物质媒介形式的置换过程中，形象本身根据物象所需和审美规律，推动其艺术生产和再生产，物质阐释揭示了"反弹琵琶"如何在形式转换中完成审美赋值。

三、物质关系与多元系统运作

　　"反弹琵琶"壁画内部的物质性通过物质阐释学得到了解释，而对物质性的敏感，同时会增加对人类行为的物质语境（material context）的敏感❷，随着物质媒介形式置换引发的物质关系的变化（尤其是物质媒介引发的事件）也需进行解释。每一种物质媒介都可能引发不同的故事，它们拥有不同

---

❶　巫鸿. 美术史十议［M］. 北京：生活·读书·新知三联书店，2008：52.
　❷　Preface by Don Ihde ［M］//Leandro Rodriguez Medina. Material Hermeneutics in Political Science——A New Methodology. Lewiston，Queenston und Lampeter：The Edwin Mellen Press，2013：viii.

的"原创性"和生命史。与"反弹琵琶"壁画相关的物质事件和"反弹琵琶"的物质媒介形式联动的事件相互映射，共同构成了"反弹琵琶"的文化生命史和事件史。

以壁画为起点的探讨，进一步引申的问题是壁画涉及的物质如何以行动者的身份影响意义的生产？当"反弹琵琶"的物质媒介发生变化后，如何影响意义的接收和解释？如果说艺术是物质的事件，那么这些物质之间以及与之相伴的文化系统、网络（语境）之间的关系是怎样的？对艺术及其艺术品的阐释聚焦于物质性时，相比于以往的解释会发生什么？

我们提出并作为阐释学问题加以认识的基础是通过物质性这一概念来表述的，这种思考借助了物质阐释学、"物质符号学"❶的相关理论，把人与物的关系视为一种交互关系本体论（inter-relational ontology），暗示了人与物的相互构造、进化，强调了关系的物质性。更具体来说，不仅"反弹琵琶"壁画中的人与物处于一种关系网络中，而且其艺术媒介的变化联动了丝路审美文化多元系统这一关系网络，此类资源是构建丝路审美共同体的储备。❷

在该视域下，"反弹琵琶"是一种"技艺"（technoart）❸，与"艺术"的早期概念联系在一起，指向的是人类技艺经验的深层方面。从舞姿来看，所有的"反弹琵琶"具有"相同的"技术，在这种技术中，琵琶都是通过舞伎在身后反弹来实现的。这与丝路人民日常生活中琵琶的演奏技艺相关，也与画工、画匠等人的创作技艺相关。以 112 窟"反弹琵琶"为基础创造出的其他媒介形式，在很大程度上发展了这些技艺经验，并根据不同的物质媒介形式特

---

❶　"物质符号学"是一个概括性术语，在科学、技术和社会的关系研究中（STS），它涵盖从行动者网络理论（ANT）到女权主义技术科学的部分研究，并受米歇尔·福柯（Michel Foucault）作品影响——认为所有的一切都是在"关系"中塑造的。其中 ANT 可描述为一种"物质符号学"方法，把任何事物都放在社会和自然世界中进行考察，视事物为它们所处关系网络产生的一系列连续的效果，描绘的关系既是物质的（事物之间），也是符号的（概念之间）。John Law. The materials of STS［M］// Dan Hicks，Mary C. Beaudry. The Oxford Handbook of Material Culture Studies. New York：Oxford University Press Inc.，2010：176.

❷　Wang Hongli. The Artistic Representation of Silk Road Aesthetic Cultures and Community Construction——Focusing on the "Playing the Pipa behind One's Back" in Dunhuang［J］. International Journal of Humanities studies，2021（6）.

❸　Don Ihde. Material Hermeneutics：Reversing the Linguistic Turn［M］. London，New York：Routledge，2022：67-76.

征及其事件进行调整。无论是壁画还是其他物质媒介形式的"反弹琵琶",都视物质性为一种有关"行动者网络"的关系效应,其中"行动者网络"的物质性在"反弹琵琶"壁画的原初语境以及"再语境"化过程中协调意义的生产。❶

112 窟的"反弹琵琶"是由各种物质材料在地仗层上绘制而成,人物造型丰腴饱满,线描写实明快,流畅飞动,敷彩以朱绿黄黑白为主色,肉体多以蛤粉平涂,体现了唐代佛教绘画民族化的特点。"舞伎头梳高髻,戴花冠,戴耳环、项圈、臂钏和手镯。上身半裸,肚脐外露,紧束腰带,肩披罗巾,下身穿卷花紧口裤,赤足。左腿支撑,右腿端吸,上身前倾,向后推胯,左手擎琵琶于背后,右手弯臂从后面反弹,眉目含翠,神态自若,足趾翘起,像正在应着伴奏的乐曲拍节作舞,巾带随着轻飘漫卷。"❷ 此时,舞伎身处西方极乐世界,在众多的乐伎合奏中舞动身体,目的在于"娱神"。

"反弹琵琶"壁画是宗教教义通过物质材料的视觉展演,有其特殊性和意图。通常而言,壁画在石窟寺中的作用主要有两种,"一种是用形象的图画向佛教徒宣传、阐述佛教义理;二是以强烈的装饰性效果来感染信徒。也就是从内容上和艺术形式上与洞窟、塑像紧密结合,构成一个相对完整、独立的宗教世界,使人们走进洞窟犹如走进佛国,'人佛交接,两得相见',在艺术美感的潜移默化中,'动人心志',诱导人们信奉宗教。"❸ "反弹琵琶"视觉化、具体化了宗教想象,通过现实生活经验将非物质的事物物质化,并反向影响了人们的日常生活实践。在其中无论是使用的物质材料,还是"反弹琵琶"呈现出的人—物关系,实际上都展现了一种关系的物性,一种人与物的交互影响。

改革开放后,"反弹琵琶"雕塑由原来的白水泥变为红色花岗岩,不仅改变了材质,而且增加了高度,更加符合现代人的审美需求。1979 年,"反弹琵琶"在舞剧《丝路花雨》中被表演,反弹的技艺经验通过英娘这一形象表现出来。琵琶、身体、服饰、舞台、场景(语境)等物质性共同运作,不仅推

---

❶ 张进, 徐滔. 物性美学范畴研究 [M]. 北京: 人民出版社, 2021: 85-95.

❷ 高金荣. 敦煌石窟舞乐艺术 [M]. 兰州: 甘肃人民出版社, 2000: 57.

❸ 胡同庆, 罗华庆. 解密敦煌 [M]. 兰州: 敦煌文艺出版社, 2018: 30.

动了故事情节、展现了人物的性格特点，而且再现了由日常生活经验向艺术实践转变的过程。"反弹琵琶"舞姿借助《丝路花雨》在海内外表演，引起了世界范围内的情感联动。后来雕塑家孙继元为敦煌市塑了"反弹琵琶"，成为该市的"城标"。"反弹琵琶"始终与大众的日常生活审美实践连接，已经"具身"到了日常实践中，如文化创意产品、课间操、广场舞等，它揭示了大众对敦煌文化甚或是丝路审美文化的认同，也暗示了我们希望借助"反弹琵琶"之类的资源以审美化日常生活实践。

　　本章的案例并未穷尽"反弹琵琶"的所有"变更"，但足以说明这种现象学的变更包含技术物质性的考虑、对身体技巧的使用以及实践的文化语境。其后果是多元稳定性（multistability）的出现、具身的作用以及根据不同历史文化语境出现的不同结构的生活世界。❶ 这意味着对"反弹琵琶"更深层和更广泛意义的经验是嵌入物理或物质化的世界和文化语境中的。此时，关系的物质性已经拓展到更大的文化语境中，壁画中的物质关系不仅与敦煌文化子系统相关，而且与丝路审美文化的多元系统相联。这种"关系的物性"或"物性的关系"是一种"活态的"和"实践性的"，人与周遭物（邻近）之间的"物性关系"使情绪和感情得以通过物而由内到外展开，从心理到身体，进而超越到身体之外。❷ "反弹琵琶"在不断发展和传播过程中保留了自身的个性和独特的艺术形象，并以不同的艺术需求和物质语境联动了112窟中的壁画。当它作为一种独立的艺术形象出现在敦煌市街头、展览馆等地，即"再语境"化的过程中，携带并内化的是丝路审美文化的语境和物性关系网络。在这种回环往复的艺术交流中，在其流动的"生命"轨迹中，生成可共享的审美对象。

　　"反弹琵琶"的物质阐释有别于语言阐释，因为语言自身携带的诗性特征，导致其在进行历史叙述时往往对于预先已被叙述的事件进行"二次修订"❸，而对物质的解释有意避开了语言，关注了嵌入其中的物质性在意义生

　　❶ 唐·伊德. 让事物"说话"：后现象学与技术科学 [M]. 韩连庆，译. 北京：北京大学出版社，2008：19.
　　❷ 张进. 物性诗学导论 [M]. 北京：人民出版社，2020：347.
　　❸ 海登·怀特. 评新历史主义 [C] //张京媛. 新历史主义与文学批评. 北京：北京大学出版社，1993：100-101.

产过程中的作用。面对的是作为过程的"反弹琵琶",它以自己的生命演绎着丝路审美文化的历史,是历史中的一部分。同时它在关系网络空间中,以其物质符号行动者的能力松动了敦煌文化子系统的封闭性,通过物质媒介形式的置换将一种历史性注入其中,行动者网络的物质性打开了其历史性,是我们认识经典作品何以流传的一种方式,也是书写艺术史的一种方式。

更重要的是,"反弹琵琶"的物质阐释试图通过物质引发的事件,使该艺术形象与进化论、地质结构或动植物学等自然科学知识关联,形成跨越"狄尔泰鸿沟"的艺术阐释方式,这对文物保护、岩彩画技法教学、艺术史书写等都会产生影响。再者,物质阐释学以"反弹琵琶"为研究试点,"涉入"丝路审美文化研究并对其意义价值进行阐发和重释,是"多模态阐释学"进入新的解释范式熔铸生发的接触带(contact zone)和元空间(meta-space)的一种尝试,从而使一系列重大的阐释学问题缘之得以反思批判和重铸再造。❶而且,最近的社会理论趋势揭示了网络、物质性和对象关联在"装配社会"方面所起的作用,与之一致的是世界主义化和世界主义也以这种方式被装配在一起。❷敦煌可以看作一个世界主义交流的场所,其空间和物质框架为人们邂逅各种文化差异和文化多样性提供了制度结构,在这种结构中流传的"反弹琵琶",携带了世界主义基因。

正如"维米尔的帽子"一样,它是关于世界的转变以及它如何触及世界各地的人的过程。因为"家庭或村落中发生的事情,对置身其中的人来说很重要,但是这种效力往往仅限当地。正是跨区域和跨文化的交流创造了世界。这是历史的动力源泉,是世界变化的方式"❸。无论是"反弹琵琶"形象的历史考证,还是借助物质媒介形式在世界范围内的流通来看,其审美效力已然发生在"跨"(trans-)的诸多现象中,并逐渐深入人们的日常生活。"反弹琵琶"居于丝路审美文化的活态空间性营造的"第三空间"中,针对的是在丝

---

❶ 张进. 丝路审美文化阐释学论纲 [J]. 人文学研究,2021 (7).

❷ 兹拉特科·斯科瑞比斯,伊恩·伍德沃德. 世界主义:观念的使用 [M]. 张进,聂成军,译. 北京:知识产权出版社,2021:89-124.

❸ 卜正民. 维米尔的帽子:17世纪和全球化世界的黎明 [M]. 黄中宪,译. 长沙:湖南人民出版社,2017:ⅰ.

路审美文化互通的历史过程中，以民间和底层民众为主体的文化交往和文化生产活动，也取其方法论来审视人们在生产生活实践中实际发生的活生生的交流和交往活动。❶ 敦煌在丝路审美文化的多元系统中无疑占据重要节点位置，它容纳了诸多中外互通的审美文化交流实践，其中民间和底层民众的交流远大于官方的政治性事件。敦煌作为"第三空间"对中西文化交流发挥着"基础性和始源性"作用，❷ 并对处于该空间内、外的行动者的身份认同有"构成性意义"。"反弹琵琶"之类的艺术在该空间中，也将发挥"构成性意义"，在辨别、协调中西文化、表征文化交往和生产活动方面有重要价值。

小　结

本章聚焦于敦煌莫高窟"反弹琵琶"壁画，关注的是其物质媒介形式、语境和关系网络，而非后来各种物质媒介形式的单一外观，这避免了对创作意图的过度解读，使其返回与之相配的关系中得以理解。因为"反弹琵琶"中某些固有性质迫使它脱离画匠及其供养人之间特权交流的封闭领域，而进入了物质世界。从物质来看，"反弹琵琶"壁画是记录个体思想、信念的一种方式，并被赋予一种意义秩序，表现在画中人与事物之间的关系上。当物质媒介形式发生变化，原来的意义秩序从静态的壁画空间转变为"活态空间"，表演着一种"活态文化"，并发生在以"反弹琵琶"为核心的关系网络中。虽然"反弹琵琶"的外观具有一致性，但对其物质媒介形式的物质阐释，使偶然性、多样性以及关系网络得到认可并被理解，意义在各种物质媒介形式的互动中得以调和。

在对诗歌的物质性考察中，语言不是一种认知和表现的方式，而是一种接近或接触的方式，而诗歌是语言的一个事件。❸ 那么对艺术的物质性研究，可

---

❶ 张进，等. 融通中外的丝路审美文化 [M]. 北京：知识产权出版社，2019：7.

❷ 张进. 论"活态文化"与"第三空间" [J]. 中南民族大学学报（人文社会科学版），2014（2）.

❸ Gerald L. Bruns. The material of poetry：sketches for a philosophical poetics [M]. Athens and London：The University of Georgia Press，2015：7-9.

以发现与语言发挥同样作用的物质技艺也是自身的工具，物质材料不反映世界，而是接触世界，艺术凭借其物质性，与世界上的其他事物有一种特殊的本体论关系（special ontological relation）。艺术可以作为一种物质事件，意味着"反弹琵琶"是诸多事物相互接触而形成的事件，通过该事件的物质性可以了解丝路上敦煌地区的跨文化接触，❶ 这超越了单纯的"文本阐释学"的意义表述。

对"反弹琵琶"的物质阐释表明应该采用一种物质考古学的方法，为艺术研究提供一种实质的物质性描述，因为物质存在是象征和经验的桥梁，使抽象的思想和信念既有形又有效。❷ 我们可以通过追踪物质传记，检查人类生活及其物质语境的物质性部署、分配，实现对跨时空、跨边界的特定文化时刻和艺术对象的理解。这也表明，"反弹琵琶"的意义需要与一个特定的历史时空或物质语境联系起来。以物质阐释学来理解"反弹琵琶"，让我们在艺术形式中看到物质、历史、文化、关系网络等因素与主观因素（行动者）的汇合，不仅有利于考察行动者的意图，而且揭示了以"反弹琵琶"为试点的物性诗学在丝路审美文化活态空间中的阐释机制，这为文艺学、美学研究物质性和艺术实践相关问题提供了一种方法参照。

---

❶　Joseph Maran, Philipp W. Stockhammer. Materiality and social practice：transformative capacities of intercultural encounters［M］. Oxford, UK：Oxbow Books, 2012.

❷　Lynn Meskell. Archaeologies of Materiality［M］. New Jersey：Blackwell Publishing Ltd, 2005：5.

第十八章　丝路敦煌曲子词

　　作为一种力图借助艺术、在可感性秩序中造成裂缝，进而使不同主体进入社会生活的共同体理念，朗西埃"歧感共同体"思想在敦煌曲子词中得到了良好的体现：这一文学形式展现了来自不同国家与阶层的人民，使他们分享了平等的艺术生活。在此基础之上，敦煌曲子词这一案例还为丰富朗西埃的艺术理想提供了可能，证实在"歧感共同体"中，主体可以通过自身的多元性，丰富艺术内部的审美经验：这些在艺术中浮现的主体带来了属于各自文化背景、生存阶层的审美经验，丰富了艺术的上演形式，还对艺术作品追求审美上的"共通感"提出了更高的要求。"歧感共同体"视域下的曲子词研究，不仅为艺术如何塑造审美共同体提供了范例，也为艺术如何在这一过程中丰富自身提供了新的观点。

　　1900 年，随着敦煌莫高窟第 16 窟藏经洞的开启，100 余首敦煌曲子词得以重见天日。在日后的文献丰富与整理中，这一数字又得到进一步的扩充。这些词体形成于多民族融合、各阶层人民混居的敦煌，保留了丰富的社会风貌。

　　对于曲子词促成多元文化主体彼此融合的历史事实，法国理论家朗西埃的"歧感共同体"理论或许能提供一个全新的认识思路。在这一理论中，共同体的形成强调与原有感知秩序的断裂，使原先不被感知的边缘主体进入感知域内，也强调不同主体在审美等方面具有平等的禀赋，可以左右于艺术的创作与生产。而在敦煌曲子词这一特殊案例中，曲子词不但将不同主体纳入了艺术生活的内部，还通过这一过程，进一步增加了自身的审美价值。正如习近平总书记在敦煌研究院座谈时的讲话中所指出的："敦煌文化是各种文明长期融汇交流的结晶"，其最终形成离不开"以海纳百川、开放包容的广阔胸襟，不断吸收借鉴域外优秀文明成果"❶。敦煌曲子词如何在漫长的历史时期中将各民族团结为稳定的审美共同体,又如何通过这一过程完成对艺术价值的自我更新,在今天的丝路审美文化共同体建设中依然具有重要的借鉴意义。

一、作为"歧感共同体"文学的曲子词

"歧义(dissensus,即歧感的另一种译法)不但是对不平等的异议,而且是对不可感知性的异议。"❷

以一种简明扼要的方式,朗西埃论证了其关于"歧感共同体"的构想。首先,这一构想以"不被感知者"的权利为关注核心,将这些主体不断裹入可感知域的内部,使他们获得被共同体接纳的可能;其次,这一构想还力图建立起一个"平等者的共同体"❸。在审美领域,它力主向所有人证明,艺术并不专属于某些文化上的"精英群体":来自社会各阶层、各文化背景的人们在艺术创作及接受上有着平等的禀赋,也具有被联合为一个审美共同体的先决可能。

文学作品对感知可能与艺术秩序的冲击作用也成为朗西埃关注的目标。早在《历史之名:论知识的诗学》中,朗西埃就指出了"以诗学检验各种政治修辞学的美化,从这种美化中无法取得名字的历史之间找出断裂的空隙"❹ 的可能。而在 2007 年的一次座谈会上,朗西埃也曾对"文字那得以创造出某个您不知道谁会来的世界的能力"❺ 给予了高度的重视。

在敦煌曲子词所包含的人物形象中,我们可以找寻到以上原则的不同体现。在这一"边客游子之呻吟,忠臣义士之壮语,隐君子之怡情悦志,少年

---

❶ 习近平. 在敦煌研究院座谈时的讲话 [J]. 求是,2020 (3).

❷ 让-菲利普·德兰蒂. 朗西埃:关键概念 [M]. 李三达,译. 重庆:重庆大学出版社,2018:120.

❸ 雅克·朗西埃. 无知的教师:智力解放五讲 [M]. 赵子龙,译. 西安:西北大学出版社,2020:95.

❹ 雅克·朗西埃. 历史之名:论知识的诗学 [M]. 魏德骥,杨淳娴,译. 上海:华东师范大学大学出版社,2017:2 "翻译缘起".

❺ 杨承瀚. "与洪席耶面对面:洪席耶作品与思想座谈会"纪录 [J]. 文化研究,2013 (3):431–460.

学子之热望与失望，以及佛子之赞颂，医生之歌诀，莫不入调"❶的艺术形式里，曲子词将大量的域外来客、底层人民纳入了文学表现的共同体，不仅使许多本应隐没在主流文坛话语中的主体展露了自己鲜活的身姿，也直接地证明了他们对艺术创作、接受权利的分有。或以"所以将身岩薮下，不朝天"（《浣溪沙·卷却诗书上钓船》）之语，直抒一位底层书生"不朝觐天子，不做臣民"❷的孤傲性格；不仅保存了基层人民的创作成果、证实了他们对艺术世界的参与，还直接地将其叛逆、狷狂的形象纳入描写范围，体现了思想上的极强包容性。又如"本是蕃家将，年年在草头"❸一类的笔墨，让一向与主流文学绝缘的胡人作者宣示了自己的存在，还成功地打破了对此类人群的面谱化描写，直接描绘了他们原生态的生活状态。如此等等，不一而足。

通过感知内容上的更迭，也通过真正的、向不同文化开放的艺术世界，曲子词文学实现了对多元主体的不断包容与接纳；而在对近似人群的差异化，尤其是时序差异化呈现之中，曲子词也做到了对多元主体的高度关注。在朗西埃的进一步构想下，"歧感共同体"不仅要在上述两个维度吸纳各类人民，还要使一种"不间断地计算"贯穿共同体的始终，以时刻保证"在场化'民意'（opinion publique）之整体而等同于人民之身体（corps du peuple）"❹。在艺术内部，多元主体的出现不仅依赖于对"不可见者"的纳入，也不仅在于向那些"不理解艺术"者的敞开：一种成功的共同体文学必须考虑到，共同体内部的人民也不断地发生着变化与分裂，进而形成各具特色的人群。

在这一意义上，敦煌曲子词同样形成对多元主体的无差别容纳。借由随历史时间而变的更新式反映，曲子词内部形成许多看似熟悉、实为新生主体的表现对象。试以敦煌曲子词对征夫思妇的形象表现为例。

《洞仙歌·悲雁随阳》❺描写的是一位在月下辛勤捣衣（"捣衣嘹亮"）、渴望丈夫建功立业，而建立"四塞来朝明帝"之战功的女子。而反观《阿曹

❶　王重民．敦煌曲子词［M］．商务印书馆，1950：4.
❷　郑宝生．敦煌曲子词选读［M］．兰州：敦煌文艺出版社，2017：71.
❸　任半塘．敦煌歌辞总编（卷二）［M］．上海：上海古籍出版社，2006：171.
❹　郑宝生．敦煌曲子词选读［M］．兰州：敦煌文艺出版社，2017：136.
❺　郑宝生．敦煌曲子词选读［M］．兰州：敦煌文艺出版社，2017：15.

婆-当本只言三载归》❶ 一词，则并未表达出类似的情意，反以"留心会合待明时""朝暮啼多淹损眼"等句表达了主人公极端苦闷的情绪，使词中的思妇形象不再与辛勤的劳作与对丈夫的乐观期许相关联，生活中只剩下了"妾在空闺恒独寝"的寂寞无聊，以及"留心会合待明时"的忧虑。主体之群类大致相同，但生活状态与情绪完全相异，借由这一分辨，曲子词内部的主体组成也随之获得了进一步的丰富。

朗西埃曾对稳固共同体内部结构的"意见反应机制"提出过如此的设想："（这一机制）把持任何人及每一个人的平等，且在一个等同与循环的系列当中，建立最极端地遗忘此平等的形式"❷ ——而这一对多元主体的不断反应，也正是敦煌曲子词在千百年前所力图达成的。在这一不断"将自己显示于感知经验"❸ 的过程中，来自不同文化背景、不同阶层与职业的多元主体展示着自己鲜活的存在，也以各具特色的方式，展示了对一种审美能力的分有，不断更新着他们"也属于社会"❹ 历史证明。

通过对这些多元主体的不断纳入，也借由在共同体内部的人民中不断发掘出新生的主体，敦煌曲子词获取了极其丰富的主体多元性。这既实现了"歧感共同体"的一个重要理想，也使曲子词可能赢得来自不同民族、不同阶层的广泛接受者。在二者的共同作用之下，敦煌曲子词内部审美经验的丰富才具有可能。

二、多元主体与曲子词的域外审美经验

"在这个时代，必须描写一切事物，生灵和事件的海潮，多余物体的海潮侵占着小说。"❺

---

❶ 郑宝生. 敦煌曲子词选读 [M]. 兰州：敦煌文艺出版社，2017：164.
❷ 雅克·朗西埃. 歧义：政治与哲学 [M]. 刘纪蕙，林淑芬，陈克伦，等译. 西安：西北大学出版社，2015：137.
❸ Jacques Rancière. The distribution of the Sensible：Politics and Aesthetics [M]. translated by Gabriel Rockhill. New York：Continuum，2004：13.
❹ 雅克·朗西埃. 政治的边缘 [M]. 姜宇辉，译. 上海：上海译文出版社，2007：35.
❺ 雅克·朗西埃. 文学的政治 [M]. 张新木，译. 南京：南京大学出版社，2014：56.

以如上的方式，朗西埃对福楼拜的作品作出了诗意的阐释：这种文学形式之所以在法兰西域内风行一时，正是因为其"必须描写一切事物"的叙事使命，使处于可感域之外的民众在作品中看见了自身的存在。

然而，简单地赋予艺术以"反映人民之身体"的使命，显然不是朗西埃的全部艺术理想。如前所述，存在于"歧感共同体"视域下的共同体，应当是一个"平等者的共同体"——在这一构想中，不同主体对艺术作品有着平等的禀赋；也正因如此，在与艺术作品的交互中，人民不应当是被动的"被反映者""被包举者"，而应当有自己的思想，发出自己的声音。相比之下，单向度地为艺术所记载、反映，显然"并不是一种平等的关系"❶。

一般而言，朗西埃把人民在艺术作品前的权利交付给他们在观看作品后进行思考的权利。典型的例子出现在其对《建筑师索尔尼斯》的剧评之中：这一剧作消除了关于戏剧的、正常之思考的边界，使人民以自由的方式对世界进行体验，进而产生全然主观的观看感受。在更广阔的含义上，敦煌曲子词展示了群众对艺术形式可能产生的作用：不仅是发出作为"接受体验"的声音，甚至不仅是参与了曲子词文学的创作、丰富了其作者姓名的名录，更是携带着各自的文化背景，直接进入艺术品内部，丰富曲子词的审美意蕴。

实际上，朗西埃也许早已意识到这种可能性的存在。或许是借由多余物体的海潮对文本之"侵占"的暗喻（很容易想象，"侵占"这一动词暗示了多元主体作为施力者对小说文本的作用），又或是如其所在《政治的边缘》中所强调的：任何被纳入可感知域的主体都已不再是只有姓名的空白存在，抑或只会对自身之不被感知传达焦虑与不满情绪的抱怨者，而是"具有理性和话语的存在"❷。当他们被文学作品裹挟，进而进入新的世界时，也必然会发出属于自己的声音，丰富这个世界内部的意义。

1. 显性主体与曲子词中的域外审美经验

被曲子词引入的域外主体绝不仅是一个空洞的名字，一具仅仅具有肉身，而再无他物的身体。他们的每次涌现，都为曲子词更新着独特的思想话语与审

---

❶ 雅克·朗西埃. 政治的边缘 [M]. 姜宇辉，译. 上海：上海译文出版社，2007：81.

❷ 雅克·朗西埃. 政治的边缘 [M]. 姜宇辉，译. 上海：上海译文出版社，2007：41.

美意趣。如《献忠心·臣远涉山水》等二首，即是一个在此方面具有分析价值的对象：

　　臣远涉山水。来慕当今。到丹阙。向龙楼。弃毡帐与弓剑。不归边土。学唐化。礼仪同。沐恩深。
　　见中华好。与舜日同钦。垂衣理。教化隆。臣退方无珍宝。愿公千秋住。感皇泽。垂珠泪。献忠心。（其一）

　　却多少云水，直至如今。陟历山阻，意难任。早晚得到唐园里，朝圣明主，望丹阙，步步泪，满衣襟。
　　生死大唐好，喜难任。齐拍手，奏乡音。各将向本国里，呈歌舞，愿皇寿，千万岁，献忠心。（其二）❶

　　诚然，这两首词作具有强烈的政治意图，也不失谄媚唐廷的意味；但需要注意的是，借由一位少数民族首领的现身与叙事，一系列具有文化特色的审美体验也得以生成。
　　首先为我们所注意到的，当是作品所具有的质朴的情感特征，及其可能衍生的想象空间。这一作品不仅出于对唐王朝强大势力的臣服，也体现了"一种对文明、经济高度发达的社会的追求和向往"❷，这种直白而热烈的情感特征，无疑是当时的主流文学世界中罕见的；同时，这些来自少数民族的高级统治者并非带着单纯的、个人享乐的目的而来。他们希冀着"以吸收大唐文化来促进本民族的和平发展，同时，在相互交流之中促进伟大唐国的发展，这正是向大唐皇帝祝长寿、献忠心的目的"❸。此外，这一作品虽不着过多的笔墨，但通过对外来文化主体及其文化心理的生动呈现，仍能从侧面强有力地反映出唐王朝强盛时期万国来朝、高度发达的社会图景。这无疑为读者带来了巨大的想象空间，富丽堂皇的审美体验，以及相当的民族自豪感。这种来自域外的他

---

❶ 郑宝生. 敦煌曲子词选读 [M]. 兰州：敦煌文艺出版社，2017：76-77.
❷ 高国藩. 敦煌曲子词欣赏 [M]. 南京：南京大学出版社，2001：241.
❸ 高国藩. 敦煌曲子词欣赏 [M]. 南京：南京大学出版社，2001：241.

者心声丰富了曲子词中的思想感情色彩，也丰富了与他文化来客进行对话的模式；而此种丰富的审美效果之所以能够产生，正是为曲子词所反映的、来自多元文化背景的文化参与者所造就的。

其次，伴随着大量少数民族主体在曲子词中的存在，曲子词还被间或地带入了不少域外生活的风情。在《献忠心》二首中，第一首作品里的"弃毡帐与弓剑"便引入了两个来自域外的意象，隐约地展示了各少数民族在原生状态下的生活风貌；而在第二首作品中，"各将向本国里，呈歌舞"的表述也从侧面勾勒出了聚居于敦煌一带的、各少数民族之日常文化生活中的场景——正如高国藩先生在考据后所言，"（呈歌舞的行为）也是对敦煌民间庆祝舞蹈风俗的一种反映"❶。而《赞普子》❷一词不失为一个更典型的例子：

> 本是蕃家将，年年在草头。夏日披毡帐，冬天挂皮裘。
> 语即令人难会，朝朝牧马在荒丘。若不因抛沙塞，无因拜玉楼。

这一作品中"年年在草头""夏日披毡帐，冬天挂皮裘""语即令人难会，朝朝牧马在荒丘"等描绘，均极为生动具体地展示了彼时的少数民族人民在其原生国度生存的风貌，别有一番异域风情，在相当程度上丰富了曲子词内部的审美意象群，也丰富了为读者带来的审美体验。

除了以作者身份直接参与创作、引入曲子词中的审美经验，出于地缘上的接近，也出于对传统华夷观的相对疏远，敦煌曲子词的汉民族作者也对域外来客进行了不少生动的描绘。或是在草原上的一次偶遇所留下的、"胡言汉语真难会，听取胡歌甚可怜"❸的惊鸿一瞥，又或许是在闹市上"醉胡子楼头宴饮，醉思乡千里熏熏"❹的所闻所见，均极为鲜活地展现了外民族文化主体的精神风貌。

通过对多元主体敏锐的发现眼光，也通过向不同主体敞开了艺术创作的大

❶　高国藩. 敦煌民俗学 ［M］. 上海：上海文艺出版社，1989：527.
❷　郑宝生. 敦煌曲子词选读 ［M］. 兰州：敦煌文艺出版社，2017：136.
❸　郑宝生. 敦煌曲子词选读 ［M］. 兰州：敦煌文艺出版社，2017：167.
❹　任半塘. 敦煌歌辞总编（卷二）［M］. 上海：上海古籍出版社，2006：171.

门，曲子词完成了对不同民族主体的直接展示；而在这一过程中，这些少数民族主体也完成了对曲子词文学的反哺，使之完成了对域外审美元素的长期积攒，极大地促进了自身审美经验的丰富。借由多元主体—多元审美经验的传导链条，我们将得以更为公正地评估各民族人民为曲子词文学所作出的、直接或间接的贡献，也得以大略地勾勒出曲子词对不同审美元素进行吸纳的一种机制。

2. 隐性主体与曲子词中的域外审美经验

无疑，这些被敦煌曲子词所直接呈现的少数民族主体冲击了艺术内部的"感性的分配"秩序，也释放了全新的审美可能。而在歧感共同体中，艺术世界的敞开绝不仅仅取决于表现对象和创作主体的丰富；将不同的主体作为艺术的接受者、在进行创作时参照他们的心声，也是通往这一共同体的重要路径。

在朗西埃看来，歧感共同体对多元主体的"不断计数"从来都不是单一的事件："人民等同于其组成分子的加总，他们的意见的总和等同于构成人民之组成分子的加总。此计算总是成对整算而不留余数……这般绝对等于其自身的人民也总能在其真实当中成为可解析的部分。"❶

"意见"，这一名词在朗西埃的歧感学说中别有所指：社会反映机制呈现的也许只是社会中的个体，其所代表的却是更广泛人群的生存意志。我们或许可以把曲子词中少数民族者形象的出现视为这一名词的变形。考虑到曲子词的商业性、表演性特征，这一转换便显得更为顺理成章。据高国藩先生对留存写本的研究，其流传"是与敦煌民间变文在民间广泛流传分不开的"，这些作品的说唱者，实际上"也就是说唱敦煌曲子词的民间艺人"❷：换言之，在曲子词中不断涌现更新的主体及域外文化风情，多少是为了迎合在地生活的民众的口味。

这一现实也可以从曲子词的表演场景中略见端倪。据考证，敦煌最重要的节日（也是曲子词最重要的表演现场）是寒食节，而这一节日"……源于波斯的'泼寒胡戏'，因在东传焉耆、高昌的过程中与二月八日佛诞日相结合，

---

❶ 雅克·朗西埃. 歧义：政治与哲学 [M]. 刘纪蕙，林淑芬，陈克伦，等译. 西安：西北大学出版社，2015.1：137.

❷ 高国藩. 谈敦煌曲子词 [J]. 文学遗产，1984（3）：33.

而逐渐与中国的寒食、春秋二社及冬至等节日完全合一"❶。节日的融合与统一，不仅昭示了这一节日来自不同民族的参与者，也昭示着曲子词在实际的表演活动中往往经受着多元文化目光的注视。除了来自观众的目光，另一值得注意的事实是，在配合曲子词演出的、燕乐的演出队伍中，也有大量外民族者的参与：在某次有所记录的表演行动中，参与演出的 19 人中竟出现了"八人都是胡人，几乎占了一半"❷ 的情况。多民族混居的地域特性，面向不同主体的表演形式，共同使敦煌曲子词对域外文化的吸收成为必然的结果。这是对"隐性主体"不断概括、重现的表现，也是所谓"民意"的呈现：在敦煌曲子词中被反映的，不仅是单一的、被作家偶然捕获的个体，而且是普遍生活在敦煌的庞大人群。

　　在前一种情况下，域外主体及审美经验的流入固然可能，但由于缺少了稳定持存的"民意"要求，往往沦为一个埋藏在历史故纸堆里的个案。相当一部分学者认为，曲子词中本应具有相当一部分是从域外出发，经由中原一带的艺术改造，再传入敦煌的。但由于"中国古代学者关于音乐的记述非常强调传统的雅乐……而对于燕乐或外来的胡乐则采取忽视与避忌的态度"❸，在历史上并未留下足量的文字记录。对于这一部分作品而言，在历史上获得保全尚不可设想，如敦煌曲子词般保存大量来自少数民族的审美经验，则更是天方夜谭了。

　　可以想见，敦煌曲子词中每一个外域主体的涌现与绽放，其背后都象征着更为广袤的、多民族共同体的一次深刻改变。当盛唐时期的吐蕃酋长"若不因抛沙塞，无因拜玉楼"的歌声在敦煌当地得以传唱，并能够在历史的浩瀚烟尘中保留至今，其背后必然有着一类对大唐心悦诚服的边塞人民，作为这一民意之涌现的推手；而当张议潮统治下"背蕃归汉经数岁"的《望江南·其六（边塞苦）》❹ 作者发出"边塞苦，圣上合闻声"的感慨之时，其代表的同样不是其个体的意志，而是其背后敦煌附近的多民族人民依然向往唐朝之先

---

❶ 汤君. 敦煌曲子词地域文化研究 [D]. 成都：四川大学，2003：90.
❷ 汤君. 敦煌曲子词地域文化研究 [D]. 成都：四川大学，2003：86.
❸ 汤君. 敦煌曲子词地域文化研究 [D]. 成都：四川大学，2003：74.
❹ 高国藩. 敦煌曲子词欣赏 [M]. 南京：南京大学出版社，2001：180.

进文明的普遍反映。

　　总之，在敦煌曲子词中，审美经验的流变固然系于被作品固化了的每一个体，但更系于其背后所代表的隐性群体；正是因为他们的存在，也因为他们所属的群体同样被曲子词视为艺术接受的可能主体、被视为"存在于艺术世界中的人"，才使曲子词内部多样的审美经验得以保持。正如钟振振在《词苑猎奇》一书中所指出的，既然曲子词最早现于隋唐交际之间的民族大融合时期，则"词之出现在此时，决非偶然"；相反，其诞生及流变的整个过程乃是"'应运而生'，是南方和北方、汉民族和少数民族、中国和外国音乐文学的水乳交融"❶。

三、多元主体与曲子词的在地审美经验

　　在这个世界中，社会等级之高低的隐喻消失不见，余下的是时间的空间，这便是时间纪念碑的全部含义。这是一个与飞机、与大厦同等的社会主义空间，也是时间不断向前推进的一个空间。❷

　　在《何谓当代艺术时间》之中，朗西埃具体地阐释了艺术作品中的时间性：这是包涵"不断向前推进"之意义的时间。而在对于社会内部的观照上，我们至少可以发现这一论述中的两个愿景。

　　如前所述，这是一个"社会等级之高低的隐喻"消失不见的世界，任何生活于共同体内部的主体得以在其中获得被表现的权利，也被赋予了分有一个艺术世界的权利；更为重要的是，当代艺术时间之衍变还指向了另一个所在，一个早已被纳入可感之共同体内部的所在："这个世界中正常的、可能构成'共见'的景物的不同关系和形式，也就是说，要批判我们时代的'寻常方式'（questioning our present）。"❸

---

　　❶　钟振振. 词苑猎奇 [M]. 桂林：广西师范大学出版社，2007：263.
　　❷　雅克·朗西埃. 何谓当代艺术时间 [J]. 文艺理论研究，2013（4）：174. 在这里，朗西埃评价的乃是苏联的著名建筑作品——塔特林第三国际纪念碑。在朗西埃看来，这件艺术品在不同维度上实现了"社会主义"的理想。
　　❸　雅克·朗西埃. 何谓当代艺术时间 [J]. 文艺理论研究，2013（4）：175.

在朗西埃眼中，很难说存在"已被所知"的事物，一个更合适的名字或许是"曾被所知"的事物。艺术作品不仅要负责将不断涌现的新事物纳入共同体之内，还要在在地的事物中发现新生主体，让他们发出各自的声音。这一思想也形成了研究敦煌曲子词的另一可能视角。

对于曲子词而言，对不同主体的如实呈现依靠对外来主体的包举，也同样依靠着对内部成员的平等观照。敦煌曲子词致力于为敦煌的每个本土居民发出声音，也致力于对他们进行更加细致的区分，以产生更加多元、丰富的主体，而这一尝试最终也作用于对曲子词审美经验的丰富之上。

1. 显性主体与曲子词的在地审美经验

与外民族者在曲子词中产生的审美经验类似，当生活在敦煌的汉民族居民（以及被汉化了、本土化了的敦煌本地居民）出现于曲子词内部，这种出现往往能带来多元的审美体验。

在曲子词中，敦煌本土的民间词家、民间主体之身影可谓层出不迭，他们为曲子词带来的审美经验或不如初入敦煌的域外来客般新奇，在多元性、丰富性上却是犹有过之的。就单一的词作而言，他们的存在使人一读了词，便"能够迅速地准确无误地明了词的意义与情感结构"[1]；就敦煌曲子词的全貌来说，又正是他们使"这些歌辞所涉及的广阔的生活画面，所表达的真实坦率的思想感情，远远超过了同时代文人词偏狭的主题范围"[2]。如直接展开医者在日常行医中的具体所见，描绘伤寒病症的《定风波》词一首：

阴毒伤寒脉已微。四肢厥冷恹难医。更遇盲医与宣泄，休也，头面大汗永分离。

时当五六日，头如针刺汗微微。吐逆沉滑脉沉细，全冒愦。斯须儿女独孤栖。[3]

医者形象出现于文学作品，先例本就不多，而对其日常工作予以如此入微

---

[1] 高国藩. 敦煌曲子词欣赏 [M]. 南京：南京大学出版社，2001：3.

[2] 张剑. 敦煌曲子词百首译注 [M]. 敦煌：敦煌文艺出版社，1991：3.

[3] 郑宝生. 敦煌曲子词选读 [M]. 兰州：敦煌文艺出版社，2017：105.

之描绘，乃至具体描绘病理与病症本身的，"这三首词是为仅见"❶。如此具体地展开一位行医者的行医经历与感受，在审美经验上的新异感是显著的：其对患者具体病症的描绘直接进入了中国传统之"雅文学"所极力避免的病态意象内部，以客观、清晰的描绘完成了对病理现象的呈现。在此类意象的铺垫之下，这一作品对于死亡的描绘也产生了新奇的审美价值。对于患者而言，死亡的到来首先是客观真实的，是令人厌恶的病症的结果；但医生的情感又是朴实真挚的，没有过多深入的思索，也没有过多言语上的美化，只有一句"斯须儿女独孤栖"的感叹：这一对死亡的呈现是现实的、血淋淋的，是因医生的职业特性而显得习以为常的；与此同时，却又是具有了几分医者职业所特有的、朴实而真挚的悲悯的。这样奇特的审美体验，也只有在以医生为第一叙述者的敦煌曲子词中才能找到了。

此外，由于曲子词对在地居民细致入微的观察，在不同的历史时期、不同的生活状态之下，这一艺术形式往往能对身份相近的社会群体进行详尽的呈现与分析，从而进一步丰富曲子词内部主体的多样性，乃至生成不同的审美效果。试看以下两首作品之对比：

征服偻儸未是功。儒士偻儸转更加。三策张良非恶弱，谋略，汉兴楚灭本由他。

项羽翘据无路，酒后难消一曲歌。霸王虞姬皆自刎，当本，便知儒士定风波。(《定风波·征服偻儸未是功》)❷

自从宇宙充戈戟，狼烟处处熏天黑。早晚竖金鸡，休磨战马蹄。

淼淼三江水，半是儒生泪。老尚逐经才，问龙门何日开？(《菩萨蛮·自从宇宙充戈戟》)❸

两首作品可以被近似地视为同一社会群体心声的直接表述。从字里行间不

❶ 郑宝生. 敦煌曲子词选读 [M]. 兰州：敦煌文艺出版社，2017：105.
❷ 钟振振. 词苑猎奇 [M]. 桂林：广西师范大学出版社，2007：1.
❸ 高国藩. 敦煌曲子词欣赏 [M]. 南京：南京大学出版社，2001：37.

难读出，前一首词中的儒生当"是下层社会的一位士子"❶，后一首词中的"儒生"也当"是汉唐以来读书并不多，学问并不深的小知识分子的通称"❷：总之，二者描绘的都是社会中下层知识分子的生存状况与心理特征。但由于时代的变化，此二者又有了显著的差别、生成了截然不同的两类社会主体，并连带着改变了审美经验上的流变。

从气象与思想上看，第一首词代表的应是一类儒生的心声：从词句间不难发现，这类儒生对开疆拓土的唐王朝充满了自豪感，也对建功立业、留名后世充满了向往。这一类儒生心态自信积极，其创作的作品也给人以积极昂扬的审美体验，甚至连其略嫌白俗、口语化的语言表达，都带上了几分大气刚健的特质；体现了虽不拘于小节，但胜在自然流露，轻快流利的审美观感。

第二首词则显然与之不同。也许是出于战争形势的变化，又或许只是由于对战争的观点不同，从"自从宇宙充戈戟，狼烟处处熏天黑"看来，第二首词作中的儒生对唐王朝的对外战争显然充满了悲观、厌弃的情绪；加之因战乱局势而起的、自然而然的悲观心理，词作中的审美体验也完全不见了前一作品中的恢宏大气，而多了几分物是人非、天荒地变的哀感与衰颓。

对于大多数唐代的城市而言，下层士子从来都不是稀缺的、需要从域外进行"发现"的人群，对敦煌一地而言，其情况也应如此。但在曲子词对这一群体生存状态的细微观照之下，我们依然看见了各类人群在其中的呈现，也进而看见了不同审美经验的生产。这一经验作为一种在地性的审美感受，依然对曲子词的艺术意义具有更新丰富的巨大意义。

类似的例子也出现在前文所引的、描述思妇生活的二首作品之中。通过对不同思妇个体生活状态的观察，敦煌曲子词在相近主体的生活状态中"同中求异"，也获得了两种有所差别的审美体验。期盼着"四塞来朝明帝"的思妇形象虽给人以哀怨之感，但毕竟仍怀抱着对丈夫建功立业、为国开疆的憧憬，使人在孤寂中感到一丝振奋，在伤感中感到些许乐观，具有相当丰富的审美感受层次。后一首词作里的思妇形象则与之全然不同。细究其情感心绪给读者带

---

❶　钟振振. 词苑猎奇 [M]. 桂林：广西师范大学出版社，2007：3.
❷　高国藩. 敦煌曲子词欣赏 [M]. 南京：南京大学出版社，2001：38.

来的审美体验，仅有一层甚于一层的悲观绝望以及对战争环境的厌倦，虽然丧失了一些感情层次的丰富性，但在整体意境的营造上更多了几分凄清、动人的哀伤之感。

总之，每当敦煌曲子词对本土人民进行一次艺术反映，都包含了在生存境况与思想状态上的丰富信息；因此，即便是在类型上具有近似性的反映对象，也往往可以在具体的文本解读中生成截然不同的艺术效果。

2. 隐性主体与曲子词的在地审美经验

与对域外审美经验的引入相类似，敦煌曲子词对在地性审美经验的更新也依赖着一批隐性的主体，即不直接出现于曲子词内部的、曲子词艺术的接受与传唱者。"不同性质的劳作也各有惯唱的曲调，并且随时创造着新的曲词，流播传唱"❶：曲子词保存了这些群体的身份投影，反映了所在地不同群体的"民意"，而他们也以艺术接受的形式促进了曲子词对在地审美经验的保存与更新。

除此之外，对于曲子词审美经验的在地更新而言，其在敦煌本土生长出的、多样的表演形式也值得注意。正如朗西埃曾有所预感的，"媒体的科学并非平等之偶发性的来到"❷：当不同的民意都得以在艺术的反映机制中完全呈现，人民的"接受"反映便会自然地倒逼这一呈现的加速传递，并进而促生全新的艺术传播方式，以满足共同体内部居民日趋强烈的审美需求。具体到曲子词上，便体现为在敦煌本土曲子词表演中出现的戏剧化萌芽。

这一案例在曲子词之对唱形式的出现中体现得尤为明显。以前文所提及的《定风波·征服偻㑛未是功》为例，这一词作与另一词作、以武夫口吻进行叙述的《定风波·攻书学剑能几何》本为一体，应是两个人的对唱词。相比个人传唱或在庙会等大型活动中进行表演，这一上演形式构成简单、方便快捷，却又能在短时间内满足大量民众的观看需要，更加响应了"民意"的快速传播。正如钟振振在对敦煌曲子词进行考证后所认为的："当曲子词兴起并盛行于民间之时，原本有着多种多样的表演形式，可以朝着各自不同的方向发展；

❶ 高国藩. 敦煌曲子词欣赏［M］. 南京：南京大学出版社，2001：1.

❷ 雅克·朗西埃. 歧义：政治与哲学［M］. 刘纪蕙，林淑芬，陈克伦，等译. 西安：西北大学出版社，2015：137.

如若不是文人们使它基本定型为一种新的抒情独唱歌曲的话……满可以随着情节的进一步繁衍和角色的渐次增多，较快地过渡到以曲子词为音乐唱腔的戏剧。"❶

与多元主体直接带入的在地审美经验相比，曲子词的上演形式有其鲜明的特点，但同样具有强烈的在地性。它的出现并不依附于某一特定的群体，也并不在其中直接展示敦煌一带的本土文化。说这一表演形式的创新具有在地性，是根据敦煌多民族、各阶层人民混居，且直接参与艺术传播（甚至创作）的过程而言的：究其发生原因，这一特异的审美经验也只能由处于特殊历史时期的敦煌所产生。

四、早期词体的生成与共同体的再生产

聚居于敦煌一带的多元主体不仅促成了曲子词内部审美文化的丰富，还推动了早期词体的形成与传播。

在综合考证了东西方之文学传统后，童庆炳对"文体"概念解释如下：这一概念包括了互相联系而又互相区别的三个范畴，即"体裁、语体和风格"❷；吴承学也就中国古代文体学传统明确地指出："'体'兼有作品的具体形式与抽象本体之意；既有体裁或文体类别之义，又有体性、体貌之义。"❸据此可见，一种"文体"之登上历史舞台，乃至逐渐形成、稳固，不仅需要在狭义的"体裁"上形成一定的规范，也需要具有一定的语言范式特征。作为词体形成阶段的代表，敦煌曲子词逐渐凝聚、稳固下来的"文体"特征，也全面地涵盖了狭义的"体裁"与较为广义的"言语风格与范式"。细究此二种范畴在敦煌曲子词内部逐渐形成的过程，不难发现，后者所面向、具有"歧感共同体"特征的多元主体，同样促成了其在文体方面的成熟。

在建构其"歧感共同体"理论时，朗西埃在相当的程度上借鉴了康德意义上的审美通感；而在敦煌曲子词这一特殊案例中，正是"歧感共同体"对

---

❶　钟振振．词苑猎奇 [M]．桂林：广西师范大学出版社，2007：7.
❷　童庆炳．文体与文体的创造 [M]．昆明：云南人民出版社，1994：103.
❸　吴承学．中国古代文学文体学研究 [M]．北京：人民出版社，2011：绪论1.

"审美通感"的必然呼唤促成了词文学的音乐化与格律化进程。朗西埃曾高度赞扬康德所定义的"审美共通感"❶；但一个翻转迅速地出现在对这一通感的引述之后。朗西埃为这一通感加入了一个"同而又异"的后缀：在歧感共同体中，这一审美共通感只以"悬置了正常的感觉经验的体系的艺术的'政治'"，而"稳定了异质性和可感形式的宁静"❷的形式存在。正如伽达默尔所指出的，在审美的进程之中，"基于共相（普遍性）的推论和根据公理的证明都不能是充分的，因为凡事都依赖于具体情况"❸。在人文学科内部，共通感的存在很难被归纳于具体的、统一的认知与心理结构。具体到审美行为之中，则"表现出'作者用一致之思，读者各以其情而自得'"❹的特征。在曲子词的在地艺术实践中，正是此种"共通感"形式促成了词文学格律化、音乐化的进程。

与文字不同，音乐与格律并不具有详细的释义，不要求严格一致的审美理解，而能跨越文字、语言的壁垒，直接造成共通于每一受众的审美愉悦。首先，相当一部分敦煌曲子词本就是配乐演唱的，且所配的曲目广泛地包括来自不同地域、不同民族的文化，如《婆罗门》原是印度乐曲，《苏幕遮》源于西域，《酒泉子》《甘州子》源自河西，《破阵子》是西北传入的乐舞曲❺：乐曲的不同民族背景，恰恰说明了这一艺术形式跨越民族的强大生命力，也说明了其所面向的、"歧感共同体"中的多元文化主体对艺术的需求。哪怕对曲子词的具体文字内容不甚理解，在丰富多彩的配乐表演之下，不同的主体也能产生趋同的审美"自得"之感。

除了伴乐演出、与音乐紧密结合的音乐文体特征，如果对词文学在格律范式上形成的过程进行详细的考证，也不难看出一种"歧感共同体"在其后推

❶ Jacques Rancière. The distribution of the Sensible：Politics and Aesthetics ［M］. translated by Gabriel Rockhill. New York：Continuum, 2004, 13.
❷ 雅克·朗西埃. 美学中的不满 ［M］. 蓝江, 李三达, 译. 南京：南京大学出版社, 2019：26.
❸ 伽达默尔. 真理与方法 ［M］. 洪汉鼎, 译. 北京：商务印书馆, 2021：42.
❹ 张进. 论丝路审美文化的属性特征及其范式论意义 ［J］. 思想战线, 2019, 45（4）：142.
❺ 赵蕊蕊. 从敦煌词牌的流传论词之变体 ［D］. 长春：东北师范大学, 2011：3.

动的痕迹。首先，自晚唐以上，"往上推移，一直到隋，将近三百年"❶ 的漫长时间中，词之"倚声而作"的特点已经形成。因此，每一词格所规定的平仄音调、句段长短，乃至声吻的激烈与平和，都与其配合演出的乐调有关。换言之，在敦煌曲子词中，借助音乐这一中介，"歧感共同体"对理想文学的呼唤完全可能进一步促进词体的完善与形成，而相当一部分研究材料也佐证了这一点。据学者考证，在敦煌曲子词中，"每调之各词在字数、句数、句式、分片、字声平仄、用韵等方面相同或大致相同，已形成格律"❷。不难想象，当一位外族来客初入敦煌于无意间听见了流传于街头巷尾之间的曲子词，其首先听见的不仅仅是无意义的他民族言语，而是一段具有审美意义的语音片段。这些片段是参差错落、跌宕有致的，是穿透了不同民族文化壁垒的。在这样的语音之美中，任何一位初入敦煌的来客都能获取些微的审美体验，进而被拉进审美之"自得"的共感：如此一来，敦煌曲子词具有的团结多民族共同体的力量便又在无形中增添了一分。

而在狭义上的"体裁、格律"之外，在语言范式与风格方面，一种"歧感共同体"对公共文学的呼唤也促成了词文体的进一步形成。作为一种具有强大包容性的共同体文学，曲子词的创作场域几乎向社会所有阶层与主体敞开；借此，一种在语言上更为浅近白俗、具有口语化特征及生命力的文学也开始渐次形成。在《云谣集杂曲子跋》中，朱孝臧以"朴拙可喜"为曲子词语言风格之总括，不仅恰到好处地表达了敦煌词的语言特色，也在一定程度上预示了词体在日后的发展历程：在此后的历史变迁中，即使屡次经历文人群体的"雅化"尝试，词文学始终保持着一丝在语言上白俗、质朴的特征：沈义父曾指责此种用语风格"是词家病"❸，而况周颐则对一些语言质朴而用意真切的词句作了正面评价，称其为"质不涉俗"❹ 的词之本色。

可以说，敦煌曲子词在语言上的浅近特征为词史上绵延千年的"雅俗之

---

❶ 施议对. 千年词学通论——中国倚声填词的前世今生 [J]. 西北师大学报（社会科学版），2020（5）：48.

❷ 谢桃坊. 中国词学史 [M]. 成都：巴蜀书社，2002：10.

❸ 沈义父. 乐府指迷 [M] //唐圭璋. 词话丛编. 北京：中华书局，1986：279.

❹ 况周颐. 蕙风词话 [M] //唐圭璋. 词话丛编. 北京：中华书局，1986：4446.

辩"留下了伏笔，也多少为词体中近乎口语、亲切可爱的语言风格留下了一抹底色；而这抹特殊的、属于"俗文学"的市井色彩，也同样维护着那个生产了它的、"歧感共同体"的持存。在敦煌本地，这种简明易懂、不区分阶级高低与汉语水平之高下的文学传唱了数百年之久，而直到北宋年间，被誉为"凡有井水处，皆能柳词"叶梦得《避暑录话》的柳永也依然在某种程度上维系着这一传统，使词文学始终保持着一扇向大众敞开的侧门。在这扇门中，我们可以看到一种可能，一种通往某种文学共同体的可能；而追根溯源，此一可能正是由最初创造了这种文学的那个共同体所开辟。

五、结论与当代启示

结合以上论述，不难得出如下结论：在"歧感共同体"的视域之下，敦煌曲子词的艺术成就首先来自对不同主体的反映，也源于真正使艺术的世界做到了对这些主体的敞开与包容。因此，对如今的丝路审美文化共同体而言，如何以开放的态度对不同审美主体进行吸纳，便成为极其值得注意的问题。

另一个值得注意的现实是，曲子词中审美体验、艺术形式乃至审美共通感的演化，实际上也往往直接来源于这些主体。如果说朗西埃的艺术理想是令不同主体对艺术平等地表达观点，那么从敦煌曲子词这一案例之中，我们则不难进一步看见艺术通过多元主体丰富自身的可能。

当民众被艺术纳入平等的可感世界，其意见与思想的体现或许将不再仅是对"艺术接受"或是"艺术体验"的宣言：在漫长的历史长河里，在某些更具"亲民性"的艺术形式之中，凭借自身的在场，人民完全可能对艺术品的审美经验进行丰富乃至改造，而这也是其平等之权利的另一体现。从《建筑师索尔尼斯》中对世界的"无声的体验"，到曲子词中多样的审美意蕴，我们也许看见了审美共同体之实现途径的一种丰富。从本质上看，这一丰富依然建筑于人民在艺术世界中持续具有平等身份的理想，而这正是"歧感共同体"理论关于艺术的原初理想。

第十九章 洛可可式中国风

　　丝绸之路不仅是中国与亚、欧、非各国之间的商贸通道，更是互通东西方文明的桥梁。中国瓷器和丝绸等通过海路行销全世界，成为世界性的商品，在近千年丝绸之路的流动中，各门类艺术在丝路沿线国家和地区交流共享，相互碰撞与融合，衍生出多样化的艺术风格。正因这两条纽带的相互融通，使欧洲大陆吹起一阵中国风，喜爱东方文物逐渐成为审美风尚，甚至影响了洛可可艺术风格。在中国风这个更为广阔的历史语境中，洛可可式中国风最早的作品似乎出自法国画家让·安东尼·华托，他的画为法国乃至整个欧洲的洛可可风格奠定了基调和模式。追求中国风成为流行风尚，带有东方趣味的艺术品成为法国贵族推崇的对象并影响着日常生活与审美走向。风尚审美文化的流通构建丝路历史地理空间的"多元系统"，熔铸丝路审美共同体话语的融通性与流通性。

　　17—18世纪，由于丝绸之路的贸易往来，欧洲贵族把目光转向东方，热衷于来自中国的瓷器和丝绸等舶来品。这些满载中国风的艺术品，恰好符合洛可可时期的艺术风格而使东西方文化得以相遇，因交流而多彩，因互鉴而丰富，相互熔铸互渗，成为不可取代的洛可可。中国文明在其诞生之始就不是一个封闭体系，而是在当时条件的许可下参与各种文明的交换与交流。❶ 互鉴是人类进步的动力，在"传入"和"传出"的过程中不断得到丝路沿线人民的改写、再造和重塑，在往复熔铸的复杂过程中凝结着文明互鉴的成果。❷ "洛

---

❶　仲高. 丝绸之路艺术研究［M］. 乌鲁木齐：新疆人民出版社，2010：7.
❷　张进，等. 融通中外的丝路审美文化［M］. 北京：知识产权出版社，2019：4.

可可"（Rococo）一词源于法文"Rocaille"，意思是卵石或者贝壳，它摒弃巴洛克的奢华浓重从而转向繁缛柔和，自路易十五统治时期洛可可风格就风靡法国乃至整个欧洲的上层阶级。伴随文艺复兴、启蒙运动、宗教改革以及 18 世纪 60 年代的工业革命和大航海时代的蓬勃发展，使得世界文化交流愈加频繁由分散逐渐转向融合。加之世界各地传教士对中国文化的传播和译介，中国的瓷器、丝绸、茶叶、漆器等手工艺品大量涌入欧洲。人们今日所熟知的"丝绸之路"贸易网络早在 2000 多年前就已经存在，它将中国太平洋沿岸和非洲的大西洋海岸联系在一起，使波斯湾印度洋之间的货物流通成为可能，同样还有穿越亚洲之脊连接城镇和绿洲的陆上通道。❶ 正因丝绸之路的互通互联作用使得当时欧洲大陆吹起一阵强劲的中国风，丝绸之路不仅仅是国际商贸大通道，更是一条东西方文化交流之路。❷

一、丝绸之路上的中国风

马可·波罗在元大都得到元世祖忽必烈接见这一事件可以作为中国风兴起的一个标志。❸ 1604 年，荷兰舰队将葡萄牙商船"圣亚戈"号劫持到阿姆斯特丹，船上装载了约 1200 包中国丝绸和 10 万件瓷器，这就是著名的"克拉克瓷"事件。这些货物在阿姆斯特丹市场被来自各国的商人和贵族竞相争购并带往世界各地，"中国风"迅速吹向四面八方。❹ 随着丝路贸易的发展，中国丝绸、瓷器等物品大量涌入欧洲市场，中国丝绸迅速成为英国东印度公司采购的主要商品。住在凡尔赛宫的路易十四与住在枫丹白露宫的王储，都拥有数量众多的东方艺术品，凡尔赛宫 1667—1669 年的收藏品清单提到一套 12 幅从中国运来的屏风，泥金底上画有山水和花鸟。❺ 中国风在法国异常受宠。自 17

---

❶　彼得·弗兰科潘. 丝绸之路：一部全新的世界史［M］. 邵旭东，孙芳，译. 杭州：浙江大学出版社，2016；中文版"序言"XI.

❷　仲高. 丝绸之路艺术研究［M］. 乌鲁木齐：新疆人民出版社，2010：1.

❸　John Man. Sulla Via Della Seta MARCO POLO E L'incontro Tra Due Mondi［M］. Milano-Italia：Giunti Editore，2020：199.

❹　苏立文. 东西方美术的交流［M］. 陈瑞林，译. 南京：江苏美术出版社，1998：93.

❺　苏立文. 东西方美术的交流［M］. 陈瑞林，译. 南京：江苏美术出版社，1998：103.

世纪中叶以来，越来越多带有中国和波斯图案花纹的丝织品传入，中国刺绣热潮就在各个社会阶层兴起，例如皇室宫廷中的窗帘甚至是家具都配以丝绸刺绣为装饰，贵妇的鞋面采用东方风味浓厚的丝绸织锦等做点缀。中国风在 17 世纪后期兴起，在 18 世纪中期达到顶峰。❶

法国自 18 世纪开始大量从中国进口陶瓷、丝织品等，最著名的里昂丝织业在丝绸上创造出中国风格的仙山亭台和龙凤花鸟等图案，巴黎兴起摆设"蓝色房间"成为审美风尚，以中国青花瓷作为室内装饰的器物，对于流行中国趣味的丝绸和在室内摆放陶瓷等物品的最佳推动者莫过于蓬巴杜夫人。英国著名家具设计师托马斯·奇本德尔在他设计的墙纸上通常绘有花鸟纹样，家具设计中绘制金色中国风的图案，映射出东西方文化的交融。1754 年，奇本德尔出版了《绅士与木艺指南》，这本书提供了大量的哥特式、中国风现代家具设计，其中包含 160 种椅子、桌子等设计方案。1772 年钱伯斯的名著《东方造园论》问世，他将中国的庭院介绍到英国，提议在风景式造园中吸收中国庭院的风格，❷ 并于 1757 年出版《中国的建筑、家具、服装、机械、器具的意匠》一书。在欧洲，被称作"中国货"的贸易在 17 世纪和 18 世纪繁荣发展，有钱人纷纷以中国风背景为装饰。❸

二、洛可可风格与 17—18 世纪的欧洲

17 世纪欧洲强权扩张掠夺海外殖民地以积累物质财富，因此对美术、建筑、音乐也要求豪华奢侈赋予热情。巴洛克艺术于 16 世纪后半叶在意大利兴起，17 世纪进入全盛时期，18 世纪逐渐衰落，对 18 世纪的洛可可艺术与 19 世纪的浪漫主义都有积极的影响。巴洛克艺术得到教会的支持，主要流行于意大利、佛兰德斯、西班牙等天主教盛行的国家。意大利艺术大师贝尼尼和佛兰

❶ 安德鲁·博尔顿. 镜花水月：西方时尚里的中国风 [M]. 胡杨，译. 长沙：湖南美术出版社，2017：17.
❷ 针之谷钟吉. 西方造园变迁史：从伊甸园到天然公园 [M]. 邹洪灿，译. 北京：中国建筑工业出版社，2018：306.
❸ 艾田蒲. 中国之欧洲：西方对中国的仰慕到排斥 [M]. 许钧，钱林森，译. 桂林：广西师范大学出版社，2008：44.

德斯画家鲁本斯的作品都反映了 17 世纪巴洛克艺术最辉煌的成就。在法国，艺术完全成为专制制度的宣传和体现，绘画变成王权的点缀和装饰。17 世纪下半叶喜爱东方文物的风尚在欧洲贵族中流行开来，毫不夸张地说，要是哪一个王宫或者大公府邸没有一个陈列着闪闪发光的青花盘子、瓶和壶的柜子的话，那它绝不会被认为是完美无缺的。❶

路易十五登基标志着 18 世纪的法国艺术进入洛可可时代，它最初是为反对宫廷的奢华浓重艺术而兴起的。洛可可风格的特征为华丽、精致、繁缛、纤弱、柔和，追求轻盈纤细，精致典雅，在构图上有意强调不对称，其工艺、结构和线条具有婉转柔和等特点。其装饰题材具有自然主义的倾向，以回旋曲折的贝壳形曲线和精细纤巧的雕刻为重点，造型的基调是凸曲线和采用 S 形弯角形式。洛可可式的色彩十分娇艳明快，如嫩绿、粉红、猩红等，线脚多用金色。❷ 洛可可风格的绘画以上流社会男女的享乐生活为对象，配以秀美的自然景色或精美的人文景观。建筑风格以贝壳和巴洛克风格结合为主轴，室内应用明快的色彩和纤巧的细节做装饰，但不似巴洛克那样用色对比强烈，夸张浓艳。

17 世纪末 18 世纪初不断有西方的传教士来华的消息，中西方相互交流使用中国的瓷器和华丽的丝绸成为西方贵族的象征。中国正值康熙、雍正、乾隆时期，政治稳定，商贸发达，物质文化丰富，精神文明充足，此时的统治阶级审美意趣为中国文化艺术在欧洲的传播提供了极为有利的社会环境。这一时期为代表的清朝宫廷艺术整体呈现华美精巧、细致优雅而又繁缛的特点，成为 18 世纪中国艺术显著集中表现清朝统治者整体审美意趣的特征。在清朝匠人精雕细琢下，清朝宫廷艺术发挥到极致，更是引起法国贵族阶级对清朝文化的争相推崇，使得中国文化在海外贸易、传教士等推动下迅速传入法国贵族阶级，为洛可可艺术的形成与发展提供了必要条件。❸

洛可可的前身是巴洛克风格，起源于意大利正处于文艺复兴开始衰落、宗

---

❶ 休·昂纳. 中国风：遗失在西方 800 年的中国元素［M］. 刘爱英，秦红，译. 北京：北京大学出版社，2017：61.

❷ Victoria Charles, Klaus H. Carl. Rococo［M］. New York：Parkstone Press International, 2010：16.

❸ 邓惠伯. 中国绘画横向关系史：丝绸之路与东方绘画［M］. 北京：商务印书馆，2018：241.

教改革兴起的时代，巴洛克摒弃传统的古典和庄重，取而代之的是浮夸艳丽的色彩和奔放的线条。洛可可和巴洛克不是统一体，也不是单一的表征，而是一个时代多形性的、同时共存的现象。❶ 路易十四的绝对君主制也直接影响法国的艺术走向与审美趋势，崇尚严谨肃穆的巴洛克风格在法国成为主流。17—18世纪的君主制是独断的、高压的，也是效率低下、危机四伏的。❷ 路易十五继位后，影响法国久远的巴洛克也逐渐衰落，在启蒙运动的影响下，长期处于专制统治的法国人民打开思想禁锢，不再专注于庄重肃穆的教堂浓厚的巴洛克风格，反而倾向更加精致优美富有人性化色彩的艺术品。路易十五把政务交给他的情妇蓬巴杜夫人来管理，蓬巴杜夫人凭借自己的才华与爱好直接影响路易十五的统治与艺术走向。她沉迷于东方精致的装饰品与工艺，甚至雇佣经销商把中国式的艺术品变成法国式，成为"法国—中国式"的主导有力推动者。蓬巴杜夫人对中国文化在法国的传播有深远的影响，为洛可可风格的最终形成起到强有力的推动作用。

18世纪的法国受启蒙运动的影响，反封建、反专制、反宗教、弘扬人文主义的思想遍布法国，从而审美风尚转向精巧华美的洛可可艺术风格。随着社会的发展，人们生活得到改善，加上统治者的支持，法国人民尤其是法国贵族开始追求享乐之风，而此时中国精美华丽的艺术正好适用于法国的审美，新的艺术风格因此慢慢产生。❸ 总的来说，洛可可风格并不是独立产生的，它是巴洛克风格的延续与发展，是与中国文化相互交融的产物，构建着丝路审美共同体的融通性与流通性，重塑文明互鉴的痕迹。

三、中国风在洛可可绘画艺术中的体现

华托、布歇、皮耶芒等法国画家在洛可可中国风绘画史上声名显赫，为更

---

❶　温尼·海德·米奈. 巴洛克与洛可可艺术与文化 [M]. 孙小金，译. 桂林：广西师范大学出版社，2004：3.

❷　温尼·海德·米奈. 巴洛克与洛可可艺术与文化 [M]. 孙小金，译. 桂林：广西师范大学出版社，2004：47.

❸　杨超. 巴洛克与罗可可的浮华时代：17—18世纪的欧洲艺术 [M]. 西安：陕西人民美术出版社，2011：156.

多的艺术从业者和工匠提供相应的模式。❶ 洛可可绘画艺术的形成与发展受到中国文化的影响，主要画家华托、布歇、皮耶芒等都接触过中国文化，并通过阅读中国书籍、画册以及研究中国瓷器绘画、丝绸纹饰等熟悉中国文化的内涵，使得洛可可绘画艺术从风格到题材、从色彩到笔法的表达上都蕴含大量的中国元素，影响着洛可可绘画艺术的审美走向和审美趋势。启蒙时代的欧洲人钟爱各类图像，从展览作品到装饰画，从学院画派到商业画，洛可可式中国风绘画引领着当时法国艺术的时尚潮流，艺术史家确凿记录下中国山水园林画对18世纪欧洲的影响。❷ 为迎合法国贵族阶级的审美，华托创作大量蕴含中国元素的绘画作品，中国的服饰、发型，以及中国的田园场景最先出现在华托的绘画当中。布歇将更多的中国元素加入洛可可绘画艺术当中，例如中国丝绸纹饰、漆器、屏风、瓷器、家具等都出现在布歇的画面中。与华托相比，布歇画面中的中国元素更加广泛，中国的人物形象、中国传统色彩的组合也出现在布歇的画面中，绘画的笔法也更加飘逸多变，整个画面背景朦胧含蓄，暗含中国山水画的意蕴。皮耶芒使洛可可绘画基本中国化，画面呈现中国明清绘画所运用的散点式构图法。所以中国文化的西传，不仅影响法国人民的生活审美等，同时也影响洛可可绘画艺术的题材选择、色彩表达、绘画技法等，使洛可可绘画艺术极具中国古典绘画灵活纤巧、不拒繁缛的特点。中国美术的热潮不是从罗马而是从荷兰和法国兴起，一直扩展到整个欧洲。❸

　　洛可可式中国风最早的作品似乎出自安东尼·华托，华托作为洛可可绘画艺术的杰出代表，是最早将中国元素引入绘画的领军人物，可以毫不夸张地说，他的画为法国乃至整个欧洲的洛可可中式装饰奠定基调和模式。❹ 利奇温说过，华托作为洛可可绘画艺术的代表，开创洛可可绘画艺术的新气象，他通过从中国远渡到法国的字画书籍中认真研究学习过中国绘画，并从中领悟学习

---

❶ 休·昂纳. 中国风：遗失在西方800年的中国元素 [M]. 刘爱英，秦红，译. 北京：北京大学出版社，2017：124.

❷ J. J. 克拉克. 东方启蒙：东西方思想的遭遇 [M]. 于闽梅，曾祥波，译. 上海：上海人民出版社，2011：25.

❸ 苏立文. 东西方美术的交流 [M]. 陈瑞林，译. 南京：江苏美术出版社，1998：102.

❹ 休·昂纳. 中国风：遗失在西方800年的中国元素 [M]. 刘爱英，秦红，译. 北京：北京大学出版社，2017：113-115.

中国绘画的意蕴。❶ 他充分吸收中国绘画艺术中线条与色彩的应用，把大量中国题材带入其绘画作品中，打破欧洲传统绘画的风格，绘画手法生动而又自然。华托以中国方式绘制扇面和屏风，就是在那时，折扇在洛可可艺术中得到人们格外的宠爱。❷ 华托形成个人鲜明的风格特征，是 18 世纪法国绘画艺术中最富有创新与开拓精神的画家，开创洛可可绘画艺术的先河。其富有中国趣味的作品《发舟西苔岛》（见图 19-1），画面描绘三姐妹和她们的恋人准备乘船出发去西苔岛游玩的情景，西苔岛是传说中爱神维纳斯诞生的地方，象征着美好的爱情。画面通过对轻松愉快生活场景的描写，反映洛可可时期人们悠闲享乐的生活氛围与向往并追求自由欢乐生活的心态，画面中的女子身穿丝绸神态轻松自然，男士们举止谦和文雅，小爱神们为他们指引着通往爱情岛的路。其画风是否真的如人们所说得之于中国？利奇温认为一个欧洲人绝不可能发明那幅画上表现群山的虚幻形式。同样，在华托的画中许多背景也得之于中国的单一色调。❸

整个画面梦幻而又充满诗情山水的中国趣味，尤其是远处的云和山相互交融，朦朦胧胧，犹如一幅中国水墨画，而远处山峰色彩的运用也极具东方虚实婉约的空间之美。"虚"和"实"的辩证统一，才能完成艺术的表现，形成艺术的美。❹ 华托喜欢用单色的山水，这正是中国山水画最显著的特点之一。华托这种带有感情的处理山水风景，已经指向布歇的田园诗歌和他那一时代的自然崇拜。❺ 画面中间湖水的颜色清澈淡雅如丝绸的质感，更如瓷器的光泽。画面近处的树木和草用大量的金色渲染，金色为中国宫廷艺术常用的颜色，在洛可可时期也常被用来装饰宫殿等，华托用大量的金色渲染树木和山坡草地，集中体现洛可可艺术的享奢而又浪漫的精神。整个画面呈 S 形，配以灵活飘逸的笔法，缥缈的山峰自然的风光与中国山水画虚实变幻的意境更是一般无二。如

---

❶　利奇温 . 十八世纪中国与欧洲文化的接触［M］. 朱杰勤，译 . 北京：商务印书馆，1962：42.

❷　艾田蒲 . 中国之欧洲：西方对中国的仰慕到排斥［M］. 许钧，钱林森，译 . 桂林：广西师范大学出版社，2008：48.

❸　艾田蒲 . 中国之欧洲：西方对中国的仰慕到排斥［M］. 许钧，钱林森，译 . 桂林：广西师范大学出版社，2008：48.

❹　宗白华 . 美学散步［M］. 上海：上海人民出版社，2017：100.

❺　利奇温 . 十八世纪中国与欧洲文化的接触［M］. 朱杰勤，译 . 北京：商务印书馆，1962：41.

图 19-1　华托《发舟西苔岛》（1717 年，现藏巴黎卢浮宫）

清代吴历的《湖天春色图》（见图 19-2），画面的景象闪耀着无穷的生命力，意境闲散柔和，远处山峰的设色与朦胧的画法与华托的《发舟西苔岛》非常相似，在不可名状的氛围中成为他自己知觉的投射。❶ 世界、生命、艺术的境界是无穷尽的。"适我无非新"是艺术家对世界的感受。评论家雷文曾指出：华托的油画作品《发舟西苔岛》中风格与画法与中国山水画极其相似，它那流畅薄而透明的用色，不禁会让人联想到中国瓷器所特有的晶莹剔透。❷ 也正如利奇温所说，华托的确对中国文化有过深刻的研究，并一定程度上领悟了中国绘画的意蕴。东方对西方人有着特别的诱惑力，就像萨义德所说，在欧洲人眼里，东方"自古以来就代表着罗曼司、异国情调、美丽的风景、难忘的回忆、非凡的经历"，神秘的东方"被作为一个充满丰富可能性的博大空间而加以美学的和想象的利用"，成为西方人投射自我的想象之地，东方主题总能激起公众的狂热追捧。❸ 艺术境界主于美，化实景为虚境，创形象以为象征，使人类最高的心灵具体化、肉身化，这就是"艺术境界"。瑞士思想家阿米尔

---

❶　迈珂·苏立文 . 山川悠远：中国山水画艺术［M］. 洪再新，译 . 上海：上海书画出版社，2015：145.

❷　桂小虎 . 东方的启迪：中国传统艺术对世界绘画的影响［N］. 光明日报，2018-03-21.

❸　爱德华·W. 萨义德 . 东方学［M］. 王宇根，译 . 北京：生活·读书·新知三联书店，1999：1.

说：一片自然风景是一个心灵的境界；中国画家石涛也说：山川使予代山川而言也……山川与予神遇而迹化也。艺术家以心灵映射万象，主观情调和客观景象交融互渗，成就艺术的"意境"。❶

图 19-2　吴历《湖天春色图》（清代，现藏上海博物馆）

在华托的作品中，曾有几幅华托自己认为、公众也承认的中国式绘画，最有名的是《中国和蒙古人物画》系列。其中一幅描绘的是一位年轻女子、一位老人和一个小孩在田园中休憩玩耍的情景，画中的人物依然是穿着中国服饰的高鼻深眸西方人。华托的《中国和蒙古人物画》系列与他的其他几幅作品不同的是，这一系列作品用到"中国文字"，例如画中会用中文标明所画的主要人物和内容，如描绘老人的画便写上"老人"、描绘青年人的画便写上"少年"、描绘一个女奴便写上"丫头"，华托一定见过带有题记的中国插图本书

---

❶　宗白华．美学散步［M］．上海：上海人民出版社，2017：76-77.

籍或画册。❶ 也许那些绘画作品正是 1679 年白晋从中国返回法国时带回的、作为礼物呈献给路易十四的四十九卷图画。❷ 从侧面更反映出华托对有关中国元素文化的表达并不是凭空想象，而是做过一番认真细致的研究，其作品为法国的艺术家们提供了取之不竭的中国风灵感。

在华托中国题材的绘画作品中，另一幅极具代表性的作品《女神齐茂缲》（见图 19-3），其画面中心的女神身着的服饰是中国明代服饰的衍生。明朝四大才子之一唐寅《班姬团扇图》（见图 19-4）中的女子手拈纨扇伫立在棕榈树下，衣装的领口、袖口与裙摆的风尚被《女神齐茂缲》所挪用。与此相对应的是，两幅画中的女子都挽着高高的发髻，表征着婉约清丽的东方美。女神齐茂缲右手手擎中国油纸伞，跪拜于女神身旁的仆从也身着中国风的服饰，而画面右侧戴着类似中国蓑笠的仆从本身就是中国人，整个画面包含着典型的中国元素。女神端坐于其上的奇石与中国明清山水画中常见的太湖石有异曲同工之妙。对于石头

图 19-3　奥贝尔《女神齐茂缲》

[仿华托（约 1731 年），德国柏林国立普鲁士文化遗产图书馆]

---

❶ 迈珂·苏立文. 东西方艺术的交会 [M]. 赵潇，译. 上海：上海人民出版社，2014：112.

❷ 佛朗切斯科·莫瑞纳. 中国风：13 世纪—19 世纪中国对欧洲艺术的影响 [M]. 龚之允，钱丹，译. 上海：上海书画出版社，2022：72.

的美感，包含着极其丰富微妙的中国文化意蕴，在米芾这样的中国古代艺术家看来，太湖石（如冠云峰）是有生命力的，是与自己的心灵相通的，是自己的朋友，所以它是美的。❶ 蓝瑛《奇石图》（见图19-5）中的奇石与《女神齐茂缫》中女神端坐之石造型类似。由此可见，华托的画作引用了诸多中国题材，具有浓厚的东方审美风尚，意在追求一种富有中国特征的景象。❷

图 19-4　唐寅《班姬团扇图》　　　图 19-5　蓝瑛《奇石图轴》
（明代，现藏台北故宫博物院）　　（明代，现藏温州博物馆）

　　在洛可可艺术家中，布歇是最成功的一个，布歇巩固了华托中国风的理念。与华托不同的是，布歇把对中国题材的利用发挥到极致，绘画中开始出现东方面孔以及真实的东方社会生活的各种场景。除中国题材的运用，对中国传统色彩以及曲线线条的运用也发挥到一定水平。布歇为法国贵族阶级服务，尤其是为有"洛可可之母"之称的蓬巴杜夫人绘制多幅肖像画，几乎在每幅蓬

❶　叶朗. 美学原理［M］. 北京：北京大学出版社，2016：195-196.
❷　赫尔穆德·伯尔施-祖潘. 华托［M］. 吴晶莹，译. 北京：北京美术摄影出版社，2015：33.

巴杜夫人的肖像画中都可以发现大量的中国元素。

作为洛可可艺术的开创领军型人物，蓬巴杜夫人影响着法国路易十五的统治及法国洛可可风格的审美走向。《蓬巴杜夫人》（见图 19-6）是布歇最具代表性的一幅关于蓬巴杜夫人的肖像画。她酷爱蔷薇的颜色，甚至自己亲自设计服饰，画面描绘出蓬巴杜夫人珠光宝气、高贵典雅的形象。蓬巴杜夫人神情高贵，右手拿着书本，身穿蓝绿色绸裙，绸裙上花团锦簇高贵至极，画面右下角是典型的洛可可艺术风格漆器家具 S 曲线形的桌腿，以及花纹装饰全都呈现出中国韵味。画面整体呈现蓝绿色调，并施以大量的金色描绘绸质窗帘，从侧面反映出法国贵族对高贵奢侈生活的享受与热爱。整幅画面不仅反映蓬巴杜夫人对中国文化的追求，更反映出布歇本人对中国文化的充分研究与喜爱。

图 19-6　布歇《蓬巴杜夫人肖像》　　　　图 19-7　布歇《蓬巴杜夫人肖像》
（1756 年，现藏慕尼黑埃特美术馆）　　　　（1759 年，伦敦威廉斯收藏）

布歇另一幅《蓬巴杜夫人》（见图 19-7）肖像画与图 19-6 的描绘手法无二，画面充分展现蓬巴杜夫人的高贵与奢侈。画面中的摆件同样是洛可可艺术的典型，不同的是整幅画面色调更加沉稳，并没有跳脱的颜色，其核心精神更加贴合洛可可式淡色、精巧别致的审美。蓬巴杜夫人同样穿着花团锦簇，彰显出蓬巴杜夫人高雅的审美，以及对中国丝绸、工艺品的情有独钟。

　　中国的艺术对法国洛可可艺术有着直接的影响，1742 年画家布歇曾仿照中国的青花瓷器，用蓝色在白画布上描绘一幅想象中的风情画：一位中国男子正在向一位身穿东方服饰的欧洲贵妇行礼。❶ 布歇作为法国贵族宫廷画师，不但为贵族阶级服务，也致力于描绘东方人物场景，是洛可可艺术时期第一位画面中大量出现东方人物面孔的画家。如他的作品《中国捕鱼风光》（见图 19-8）描绘中国人海上捕鱼的场景，中国人物、凉亭、蓑笠、油纸伞、竹筐等纷纷出现在画面之中，画家犹如身临其境般将中国渔民日常工作生活场景跃然于画布上，画面背景是花草树木和中国草亭，充满中国式情调。画面中的老翁有着典型的中国渔民的形象，神情自若，皮肤略黑，身穿中式长袍、布鞋，手持鱼竿。老翁的右侧则依偎着一位妙龄女子，身着明清传统服饰盘发，典型的中国古代女子形象。老翁右边的孩童留着中国小孩典型的小尾巴辫子，为正在垂钓的老翁撑着中式油纸伞。整幅画面呈现出中国渔民悠闲田园式生活场景。这些都映射出布歇对中国文化的深入研究及热情，使中国风成为洛可可风格的主导因素。❷

图 19-8　布歇《中国捕鱼风光》（1742 年沙龙展，现藏贝桑松美术馆）

　　布歇的《中国系列》画面中运用大量的中国元素以及中国绘画技法，虽是描绘中国场景，但依然显示出浓浓的西洋画风。与中国绘画艺术相比，布歇

❶　甄巍. 西洋油画与中国水墨［M］. 上海：学林出版社，2009：282.
❷　Alastair Laing. Francois Boucher 1703 - 1770［M］. New York：The Metropolitan Museum of Art, 1986：202.

的绘画透露出更加理性的特点，画面立体人物风景也更偏向写实，绘画颜料也是以油性颜料为主。反之，中国绘画则更以感性为主，强调画面的意境寄情于画。在黑格尔看来，艺术的使命在于用感性的艺术形式去显现真实，"美的理念的感性显现"。艺术的内容在某种意义上是从感性事物和自然中得来的。❶趋于视觉的感性美恰恰是洛可可所孜孜追求的。❷ 在作品《中国皇帝君临》（见图19-9）中可以反映出布歇对中国文化的钻研，布歇并没有以中国宫廷为背景，而是以他自己独特的理解以洛可可艺术推崇的自然风光为背景。画中出现大量的陶瓷、丝绸、工艺品甚至出现中国皇帝专用的帏帐，从画面人物的衣着头饰来看，描绘的是明朝时期的场景。作品《中国舞蹈》（见图19-10）生动刻画了中国人聚会舞蹈的场景，整体画面氛围轻松明快，悠闲自得。画面中出现中国南方的热带植物，画面的背景用色依然朦胧淡雅，与中国水墨画极为相似。布歇的中国风设计充满田园诗意，而在画面的具体处理上也结合欧洲的特色。❸ 作品《中国花园》（见图19-11）描绘了中国显贵花园闲聊的田园场景，画面的中心的女子衣着高贵，高簪云鬟，气质温婉内敛。身旁侍奉的仆人各司其职，瓷器、团扇等工艺品也尽出现在画面当中。值得关注的是画面的背景依然透露出中国水墨画的意蕴，是人化了自然超越物象表面，寄情山水写意空间，使画境生命化、精神化，是18世纪中叶欧洲人眼中理想化的中国。作品《中国皇帝宴请》（见图19-12）与其他三幅相同，都是以中国风题材为背景的人物画。从布歇《中国系列》作品中可以发现，他并没有真正来过中国，其作品的呈现大都源自自己的想象，以及东西方交流所带去的中国工艺品、画册史论等。布歇创作这些画是出自对东方文明的向往，他是洛可可艺术顶峰时期的画家，这些画代表着路易十五和蓬巴杜夫人的爱好，也代表着他自己的喜好。❹ 事实上，在洛可可风格的形成中，中国清朝工艺美术扮演着重要的影

---

❶　黑格尔. 美学：对广大美的领域的尖端论述 [M]. 寇鹏程，译. 重庆：重庆出版社，2016：63.

❷　丁宁. 西方美术史 [M]. 北京：北京大学出版社，2015：299.

❸　佛朗切斯科·莫瑞纳. 中国风：13世纪—19世纪中国对欧洲艺术的影响 [M]. 龚之允，钱丹，译. 上海：上海书画出版社，2022：77.

❹　利奇温. 十八世纪中国与欧洲文化的接触 [M]. 朱杰勤，译. 北京：商务印书馆，1962：56.

响性角色，尤其是在庭院布置、室内装潢、丝织品、瓷器与漆器方面更为明显。❶ 由此可见，中国艺术对洛可可绘画的影响在 18 世纪十分显著。

图 19-9　布歇《中国皇帝君临》（1742 年沙龙展，现藏贝桑松美术馆）

图 19-10　布歇《中国舞蹈》（1742 年沙龙展，现藏贝桑松美术馆）

皮耶芒的灵感同样来自华托，并使洛可可风格更加轻灵华美。皮耶芒的画在伦敦和巴黎出版并影响整个欧洲的中国风设计。❷ 从皮耶芒《幻象中的远东

❶　何政广. 洛可可绘画大师布歇［M］. 石家庄：河北教育出版社，2000：96.
❷　休·昂纳. 中国风：遗失在西方 800 年的中国元素［M］. 刘爱英，秦红，译. 北京：北京大学出版社，2017：122.

图 19-11 布歇《中国花园》（1742 年沙龙展，现藏贝桑松美术馆）

图 19-12 布歇《中国皇帝宴请》（1742 年沙龙展，现藏贝桑松美术馆）

港口集市》（见图 19-13）中可以发现他擅长中国风的场景装饰画，研究中国各式各样的生活状态，如画中人物的乐舞造型与所持器物形似中国民乐打击乐器镲。树木花卉、房屋不仅彰显出强烈的中国传统绘画的灵气，画面构图还表现出中国独有的散点透视，其表达手法也类似中国水墨画（见图 19-14）。分析这三位画家的作品可以发现，中国的服装、丝绸、陶瓷、发饰文化以及中国传统工艺色彩最先出现在洛可可绘画当中，同时中国水墨画、山水画的特征也出现在洛可可的绘画创作中，与之相互渗透融合。到洛可可艺术的鼎盛时期，布歇的绘画更是加入大量的中国题材，无论是丝绸、陶瓷、家具，还是漆器等工艺品，都不断出现在绘画作品中。除中国的工艺品外，中国的人物也成为洛可可绘画艺术家争相刻画的主题，如老人、年轻人、孩童等均出现在其绘画作品中。人物服饰和场景也使用了大量的中国元素，如老人带的斗笠和女人拿的扇子、瓷器、木雕等。如利奇温所说，中国文化能够影响洛可可艺术的形成与发展，并与洛可可艺术相结合的主要原因在于细微的情调。他吸收东西方交流过程中所带来的中国文化，创造出洛可可绘画艺术中的东方情调。❶

图 19-13 皮耶芒《幻象中的远东港口集市》及部分细节

（约 1764 年，现藏洛杉矶保罗·盖蒂博物馆）

图 19-14 王翚、杨晋《康熙南巡图第三卷》部分细节（1691—1693，现藏大都会博物馆）

---

❶ 利奇温. 十八世纪中国与欧洲文化的接触［M］. 朱杰勤，译. 北京：商务印书馆，1962：65.

小　结

中国风是西方特有的文化现象，1839 年，"中国风"该术语出现在法国，源于法语中的形容词"Chinois"，意为"与中国有关的"，直到 1883 年，Chinoiserie 一词被收录到《牛津英语词典》中。❶ 欧洲大陆掀起的中国热潮，丝绸、瓷器、漆器等被大量进口到法国，洛可可风格正是回应西方对中国文化的憧憬与想象。丝绸之路是一座连接东西方文化的桥梁，彼此之间货物、思想、信息自由流通，冲破文化藩篱，为描摹丝路审美文化中外互通提供场域，而中国风影响了西方时尚史上的洛可可风格。无论从知名度还是先锋性以及被谈及的次数和对后世的影响，没有人能与华托和布歇相比，他们的绘画对欧洲中国风的兴起和开展产生深远的影响。18 世纪英国画家威廉·霍加斯（Willam Hogarth）认为，最美的线形是蜿蜒的曲线，同时代的英国经验派美学家埃德蒙·伯克（Edmund Burke）在《论崇高与美两种观念的根源》的论美部分指出，从形式上着眼美的主要特征在于细小和柔弱，❷ 都观照了 18 世纪洛可可风格的特点。欧洲对中国艺术文化的关注和征用是在催发艺术的变革，呼唤新艺术样式的出现，兴起中国风的目的是在告诫主体要从当时的知识桎梏中解放出来，用艺术的手段呼唤一种转向感性的艺术方式以及探索不同文化之间交流、碰撞和融合的规律。审美文化在丝绸之路的流通中是一个"活"的过程，文明互鉴的视野下，洛可可风格在丝路沿线中外文化的交流往来中完成丝路旅行，书写丝路审美文化现象和构建中外互通的多元系统。

---

❶ 佛朗切斯科·莫瑞纳 . 中国风：13 世纪—19 世纪中国对欧洲艺术的影响［M］. 龚之允，钱丹，译 . 上海：上海书画出版社，2022：1.

❷ 朱光潜 . 西方美学史：下册［M］. 南京：江苏人民出版社，2018：585.

第二十章 丝路活态皮影戏

皮影戏展演突出口头表演性,在与观众的沉浸式互动中不断即兴创作,强调"表演",是区别于文字文本的"活态文本",其展演场域是开放性的演艺空间,也是丝路文化交流、融会的平台。本章从西来东渐的剧场演艺空间、作为活态空间的剧场、皮影戏剧场演艺活态空间三个方面,阐述皮影戏在丝路流播中因其演艺空间与丝路沿线异文化交叠互渗,互鉴共享,却变而不化,不断促使皮影戏审美意义的生产,熔铸生成丝路审美共同体。

皮影戏是最早产生的戏剧艺术形式之一,也是民间口头表演艺术的典型,要求身体在场,与观众的即时互动,是活态空间具身性参与的具体体现,兼具流动性、具身表演性、活态性,在丝路文化交往中随着演艺空间的流转、文化语境的变化,不断新生审美意义。

一、西来东渐的剧场演艺空间

周贻白先生论及:"剧场,原文 Theatre,出自希腊动词 theasthai,原意为'看'。沿用至今日,便成为一个含义颇为广泛的名词。所包含者有戏剧、舞台、客座,及其他关于戏剧的各方面。换言之,便是戏剧的全部。"❶ Theatre 译为中文,有剧院、剧场(露天剧场)、戏剧、剧作、戏剧作品、戏剧文学、演出等意思,正如周贻白先生所言,涵盖了戏剧的全部。周先生同时提及"在纪元前三百多年(约当我国周显王时代),古希腊雅典市,已经有可容纳

---

❶ 周贻白. 中国戏剧史·中国剧场史合编本 [M]. 长沙:湖南教育出版社,2007:588.

三万观众的剧场建筑了。又古代罗马，亦于纪元前五十多年，有了剧场的建造，其客座更有多至八万。建筑之宏丽，雕刻之精工，则犹其余事。回顾中国的此一时期，则连戏剧还未形成，遑论所谓剧场了"❶。可见，剧场并非中国本土的产物，而是西方的舶来品。

　　中国本土戏剧演艺空间的名称极为多样化，如歌台、歌馆、歌楼、舞台、舞榭、舞场、戏院、戏园、戏楼、茶园、剧场等，这和戏剧起源与祀神的仪式密切相关，除了私人设有的小型舞台以外，常人看戏需到神庙或有礼祭的地方。"中国的戏曲活动在相当长的一段历史里主要作为祭祀礼仪、节庆、社集活动中的一项辅助性的内容，或者作为宴请宾客时的助兴节目而存在。其演出场所具有很大的随意性，或在乡村的空场进行，或在官宦人家的花园、厅堂进行。晚清以来的重要变化是演出场所逐渐转移到大量兴建的戏楼、茶园之类营业性场所中，在北方地区尤为明显。戏曲演出活动已不再仅仅是一种附属于祭祀仪式、节庆、社集、宴客的辅助活动，而成为一种商业化的娱乐产业。"❷这也使得"中国戏班在历史上地位卑微，随时听从使唤，奔波演出，不可能携带庞大的道具、布景。中国旧时戏园设备简陋，光线都不好，里面有泡茶、递热毛巾、卖零食等，观演环境嘈杂混乱"❸。清末以来，中国的传统剧场经历了嬗变，由于各种复杂的政治、经济、文化因素，传统剧场逐渐退出中国剧场的主流，西方剧场占据了中国现代剧场发展的主流。随着西方的殖民入侵，西方殖民者为了维持自己原生态的生活方式，西方剧场随即植入中国，澳门的岗顶剧场、上海的兰心剧场是中国最早的由西方人设计、管理、为西方人服务的原生态的西方剧场。随着传统戏剧改良、新剧运动的兴起，剧场改造也势在必行。如1907年8月落成的上海春茶园将剧场室内化就是一个典型。1914年落成的北京第一舞台，梅兰芳的京剧在此演出，即是中西合璧的产物。同样，在印度，18世纪末欧洲文化殖民入侵，英国殖民当局为英国侨民在孟买建立了第一家西方剧场——维多利亚剧场，演出英国戏剧。印度文化利用各种方言

❶ 周贻白. 中国戏剧史·中国剧场史合编本［M］. 长沙：湖南教育出版社，2007：664.
❷ 卢向东：中国现代剧场的演进：从大舞台到大剧［M］. 北京：中国建筑工业出版社，2009：4.
❸ 卢向东：中国现代剧场的演进：从大舞台到大剧［M］. 北京：中国建筑工业出版社，2009：256.

翻译西方戏剧作品。这些作品从内容到形式都对印度各地的方言戏剧产生了影响，促进了它们在舞台形式方面的改革，"呈现出明显的东西方文化的混融状态"。❶

戴安娜·德夫林在《面具与场景：戏剧世界观入门》中这样界定剧场："剧场一方面是一群人聚在一起表演一部剧；另一方面，是一群人聚在一起看一部剧。剧场这个词最初是用来描述一个场所（place）的，但它也可以用来描述剧场里发生的一切。play 这个词来自动词 'to play'，意思是在剧院里做的事情，人们通常在更为狭义的意义上用 play 表征表演内容的书面文本。您还可以使用戏剧（drama）、表演（performance）或上演（production）等词，而这些词也用于生活的其他领域。例如：战区、弹钢琴的手术室、踢足球、话剧、汽车展出、履行食品生产职责、批量生产。"❷ 也就是说，剧场演艺空间广泛地分布于日常生活的各个场域。西蒙·谢泼德和米克·沃利斯在《戏剧、剧场、表演》中论述了戏剧从戏剧文学过渡到表演进而成为新范式，说明表演在当代是一个包容性很强的术语，涵盖音乐、舞蹈、戏剧等类别，强调了表演与其他学科，尤其是社会科学的关联，使文化在展演中呈现自己。他们认同诺尔·卡罗尔的建议，即表演是现场艺术（live art）、表演艺术或艺术的表演，同时将剧场界定为一种活动、一个文化机构。阿隆森主张剧场的本质就是观看，❸ 空间中人的行为就是剧场艺术。也就是说，有人的行为发生并有观看者就构成剧场。当代剧场大师果托夫斯基在《贫穷剧场》中主张剧场就是演员和观众的创造性互动。谢克纳在《表演理论》中指出"剧场是展演者的领地，而展演是观众的领地"。❹ 赫尔曼主张："剧场最初的意义在于剧场是一种社会性表演，一种所有人为所有人而作的表演。在这种表演中，所有人都是参与者，同时也是观众。观众作为共同的表演者参与演出，观众是剧场艺术的创作者。"德国剧场艺术学家菲舍·里希特认为观众和表演者的"共同存现"使演

---

❶ 卢向东：中国现代剧场的演进：从大舞台到大剧 [M]．北京：中国建筑工业出版社，2009：283.

❷ Diana Devlin. Mask and scene：An introduction to a world view of theatre [M]．Higher and Further Education Division Macmillan Publishers Ltd，1989：2. 此处"戏剧"即在舞台上进行的动作。

❸ 李仪男．当代西方剧场艺术 [M]．桂林：广西师范大学出版社，2017：2.

❹ Richrd Schecher. Performance Theroy [M]．London and New York：Routledge，1988/2003：70.

出成为可能。❶ 在以上诸多理论家论述的基础上，可将西来东渐的剧场做广义的理解，即有表演行为发生，表演者和观众共在的场域即为剧场。

二、作为活态空间的剧场

"活态空间"是彻底开放的，具有包容性、具身性、异质性、事件性、新生性（生产性），勾连广义的剧场，我们可以推衍得出剧场是作为活态空间的剧场。斯蒂芬妮·埃瑟里奇·伍德森的《作为第三空间的青年剧场表演、民主与社区文化发展》开宗明义地将剧场作为第三空间，而索亚在《第三空间》中多次以活态空间替代第三空间，活态空间、第三空间是活态性的渊源。斯蒂芬妮认为："青年剧场第三空间与我们生活中的其他空间不同。（在剧场中）我们可以结合不可结合的事物，混合不可混合的事物，并思考不可想象的事物。"❷ "创造一部剧"和"表演"之间存在一个既不是现实生活，也不是非现实生活的空间。这个空间就是青年剧场第三空间：一个强大的空间，一个可以让我们尝试选择、结果和存在方式的居间空间，并在"不同事物必须相遇和交互"的地方进行互动。❸ 即青年剧场第三空间具有多样性、包容性、具身性和新生性，能够让一切不可能成为可能，是异质性融合的场域。斯蒂芬妮坦言她对青年剧场第三空间的使用在很大程度上取决于霍米·巴巴的学术成就、博伊特的"自由空间"和西班牙表演艺术家戈麦斯·佩尼亚呼吁建立的"第四世界"。后殖民理论家霍米·巴巴认同第三空间概念，认为虽然西方文化经常使身份和结构两极分化（例如，男孩/女孩、男人/女人、工作/娱乐、儿童/成人和公共/私人），但与这些二元和界限的接触可以创造之间的差距。这种"介于"之间的景观对固定的分类提出了质疑，并为文化意义提供了新的可能性，霍米·巴巴关注扩大创造性的可能性和文化的混杂。斯蒂芬妮认

---

❶ 李亦男. 当代西方剧场艺术［M］. 桂林：广西师范大学出版社，2017：13.

❷ Stephani Etheridge Woodson. Theatre for Youth Third Space Performance, Democracy, and Community Cultural Development［M］. Chicago：The University of Chicago Press，2015：12.

❸ Theatre for Youth Third Space Performance, Democracy, and Community Cultural Development［M］. Chicago：The University of Chicago Press，2015：12.

为霍米·巴巴的第三空间为二元化理解的有限可能性增加了第三个维度。

　　博伊特认为："植根于日常生活环境的自由空间是无权的人在自我组织和参与另类想法方面拥有一定程度的自主权的地方"，"自由空间是人们学习政治和公民技能的地方。它们也是创造文化的空间，人们在这里产生看待世界的新方式。在自由空间中，人们同时利用和改造其传统和文化中的符号、思想、主题和价值观，以挑战传统信仰。"❶ 博伊特的"自由空间"概念开启了公共艺术创作的功能，在理解世界的同时改造世界。戈麦斯·佩尼亚的理论呼吁对不受"旧世界""新世界""第一世界"或"第三世界"概念限制的"第四世界"，认为"静态身份、固定国籍、'纯'语言或神圣的文化传统几乎没有立足之地。第四世界的成员生活在不同的文化、社区和国家之间，身份不断被这种万花筒般的体验所重塑"。❷ 斯蒂芬妮在霍米·巴巴的"第三空间"、博伊特的"自由空间"和戈麦斯·佩尼亚的"第四世界"中汲取理论养分，提出剧场作为第三空间/活态空间。皮影戏深蕴于民间，在丝路流播中与受众的日常生活密切链接，是作为第三空间/活态空间的剧场演艺空间的典型。

三、皮影戏剧场演艺活态空间

　　梅维恒在《唐代变文——佛教对中国白话小说及戏曲产生的贡献之研究》中强调"在研究中国戏剧发展史时必须考虑到的重要因素是皮影戏和傀儡戏对戏剧发展的贡献"❸，而后又引证了苏里普诺"皮影戏是戏剧的原始形式"❹与皮舍尔"很可能傀儡戏在所有地方都是最古老的戏剧形式。毫无疑问在印度是这种情况。而正是在印度，我们可以找到戏剧的起源"的观点。❺ 孙楷第

　　❶ Theatre for Youth Third Space Performance, Democracy, and Community Cultural Development [M]. Chicago：The University of Chicago Press，2015：15.

　　❷ GÓmez-Peña. The New World Border：Prophesies, Poems & Loquera for the End of the Century [M]. San Francisco, CA：City Lights Books，1996：7.

　　❸ 梅维恒：唐代变文：佛教对中国白话小说及戏曲产生的贡献之研究 [M]. 杨继东，陈引驰，译．上海：中西书局，2011：260-261.

　　❹ 梅维恒：唐代变文：佛教对中国白话小说及戏曲产生的贡献之研究 [M]. 杨继东，陈引驰，译．上海：中西书局，2011：294.

　　❺ Richard Pischel. The Home of the Puppet Play [M]. London：Luzac，1902：5.

在《近世戏曲的唱演形式出自傀儡戏影戏考》一文中认为中国戏剧的三个特征是从傀儡戏和皮影戏直接发展而来的：演员出场后面向观众的独白，告诉观众他是谁，并介绍自己要做什么；脸谱（涂面）的作用；演员手势和动作具有强烈的表演性，且是有意模仿傀儡的。这确实是中国戏剧演员的特征动作。他的膝盖曲折成一个特定的角度，垂直而且机械地跳起并落下。如果人们不了解它与可操纵傀儡的动作一致，这是很难理解的。中国戏曲的所有这些特征都是从傀儡戏和皮影戏传下来的。已知的印度尼西亚和土耳其戏剧的发展过程也可以证实这种解释。❶

《列子·汤问》卷五有关于周代时期西域流行一种名曰"偃师戏"的原始傀儡歌舞戏，"周穆王西巡狩，越昆仑，不至山。反还，未及中国，遂有献工人名偃师，穆王荐之"。周穆王惊叹在西域竟有如此美妙绝伦的原始戏剧。无独有偶，印度佛经《生经》卷三《佛说国王五人经》中有"机关为木人"，"歌舞献伎乐"的"傀儡戏"表演描述。这说明在史前社会，西域地区就与印度佛国有着密切的文化艺术交往。❷ 孙楷第的主张和梅维恒同气相求，傀儡戏/皮影戏最早呈现了丝路戏剧文化的审美会通。皮影戏不仅流传于印度与中国，而且西渐至中亚、西亚信奉伊斯兰教诸国之中，成为当地重要的戏剧娱乐手段。皮影戏最早产生于中国，是诸多学者的共识，但梅维恒主张皮影戏缘起于中亚，主张"中国皮影戏的起源归根结底可以与佛教叙事文学和戏剧体裁的传入相关联"❸。陈竺同、陈志良等学者认为中国傀儡戏外来自印度。李强则坚持皮影戏应该是双向传播的，印度傀儡戏不仅东渐，也西传至波斯、罗马与阿拉伯诸国，日益与当地传统戏剧形式相结合，逐渐形成诸多表演艺术类型。据记载，古埃及法老时期也盛兴木偶戏，由此推论古希腊、罗马境内的傀儡戏有可能与此有关联。❹ 异文化之间交流，其影响必然是双向的，现有文献还无法确认皮影戏究竟源出印度还是中国，可以肯定的是它们之间存在的间性

❶ 孙楷第. 近世戏曲的唱演形式出自傀儡戏影戏考 [M] //沧州集. 北京：中华书局，1965.

❷ 孙楷第. 近世戏曲的唱演形式出自傀儡戏影戏考 [M] //沧州集. 北京：中华书局，1965.

❸ 梅维恒. 唐代变文：佛教对中国白话小说及戏曲产生的贡献之研究 [M]. 杨继东，陈引驰，译. 上海：中西书局，2011：270.

❹ 李强. 丝绸之路戏剧文化研究 [M]. 乌鲁木齐：新疆人民出版社，2009：318.

关系，而现代皮影戏无疑根源于亚洲。

　　皮影戏并未固着在其原发地的文化土壤中，而是在丝路文化互通中不断地与异文化交流新生。随着文化语境的不断变化，皮影戏的剧场演艺空间，与宗教的关系以及其在现实世界的功能等都在因地制宜地进行着改写、改造。据中国中央电视台（CCTV）拍摄的纪录片《海上丝绸之路——融合共生》记载，中国的皮影戏传入印度尼西亚爪哇后与当地的哇扬戏结合生成了哇扬影戏，哇扬影戏与中国皮影戏同宗有异。从演艺空间来说，中国皮影戏艺人在幕布后方通过光源照射形成剪影来表演，女性在其表演空间中不在场；哇扬影戏艺人则是在前台盘腿面向幕布而坐进行演出，有女性伴唱。在与宗教的关系方面，中国皮影戏是娱人娱神的民间活动，哇扬影戏则是拜佛祭祖仪式的一部分。哇扬影戏将皮影戏与佛教结合起来，在皮影的造型、演出形式方面进行了佛教文化的过滤和改造，增强了哇扬影戏的佛教教化功能。❶ 中国皮影中的人物无尊卑之分，表演者是农人兼艺人；而爪哇皮影的男性影人大于女性影人，尊贵者的体形高于卑微者，哇扬影戏的表演者被称为"达伦"，由"巫者"的意思转化而来。❷ 可见印度尼西亚的皮影戏与佛教的关系非常密切。

　　CCTV3《文化大百科》、CCTV10 纪录片《走进地中海——欧洲列国志——土耳其的卡拉格兹》均记载了在 1340 年前后皮影戏由中国传入土耳其，土耳其吸收了中国皮影戏的演出形式，发展为本国的影戏，并创造了符合土耳其民族风格的人物形象，最著名的是"卡拉格兹"和"哈吉瓦特"。土耳其人很喜欢"卡拉格兹"这个人物形象，因此土耳其皮影戏也被称为"卡拉格兹"。"小人物"卡拉格兹和"大人物"哈吉瓦特在最初为 6×8 英尺，后来固定为 3×2.5 英尺白布后❸，灯光下，讲述着土耳其的民间故事和传统习俗，抨击着社会的不良现象，娱乐着每一个欣赏他们的人。❹ 在阿拉伯诸国，如巴勒斯坦、突尼斯、摩洛哥、埃及等国家，每逢回教"斋月"都要公演所谓的"土耳其式影戏"。据说古代西亚与土耳其传统皮影戏是人们在诞生、割礼、

❶　张玉安，裴晓睿. 印度的罗摩故事与东南亚文学［M］. 北京：昆仑出版社，2005：229.
❷　余我. 认识中国艺术之美［M］. 台北："国家"出版社，1993：107.
❸　Eugenia Popescu-Judetz. Studies in Oriental Arts［M］. Turkey：Pennsylvania，1981.
❹　整理自 CCTU10 纪录片《走进地中海——欧洲列国志——土耳其的卡拉格兹》。

成人、婚礼、节庆与丧葬，以及朝野仪典与文化娱乐中必不可少的艺术表演形式❶，伴随着其民众一生重要的时刻，与其日常生活、生命紧密关联在一起，是典型的活态文化表征。最初卡拉格兹的表演被要求在诸如宫殿、咖啡馆、酒馆和私人居所等封闭的空间进行，但在节日期间，比如斋月（伊斯兰历第九个月）的晚上，土耳其的公共空间和私人空间都有皮影戏的表演。土耳其皮影戏的表演突出主要人物之间的对话，其表演者被称为"梦者"（也称为"哈西业"），土耳其人必须经过相关的考试合格后才能取得"梦者"的资格，穿戴特定的服饰进行表演。土耳其人借鉴了中国、印度尼西亚的皮影戏而创造了自己的卡拉格兹，在卡拉格兹的影响下产生了希腊的国粹卡拉吉奥兹，而处于低迷并渐趋衰落中的埃及皮影戏也因吸纳了卡拉格兹而重获新生。皮影戏在流播的过程中不断解域民族文化边界，在空间间性中层叠影响，交织生成，互鉴融通，其剧场空间包容着不同文化之间巨大的差异性，却"变"而不"化"。

皮影戏是以脚本为基础，借助语言、音乐、皮影等形式达到叙事目的的口头表演艺术。而口头叙述是活态表演艺术的重要因素，也是活态空间具身性参与的具体体现。理查德·鲍曼在《故事、表演和事件：口头叙事的语境研究》中主张表演是一种口头语言交流使用模式，一种言说的方式，支配着口头传承的语言艺术。而在《作为表演的口头艺术》中鲍曼同样是"以表演为中心的方法"考察了口头艺术和口头文学。"以表演为中心的（performance - centered）理念，要求通过表演自身来研究口头艺术。……而表演在本质上可被视为和界定为一种交流的方式（a mode of communication）。"❷ 显然，表演者在作为一种口头语言交流模式的表演中，对观众承担着展示（display）自己交流能力的责任（communication competence）。这种交流能力必须以包含社会认可的知识和才能的说话方式展开。皮影戏表演要求观众的身体在场，精神参与，同时要求表演者承担起与观众互动交流的责任。由于皮影戏的特殊表演模式和表演诉求，其表演空间充斥着表演者和受众的精神共鸣以及对想象世界的互建。

---

❶　李强. 丝绸之路戏剧文化研究 [M]. 乌鲁木齐：新疆人民出版社，2009：331.
❷　理查德·鲍曼. 作为表演的口头艺术 [M]. 杨利慧，安德明，译. 桂林：广西师范大学出版社，2008：5.

第四部分 艺术与丝路审美共同体的熔铸 367

　　在中国，皮影戏的表演者是农人兼艺人的乡民，早期的"腹本"或"吃本"依靠艺人的记忆而保存，由师傅口耳相传给徒弟。这一口头表演艺术的本质被土耳其皮影戏所吸收，土耳其的卡拉格兹也没有文字剧本，表演内容仅凭表演者对押韵对联的记忆和即兴表演的天赋完成。❶ 而希腊卡拉吉奥兹人则是通过做年长的卡拉吉奥兹人的助手口耳相传地学习皮影戏的表演。❷ 阿明·斯威尼在详细研究了马来西亚的皮影戏之后，也发现艺人们很少用文字本子，即使偶或有所用者，也没人会以为它们是完成的本子。这也就与梅维恒所主张的"从许多亚洲的附图讲说传统的材料和变文的近亲'皮影戏'来判断，'变'之演艺人很可能并不依据文字。写录文字的人往往是听众，那些写录口述文学而开始使之转换为书面通俗文学的人很少是口头文学的演述者自己。我所考察的大部分传统中，演述者一般是文盲。如芭芭拉·鲁奇所说'口头文学意味着故事的创造者或听众，或两方面均是文盲。'"相印证。❸ 在不以文字文本为表演依据的时候，皮影戏的演艺人如何进行有一定时间长度的表演？又是如何记忆表演内容的呢？按照哈弗洛克的构想，个人记忆是由许多提示激活的；在面对面的表演里，在一种记诵的经验中，声觉、视觉、叙事、情景或环境的提示激活了个人的记忆。声音的流泻不是断续分离的，个人的体验不会独立于讲故事的声音、讲故事者的举止和体姿，也不会脱离讲故事的物质环境。❹ 在以口语为媒介的时期，皮影戏剧本虽然仅凭表演者的记忆进行保存，但也并非将口传身授而来的剧本一字不落地复制记忆，只是铭记其程式而已。

　　帕里-洛德的口头程式理论解释了皮影戏的表演者何以能进行具有一定长度的表演，又如何能够在表演同时进行即兴创作。帕里将程式界定为"一种经常使用的表达方式，在相同的步格条件下，用以传达一个基本的观念"❺。

❶ 翻译综述自 Karagöz and Hacivat：Projections of Subversion and Conformance。
❷ 翻译综述自 Loring M. Danforth. Tradition and Change in Greek Shadow Theater [J]. The Journal of American Folklore，1983，96（381）：281-309.
❸ 梅维恒. 唐代变文：佛教对中国白话小说及戏曲产生的贡献之研究 [M]. 杨继东，陈引驰，译. 上海：中西书局，2011；126.
❹ 林文刚. 媒介环境学：思想沿革与多维视野 [M]. 何道宽，译. 北京：北京大学出版社，2007：267.
❺ 约翰·迈尔斯·弗里. 口头诗学：帕里-洛德理论 [M]. 朝戈金，译. 北京：社会科学文献出版社，2000：57.

即在口头表演艺术中屡次重复的用词是表演者快速即兴创作的需求，也是其与受众有效互动的需求。洛德对该定义进行了补充，"程式是思想与吟诵的诗行相结合的产物"❶，指出表演者所运用的程式在具有思想自由的同时也受到诗行的限制。作为口头表演艺术的皮影戏既受到表演程式的规约，又具有即兴表演的自由空间，其间的张力就是皮影戏在不失传统的同时不断新生的构想空间。土耳其的卡拉格兹表演中"哈亚西"❷同时进行表演、歌唱、配音等表演活动，是一人剧团，承袭了中国传统皮影戏的"一驴驮"。土耳其卡拉格兹的表演由序幕、开场、会话场景、组曲和尾声组成，其中序幕和尾声是固定程序，开场、会话场景和组曲是卡拉格兹的正式演出部分，会话部分给了表演者充分的即兴叙述的空间，可以根据表演语境的不同即兴表演。皮影戏表演程式基本保持不变，以土耳其语进行表演，增加了对话的比重，尤其突出了"黑眼睛"卡拉格兹的正面形象。

作为口头表演艺术的皮影戏在文化交往中其固定程式、陈词套语、主题、典型场景、故事范型等传统因素始终在场。但在异文化语境中，为了满足不同文化群体的审美要求，皮影戏不断进行着在地化的改造，其剧场中充斥着多文化的交融。同时，作为口头表演艺术的皮影戏对参与性与在场感的要求极高，表演者和观众之间的即时互动对皮影戏创造和传播具有决定性的影响，即兴叙述、即兴表演是表演者与在场观众互动的必然结果。在场受众的参与度高，对表演者即兴创作、即兴表演能力的要求也就更高，从而增强了表演本身超越历史表演的可能性。弗里在《口头诗学帕里-洛德理论》中论及"口头史诗传播的过程中，是艺人演唱的文本和文本以外的语境，共同创造了史诗的意义。听众和艺人的互动作用，是在共时态里发生的。艺人与听众共同生活在特定的传统中，共享着特定的知识，以使传播能够顺利地完成"❸事实上，口头艺术的每一次展演都是一次再创造，即兴表演本身就是对外来文化的改编、改写，勾连着重写和再创作。正如梅维恒所言："一种书面文本可能是在口头文学的

---

❶　阿尔伯特·贝茨·洛德. 故事歌手［M］. 尹虎彬，译. 北京：中华书局，2004：42.

❷　土耳其的皮影艺人被称作"哈亚西"。

❸　约翰·迈尔斯·弗里. 口头诗学：帕里-洛德理论［M］. 朝戈金，译. 北京：社会科学文献出版社，2000：20.

背景中诞生，完全浸润了它的精神。但无法证明，中国或其他地方的口头文学演艺者将自己局限于对书面文字的复述。"❶ 没有表演的口述文本并不是真正意义上的口头艺术，它只是一次表演的文字记录，完全不能等同于表演中的创作，以口语为媒介的艺术是一群人的共舞，而以文字为媒介的艺术则是一个人的独舞。

　　埃及皮影戏的抄本在传承的过程中常常会因为抄写人员对文本的误读而有不同的版本。奥斯曼帝国和近代早期的埃及皮影戏大多保存在歌本、歌集或一般选集中，抄本的结构极为精简，幸存的手稿中对话是缺失的，对话很可能是在皮影戏的表演中即兴叙述。大多数情况下，埃及皮影戏很少以书面形式记录，这也许是因为皮影戏口头表演的传统。从现存抄本中可以推测表演者会即兴表演皮影戏。埃及的皮影戏以诗歌讲述故事，表演者以带有诗歌的大纲记忆故事内容，在表演过程中即兴对话。这样，在保持基本故事情节不变的情况下，大量的新元素，诸如充满喜剧性的戏谑和荒谬的闹剧等被即兴地纳入了传统程式。❷ 抄本只是埃及皮影戏程式化的文字记录，并非完整的以文字为媒介的皮影戏。由口语媒介过渡到文字媒介，意味着皮影戏传播媒介的变化，依照布卢斯·格龙贝克的观点，这种变革势必引起人心理和文化的变异。在文字媒介环境中，缺失了创作者兼表演者与受众即时而深入的互动，表演者无法得到受众的即时回应，表演者与观众、观众与观众之间相隔离。鲜活生动的在场受众缺席，转而变为独自阅读的读者，其语境完全不同于集体在场的参与。将一连串的文字符号置于读者的感知系统，读者是会因为"通感机制"❸ 而将视觉转换为其他的感知，文字符号也就转变为其他的感知方式。但读者无法给予创作者即时的回应，随时参与创作中，在场感缺失了。皮影戏特定的开场音乐响起，人们闻声而来，或坐或立，"进到戏里"，和表演者、戏中人物互动。常看戏的观众熟悉戏的内容，又看过不同表演者的表演，自然会有所品评。而表

---

❶　梅维恒. 唐代变文：佛教对中国白话小说及戏曲产生的贡献之研究［M］. 杨继东，陈引驰，译. 上海：中西书局，2011：126.

❷　翻译综述自 LI Guo. The Monk's Daughter and Her Suitor：An Egyptian Shadow Play of Interfaith Romance and Insanity［J］. Journal of the American Oriental Society，2017，137（4）.

❸　麦克卢汉认为人类具有"通感机制"。所谓通感机制，指的是人类感官之间的互动，大脑可以把一种感知转换成为其他种感知。这个转换过程是复杂的，是各种感官之间的互动。

演者的"吃本"会因为程式化的记忆而有即兴表演的空间，他们的即兴表演也给了观众更多品鉴的空间，在一演众评中就显现出口语交流的参与性和在场感。

《红灯记》在数次表演中表演者和观众都对赵兰英的烈女身份产生了强烈的情感认同，这种认同又反过来影响表演本身，由此表演者、观众和戏中的人物构成"三位一体"的状态。而希腊皮影戏中的卡拉吉奥齐斯并不是一个固定的人物设置，表演语境的变化会让这个人物分化在各种情境中，有面包师卡拉吉奥齐斯、渔夫卡拉吉奥齐斯、教师卡拉吉奥齐斯、导游卡拉吉奥齐斯、詹姆斯·邦德的卡拉吉奥齐斯、宇航员卡拉吉奥齐斯等，呈现出纷繁复杂的卡拉吉奥齐斯。❶ 表演者和受众在同一语境中即时交流，情感共鸣始终在场。他们的故事在遵从既定的表演程式，具有相同的基本叙事单元和组合结构的同时，有着极强的"交互性"和"参与性"。

皮影戏兼具事件性、即兴性、具身性，是活态文化的表征，因表演语境的不同而具有审美新生性。新生性（emergent quality）由麦克林提出，海姆斯在其著作中强调了新生性的重要性。鲍曼又在《作为表演的口头艺术》中强调了"新生性"对于表演研究的必要性，"表演常常会展示新生性的维度——不会有两次表演是完全相同的"❷，指出"新生性为理解作为一个社区普遍文化体系的表演语境（the context of performance）中特定表演的独特性（unique）提供了途径"❸。鲍曼对表演的本质进行了重新界定，即口头传统是特定情境中的一种交流方式，表演行为是情境性行为，在相关语境中发生，同时传达着和该语境相关的意义。没有完全相同的表演，任何已经结束的表演都不可能被重构，表演具有新生性。表演的新生性源于其特殊语境，并与个人能力及参与者的目的相互作用。在完全创新和绝对固定不变的文本之间存在新生的文本结构，需要在经验性的表演中被发现。表演者为适应特定语境而构建与

---

❶　翻译综述自 Loring M. Danforth. Tradition and Change in Greek Shadow Theater ［J］. The Journal of American Folklore，1983，96（381）：281–309.

❷　理查德·鲍曼. 作为表演的口头艺术 ［M］. 杨利慧，安德明，译. 桂林：广西师范大学出版社，2008：41.

❸　理查德·鲍曼. 作为表演的口头艺术 ［M］. 杨利慧，安德明，译. 桂林：广西师范大学出版社，2008：42.

之更为契合的表演模式，使既存文本发生变化，聚焦新生性结构。口头表演具有即兴性，在其展演的过程中，原有的表演意图被即兴性不断改写，本色的表演意味着对传统的继承和凝聚，有新意的、陌生的表演则是新生性的。皮影戏在其剧场空间中将原发地传统、接受地实践和新生性联结了起来。

作为活态文化的皮影戏具有地方性、实践性和环境性，并非固定的文化文本，而是一种叙事的活态文化现象，也是集口传文学、民间音乐、民间美术，民俗活动为一体的剧场表演事件。"事件"（event）是一个内涵复杂的理论术语，不同谱系的思想家对其给出了不同的解释。从词源上考察，在思想层面《剑桥哲学辞典》和《牛津哲学字典》对 event 的解释均围绕"改变""发生"与"转折"展开。❶ 流动性是事件的本质属性，不同文化之间通过空间的流转而彼此借鉴，对文化进行重新塑形。事件具有创造性，在历时性和共时性维度上不断地创造、生成新的事件。在《从文本到事件——兼论"世界文学"的事件性》一文中，张进指出："'社会能量'与'事件'一币两面：事件是社会能量显形的场所，而社会能量则是事件背后的推动力量。"并强调"在戏剧表演中，借助并通过舞台而流通的社会能量并非单一连贯的整体系统，而是局部的、零散的和彼此冲突的。各种要素之间交叠、分离和重组，相互对立。特定的社会实践被舞台放大，另外的则被缩小、提升和疏散。因此，对戏剧文本的阐释，最终就必须落实到那些独特的、活态的、具体的社会能量。这种能量才是基础性的，它生产出了产生它的那个社会"。❷

中国皮影戏的表演往往充斥着对生命情感和精神力量的迫切希望，受众希望通过皮影戏而达到与自然界和超自然力量的沟通，以庇佑风调雨顺，安居乐业，构建起一个想象的神性空间，给予企盼一个理想的栖居地。皮影戏在表演中借助"亮子"❸ 和艺人的操演让忠君爱国、伦理孝道、忠贞自由的爱情等有着传统教化功能的社会能量得以流通，旨在教化民众奸恶之人终将被惩处，良善之人必会加官晋爵、亲人团聚、爱情美满。故事情节的跌宕起伏、曲折离

---

❶　刘阳. 事件思想史［M］. 上海：华东师范大学出版社，2021：4-5.

❷　张进，张丹旸. 从文本到事件——兼论"世界文学"的事件性［J］. 文化与诗学，2017（1）.

❸　皮影戏演出的屏幕，俗称亮子，由亮档子和白纸或白纱制成，演出艺人称其为神的脸面。亮子长宽不定，一般长约 180 厘米，宽约 80 厘米。

奇，人物的悲欢离合、嬉笑怒骂中蕴含了强烈的艺术感染力，震撼着观众的心灵世界，敬畏、怜悯、慰藉等社会能量往复于表演者和观众之间，产生强烈的情感共鸣。在皮影戏表演的舞台上流通着局部的、零散的、彼此冲突的社会能量之间相互交叠又冲突对立、彼此分离又重新组合，并非单一连贯的整体系统。根据表演语境的变化，特定的社会实践被放大、提升，其他的则会被缩小、疏散。皮影戏是一些独特的、活态的、具体的社会能量在表演者、观众和社会情境之间的往复流通。埃及传统的皮影戏多以押韵散文和诗歌形式表现，人物是骗子、古灵精怪、善于搞笑的类型，故事以人物的忏悔、道德教化为尾声。因为表演内容和民众的日常生活密切相关，在社会各阶层都广受欢迎。

埃及苏菲派诗人伊本·阿尔弗雷德认为皮影戏是对人类存在的虚幻本质的隐喻，其寓意表现为影子代表感官，窗帘代表人体，游戏领袖代表神灵。显然，埃及观众通过皮影戏形式接受宗教教化和道德教义。而梅维恒则论及："在我们讨论其他民族的影戏传统时，为进行比较起见，我们应该牢记汉语变字所具有的细微含义。比如说，在阿拉伯语中一个早期的指示影戏的词，便有着与佛教术语'变'惊人相似的含义：诱惑，一种戏剧，戏法或手法，使一物呈现与其自身不同的形象，显示一个实际不存在的人的形象使虚无的东西呈现得如同真实的一样。这些含义不仅使人联想到佛教术语中'变'，它们还使人联想到印度的概念，这个概念被包含在变的哲学背景中。同样有趣的是，在阿拉伯语中，另外一个表示'皮影戏'和'魔灯'的词，其本意是想象、影子、幽灵。在研究配有图画的故事讲说向皮影戏和傀儡戏演变的过程——这种过程发生在印度、印度尼西亚、中国和其他地方的时候，有必要联想到这些存在与幻觉、变，和创造性想象能力之间的重要联系。"❶

"变"让皮影戏展演将想象创造的事物在剧场中现实化。这就让社会能量在社会结构和表演实践中流通，在较大范围内引发不同社会阶层、信念各异的人群通感联觉，从而形成审美共同体。与此相关联，鲍曼在《作为表演的口头艺术》中主张："表演的部分本质就在于，它能使参与者的经验得以升华，

---

❶ 梅维恒. 唐代变文——佛教对中国白话小说及戏曲产生的贡献之研究［M］. 杨继东，陈引驰，译. 上海：中西书局，2011：88.

在高强度的交流互动中，观众被表演者以特殊的方式——作为一种交流方式的表演所牢牢吸引。通过表演，表演者牵引着观众的注意力和精力，观众对表演进行品评，也为表演所吸引。"❶可见鲍曼关注的是作为事件的口头表演艺术。皮影戏在表演过程中，观众对表演的品评时时发生，表演者和观众之间即时进行着高强度的交流互动，使社会能量得以流通，所有参与者的经验得以升华。喜剧是希腊皮影戏中最重要类型之一，喜剧类的希腊皮影戏，其幽默感主要来源于卡拉吉奥齐斯，他是个大鼻子、驼背，又穷又饿的骗子。卡拉吉奥齐斯没有受过教育，也没有技能，长期失业，但他聪明，喜欢欺骗他人，冒着随时挨打的风险，希望能得到一顿丰盛的大餐。正是这个人物擅施诡计，贫穷而丑陋，忍受着饥饿和频繁的殴打、侮辱，让观众在喜剧幽默的氛围中体悟人生百态，升华生活经验。沃尔特·翁主张"口语词在任何时候都是一件事，是时间里的流动事件"❷。即在口语媒介环境中，借助于口语词进行展演的皮影戏是在时间里发生的流动的表演事件。事件总是以某种方式关联着创作者（或表演者）、读者（观众）、事件的引发者（或事件的承受者）等主体。这种关联却不只是"记述性"（constative）的，也是"述行性"（performative）的。在表演事件结构中，参与者、表演者和观众是基本要素，此外还包括由一系列文化主题以及伦理的社会互动性的组织原则所构成的场景、行为顺序、表演的基本规则因素，这些因素相互作用，支配着表演实践。❸

　　土耳其的卡拉格兹亦是土耳其的民间故事和传统习俗展演的场域，人物设置简单，故事情节在卡拉格兹和哈吉瓦特嬉笑怒骂的对话中推进，抨击社会恶相，使观众在精神愉悦的同时，接受道德教化。其表演是在由文化所界定的、有界限的一段行为和经历中的一部分所构成的一个富有意义的行动语境的事件中发生的。事件的发生必须牵涉表演，而表演则是标明了某一特定的事件是否是有效的范例，皮影戏作为表演的口头艺术，是一种具有创造性的剧场表演事

❶　理查德·鲍曼. 作为表演的口头艺术［M］. 杨利慧，安德明，译. 桂林：广西师范大学出版社，2008：49.

❷　沃尔特·翁：口语文化与书面文化［M］. 何道宽，译. 北京：北京大学出版社，2008：56.

❸　理查德·鲍曼. 作为表演的口头艺术［M］. 杨利慧，安德明，译. 桂林：广西师范大学出版社，2008：33.

件。皮影戏的表演在特殊语境中发生，与包括表演者和观众在内的参与者发生交互影响，在即兴表演的创新和绝对固定不变程式之间生成新生性。

综上所述，在皮影戏剧场演艺活态空间中，时间穿梭织入空间，历时传承、共时流播，这种"异质化"的穿越进程是由物性空间到神性空间的穿透，其中的活态经验借助身体的参与，将这种体验再度赋予空间，使空间成为审美体验的场域，从而实现从外部物理空间的物性互鉴到感觉的、幻想的、情感的内部空间的互通。皮影戏在不断流转生成的剧场演艺活态空间中以行动的、表演的、具身的等样态的活态体验促进了异文化的对话交流。皮影戏剧场演艺空间具有异质性、包容性、口头叙事性、事件性、新生性、创造性，是作为活态空间（lived space）的剧场演艺空间，熔铸生成丝路审美共同体。

第二十一章　丝路影像里的粟特

丝路粟特纪录片围绕粟特民族的商业性、历史身份的神秘性以及自身族裔散居的流动性而彰显出历史影像的诗性与政治性。若以历史诗学与比较研究的方法介入粟特影像文本，能够看到在书写历史向历史影像转换的过程中，粟特历史的诗性与政治性不断扩大影响力，得以触碰历史性，并在不同意识形态的影响下基本结构为民族志纪录片与文献纪录片两种粟特历史影像的文本类型。而在两种类型影像所表征的历史进程中，历史性与诗性、政治性存在和解的可能，这也可为影像历史诗学的研究范围提供一定的参照。

商业性、神秘性、流动性是粟特民族的历史形象在当代文本历史与影像历史中显现的主要特征。粟特影像围绕民族的经商行为，因历史断裂性的书写特征所显现的神秘性（身份），结合历史书写所表征的丝绸之路流动性而结构粟特历史文本，并从中生成历史影像的诗性与政治性。而在当代粟特文本历史向历史影像转换的历时性维度与不同意识形态结构粟特历史的共时性维度中，影像的诗性、政治性与历史性之间的关系问题得以被推出。基于此，本章以历史诗学与比较研究的方式，在粟特文本历史与影像历史的比较分析过程中，认为诗性与政治性结构历史的能力得以提升；而在不同意识形态结构的民族志纪录片与文献纪录片两种基本类型的比较中，发现诗性与政治性具备触碰甚至僭越历史性的可能，并在一定程度上具备彰显真实历史的潜能。有鉴于此，民族志纪录片与文献纪录影像可作为影像历史诗学研究范围的参照，从而回应影像能否呈现历史的基本问题。

一、粟特民族特征所结构的不同历史叙事文本

丝路粟特影像主要是指镶嵌于丝绸之路审美文化主题系列中以单集、事件片段等播放形式而展现粟特民族历史价值与影响的纪录影像。该类型影像主要围绕粟特民族的经商行为来尝试建构/解构其神秘的历史形象。粟特人的称谓为"Sogdian"，原为"索格底亚纳"，属于印欧人种，其语言文字性质为从印度到欧罗巴的所谓印度–欧罗巴语系，是印欧语系的东支。他们是东汉至唐代活跃于丝绸之路上的商业民族，擅长各种形式的贸易，尤其擅长丝绸的买卖，并被视为连接城镇、绿洲和不同区域的黏合剂。❶ 早在 4 世纪初，粟特人在中原活动的范围便已十分宽广，他们"不仅面向京洛，而且把触角伸向整个华北。随时派遣人员，传递消息"❷。当代粟特文本历史研究已经表明，粟特民族的经商行为促成其定居行为，并在古代（主要指隋末）产生了政治性的影响。❸ 可以看出，粟特民族的商业行为基本被标识为他们立足丝绸之路的根本方式。

关于研究粟特审美文化的书写历史文本并不局限于粟特民族的商业性特征，因为在粟特民族的审美文化中，其商业性极少出现于其中。当代入华粟特的书写历史文本注重从汉语语言、实物考古与西域文献展开历史研究，既有对其民族分布与审美文化的融通方面进行壁画、服饰造型、陶像、雕塑、石椁、钱币、信札等历史物质的考古实证性研究，又有针对其语言文化、墓葬习俗、口头文学以及乐舞艺术等非物质活态文化展开的田野调查，从而形成粟特民族

---

❶ 彼得·弗兰科潘. 丝绸之路：一部全新的世界史［M］. 邵旭东，孙芳，译. 杭州：浙江大学出版社，2016：49.

❷ 陈连庆. 汉唐之际的西域贾胡［C］//敦煌文物研究所. 1983 年全国敦煌学术讨论会集（文史·遗书上册）. 兰州：甘肃人民出版社，1987：92-93.

❸ 马尔夏克. 突厥人、粟特人与娜娜女神［M］. 毛铭，译. 桂林：漓江出版社，2016：73-80.

历史的编年史、叙事史以及事件史等不同历史的叙事类型。❶ 这些粟特历史文本的研究注重对经验材料的挖掘与思考，并结合计量表格数据考证，旨在廓清粟特历史形象及其所处的时代环境、风俗信仰以及生活习惯方面的历史内容，从而以此来消解粟特历史形象的神秘性，进而抵达粟特民族的历史本质。

与书写历史文本相比较，粟特历史影像文本建立在粟特民族的商业性基础上，并于丝绸之路审美文化的主题中以历史物质与非物质再现历史事件的方式来展开粟特民族形象的形塑。如英国纪录片《丝绸之路》（2016）注重从敦煌烽燧处发掘的粟特古信札来探讨粟特形象；日本纪录片《遗失的长安：重拾古都记忆》（2017）注重对敦煌壁画的实证考察来推断粟特民族形象；中国纪录片《萧关内外》（2019）从古钱币来介入粟特历史形象的考究。这些影像以历史事件的方式串联起粟特民族的商业性特征，但以开放式结局的方式来追溯历史。这种开放式结局大致围绕一个问题：粟特民族现在究竟去了哪里？而这种问题的提出是基于粟特民族的悖论性探讨。粟特民族既是丝绸之路中商业性、流动性的表征，能够反映丝绸之路上商业繁荣的历史，同时他们又是被政治环境与其他游牧民族欺压而走向衰落的散居族裔❷，他们的历史是断裂的、非连续性的神秘历史。

于是，基于该问题的出现与相关书写历史文本的考察可发现，粟特民族于当下丝路审美文化的历史研究而言可被理解为"神秘故事"。也就是说，粟特影像历史凸显了其历史形象的神秘性，并偏重以历史事件的断裂性来设置历史的疑问，从而建构民族形象的神秘性。因此，影像呈现的历史特征为非连续性，以至于众多影像基本以暗色调、影视剧片段、角色扮演等方式呈现出一个模糊的粟特历史民族形象轮廓：在黄昏日落时分，成群结队的商旅牵着骆驼穿越沙漠，而商旅的样貌并不清晰。与之相反的是，文本历史侧重展现的是连续性的粟特历史。两者关于粟特形象叙事话语的表达存在明显的区别。

---

❶ 代表性的著作有：中国历史学家荣新江的著作《中古中国与粟特文明》、郑炳林的著作《敦煌与丝绸之路石窟艺术》、孙武军对长安与撒马尔罕审美文化交流及当代启示的研究等；外国历史学者如俄罗斯马尔夏克的著作《突厥人、粟特人与娜娜女神》、意大利历史学者康马泰的《唐风吹拂撒马尔罕：粟特艺术与中国、波斯、印度与拜占庭》、法国历史文化学者魏义天的《粟特商人史》、美国学者乐仲迪的《从波斯波利斯到长安艺术：粟特与北朝艺术》等。

❷ 荣新江. 中古中国与粟特文明 [M]. 北京：生活·读书·新知三联书店，2014：7.

在文化研究者斯图亚特·霍尔看来，意义的生成是诗性的，选择意义生成的方式却是具备权力的烙印。❶ 此外，还有学者依据诗性对诗学的理解前提侧重于将文本作品视为艺术，并在此基础上考察历史文本作品的创造性能力与形式结构能力。❷ 因此，粟特历史影像中的诗学便可被视为结构影像文本的能力、方式以及效果。粟特影像历史文本呈现的非连续性历史话语的最终指向是一个神秘的散居族裔，其神秘性的建构模糊并改写了粟特历史的形象与当下聚居分布，而且其影像文本的特征镶嵌性与关于历史事件的断裂性都旨在说明丝绸之路审美文化资源的繁荣。这就意味着结构粟特历史影像文本中的诗性与历史性之间并未形成共谋关系，甚至相反，诗性模糊、僭越、支配了历史性。影像文本由此形成历史权力介入的可视性空间。❸ 与之相反，粟特书写历史文本寻求的是以大量的实证考古证据、历史物质信息的数据来推断在丝绸之路上的粟特民族的历史连续性。这种方式符合历史线性时间脉络的展开方式，以至于我们在书写文本历史中经常看到研究者经由考古实证的方式对历史物质材料进行经验研究，如有著作对入华粟特人墓葬的布局结构、习俗观念等展开相关经验材料的论证，从而剖析墓葬主人所处时代入华粟特人的审美心理。❹ 从这层意义上来讲，粟特书写文本历史追求的是诗性与历史性的和解与共谋，试图以诗性的方法来抵达历史性，而粟特影像文本历史追求的是一种权力政治性的话语建构，且以此来言说自身在丝绸之路上拥有的阐释历史的话语权。

概言之，从粟特民族的书写历史到影像历史的历时性维度中，诗性结构历史的能力逐渐被放大，甚至具有了服从或僭越历史性的意识，从而能够将粟特民族的历史文本建构为一个权力可视的影像空间。在不同意识形态的影像空间所表述的粟特历史中，影像承载的历史诗性围绕粟特民族的商业性、神秘性以及流动性特征建构粟特历史的切面，从而支配并操演历史性。粟特影像自身的播放形式与对历史事件展现的非连续性表现出粟特民族自身的悖论性特征，后

---

❶ Stuart Hall. Representation：Cultural Representations and Signifying Practices ［M］. The open university press，1997：228.

❷ Sofie Kluge. Literature and Historiography in the Spanish Golden Age：The Poetics of History ［M］. Routledge，2022：ⅹⅲ.

❸ 张进. 历史诗学通论 ［M］. 广州：暨南大学出版社，2013：64.

❹ 孙武军. 入华粟特人墓葬图像的丧葬与宗教 ［M］. 北京：中国社会科学出版社，2014.

者既能够展现出自身的移民特征与商业习性，又能够表征自身历史形象的神秘性。正因如此，在横向性维度中，中国与他者国家形塑了影像话语资源争夺的权力场域，从而在丝路审美文化的场域中互相竞争、彼此龃龉。

二、不同意识形态结构的粟特历史影像叙事类型

粟特影像历史文本因话语权力介入的程度导致其叙事历史的方式存在明显的差异。然而，无论是中国还是他者粟特影像，书写历史与影像历史始终将粟特民族摆置于流动状态之中，并使得影像镜头语言、粟特审美文化以及相关历史文化三者之间互动互构，从而形成粟特影像的"文化诗学"。❶粟特民族所表征的流动性与自身在历史上不断受到其他少数民族与政治环境的影响有关❷，他们从事商业的行为在某种程度上来讲，也是一种使自身免受侵犯的历史生存行为。

中国位于丝绸之路之上，拥有丝路审美文化阐释的话语权，这就意味着其呈现粟特历史的方式重在寻求历史性对诗性的支配，即历史的客观性生成，试图见证粟特民族与中原地区的文化互通、文明互鉴的丝绸之路历史事实，因而多数中国纪录片最终选择以历史文献纪录片的影像类型来呈现粟特历史；而接受自由主义、资本主义思想洗礼的国家（如英国、日本等）因其地理位置的外在性，致使影像的创作方式致力于寻求一种旅行观察式的亲历体验书写，从而以影像民族志的方式来呈现粟特民族的历史形象、价值观念以及审美文化。这些影像所表征的粟特民族形象立足于商业性，并实践着对粟特文化身份的神秘性结构。在此过程中，历史的诗性与政治性介入粟特民族的经商行为（商业性）、文化身份（神秘性）以及活动范围（流动性），进而在粟特影像的历史切面中实践着不同的影像话语权力。

中国粟特影像对粟特民族历史的展示注重以书写文本历史的计量数据而做出影像构思，如2008年中英联合拍摄的纪录片《美丽中国》（第四集"风雪

❶ Stephen Greenblan. Towards a Poetics of Culture ［M］//Harold Veeser. The New Historicism. Routledge，1989：4.

❷ 荣新江. 中古中国与粟特文明 ［M］. 北京：生活·读书·新知三联书店，2014：102.

塞外"）、2009 年周亚平导演的纪录片《望长安》（第 2 集"盛世之光"）、
2010 年周兵指导拍摄的《敦煌》（第八集"舞梦敦煌"）、2013 年中央电视台
出品的纪录片《敦煌伎乐天》（第三集"胡风唐韵"）、2015 年推出的纪录片
《河西走廊》（第六集"丝路"）、2016 年发行的《融通之路》（第三集"遥
远的粟特人"）以及 2019 年拍摄的《萧关内外》（第三集"丝绸之路沿线上
活跃的商人——粟特人"）等。历史文献纪录片"寄希望于现场记录者的完
整摹写能力，以及事件之后的个人记忆可以完整地保存现场感受并予以口头表
述，才可能实现文献证据最接近历史真实的理想状态"❶。这些粟特历史文献
纪录片借助大量的历史文物、壁画图像来言说历史，进而建构粟特民族的历史
形象。其场面调度注重以见证历史、评说历史以及反思历史的方式实践。于
是，影像中经常会出现诸多专家采访、数字历史图像以及角色扮演历史人物等
方式来还原当时的历史场景。如在纪录片《敦煌》中采取以演员装扮张掖官
员裴矩，试图再现粟特人在甘肃与西域之间进行贸易活动的历史场景，借此追
溯历史政治的原因。这种方式展现的场面调度是以凸显政治因素来展现粟特民
族在当时朝代的社会身份地位以及其对西域地区的经济影响，这与当代书写历
史资料的叙述基本一致。❷ 因此，该类纪录片旨在强调影像呈现的历史性问
题，诗性结构与历史性协商的方式却在大量镜头结构叙事的"三一律"（所有
行动发生在一个时间、一个地点，把不同的场景、人物以及对话融合在一
起）过程中得以凸显，以至于镜头拼贴剪辑的效果具有浓缩历史信息的意味。

　　以纪录片《敦煌》（第七集"天涯商旅"）为案例，影像借助扮演历史人
物斯坦因的方式来复原发掘粟特古信札的历史，并以旧时照片（斯坦因当时
拍摄）的数字呈现的方式展出。影像侧重于展现当下对粟特历史所持有的态
度与思考，其具体叙事方式为：角色扮演拍摄+旧时照片（斯坦因、发现粟特
信札时的烽燧位置）+现存样貌照片+在夕阳情景中商旅行走+贯穿整段情节的
幽深异域的音乐与深沉严肃的画外音。

　　在此过程中，画外音贯穿整部影像并作为镜头场面调度的基点，这样一

---

❶　陶涛. 影像书写历史：纪录片参与的历史写作 [M]. 北京：中国电影出版社，2015：35.
❷　魏义天. 粟特商人史 [M]. 王睿，译. 桂林：广西师范大学出版社，2012.

来，影像连接的不同场景、不同媒介（斯坦因照片、信札数字影像以及历史表演）、不同历史物质（旧照片、服装、信札）的时空跨越范围得以拉长，从而具有长时段历史的解释效果。影像镜头于历史信息的容量增加，于是，粟特信札被挖掘的历史价值得以凸显。在此过程中，场面调度的效果使影像镜头与内容之间的协调形成一种历史感的突兀，即影像以众多历史证据来叙述历史，以此表明历史的严肃性，并以当下的视角重返历史。但这种突兀只是表象，其所蕴含的历史、社会以及政治意义才是赋予场面调度以说服力的重要因素。❶也就是说，这种客观性历史的展演使历史性成为结构影像呈现历史诗性的重要力量。

其他国家影像所建构的粟特历史形象注重的场面调度与中国影像相反，其侧重从观察体验的视角展示历史经验，试图将影像叙事的可视范围操控在镜头拍摄视角的正面轴线之内。如日本 NHK 放送协会推出的纪录片《丝绸之路》系列（1980 年与 1983 年）、《文明之路》（2003 年）、《敦煌莫高窟——美的全貌：大唐帝国光彩重生》（2008 年）、《遗失的长安：重拾孤独记忆》（2017年）、《中国王朝·女性传说·恶女的真相·杨贵妃》（2017 年）以及英国BBC 广播电视台推出的纪录片《丝绸之路》（2016 年）、英国纪录片《三色艺术史》（2012 年）等。这些影像建构历史的方式是遵循影像民族志的书写来介入粟特历史活动的区域，例如英国纪录片《丝绸之路》中主持人到敦煌来考察历史上由考古学者斯坦因挖掘的粟特古信札，其后便前往吉尔吉斯斯坦的偏僻峡谷寻找粟特后裔；日本 NHK 放送协会在所有关于粟特纪录片中基本以亲历体验的观察方式进入博物馆或相关地区采集信息。这些旅行观察的历史影像书写所具有的建构功能充满了政治性色彩。旅行是一种处于流动状态中的跨文化的凝视（gaze）实践。它并不是一种观看的状态（seeing），而是一种"论述性决定"（discursive determinations），受到社会建构的影响而形成观看及审视方式。❷ 在福柯有关临床医学的思考那里，凝视已经成为一种知识领域，并在语言与视觉上不断被建构。以英国纪录片《丝绸之路》为案例，整部纪录

❶ 安德烈·塔可夫斯基. 雕刻时光 ［M］. 陈丽贵，李泳权，译. 北京：人民文学出版社，2003：20.

❷ John Urry, Jonas Larsen. The Toursit Gaze（Third edition）［M］. Replika Press，2011：2.

片关于粟特历史的展示需要结合影像伊始所建构的审美情境作出判断。影片首先以大全景+全景/全景移动+人物近景的表现性蒙太奇剪辑方式，即以全景凸显近景人物叙事重要性的方式，追溯丝路历史情景与当下城市经济繁荣之间的联系，并结合古典异域浪漫情调的吉他音乐，用以雕塑装饰的形式，间接展现粟特人物形象。这种旅行视角不仅展现了建构追溯与寻找粟特历史的审美情境，而且在抒情罗曼司的氛围中表现出自身与他者文化的差异。

之后，影像展现的场面调度基于主持人为中心来建构环境与粟特民族之间的历史关系。然而，这种场面调度的方式建构了一种文化的突兀，即在吉尔吉斯斯坦峡谷中粟特民族后裔的生活方式趋于原始。

在主持人叙述粟特历史以及追溯粟特后裔的过程中，影像区分历史信息的展演与搜集信息的方式。他与粟特人之间的对话，后者并未说出很多。但主持人（他的身份是一名历史学者）的求真意志让自己觉得有资格解释并理解文化意义。同时在与粟特后裔接触的过程中，他注意到了与后者对话可能产生的不平等，并担心粟特人说出的只是他想让他说出的内容，但影像的拍摄又做出了"否认"，即以偷拍的方式关闭了知识与权力相互影响的窗口。这种方式其实以影像的偷拍、场面调度等修辞方式建构了一种影像民族志的虚假的复调权威。❶ 最终影像建构的粟特民族形象是与之前的审美情境做了对比，以历史作为审美资本主义的方式❷，叙述粟特民族缺乏什么（男子外出打工，只有妇女、老人与小孩留守河谷），而不是具有什么。这是一种区隔的历史叙事，而这种缺乏更像是影像用来解决差异的手段，因为它减少了族群变化与发展的可能性，从而使我们的价值观念与影像呈现的观念化为同一，让粟特后裔处于被视的状态。

在此过程中，英国纪录片建构权威的方式是将粟特人塑造为原始的民族，并以罗曼司历史叙事的方式创造了一个田野工作主持人的可靠形象，后者善于倾听、想象以及观察。然而镜头因偷拍而展示的粟特后裔牧牛、种植、骑马以及周围的居住环境使主持人与镜头的位置并未跳轴，而是借助经典电影的

---

❶　詹姆斯·克利福德，乔治·E. 马库斯 . 写文化：民族志的诗学与政治学［M］. 高丙中，吴晓黎，李霞，等译 . 北京：商务印书馆，2006：116.

❷　奥利维耶·阿苏利 . 审美资本主义［M］. 黄琰，译 . 上海：华东师范大学出版社，2013：3.

"三镜头法"，即"双方镜头—正拍—反拍"的方式进行拍摄与剪辑，强调了主持人与粟特后裔之间的叙述与被叙述关系。此时，主持人居于福柯意义上的边沁监狱的观察点，即视野正向范围的 180° 之内，并由此被建构为一个超脱的上帝观察者形象与始终被观察的粟特原始民族形象。粟特人活动的区域经由原本的敞开变为封闭，再加上粟特民族的形象与影像之前建构的审美情境并不具有一致性，反而凸显了自身的独立与个性的特征。于是，他们便被描绘成为原始的、落后的文化表征。对立性由此被建构，而且粟特民族的散居状态也得以被凸显。在此意义上，粟特后裔被描绘为原始的、缺乏一致性的民族存在，这种方式使影像结构的诗性、政治性得以僭越历史性。

　　无论是中国影像还是"他者"影像，粟特影像作为丝路图像审美文化❶的重要组成，成为双方言说自身历史图像的话语方式，其实质类似于一种历史的知觉后勤。❷ 西方他者影像建构的粟特历史情境让观众的视角跟随主持人不断深入河谷腹地而逐渐体验到粟特民族的神秘性与原始性。从中国转向吉尔吉斯斯坦的过程中，以他者的视角似乎弱化了中国于丝绸之路上的影响力。其策略是将吉尔吉斯斯坦的地理文化特色与生活在丝绸之路上的粟特人进行历史联结。❸ 影像以民族志的方式记述了粟特人与吉尔吉斯斯坦之间关系的历史亲缘性，也就是说，中国作为西方的他者被建构了一颗丝路审美文化历史上的行星，其旨在"熟悉正在被探索、入侵、投资、殖民的遥远世界……他们创造一种好奇、兴奋感、历险感，甚至引起对欧洲扩张主义的热情"❹。这种行星意识的建构旨在争夺一种审美世界主义的"叙事权力"❺；而中国影像与之相反，其侧重以历史物质来诉说过去的历史，注重历史的见证效果，这就意味着相关镜头所承载的历史物质所蕴含的历史感被凸显，从而凸显粟特历史的文献

　　❶　张进. 论丝路审美文化的属性特征及其范式论意义［J］. 思想战线，2019（4）：140-147.

　　❷　保罗·维利里奥. 战争与电影：知觉的后勤学［M］. 孟晖，译. 南京：南京大学出版社，2011.

　　❸　Nazgul Abdyrakmatova. Influence of the Great Silk Road on the Culture and Language of the Kyrgyz［M］//Johannes Reckel，Merle Schatz. Ancient Texts and languages of Ethnic Groups along the Silk Road. Universitätsverlag Göttingen，2021：29.

　　❹　Mary Louise Pratt. Imperial eyes：travel writing and transculturation［M］. Routledge，2008：3.

　　❺　Homik. Bhabha，The location of culture［M］. Routledge，1994：XX.

价值。但中国影像并未过度阐释与评价粟特历史的负面信息，而是将历史物质作为一种见证的方式，标识中原地区与粟特民族之间的语言文化、历史审美之间的互相熔铸，进而凸显自身在丝绸之路上的话语权。

相较而言，中国与他者丝路粟特影像背后追逐的始终是关于丝绸之路的话语权力，其影像能够反映出各自目的以及对此采取的影像历史诗学方式。在将粟特历史以分集、历史片段镶嵌于丝绸之路系列纪录片的基础上，中国影像以追求客观历史为主，侧重以历史性影响诗性，从而选取历史文献类型的纪录片追溯历史；他者影像对粟特历史的叙事旨在以观察、体验的姿态介入丝路审美文化场域，在选取民族志影像的方式记录历史的过程中生成一种审美世界主义的历史叙事范式，使历史的诗性、政治性僭越了历史性，从而实践着影像政治的权力。正因如此，在面对同一事物的过程中，两种叙事范式形成不同的历史表征，也实践着不同的话语权力。

三、粟特古信札在断裂性粟特历史影像中的展演

丝路粟特影像的内容与镜头叙事都展演了诗性、政治性与历史性之间的协商过程，而这种协商的方式分别在面对同一事物的表征过程中存在明显的差异。粟特信札是由英国著名考古学家马尔克·奥莱尔·斯坦因于 1907 年在中国敦煌以西长城烽燧遗址中发现的现存最早的粟特历史文书。它反映也展现了粟特民族的商业性、神秘性以及流动性等特征❶，同时这也是最早的介入粟特历史的物质性文本之一，具有代表性。❷ 在不同意识形态的粟特纪录影像中却存在不同的物质形态表征。

敦煌烽燧发掘的粟特古信札由 8 封书信构成，分别讲述了家庭矛盾、物品交换、商品价格等内容，因其粟特文字的书写方式与内容而受到了历史学家的

---

❶　安妮特·L. 朱丽安娜，朱迪斯·A. 莱莉，苏银梅. 古粟特文信札（Ⅱ号）[J]. 考古与文物，2003（5）.

❷　学术界专门对此进行了更细致的研究。如英国伦敦大学的辛姆斯·威廉姆斯发表的粟特信札系列论文，并于 2004 年在北京做了《论粟特文古信札的再刊》的报告。

关注。● 而在影像历史方面，中国与他者影像分别选取了不同的方式进行叙事表征，借助历史物质信札呈现出断裂的/连续的与被视性的粟特民族历史，进而反映出诗性与历史性之间不同的关系。

英国纪录片《丝绸之路》以选取一对粟特夫妻米娜与娜娜戴德之间的情感纠葛来展开，将其建构为抒情罗曼司式的历史悲剧。在信中，女子控诉了男子对其情感的冷漠。影像围绕这一主要内容将其建构为抒情罗曼司。其间，影像的拍摄方式以主持人的观察视角前往敦煌，并注重主持人与当下敦煌周边环境之间的关系表现，因而采用了大量的正反拍（三镜头）镜头，借此凸显粟特民族故事的情境氛围，从而增强叙事力度。这样一来，作为信息收集者的主持人，凭借对粟特历史的求真意志，影像将叙事历史的内容与体验历史的方式进行了模糊，致使叙述主体所说的历史就是真实的历史。这是一种典型的民族志修辞建构权威的方式。● 也正是因为这种方式的表现，信札作为一种物质媒介建构了历史与主持人解释行为之间的关系，使得粟特民族在影像中被确立了形成历史主体的可能性。

在叙述信札内容之前，主持人凭借对斯坦因取信过程中存在的自私、利己性格做出了说明。其实，这种方式植入了一种先入之见，即他们对历史的态度是客观的，再加上信札内容的呈现方式是以主持人的笔记本为媒介，从而实现影像之中的媒介互文。这些方式旨在利于主持人进入历史的情境中选择讲述的方式，即评说与反思历史，由此，粟特民族历史被建构为一个断裂性的历史。即便在通过当下的视角进入历史情境来寻求一种连续性的历史，但这种方式在影像呈现的整个粟特民族叙事的脉络中（由信札的粟特语言而追溯粟特后裔），影像镜头所遵循的建构历史的方式始终将粟特民族保持在被观察的视角，即镜头并未跳轴。这样一来，影像建构的粟特民族的被观察点就形成一个权力的可视点，类似于福柯边沁监狱中的观察点，粟特民族在这种被观察点的观察中其原始性（与城市生活脱轨）便被凸显了出来，信札也由此建构了粟特民族的历史特征。

● 孙文颖，张进. 粟特人在中国：历史、考古、语言的新探索［M］. 北京：中华书局，2005.

● 詹姆斯·克利福德，乔治·E. 马库斯. 写文化：民族志的诗学与政治学［M］. 高丙中，吴晓黎，李霞，等译. 北京：商务印书馆，2006：114.

通过历史物质粟特古信札的表征，粟特民族被影像建构为断裂性、被观察的民族。于是，"笔记本"式的信札与原始信札之间的对比意味就凸显出来。正如物质文化研究者伍德沃德所言："物具有代人行事的能力，也可以说是建构社会意义的能力，即物可以执行'社会事务'，不过这种文化上的交际能力并不是自发产生的……物……有助于人们对自我施加影响……有助于整合、区分不同的社会群体、社会阶层或群落。"❶ 通过信札与粟特民族、主持人之间建立的联系，断裂性与被视性成为影像展现的粟特民族历史的症候。朗西埃在思考历史影像的过程中认为，断裂性成了当下建构历史的构成性元素❷，并保持着专有名词（在权力作用下）与事物之间的对应关系❸。也就是说，这种诗性、政治性的历史在影像展现历史过程伊始便已然存在。这是一种吊诡的历史，即保持着与叙事节奏一致的声音，其他的历史如粟特民族的真实生活一开始虽然展现，但依然被断裂性所排斥，从而建构成断裂的连续性历史，而粟特民族展现的历史一开始便已然在影像民族志的展演中具有权力的烙印，展现出诗性、政治性僭越历史性的效果。

与"他者式"的粟特影像相比，中国纪录片（如纪录片《敦煌》）的信札不仅建立人与物之间的关系，而且被直接视为一种历史的证据，并在阐释历史的过程中旨在通过信札来见证粟特历史与中原历史之间的相互影响。因此，这种方式在展现粟特古信札的过程中便以大量的静态数字模拟镜头来延宕阐释的时间，从而增强影像自我叙事历史的力度。

通过这种方式，信札成为一种建构连续性历史的物质。虽然粟特古信札在中国影像中也将粟特民族视为一个"被视"的存在，但是这种方式凸显出一种宏伟史诗情景的特性，并接续了中国传统历史书写中在文史互通层面的"史蕴诗心与诗具史笔之间的互动与制衡"❹ 的关系特征。也就是说，影像整体的场面调度所凸显的不再仅是人与物之间的关系，而且是物与物、物与历史

---

❶ 伊恩·伍德沃德. 理解物质文化［M］. 张进，张同德，译. 兰州：甘肃教育出版社，2018：4.

❷ 雅克·朗西埃. 历史的形象［M］. 蓝江，译. 上海：华东师范大学出版社，2018：54.

❸ 雅克·朗西埃. 历史之名：论知识的诗学［M］. 魏德骥，杨淳娴，译. 上海：华东师范大学出版社，2017：1-2.

❹ 张进. 历史诗学通论［M］. 广州：暨南大学出版社，2013：209.

之间的互动关系。

在此过程中，中国粟特影像多以数字化模拟镜头、媒介之间的互文（如影视剧与纪录片本身）来强调阐释的力度，从而生成历史性对诗性的影响。这样一来，诗性就成为结构历史性，抵达历史性的中介。但是这并不意味着历史性决定了诗性，反而诗性仍旧处于一种主动性的状态，因而在相关纪录片（如《敦煌》）以历史严肃性来结构粟特历史结尾的进程中，仍旧以浪漫抒情的基调讲述粟特文明对丝绸之路历史的影响。

可以发现，在不同意识形态影像展现粟特古信札的过程中，诗性与历史性之间的和解关系生成了不同的影像历史切面。他者影像以民族志历史影像的方式建构了粟特民族历史的断裂性与被视性，形成断裂的连续性历史，由诗性与政治性支配甚至僭越历史性；而中国影像以文献纪录片的影像方式结构了粟特历史的连续性，从而形成连续的断裂性历史。其间，诗性成为抵达历史性的中介。但无论如何，诗性在影像历史性结构的过程中始终是以一种主导的姿态来追溯粟特民族的历史，并在其间以影像镜头语言来呈现自身。因而，如何调控影像历史中的诗性，并使之与历史性达成一种和解便成为影像历史中不断协商的问题。

四、通向一种影像历史诗学

丝路粟特影像呈现的两种基本影像类型：民族志纪录片与文献纪录片，都反映出影像历史的诗性与历史性之间的互动关系，而这两种类型的纪录片都必然要面对诗性与历史性关系张力的摆置，从而真正达到诗性、政治性与历史性之间的和解。

粟特民族志影像中呈现出的影像修辞方式存在诗性与政治性重叠的意味，如英国纪录片《丝绸之路》反映出的"三镜头法"，即"双镜头—正拍—反拍"的方式着重强调人与人、人与物之间的关系建构。这种方式在镜头拍摄未跳轴的情况下，建立了观察者的权威，从而使粟特民族被展现为一个封闭的对象。影像遵循的路径是从个人观的历史上升到整体观的诗性历史，并试图建构一种民族志修辞意义上的复调权威。这种方式也存在通向真正抵达历史真实性的潜能。

在分析民族志修辞如何建构话语权威的过程中，民族志学者罗萨尔多发明了一种民族志修辞的解剖学，从而看到了文本诗性呈现的政治性的对立面。❶参照这种方式，民族志影像所呈现的原始的、封闭的、落后的粟特民族，因缺乏与审美世界主义视角一致的特征而被差异化，但在另一方面，影像也并未遮蔽掉粟特民族真正成为历史主体的可能性，即粟特民族虽然被差异化，但影像也表现出该民族不可被城市现代化所驯服的性格特征以及其对人类自由精神理念的精神崇拜。这种分析理解的方式也与朗西埃从历史叙事中看到不连贯、不和谐张力的方式相似，两者都旨在挖掘政治修辞学美化过程中所无法取得名字的历史之间的裂隙，从而破坏历史的连贯性叙事。❷依据该类型思想，民族志影像也具备看到粟特民族的封闭性、原始性与自由精神之间的动态制衡的关系张力的潜能。

中国粟特文献纪录片所接续的"史韵诗心与诗具史笔"之间的互动与制衡关系则彰显了历史性与诗性之间的协商，但诗性仍旧存在主导或结构影像，因而粟特影像便具有了一定程度上的政治宣教性。其间，文献纪录片背后反映出的影像能否呈现历史的问题在影像史学的思考中则具有重要价值。

影像史学（historiophoty）是由美国历史思想家海登·怀特在 1988 年 12 月发表的《书写史学与视听史学》一文中提出，旨在强调书写文本与影像文本之间关系的差异。❸而影像史学的概念在中国语境的流通过程中，有学者看到历史真实性与艺术真实性进行动态平衡的现象，但仍旧强调历史的本质性，以至于在思考影像历史性的同时强调影像要展现典型化的事实。❹但这种典型性的强调以及对影视史学的评述，最终走向的是针对课堂内书本教育的美育，两种观点的共同之处其实暗含了将历史性作为支配、操纵诗性的机械性特征。

除却两种学科思想之外，大理论（theory）的危机也能够给予我们思考影

---

❶　詹姆斯·克利福德，乔治·E. 马库斯. 写文化：民族志的诗学与政治学［M］. 高丙中，吴晓黎，李霞，等译. 北京：商务印书馆，2006：134.

❷　雅克·朗西埃. 历史之名：论知识的诗学［M］. 魏德骥，杨淳娴，译. 上海：华东师范大学出版社，2017.

❸　Hayden White. Historiography and Historiophoty［J］. The American Historical Review，1988.

❹　张广智. 影视史学［M］. 台北：扬智文化事业股份有限公司，1998：89.

像历史诗学方法的启示。

自 20 世纪 60 年代伊始，大理论逐渐盛行，并描绘出一种理论的"巨无霸"（theory of everything），理论成为无所不包的宏大理论，并映照出结构/后结构主义的理论逻辑。在 90 年代的影像理论研究中，鲍德维尔针对大理论的盛行总结出两种电影研究的范式，即主体–位置理论与文化研究。他在两种研究范式中发现了一种断裂，即大理论缺乏电影本体与观众之间的连接，从而在一定程度上并未充分考量社会语境、观众反应等维度的思考。于是，他试图架构一种连续性的中间层面（middle-level）的理论研究，弥合无所不包的主体–位置理论与偏重碎片、断裂性表征元素的文化研究之间从上而下的鸿沟，以便合理"介入修正历史与碎片式理论所提出来的理论与方法论的争论"❶。在此基础上，他的电影诗学思考开始侧重经验意义的新方式，并分为"分析的诗学"与"历史的诗学"两个领域❷，以便追问影像生产历史知识的效果以及变化逻辑。这为影像历史诗学的思考奠定了方法论的基础，即侧重建立宏大理论与经验碎片之间的连续性实证性研究。迈克尔·雷诺夫（Michael Renov）在鲍德维尔的基础上，结合诗学与科学主义对比分析的推论，并在民族志的方法论启示下看到诗学的影像纪录片呈现历史过程中不得不面临的权力问题。❸ 这样一来，诗性、政治性与历史性的关系问题思考就在大理论生成的问题背景中有了一定的方法论积淀。

在民族志历史诗学与影视史学的方法特征中，丝路粟特影像意味着诗性与历史性存在真正和解的潜力。在此基础上，我们旨在强调一种能够真正达到这种理想状态的影像历史诗学，从而具备分析与批评影像的诗性与真实历史性之间的关系。这种思考的方式类似于法国哲学家乔治·迪迪–于贝尔曼思考艺术史的方式，在诗性与政治性所表征的历史可见性体制与可视性体制之间，在形象性体制与可读性体制之间存在一种张力❹，让实在域中的历史真实涌现于两

❶　大卫·鲍德维尔，诺埃尔·卡罗尔. 后理论：重建电影研究［M］. 麦永雄，译. 北京：中国社会科学出版社，2000：41.

❷　大卫·鲍德维尔. 电影诗学［M］. 张锦，译. 桂林：广西师范大学出版社，2010：35.

❸　Michael Renov. Toward a poetics of documentar［M］//Michael Renov. Theorizing Documentary.Routledge，1993：19.

❹　乔治·迪迪–于贝尔曼. 在图像面前［M］. 陈元，译. 长沙：湖南美术出版社，2015：27-28.

种极端的交叉点上并对此持有未来的期待，从而让历史在未来具有真正显现的可能。

因而，丝路粟特影像所表征的两种影像类型民族志纪录片与文献纪录片在诗性、政治性与历史性关系调试的过程中，具备通达真实性历史的潜能。而两种意识形态结构的粟特影像在诗性与政治性协商的基础上也可为影像历史诗学提供研究范围的参照，进而建构自身的理论覆盖面。

小　　结

丝路粟特影像接续文本书写历史的传统，放大了诗性对历史性的影响，使得粟特影像历史的文本被建构为一个权力的可视性空间切面，并在地理共时性维度中反映出不同意识形态对丝路审美话语权的争夺。粟特影像围绕粟特民族身份的商业性、神秘性以及流动性等特征书写诗性与政治性的历史，进而基本结构为民族志纪录片与文献纪录片两种影像类型。这两种类型影像遵循着诗性与政治性彼此协商的关系，实践着影像的诗性与历史性话语。在两者面临同一物质元素粟特古信札时，物（信札）建构了社会关系网格并参与了两种影像结构类型中的诗性与政治性活动，使得影像中的诗性、政治性与历史性之间的关系问题被推出。而在如何协商两者关系的问题过程中，作为一种促成两者关系和解的方式方法，影像历史诗学能够将民族志纪录片与文献纪录片视为两种研究的范围参照，从而建设自身的理论覆盖面。

第二十二章　丝路"狗鸟"神话

关于"狗鸟"（Senmurv）这一名称的词源，值得我们更多关注。当波斯史诗《列王纪》（*The Book of Kings*）的英译者试图向苏联历史学家和艺术评论家 K. 特雷弗（K. Trever）解释该复杂连接词的构成及其真正含义时，将其释读为"sih（three）avenak（nature）murgh（bird）= Simurgh"，但这显然站不住脚。由于 Senmurv 在《邦德赫什》（*Bundehesh*）中具有整体性和连续性，这致使"三性之鸟"（bird of three natures）的释义过于抽象，难以从中看出该词所表达的真实历史。

事实上，我们不应排除对该生物通用名称进行最简单解释的可能。不管 avenak 能否得到正确解释，"狗"无疑出现在该词的第一部分，正如我们在最后一部分所看到的"鸟"（murv）。在《阿维斯塔》（*Avesta*）中，"狗"以"spa"的词形出现，但它与巴列维语（Pahlavi）的"sak"、库尔德语（Kurdish）的"sa"、亚美尼亚语（Armenian）的"shin"具有亲缘性。这让我们有理由相信可以在更广阔的传统中洞察 Senmurv 一词的身影，而非仅限于书写《阿维斯塔》的方言。

在《阿维斯塔》——或者更精确地说，是在《亚什特》（*Yashty*）和《万迪达德》（*Vendidad*）等章节中，我们发现语及狗鸟之处，它被称为塞伊娜·梅雷约（Saena Mereyo）。在《亚什特》中，当提到塞伊娜·梅雷约时，并没有对其外观进行细致刻画，仅提及："你（拉什努，Rashnu）留在那棵树上的那只鸟塞伊娜，站在乌鲁卡沙（Vurukasha）湖边，储藏着良药（hubis）和强效药（eredhwobis）——被视为'万应灵药'（vispobis），所有植物的种子都在上面。"❶《万迪达德》卷进一步阐明了这是一棵什么样的树。阿胡拉·马兹达说："纯净的水从普伊蒂卡（Puitika）湖流向乌鲁卡沙湖，流向侯瓦皮（Hwapi）树（'好水'）；我的植物生长在那里，有成百、上千、数万种（物种）。它们（植物）沐浴在雨中。我，阿胡拉·马兹达为信众提供食物，为虔诚的牲畜提供牧场；让我的粮食哺育众人，让牧草喂养牲畜。"❷ 在缅因克-伊-克哈德（Mainyc-i-Khard）的巴列维文本中（其时间可上溯至公元 6 世纪末），也记载了和狗鸟相关的内容。鉴于其重要性，兹摘录如下：

> 死而复生的科姆（Khom），在瓦尔喀什湖（Varkash）最深处长大。九、九十、九百、九千等虔诚人士被任命守卫它。卡拉（Kara）鱼总是围着他转，将蟾蜍和其他有害者（Kharvastar）从其身旁驱逐。伊兰维（Eran-veh）王国的戈帕斯（Gopaths）国王，居住在赫瓦尼拉城（凯什瓦尔）[Hvanirah（Keshvar）]\ 中；他从脚到身体中段的部分为公牛，从身体中部到头顶为男人；总是坐在海边，向众神献祭，反复将水倒入大海；并因倾倒无数的水衰竭而亡；因为倘若他不勤勤恳恳地施礼，把水倒进海中，那么无数的伤害就不会消失，每一次下雨，这些危害就会像雨水一样降临。狗鸟的住所在万物之树上，它能治愈邪恶；每当其升起时，数千根树枝萌发而出；播种时，又折断一千根树枝，撒下它们的种子。卡姆罗什（Kamrosh）鸟总是坐在附近，事实是所有种子都来自能治愈邪恶的种子之树。狗鸟分散、聚集在蒂什塔尔（Tishtar）取水的地方，后者携带它们；让蒂什塔尔带着所有种子汲取水分，将其作为雨水倾泻在世界上。❸

在这里，我们看到狗鸟与其他因素结合在一起。值得注意的是，在神话的发展过程中，神圣科姆作为一个独立元素与神树分离，这种差异与琐罗亚斯德教的形成密不可分。众所周知，科姆占据了最重要的位置之一。在早期，卡拉鱼[伊朗万神殿的维沙普（Vishap）]的眼睛具有警惕性和特殊能力，其保

---

❶ Yashty XI, 17

❷ Vendidad I, 19, 20

❸ Mainyo-i-Khard, Chapter 62, 37-42.

护功能不是针对科姆，而是针对原始树及其敌人，如蟾蜍甚至爬行动物。

在萨珊王朝时期发行的《邦德赫什》中，狗鸟神话形成过程的复杂性反映在关于所有生物创造的混乱、看似矛盾的故事中。在最初的"公牛"死亡和解体后，各种植物从它的器官中生长出来，它的种子被"送到月球并在那里净化"，产生"多种动物"。在公牛、奶牛、公羊和绵羊、骆驼和猪、马、驴、攀爬动物和水生动物之后（后面列出了哺乳动物的物种列表），第四组涉及"鸟类"，其中最大的是森（Sen），最小的是纳特罗（Natro）；第五组是水生动物，其中最大的是卡拉鱼，最小的是南都（Namdu）。这五组创建了 282 种类型，包含 5 种公羊、2 种骆驼、15 种牛、8 种马（主要以颜色区分）、10 种犬、8 种麝等。然后是"第十种，含有 110 种沙塔克（Sartak）鸟：飞行类的有狗鸟、卡尔希夫（Karshift）鹰、卡尔卡斯（Kahrkas）乌鸦以及阿尔达（Arda）鹤等。如上所述，狗鸟和夜飞蝙蝠萨巴（Saba）是结合了三种形式的沙塔克：一只狗鸟和一只麝，因其既像鸟一样飞行，牙齿又似狗，还像麝一样生活在洞穴中"。❶

至于狗鸟书面传说的更多例子，10 世纪伟大的波斯史诗《列王记》给我们提供了另一种完全不同的生物形象。它与人类有着密切联系，其名为"西摩格"（Simurg），包含鸟和狗的元素。在《列王记》中，它多次现身，仅引用与主人公扎拉童年相关的文本便足以佐证这一点。例如，扎拉的父亲说："上帝给了我一个儿子；我在无知中扔掉了他，不知道其珍贵。一只高贵的鸟西摩格把它带走了。"❷ 西摩格在其巢穴里对扎拉说："拿着我的这根羽毛，生活在我庇荫之下。以后，但凡有人冒犯你、侮辱你，你就烧了我的羽毛，便会看到我的力量。我将你藏于吾之羽下，养在吾之鸟群中。现在，我会像乌云一样，把你安全地带到另一个地方……"❸ "西摩格如云般从山上下来，压在扎拉身上，于是他的世界便充满了麝香气味。"❹

在库尔德民间传说中，西摩格是"西米尔（Simir）之鸟"，保留了与先前

---

❶　Bundehesh，XIV，23-26（Justi，p. 31）

❷　The great 10th century Persian epic "Kings"（"Book of Kings"），VII（Minuchihr），p. 146.

❸　Persian epic "Kings"（"Book of Kings"），VI（Minuchihr），p. 139.

❹　Persian epic "Kings"（"Book of Kings"）VII（Minuchihr），143.

记录的该生物外观相符的部分特征。为此，笔者将引用埃加扎罗夫（Egiazarov）记载的关于三位英雄兄弟的库尔德故事。

奥兹曼在梧桐树下休息，偶然听到鸟儿的吱吱声，醒来时看到一条蛇爬进树窝，试图掠食西摩格的幼鸟。奥兹曼遂拔剑杀死了蛇，将其剁之喂以幼鸟，然后继续躺在浓阴处。中午时分，西摩尔返回巢中，见到幼鸟们饱餐了一顿蛇肉，便问："是谁杀死了这条蛇，我的敌人；每年它都会吃掉我的幼崽。"幼鸟讲述了发生的一切："这个睡熟的人把我们从蛇的手中拯救了出来。"于是，西摩尔等奥兹曼醒来后说："噢，英雄，你对我太好了，告诉我你想要什么回报？"奥兹曼答："我不想从你那里得到任何东西，我所做的仅是一件善事，为此我只想向主寻求报赏。"西摩尔说："我没有财产答谢你，只有我翅膀上的三根羽毛；当你遇到麻烦时，把它们放在火上，我便来帮助你。"后来，奥兹曼以这种方式召唤西摩尔，将他带到一个遥远的国度。❶

根据 A. 沙米洛夫（A. Shamilov）的说法，西摩尔将英雄从黑暗世界运送出来，用母乳喂养其孩子，并辅以乳汁以饷其食，同时购置九条（或七条）肥羊尾巴以及九个（或七个）巧妙地以皮革缝之以储水的袋子，以保持自身在飞行中的力量。

在亚美尼亚民间传说中，狗鸟又被称为"Sinamahawk"或"锡南鸟"（Sinam bird）。S. 艾库尼（S. Aykuni）记载的童话故事中有这么一节：

　　　　一位年轻王子忘记了如何在黑、红、白三色公羊的帮助下走出地底深处进入光明的指示。他本应跳到一只黑色公羊身上，再依次由黑到红、由红至白，但他直接跳落至白色公羊背上，致使其朝相反方向前进，最终被一只黑色公羊抛入"黑暗之处"。经过一系列冒险，他发现唯一能将他从"黑暗国度"带至"光明国度"的只有锡南鸟。该鸟长至 10 岁左右便会在树上搭窝筑巢养育幼雏，但幼雏往往为蛇所食。这并非由于锡南鸟无力杀死蛇，而是与其习性相关。它通常时隔四天才飞回来喂食幼鸟，继之又离去。年轻王子在寻找鸟窝的过程中，听到因受惊吓吱吱作响的鸟声，目

---

❶　Notes to the Caucasus Division of the Russian Imperial Geographical Society, XIII.

睹了幼鸟与蛇的搏斗。他以剑助之，将蛇头砍成两半，捏其肋骨，一剑斩碎。远处的锡南鸟听到幼鸟的惊叫声后，遂飞了回来，误以为熟睡的年轻王子是敌人，试图将其撕碎，但幼鸟告诉了它是怎么回事。于是，锡南鸟张开翅膀以蔽太阳，为年轻王子投下阴影。年轻王子睡得很好，醒来后看到锡南鸟出现，便向其发出邀约，请求将他带往一个光明国度。起初，锡南鸟以年龄太大为由拒绝了他，但后来同意了，条件是年轻王子要携带40 升葡萄酒和 40 升肥羊尾巴。"当我大喊哈（ha）时，你就要把一条肥羊尾巴扔进我嘴里；我大喊咕（goo）时，你就把酒倒入我嘴中，直至我把你带到光明之国。"年轻王子听从其命令，但肥羊尾巴在路上已经风干了。无法，他只能把腿上的肉割下来，扔进锡南鸟嘴里。锡南鸟发现那是人肉后并没有吃，将其藏在舌下，来到光明之国后，将肉还给了正在康复的年轻王子。❶

在绘画艺术中，狗鸟的形象得到了最为生动的表达。直至在特定条件下狗鸟外观开始反映在美术纪念碑上，在此之前，几乎不可能对该神话生物的外貌有任何具体的描述。通过将纪念碑中的神话形象与该生物在不同语境中的发展和传播相比较，我们可以更清晰地看到这一点。

图像中的任何具体化，都需要细节的刻画，以协调复杂怪物的组成部分。就哺乳动物和鸟类的图像组合而言，伊朗艺术中体现的狗鸟与通常在古代艺术中占据垄断地位的格里芬（griffin）具有异曲同工之处，前者结合了鸟与狗的特征，后者囊括鸟与狮子的外貌。在穆萨塔（Al-Mschatta）的萨珊宫殿中，我们能够发现一只雕刻精美的花瓶，在其两侧，格里芬和狗鸟相持而立。

从本质上讲，《阿维斯塔》的文本除了陈述其名外，并没有给出任何理由以描写塞伊娜复杂多样的形式，这或许反映了一个事实，即此时还没有找到固定的书面表达元素。事实上，狗鸟外观的复杂性首见于《邦德赫什》。在《邦德赫什》中，它被描述为一只长着狗牙、有"麝香动物"习性的鸟。与其相比，在视觉艺术中，狗鸟的犬类特征以及"麝香动物"元素更具戏剧性和具

---

❶ Eminsky ethnographic collection, IV, pp. 133-151 (translated from manuscript by I. A. Orbeli).

体性。尽管如此，它在视觉艺术中的成型也非一蹴而就。只有随着时间的推移以及技术条件的精进，才能逐渐呈现出它最为人所知的在萨珊艺术纪念碑上的典型形态。已知的两幅最早的狗鸟画像保存在埃尔米塔什（Hermitage）博物馆（圣彼得堡艺术和文化历史博物馆）的斯基泰人墓葬中。这是一个金色浮雕剑鞘（见图22-1）和一块金色浮雕面板（见图22-2），来自埃利萨韦托夫斯卡亚（Elizavetovskaya）村附近，是塞米布拉特四世（Semibrat IV）墓葬中一件物品的装饰性部分。

图22-1　塞米布拉特四世墓葬中的金色浮雕剑鞘

图22-2　塞米布拉特四世墓葬中的金色浮雕面板

在剑鞘上，一只鸟快速飞行，尾巴松散，其弯曲而结实的喙衔着一条蛇头，蛇身缠绕鸟身。这种生物的杂合性通过形态展现得淋漓尽致：翅膀抬起，但头部形象清晰地呈现出非鸟类的形状；伸展向前、紧张的腿也压根不符合鸟的特征；几乎直立的胸部更是不可能飞行，相反这些线条在有翼四足动物奔跑或移动中更为常见。实际上，该生物是鸟尾格里芬的原型。

　　这种鸟与狗的杂合特征也体现在金色浮雕面板上。有特征表明，尽管工匠们非常熟悉复杂的风格化技术（野兽的翅膀），但他们似乎仍在寻找一种解决方案，以传达该生物的双重性。在他们看来，单凭翅膀远不足以实现这种复杂化效果。为此，狗被清楚地显示为一种完全原始的动物，嘴巴张开、舌头伸出以及裸露出凶猛的牙齿。鸟的特性，除了翅膀外，还辅以天鹅般的头颈，翅膀的羽毛也以不同样式前后展开。尽管图像非常复杂，但就其主要特征而言，人们能够看到狗鸟的形象，尤其是考虑到这一形象在后来美术纪念碑上的承袭。

　　就狗鸟的图像史来说，萨珊王朝时期显得尤为关键。这不仅是因为现存的狗鸟图像大多属于萨珊艺术圈，还由于《阿维斯塔》的编纂和《邦德赫什》的汇入都属于这一时期。这种情况并非毫无意义。在当时乃至后来的艺术纪念物中，我们不仅可以洞察到口头传统描述中的特征，还可以寻找到受书面传统影响的痕迹。

　　图22-3的银盘属于极少数留存下来的萨珊王朝银器，其金属制品的特征非常明显。这是经由压花技术制造而成，辅以额外的装饰和雕琢。盘中的狗鸟由一只带有翅膀和鸟尾的狗的原型构成。整体躯干除腹部外，装饰层叠鳞片，让人不禁联想起鱼鳞的形状。同时，尾巴的形状也增强了雕刻和鳞片之间的相似性，这对鸟类来说确实罕见。在此形象中，我们能够较为清晰地解读出狗鸟的水生特性。如果狗鸟最初确实是一种"三性"（avenak）生物，与三层天有

图22-3　萨珊王朝时期的银盘

关，那么在其身上，除了"上层天"鸟的特征外，还应该有将它与"中层天"狗和"下层天"鱼等元素联系起来的特征。

对比塞米布拉特四世墓中狗鸟的风格，以及萨珊银盘对其的刻画，我们能够发现某种外观上的相似性，即该生物的犬类特征或许与同一品种的狗相关。如果我们扩大比较范围，这一点会显得更为醒目。至少在斯塔罗贝德斯卡（Starobedska）地区发现的现保存于埃尔米塔什博物馆的银壶（见图 22-4）中，我们能发现相似的狗脸特征。

图 22-4　斯塔罗贝德斯卡地区发现的银壶

然而，与浮雕、银盘中凶神恶煞的形象相比，银壶上的狗鸟更为写实化——较短的面部，伸出的舌头和不再锐利的牙齿等，与现实中的狗更为切近。另外，不同于银盘将狗鸟置放在圆形框架内的构图，银壶将其置于椭圆形框架中，这也使狗鸟的身体部位排列呈现出差异性。如果说银盘中张牙舞爪的野兽表现出一种浮躁气，那银壶里的狗鸟则显得更为温顺，仿佛是在飞行瞬间被凝结起来。在对狗鸟尾巴的刻画上，银壶展现出似孔雀尾巴微微张开的形状，进一步加强了静态感。在银罐正面的两朵风信子之间，我们可以看到一株盛开的植物图像，这或许象征着神话中的"万物之树"，正如我们已经知道的那样，它与狗鸟关系密切。

在为数不多真正保存下来的萨珊王朝织物中，具有典型性的是有深绿色背景的奢华丝绸织品（许多欧洲博物馆都保存了这些织物的碎片）。这些丝织品通常在联珠纹框架内描绘狗鸟。在图22-5中，我们可以清晰地看到与银壶上相同的短脸狗，其胸部和颈部装饰着风格化的树叶，连接翅膀的肩部也绘以伊朗-高加索装饰风格的心形叶子，尾巴形状则借自孔雀。显然，这种复杂图像的形成与编织技术的发展密不可分。这部分源于萨珊丝绸织物的广泛流行，不仅伊朗上层阶级在日常生活中倾心丝绸，而且拜占庭和其他国家莫不如是。

图22-5　萨珊王朝丝绸织物

此外，这种图案风格也影响了其他媒材对狗鸟的刻画。

在伊斯坦布尔博物馆收藏的一块大理石浮雕上（见图22-6），我们能观察到深受编织传统影响的狗鸟形象：都是同样的短脸狗，鼻尖有"凸起"，孔雀尾巴直立。另外，沿着尾巴底部两侧装饰有缎带，仿佛在飘动。在王公贵族的日常生活中，这是常见的装饰物。无独有偶，在阿顿（Aten）地区一座由亚美尼亚建筑师建于公元7世纪的格鲁吉亚神庙的浮雕上，可以看到与伊斯坦布尔博物馆浮雕相同的缎带。在斯托克利（Stokley）收藏的棺木或铅笔盒的骨雕（见图22-7）中也可以看到同样的缎带，再次模仿了狗鸟的织物图案。

图 22-6　伊斯坦布尔博物馆收藏的大理石浮雕

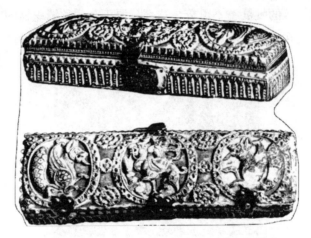

图 22-7　斯托克利收藏的棺木或铅笔盒的骨雕

　　诸如此类的制品还包括大英博物馆收藏的一个银盘（见图 22-8）。在其中，我们也发现了相似的构图。

　　总体而言，狗鸟形象在丝路沿线国家和地区广为流传。不仅体现在神话、民俗故事等口头文化和书面传统中，而且涉及金银器装饰、浮雕造型和丝绸编织等工艺，这进一步佐证了该形象旺盛的生命力。另外，各种媒材在创造狗鸟形象的过程中既有承袭又有变革，共同丰富了这一视觉符号，也促进了不同地区、不同民族之间的审美文化资源的交流和共享。受限于原始材料的收集难度，本章仅讨论了与伊朗古代遗迹相关的内容，偶有语及其他地区。但就狗鸟形象在丝路沿线国家或地区的往复循环来说，这是进一步研究的重点，例如狗

图 22-8 大英博物馆收藏的银盘

鸟与印度神话中的迦楼罗（Garuda）的关系问题。

结　　语
丝路审美共同体的事件阐释学

从"事件阐释学"维度审视丝路审美文化和丝路审美共同体，有助于走出以往研究中的"文本中心主义"，割裂"丝绸之路"与"丝绸之路的表征"，以及忽视丝绸之路"史前史"等误区。事件论为我们从文本的、图像的、物质的、行为的等领域剖析丝路审美文化开拓了新的研究空间，流动性、连通性、生成性始终贯穿其中。文本阐释学、图像阐释学、物质阐释学和行动阐释学彼此依存、相互作用，辐辏于事件阐释学，形成一个"四方游戏圆环"和"多元系统"。丝路审美文化与"事件阐释学"的结合，是对西方事件理论的问题域转换和再语境化，同时也扩展和变革了我们的研究方法和阐释视野。

"丝路审美文化"是与丝绸之路（包括陆上、海上、天上、网上丝绸之路）相表里的体现于文本的、图像的、物质的、行为（活态）的等领域的现象和产品中的文化。长期以来，丝路审美文化研究中存在一些误区：一是相关研究大多以"文本""图像""物质""行为"中的某个类型为中心得出研究结论，缺乏多学科、多语境、多领域会通的全方位视野；❶ 二是将"表征的丝绸之路"与"丝绸之路的表征"割裂开来，认为二者无法归入"不尽同而可相通"之"事"；三是对丝绸之路的研究多集中于李希霍芬所定义的"丝绸之路"的视野范围，而对其"史前史"往往重视不够。❷ 产生如上误区的要害之一，即在于对丝路审美文化缺乏一种"事件论"意义上的把握。

"事件"（event）这一理论术语的意涵十分丰富，不同学科谱系的不同理论家对其进行了不同维度的阐释，形成"复数的事件论"，从多种维度为理解丝路审美文化提出了理论参照。当代哲学家克劳德·罗马诺（Claude Romano）认为，事件具有"元本体论"（metaontological）地位，其发生不是从一物到另一物的变化，而是"从无到有"的绝对变化，并与世界一起爆发。❸ 齐泽克指出，哲学的

---

❶　张进. 论丝路审美文化的属性特征及其范式论意义［J］. 思想战线，2019（4）：140-147.

❷　丝绸之路的开通一般指的是发生于公元前 2 世纪张骞出使西域发生的事情。张骞出使的主要结果在于开创了丝绸贸易，李希霍芬于 1877 年将这条线路命名为"丝绸之路"。俄国学者叶莲娜·伊菲莫夫纳·库兹米娜（E. E. Kuzmina）认为，中西方相互贸易往来的历史可以追溯到更早的时期（例如"玉石之路"），她将其称为"丝绸之路史前史"（相对的，我们暂将张骞出使西域以后的丝绸之路称为"史后史"）（叶莲娜·伊菲莫夫纳·库兹米娜. 丝绸之路史前史［M］. 李春长，译. 北京：科学出版社，2015.）。近年来，中外学术界开始纷纷关注到这段"史前史"，引起了新的研究热潮。

❸　Claude Romano. There Is：The Event and the Finitude of Appearing［M］. Michael B. Smith Trans. New York：Fordham University Press，2016：ⅹⅵ - ⅹⅶ.

"先验论"（transcendental）路径与"存在论"（ontological）路径的发展融会于"事件"观念；❶ 巴迪欧认为"事件成了存在的条件"；❷ 广松涉尝试建立一种关系主义的"事的世界观"。❸ 这些事件理论共同指向"事件"所具有的本体论的优先性。这使"事件"视野能够包容丝路审美文化的诸多维度、意涵和样态。可以说，"事件论"连通现实时空中的丝绸之路与"丝绸之路的表征"，打通了丝绸之路与其"史前史"之间的关联。事件所通达的诸多意义维度，从本体论、认识论和方法论上，可以为丝路审美文化阐释提出理论方法参照。"事件不属于事实（fact）及其原因的中立领域，而属于意义，也就是一个领域，在这个领域中，一个行为人对一个情况的理解开始发挥作用。"❹ 将丝路审美文化视为"事件"，就是从事件视野对其审美意义的剖析，即从阐释学角度对其进行研究。这种包容性的阐释模式，可称为"事件阐释学"（evential hermeneutics）❺。本章从文本的、图像的、物质的、行为的等四个维度出发，揭示丝路审美文化诸领域

---

❶ 齐泽克指出，在海德格尔那里，存在的揭示（disclosure）正是一个事件，在其中，意义的视域得以敞开，我们对世界的感知以及和它的关系也由此确定下来；当代量子宇宙论认为，宇宙万物都源于大爆炸这个原初事件。齐泽克 . 事件［M］. 王师，译 . 上海：上海文艺出版社，2016：4-6.

❷ 高宣扬 . 论巴迪欧的"事件哲学"［J］. 新疆师范大学报（哲学社会科学版），2014（4）：1-11.

❸ 广松涉以"事的世界观"抨击传统的日常性意识以及在学理性反思中曾居统治地位的"物的世界观"，他所指涉的"事的世界观"是一种关系主义（relationism）的存在论，"事"并非指现象或事象，而是存在本身在"物象化后所现生的时空间的事情（event）"。广松涉 . 事的世界观前哨［M］. 赵仲明，李斌，译 . 南京：南京大学出版社，2003：14-15.

❹ Claude Romano. There Is：The Event and the Finitude of Appearing［M］. Michael B. Smith Trans. New York：Fordham University Press，2016：12-13. "事件论"否认将任何事物视为"事实"性的存在，而是处于流动中的意义不断生成的过程。诚然，正如霍尔所言，表征是意义的创制过程。这使丝绸之路的表征成为对意义的固定，从而使丝绸之路成为朗西埃所谓的历史"事实"（fact）。但对同一事物多维度的表征，仍然是另一层面的意义的流动性，也就是另一层面的"事件"。

❺ "事件阐释学"由克劳德·罗马诺提出，认为人类历史的探险经历（adventure）是一个世界上发生的一连串"事件"，它超出因果律之外，其意义不能被简化，需要对事件的意义进行理解和解释。Claude Romano. Event and World［M］. Shane Mackinlay trans. New York：Fordham University Press，2009：57-58. 塔姆辛·琼斯（Tamsin Jones）认为，罗马诺的"事件阐释学"的目标是描述事件的现象性，而不是将其视为一个静态的或由主体决定的对象。事件不产生于或依赖于一个自我，而是针对一个人。罗马诺将事件定义为"最终意义上的"（in the eventual sense）一种来自他处但针对我的现象，它必然会让我惊讶，但也需要我的回应，而我的回应决定了我的可能性，改变了我自己的探险经历的形状，也改变了我作为"探险者"（advenant）的自我。Tamsin Jones. Materialism，Social Construction，and Radical Empiricism：Debating the Status of 'Experience' in the Study of Religion［M］//Robyn Horner，Claude Romano. The Experience of Atheism. London · New York · Oxford · New Delhi · Sydney：Bloomsbury Academic，2021：142.

的现象和产品所体现的文化意涵。

一、作为文本事件的丝路审美共同体

"文本-话语"是表征丝路审美文化的重要方式之一，从"文本阐释学"（textual hermeneutics）❶ 维度对丝路审美文化的意义进行阐释是已有研究的重点。但以往对"文学-话语"的研究要么集中于文本内部形式的分析，研究其中的修辞、结构等；要么聚焦于对作家写作背景、文本产生的历史语境的外部研究；或如罗兰·巴特等后结构主义理论家将"文本"演变为一个无所不包、无时不在、无远弗届的"文本巨无霸"（Text Of Everything，TOE）。❷ 20 世纪中后期以来，语言和文本的物质性与具身性（embodiment）受到来自文学理论、阐释学理论以及认知语言学等领域的重视，"文本阐释学"的阐释对象与阐释模态发生了微妙的转变。"事件论"不仅弥合了文本内外之分的界线，也为从"文本阐释学"维度研究丝路审美文化文本带来了新的视野、观念和方法。"在理论层面，奥斯汀的语言学理论、德里达的引用性理论、巴特勒的操演性理论，还有齐泽克、德勒兹等人的事件哲学都可以成为文学事件的思想资源。欧美文学理论界的一批重要学者，如乔纳森·卡勒、J. 希利斯·米勒、伊格尔顿、阿特里奇等，已经为文学事件的理论奠定了基础。"❸ 可以看出，"事件论"在文学领域的研究已经较为普遍，理论资源也十分丰富。在"事件论"视野下，"意图谬误"受到比较彻底的清算。在阐释学领域，自海德格尔、伽达默尔、保罗·利科以来，施莱尔马赫与狄尔泰所主张的"理解"是对作者意图的重建这一观点受到盘诘和批判，理解的"去作者意图"倾向日渐明显。在文学批评领域，俄苏形式主义、新批评、结构主义也倡导以"文本"为中心，作者意图被排除在文本解释之外，甚至宣称"作者之死"。

文学事件论削弱了作者在文学作品中的主导地位，影响因素之一在于奥斯

---

❶　Don Ihde. Postphenomenology-Again？［Z］. The Centre for STS Studies, Aarhus, Working Paper, 2003（3）：3-25.

❷　张进. 文学理论通论［M］. 北京：人民出版社，2014：244-245.

❸　何成洲，但汉松. 文学的事件［M］. 南京：南京大学出版社，2020：20.

汀提出的"言语行为理论"。语言不仅具有描述的功能，更具有"做事"的能力。这使得作者意图并不等同于文本所做之事。"作者的意图是否可以等同于其作品的以言行事的能力，这点颇值得怀疑，因为文本可能怀有一些作者知之甚少甚至一无所知的意图。……内置于文类当中的意向性很可能会与作者的意图背道而驰。"❶ 其中的原因一方面来自伊格尔顿所指认的"言语行为理论"与弗洛伊德"无意识"理论的影响，另一方面也来源于马克思、尼采等对"虚假意识的诡计"的揭穿。不同于俄苏形式主义、新批评与结构主义对作者意图的取缔，文学事件论并不提倡取消作者的意图这一因素，而是不再视其为优先性因素，而使其与文学事件中涵摄的其他事件具有同等地位，使其降格为组成文学事件的"小事件"之一。进言之，作者一定程度上也是文学作品的读者之一。"尽管作家作为文学话语行为事件的主体，其作为话语意义之源的优越地位被取缔了，然而，话语行为事件的观念却突显了行为过程的'具身性'。"❷ "具身认知"（embodied cognition）理论也是事件论的构成要素之一，这一观念强调认知过程对身体感知的依赖，认为认知是在身体与环境的互动中生成的。

　　文本一旦形成，便具有了自身的独立性。俄苏形式主义、新批评与结构主义同样持守这样的观点。其不同于事件论的地方在于，前者将文本视为一个既定的事实，是固定不变的结构，而后者则将文本视为一个生成性的"事件"，即"文本事件"（textual event）❸，"文学作品的悖论之一在于，在不可改变性与自我完成方面，它是'结构'，然而它必须在永恒运动中进行自我完成，并且只能在阅读行为中实现自己，就此而言它又是'事件'。"❹ 伊格尔顿将作品视为结构与事件的冲突在阅读中相互"和解"。所有的阅读都是一个事件，"在阅读过程中，我们可能想要排除作者的意图、传记色彩或者我们读者自身

❶　伊格尔顿.文学事件［M］.阴志科，译.郑州：河南大学出版社，2015：169.

❷　张进.马克思主义批评视域中的文学事件论［J］.中国人民大学学报，2016（3）.

❸　Ilai Rowner. The Event：Literature and Theory［M］. Nebraska：The University of NeBraska，2015：196，203，205，223，231. 他在著作中提出，文本通过语言创造自己，摆脱作者，具有自身独立性。我们必须把文本看作一种新的物质力量，是感觉与节奏、强度与气质的组成，具有"事件"的特性。"textual event"这一概念在西方的使用频率较高，已经是一个较为成熟的专有概念。

❹　伊格尔顿.文学事件［M］.阴志科，译.郑州：河南大学出版社，2015：226-227.

的信念甚至文本印刷的纸张质量，但这都是不合逻辑的。事实上，这些因素甚至更多的因素，都会进入我们的阅读之中，帮助我们对作品的他性和独特性做到公正"。❶ 在阅读事件中，不管是文本的结构还是其他因素都被视为文学事件之一，既需要对结构做出说明，也需要在创造性阅读中进一步生成文本的意义，将其视为未完成的事件。这与保罗·利科所主张的，在阅读中"说明"与"理解""解释"的相互依赖有异曲同工之妙，同时呼应着海德格尔的作为真理不断"涌现"的事件意涵。

作为事件的文学不是对历史的反映，它本身就是历史的一部分，是现实发生的事件。事件论连通着文学与历史。承认语言的"述行性"意味着承认它具有介入现实、塑造现实的潜能。文学文本不再只是历史的反映，而是汇入了历史之流，成为历史的一部分，这使文学具有了"事件"的功能。一方面，文学作品不反映现实，但受到现实约束。在伊格尔顿看来，这种约束更多体现在形式上，而非内容上。也就是说，文学作品中的虚构事件越贴近现实规则，就越容易产生令人"去相信"的效果。与其说文学中的语言所表达的不是真实事件，不如说"虚构的其实是能够在现实中真实发生的事件，只不过还不具备其发生的场合"。❷ 另一方面，作为事件的文学具有"见证"历史的独特性（singularity）。文学的独特性总是受到文学家、文学理论家的关注，以往他们总将文学的独特性归结于形式方面的原因。在事件论视野下，希利斯·米勒与阿特里奇则将这种独特性归结于对历史的"见证"。"近年来的文学批评，经常强调文学作品作为历史创伤见证人的力量。此时，正在被讨论的作品又一次同时以多种方式发生作用，如果说作为证词的作品，以一种强有力的方式参与到历史之中，这与说它们同时作为文学作品，表演了见证的活动性并不矛盾。（这种表演产生的愉悦强度，通常会使得文学作品比历史著作作为一个目击者更具影响力）。"❸ 在阅读事件中，文学所具有的表演性使读者以一种"具

---

❶　阿特里奇. 文学的独特性［M］. 张进，董国俊，张丹旸，译. 北京：知识产权出版社，2019：121.

❷　小林康夫. 作为事件的文学：时间措置的结构［M］. 丁国旗，张哲瑄，译. 北京：知识产权出版社，2019：4.

❸　阿特里奇. 文学的独特性［M］. 张进，董国俊，张丹旸，译. 北京：知识产权出版社，2019：143-144.

身体验"的方式参与历史事件的进程之中，这一独特性使文学作品对历史的见证作用超出了历史文本。以往文学理论家将历史视为文学的"背景"，文学则是历史的反映，但在事件论的审视之下，背景与前景得以连通并相互转换。

作为事件的文本具有的生成性还体现在其跨媒介性上。《马可·波罗行纪》这一文本，从其产生到至今的700多年，生成了车载斗量的、形式多样的"马可·波罗文本"，实现了不同媒介的叠合存在，"其印刷文本、数字文本、物质实体文本与符号文本共存于统一历史时空"，包括手抄本、印刷本、漫画、影视剧、雕塑、歌舞剧、相声剧等，其符号印刻在不同的物质产品之上。❶ 而这些不断生成的审美文化产品，仍然可以处于我们对《马可·波罗行纪》这一文本的研究视野之中，进一步丰富了研究资料，扩展了阐释视野。对跨媒介的文本的阐释迫切需要一种"多模态阐释理论"（multimodal herme-neutics）。"多模态"（multimodality）是20世纪下半叶语言学/符号学研究提出的重要范畴和议题，最初由冈瑟·克雷斯（Gunther Kress）提出。他认为，交流的方式涉及语言的、视觉的、感觉的和其他多种方式的汇集，任何符号意义的生成都不是孤立运行，而是强调与其他符号的协同运作，或经由物质媒介表现出丰富多彩的转换，缘此而引发了符号接受者的多感官的"通感"（synaes-thetic）体验。我们"阅读"各种模式的能力，无论是单独的还是串联的，都是解释我们环境中的实践的一部分。而每一种模式，无论是文字的、图像的、物质的，还是行为的，都有其独特的特性。❷ 作为"文本事件"的丝路审美文化，因其跨媒介的生成性，需要一种多模态的阐释方式对其进行解析，分析所有不同层次或意义创造元素的相互作用，并在解释过程中时刻注意其作为文本事件的独特特性。这样一种"多模态阐释理论"我们可以将其称为"事件阐释学"。

如果我们将话语视为一个事件，那么"丝绸之路"这一话语就不仅是一个概念，而是携带了一系列社会历史因素的事件。在保罗·利科看来，话语是

---

❶ 张进，魏先华. 论"马可·波罗文本"对中国经验的艺术表征和审美拨用［J］. 甘肃社会科学，2021（1）：64-71.

❷ Gunther Kress. Multimodality：A Social Semiotic Approach to Contemporary Communication［M］. London and New York：Routledge，2010.

一个事件，作为事件的话语设定了当时时空下的说话的人、听的人、说话人的动作、表演以及当时的氛围等因素。❶ 作为事件的话语，不仅携带了当时时空的语境，流变中的语境也被囊括其中。当我们将"丝绸之路"这一命名的话语仅仅视为一个概念，其中携带的其他因素就被当作杂质过滤了，而这些因素本应归属于"丝绸之路"这一话语事件。自李希霍芬在《中国——亲身旅行和据此所做的研究成果》中提出"丝绸之路"一词并用于指"中国长安与中亚之间的交通往来路线"伊始❷，经由斯文·赫定的扩展，"丝绸之路"这一概念在欧洲各国广泛传播。日本学界与中国学界逐渐参与这场"丝绸之路"命名权的"协商"之中。经由各国的协商，"丝绸之路"的概念不断变更，其中所涵摄的事件（政治、经济、文化、社会制度、权力等）远远超过我们所看到的"丝绸之路"作为一个概念所携带的因素。

二、作为图像事件的丝路审美共同体

"图像-影像"同样是丝路审美文化的重要表征方式之一，这一表征方式连通着丝绸之路"史前史"与"文明史"。在无文字的史前时代，丝绸之路拥有一段很长的"史前史"，对于这段历史的研究更多采用考古学的方式。在考古发掘中，很多遗迹往往没有文字记载，而是以图像、雕像等方式呈现。而受"语言论转向"影响，历史学研究过度关注语言文本，而对图像维度重视不足。近年来，从图像角度进行历史研究渐成潮流❸，图像维度愈发受到重视，更有学者明确提出了"视觉解释"（visual interpretation）❹，以及"视觉阐释

---

❶　保罗·利科. 诠释学与人文科学：语言、行为、解释文集［M］. 孔明安，张剑，李西祥，译. 北京：中国人民大学出版社，2012：93.

❷　刘进宝. "丝绸之路"概念的形成及其在中国的传播［J］. 中国社会科学，2018（11）：181-202.

❸　比如：彼得·伯克. 图像证史［M］. 杨豫，译. 北京：北京大学出版社，2008；雅克·朗西埃. 历史的形象［M］. 蓝江，译. 上海：华东师范大学出版社，2018；等等。

❹　Rachel R. Reynold, Greg Niedt. Essentials of Visual Interpretation［M］. New York and London：Routledge，2021.

学"（visual hermeneutics）❶ 理论。而以往对图像的阐释，受到俄苏形式主义、新批评、结构主义等流派的影响，将图像视为"文本"，以语言文本的解释模式对其进行形式分析成为主流方式；而艺术史对图像的研究则集中于图像的外部语境。"视觉解释""视觉阐释学"等新兴的阐释学理论，凸显了图像阐释过程中的"事件性"，有助于弥合其内外界限的二分，进一步打开"图像-影像"的阐释视野。

如同文本事件领域的研究一样，"图像-影像"的创作者不再对其占有绝对的权威，甚至许多"图像-影像"并非由一人完成，有时可能是以团队的形式。例如电影的制作就包含导演、副导演、制片人、灯光师等角色，他们都是电影的创作者。同一部作品在历史旅行过程中，有时也会有其他创作者参与其中的情况。每一个事件总是关涉另外更多的事件，事件总是处于"关系"之中。在怀特海看来，"事件展示其相互关系中的某些结构和它们自己的某些特征"。❷ 他将自然的具体事实视为事件，当我们在描述事件时，总是在描述所发生事件同其他被观察事件的一般结构的关系，这种相互结构关系总是处于时空转换之中。迪迪埃·德拜斯（Didier Debaise）沿着怀特海的道路继续前行，探寻如何给予自然存在方式的多样性应有的重视，以事件论的方式重新审视自然。❸ 广松涉也试图建立一种关系主义的"事的世界观"。在他看来，"凡是被认定为'实体'的物，实际上都不过是关系规定的'纽结'。……实体不是自在后面第二性的相互关系，关系规定态恰恰是初始性的存在"。❹ 不管是自然界还是人类社会，都处于这样一种"事"的关系主义之中。将图像-影像视为事件，就是将其置入这样一种关系网络之中；对它们的研究，就是对其相关联的事件的研究。巫鸿对中国"屏风"以及敦煌壁画的研究提出了一种关系主

---

❶　"视觉阐释学"理论由美国技术哲学家、后现象学家唐·伊德（Don Ihde）提出。他广泛讨论了以天文学为主的各学科内的"成像技术"，认为望远镜和显微镜从根本上改变了科学，也从根本上改变了我们感知世界、阐释世界的方式。视觉阐释学保持了阐释学所具备的批判性、解释性特征，与其说它是语言的解释，不如说是知觉的解释。唐·伊德. 让事物"说话"——后现象学与技术科学［M］. 韩连庆，译. 北京：北京大学出版社，2008：98.

❷　怀特海. 自然的概念［M］. 张桂权，译. 北京：北京联合出版公司，2013：138.

❸　Didier Debaise. Nature as Event：The Lure of the Possible［M］. Michael Halewood Trans. Durham：Duke University Press，2017：2.

❹　广松涉. 事的世界观前哨［M］. 赵仲明，李斌，译. 南京：南京大学出版社，2003：15.

义的新视野。在他看来，就目前学术研究而言，对绘画的研究，内部研究和外部研究都将一幅画简化为图画再现，其图画再现成为学术著作反复讨论的唯一对象。"画的物质形式，无论是一幅配以边框的画心、一块灰泥墙壁或一幅卷轴，还是一套册页、一把扇子或一面屏风，都被遗漏掉了，其结果是所有与绘画的物质性相关联的概念和实践也都被忽略了。"❶ 对于一幅画，他不仅将其视为一幅画出来的图像，也将其视为图像的载体。也就是说，和图像相关的材质等因素都被纳入图像的研究中。这里当然可以看到麦克卢汉"媒介即信息"的影子，也意味着这其实是新批评等流派的形式分析的继承物。但图像的"形式"被进一步扩展到作为其载体的媒介之上，这种研究方式已经部分地从将图像视为文本转向了视为事件。如果将图像的材质纳入研究视野，我们还可以将材质的来源、流变以及流变中的相关事件同时吸纳进来，其关涉的事件范围就更为广泛。

麦克卢汉所谓"媒介即信息"正是"多模态"解释理论的一种方式。图像研究领域正逐渐兴起这种多模态的研究方式，其中拉切尔·R. 雷诺兹（Rachel R. Reynolds）和格雷格·尼尔德（Greg Niedt）指出了多模态解释方式在图像解释中的重要意义。他们认为，我们不仅有视觉模式（文本、颜色、观看展现在我们面前的场景），还有听觉或语言模式（口语），甚至嗅觉模式（通过气味和某种程度上的味觉进行交流）或音乐模式（这本身就是一种类似语言的专门模式），在解释符号时，我们总是自动地同时通过多种意义渠道来进行解释，多模态解释方式总是时刻伴随着我们。❷ 近年来对敦煌图像艺术的研究，其实正在贯彻着这种多模态的解释模式。"不但包括石窟中的壁画和雕塑，而且也涉及石窟建筑以至整个石窟群，以及这些视觉和物质构成的礼仪功能和隐含的宗教视觉性。"❸ 通过结合文献学、历史学、宗教史、考古学等跨学科的研究，敦煌艺术图像所关联的其他事件被多维度地挖掘出来。从事件论

---

❶ 巫鸿. 重屏：中国绘画中的媒材与再现 [M]. 文丹，译. 上海：上海人民出版社，2009：1.

❷ Rachel R. Reynold, Greg Niedt. Essentials of Visual Interpretation [M]. New York and London：Routledge，2021：105-106.

❸ 巫鸿. "石窟研究"美术史方法论提案——以敦煌莫高窟为例 [J]. 文艺研究，2020（12）：137-146.

的角度来审视敦煌图像，其中可研究的范围还可以更为广泛，包括其生产过程、功效、接受过程、流变过程等各个方面。《丝绸之路：十二种唐朝人生》记载了画师董保德及其相关人员制作敦煌壁画的过程。"莫高窟开凿在一座朝东的崖面上……丝路上旅行的僧人与在家信徒便开始在崖壁上开凿出一层又一层的石窟，最初是禅窟，后来又建了礼拜窟。为了装饰洞窟，他们还请人画上精美的壁画，制作彩绘泥塑像。之前的洞窟常被重修……峭壁的砾岩十分易碎……用镐和铁锹就足够了。……作为酬劳的一部分，他们的饭食由山谷底部的一座寺庙提供。富人用各式各样的绘画来装饰壁面与窟顶：窟壁的主要壁面都绘有多幅图像，包括极乐世界的景象、《观世音菩萨普门品》的情节，以及舍利弗降妖除魔的故事。……这个故事讲的是……"❶ 文献中所记载的莫高窟壁画的制作过程，包括参与其中的人员的职业、分工以及饮食，壁画的内容、材质，壁画中记载的具体故事内容等，涉及文本、图像、物质以及行动各个维度，都是作为事件的图像的研究范围。

对于上述与图像相关的事件的研究，人类学家雅克·马奎（Jacques Maquet）指出了其重要的美学意义。他将艺术分为"预定为艺术"（如画）和"转变为艺术"（如现在被放在艺术馆的以前的手工艺品）两类。后者脱离了文化母体，被移入了陌生的社会中，为了对新的社会具有意义，因而被转变为艺术品。但是在其他族群的语言中可能根本没有"艺术"或与"艺术"一词的概念相似的语词（甚至还有无语言的族群），也就是说，被我们视为艺术品的客体在别的族群中可能只是生活物品。为了研究其他族群的审美经验，玛奎将这些客体称为"美感客体"或"美感物品"（aesthetic object），并区别于"艺术客体"或"艺术品"（art object）："艺术品是指一些人造物品，它们经设计而成（注定的艺术）或者挑选而成（蜕变而成的艺术），并用来进行展览。而审美对象是指这样一些人造的或者自然的物品，它们能激发出一种完全的无功利性的视觉体验。"❷ 对视觉图像的研究不能脱离其生产的语境，因为

---

❶ 魏泓. 丝绸之路：十二种唐朝人生［M］. 王姝婧，莫嘉靖，译. 成都：四川人民出版社，2020：254-255.

❷ 雅克·马凯. 审美经验：一位人类学家眼中的视觉艺术［M］. 吕捷，译. 北京：商务印书馆，2016：43-44.

审美经验具有连续性。相似的研究在何翠萍所著的《从景坡人体图像谈人与物的关系》❶ 也有所呈现，作者详细分析了在婚礼中使用的乳房画像、看似人的下半身的酒篮以及在丧礼上使用的人体图像这三个具有向艺术品转化的特性的客体与景颇族中的人物网络关系之间的联系。对我们来说具有 "转变为艺术" 的客体对景颇族人来说却只是仪式物品，因此如果要对这三个客体进行审美欣赏，必须将其放置在这一具体的表演仪式当中。

作为事件的图像研究不只是单一视觉感官的调动，而是 "多感官共轭"。文化人类学家大卫·霍威斯（David Howes）认为，鲍姆嘉通所定义的 "美学" 来源于古希腊的感性（aisthesis）一词，原义为感性知觉。对鲍姆嘉通而言，美学研究的首先是感知的完善，其次是对美的感知，而 "感知的丰富性" 在后来的学者康德等人的研究中逐渐丧失了，视觉占据了主导地位。❷ 美学研究需要多感官共轭。他以西皮波科尼宝族和纳瓦霍人的绘画的人类学研究为案例，发现在他们的文化中，绘画的接受不仅是视觉的观看，同样也有身体触觉、嗅觉等其他感官的参与，沙画具有治疗疾病的作用。与之相似，敦煌石窟中的壁画的重要作用不仅体现在静观欣赏之上，其中的佛像在当时还具有治疗心理疾病等功效，被人们朝拜观瞻。

图像-影像的旅行及其审美意义的增殖、审美作为资本促进图像-影像的传播、图像-影像中蕴含的权力因素等，同样是 "事件论" 视野下对其进行研究的重要维度。飞天图像文本的 "具体生成过程和类型特征在不同历史阶段有其差异性。传播媒介的快速发展催生了图像、影像、声像等诸种类型的飞天形象及其审美变形机制"。❸ 它们在文化创意产业中获得成功的主要原因在于满足了当代消费者的审美需要，"审美作为资本"❹ 进一步促进了飞天图像的传播和接受。图像-影像的制作与传播过程会进一步生成文字文本、物质产品

❶ 何翠萍. 从景坡人体图像谈人与物的关系［M］//黄应贵. 物与物质文化. 台北："中央研究院" 民族学研究所，2004：261–333.
❷ 妮娜·莱文特，阿尔瓦罗·帕斯夸尔-利昂. 多感知博物馆：触摸、声音、嗅觉、空间与记忆［M］. 王思怡，陈蒙琪，译. 杭州：浙江大学出版社，2020：233.
❸ 王大桥，陈晓彤. 飞天图像与丝路审美文化的再生产机制［J］. 西北民族大学学报（哲学社会科学版），2019（4）：80–88.
❹ 阿苏利. 审美资本主义：品味的工业化［M］. 黄琰，译. 上海：华东师范大学出版社，2013.

并涉及人与物的行动。其中往往伴随着权力因素和权力关系。在中国 CCTV、
日本 NHK、英国 BBC、美国 CNN 等拍摄的与丝绸之路相关的纪录片中，对丝
路的影像表征各有差异，其中蕴含着各国的政治诉求，政治权力参与了影像符
号的建构过程中。❶

三、作为物质事件的丝路审美共同体

物质文化是丝绸之路不可或缺的维度，如同图像一般，它同样连通着丝绸
之路"史前史"与"文明史"。史前时期丝绸之路上的不同文明以物质产品的
交换为主要交往方式，如玉石之路中玉的流通，这迫使我们对"物"进行阐
释。美国技术哲学家、后现象学家唐·伊德（Don Ihde）明确提出了"物质阐
释学"（material hermenuetics）理论，认为所有的科学都有一个阐释学的维度，
在今天集中体现为一种物质中介形式。❷"物质阐释学"使阐释学的参照范式
从"语言符号模态"（language/symbols modality）转变为"具身感知模态"
（embodiment/perception modality），凸显了阐释活动中的物质性维度，同时扩
展了阐释学的边界。物质文化研究的兴起同样启示着我们关注以往被视为客体
对象的"物"。但这种方式与自然科学将"物"视为静止的、惰性的客体，对
其成分进行物理、化学分析的方式不同，而是更接近"事件"的方式。"物
质"与"事件"其实是一体两面的理论。英语中一般使用"material"或
"thing"来翻译"物"一词。"material"强调物理对象和世界，而"thing"则
具有"物"与"事"的双重意涵。后者在海德格尔关于"物"（thing）的理
论中有所体现。海德格尔笔下的"物"并非西方传统中作为对象的、静止的、
惰性的物质实体，而是一种"聚集"，是存在不断"涌现"的过程，或者说是
"物性"（thingness）。"物如何成其为本质呢？物物化（The thing things）。物
化聚集。在居有着四重整体之际，物化聚集着四重整体的逗留，使之入于一个

---

❶ 张进，蒲睿. 丝绸之路上的话语政治与影像政治——以中、日、英、美纪录片为中心的考察
[J]. 西北民族大学学报（哲学社会科学版），2019（4）：72-80.

❷ Don Ihde. Material Hermeneutics：Reversing the Linguistic Turn ［M］. London and New York：Rout-
ledge，2022：16.

当下栖留的东西，即：入于此一物，入于彼一物"。❶ 他以"壶"为例，论证"壶"聚集着"大地、天空、诸神和终有一死者（人类）"这四方因素。也就是说，物并非静止的对象，而是与天地神人各种因素交织缠绕在一起，在"纠缠"之中使自身的"物性"得以彰显。

海德格尔这里的"物"其实已经具有"事件性"。"物是一个事件（event），聚集着天地神人四方，其中的每一方都映照着其他三方。"❷ 物聚集着天地神人四方，而这四方相互关联，处于关系存在论中。唐·伊德或许同样意识到了"物质阐释学"的局限性，因此他最初命名自己的阐释学时使用的是"hermeneutics of things"，而非"material hermeneutics"。❸ 当初使用"thing"一词，显示出其深厚的现象学背景，也可以看出其"扩展阐释学"的目标一开始并非仅仅是走向"物质阐释学"一极，而是也包含着"事物阐释学"的维度。将"物"视为一个处于关系中的"事件"，这与广松涉所揭示的"事的世界观"的内涵交相呼应。在广松涉看来，"事"并非指现象或事象，而是存在本身在"物象化后所现生的是空间的事件（event）"。"事的世界观"指向一种关系主义的存在论，这些被认定为"实体"的物，其实是关系规定的"纽结"。❹ 张一兵在这本书的代译序中指出，广松涉所说的"事"其实是从海德格尔那里来的。"关系性的事，即海德格尔所说的此在去在，在一定时间内的世界中存在的样态，它否定传统的实体性的物相（现成'在手'的在者），存在总是关系性的'事件'和'事情'（以此在的上手为中心的建构过程）。"❺ 物并非一个静止的以待我们去认知的现成对象，而是处于一种关

❶　海德格尔. 物［M］//孙周兴，王庆节. 海德格尔文集：演讲与论文集. 北京：商务印书馆，2018：187. 此处的"物化"并非如同马克思、卢卡奇、阿多诺等人指认的资本主义社会中物造成的人的"异化"，而是更接近于庄子"物物而不物于物"中的"物物"这样的表述方式，指"让物成为物"。参考：张进. 物性诗学导论［M］. 北京：人民出版社，2020：36-37.

❷　Graham Harman. Heidegger Explained：From Phenomenon to Thing［M］. Chicago and La Salle, Illinois：Carus Publishing Company，2007：131.

❸　Don Ihde. Expanding Hermeneutics：Visualism in Science［M］. Evanston, IL：Northwestern University Press，1998：67，147，159，195.

❹　广松涉. 事的世界观前哨［M］. 赵仲明，李斌，译. 南京：南京大学出版社，2003：代译序15.

❺　广松涉. 事的世界观前哨［M］. 赵仲明，李斌，译. 南京：南京大学出版社，2003：代译序15.

系之中，是一个动态显现的过程；物也并非孤立的存在，而是"连通"（connect）着一系列事件。

　　这种对物的关系主义的理解与怀特海对自然界中的事物的看法有着内在关联。对怀特海而言，自然界中的事物、实体其实都是一些事件，这些事物在时空之中发生，关联着周围的事物，是时空中发生的事件。大卫·格里芬将事物的这种特性归结为事件的创造性。在他看来，所有显示的实体都是创造事件，创造性是终极的实在，整个现实都是创造性的实例。事件的这种创造性体现在两个方面："一方面，事件从原有的前提中创造了自身。这个自我创造的侧面又有两个环节。第一个环节是，事件要接受、吸收来自过去的影响，并重建过去。这是事件的物理极。事件自我创造活动的第二个环节是它对可能性的回应。事件因而是从潜在性和现实性中创造了自身的。事件的这一侧面可称之为心理极，因为它是对理想性的回应，而不是对物理性的回应。由于这是对理想的可能性的回应，因而事件完全不是由它的过去决定的，虽说过去是其中重要的条件。事件的创造性的另一个方面是它对未来的创造性影响。一旦事件完成了它的自我创造行为，它对后继事件施加影响的历程就开始了。正如它把先前的事件作为自己的养料一样，现在它自己成了后继事件的养料。"❶ 格里芬对事件的创造性的理解展现了事件自身所具有的能动性功能，这种能动性的功能在以前归属于人这一主体，而现在归属于事件本身。事件具有自我创造的能力，它接受、吸收来自过去的影响，但又不由过去决定。这种创造性一定程度上也来自齐泽克所认为的事件对"因果关系"的颠覆。❷ 因果论只是理论家人为设定的理论定律，现实中事件的发生正是对这一定律的逃逸。来自过去的事件并不一定导致现在这一事件的发生，二者之间没有必然的因果关系。但事件之间存在关联性，这种关联性连接着现在、过去与未来的事件。

　　海德格尔所说的"物"，其实贬斥了科学技术及其对象这类"物"。但对于拉图尔而言，所有的物都具有聚集性。物作为"行动者"（actor），处于行动者的"网络"之中，能动地与周围的事物产生互动。同样，在物质文化研

---

❶　大卫·雷·格里芬. 后现代宗教［M］. 孙慕天，译. 北京：中国城市出版社，2003：66-67.

❷　齐泽克. 事件［M］. 王师，译. 上海：上海文艺出版社，2016：4.

究领域，物指涉"人们随处可见、与人相互影响并为我所用的物质的东西。……物，规模不等，大小不一，从离散之物如铅笔、钥匙、硬币或汤勺，到错综复杂的、盘根错节之物如飞机、机动车辆、大型购物中心或计算机，不一而足"。❶ 这些物质也正是丝路物质审美文化的研究对象，技术物并不受到排斥。以上流派对人与物的相互关系的考察，也促进了丝路物质审美文化的"事件化"研究。从事件论的视野重新审视丝路物质审美文化产品，对物的研究就不能仅仅停留于自然科学式的对物的材质构成等方面的静态分析，而是对物与人、物与文化之间互动关系的探讨。事件是由一系列流动所决定的，流动性（mobility）与事件性总是不可分割地交错在一起。物质材料有助于构成事件，而这些物质处于运动当中，在变化的配置中被组装和重组。❷ 丝绸之路上的物质审美文化产品总是处于"流动"（liquid）当中，这些物质携带着我们的感知、情感等审美因素，在不同文化语境中旅行，促进了跨文化交流，并在此过程中使物质文化的审美意义得以增殖，实现熔铸共生。

　　睡莲在古埃及这一原初文化语境中具有宗教象征意义，并衍生出宗教性的装饰物，使其具有了最初的审美意义。在宗教与战争等外界因素的影响下，携带着宗教和审美意义的睡莲"流入"中国，完成了审美意义从神圣向世俗转化的下降过程。当其作为代表东方文化的符号再度传至西方时，其审美意义又一次发生了改变。❸ 被视为"国粹"之典型代表的青花瓷，其生产、消费过程都隐藏着不同文化交融的因素。经过数世纪的美誉之后，中国青花瓷的外销没落了下来，中国形象在此过程中被重塑，进而使世界轴心体系完成了自东向西的转移。这两种对丝绸之路物质审美文化产品的研究无疑具有"事件论"的倾向。无论是睡莲还是青花瓷，在流动和旅行过程中，都将与其他事件发生关联，并生成新的事件。这种流动性、连通性和生成性使得它们超出物质媒介的范围，被表征于文本、图像等各个方面，并与人和物的行动事件发生关联。诚然，以上的研究仅仅是从事件论的视野来审视丝路物质审美文化产品的部分维

---

❶ 伊恩·伍德沃德. 理解物质文化 [M]. 张进，张同德，译. 兰州：甘肃教育出版社，2018：3.

❷ Kevin Hannam, Mary Mostafanezhad, Jillian Rickly. Event Mobilities：Politics, Place and Performance [M]. London and New York：Roultedge, 2016：8.

❸ 信毅. 睡莲的丝路旅行及其审美意义生产 [D]. 兰州：兰州大学，2019.

度，把物视为流动中的事件，将进一步打开"物"的研究视野。

四、作为行动事件的丝路审美共同体

相较于处于研究中心的文本的和"固态的"审美文化分支，行为的、活态的、口头-表演的审美文化研究在西方近代以来处于边缘地位。在这种总体格局下，即使对于戏剧表演的研究，也往往以戏剧脚本为中心。许多活态文化并没有被文本所表征，甚至难以被表征出来。"活态审美文化是人们日常体验着的审美文化，丝路沿线活态审美文化源远流长，积淀深厚，彼此授受，流通共享，汇聚融合，在审美风尚、演艺形式、习俗节日、文化遗产、活态空间等人类生活与艺术的各个层面都凝聚、生产着文化交流和文明互鉴的宝贵经验与智慧。活态审美文化注重在活着的和活过的时间维度上、在文本的与实践的空间维度上，在描述性与施事性话语之间展开广泛协商，它属于感觉的、流动的、民间倾向的、物质相关的、身体在场的、环境参与的操演型审美文化。"❶ 行动本身是事件的另一种表述方式，从事件论角度重新审视丝路行为-表演审美文化，就是要打破这种以文本、固态文化为中心的单一研究模式，挖掘被"大写的历史文本"遗忘或抹除的裂缝，确立对"活态"（lived）经验的研究。

对雷蒙德·威廉斯来说，文化可分为三个层次："首先是某个特定时代和地方的活态文化（lived culture），只有生活在那个时代和地方的人才能完全理解它。其次是被记录下来的文化，从艺术到日常事务在内的一切都包罗其中：它是某一个时期的文化。第三是选择性传统的文化，它是联结活文化和某时期文化的因子。"❷ 威廉斯赋予"活态文化"以最高价值，活态文化只有生活在那个时期和地方的人才能理解。而在历史的长河中，这些鲜活的文化被不断稀释，不管是任何形式的档案记录都无法将其完全展现出来；有些活态文化在某一特定时期的选择中

---

❶　张进 . 论丝路审美文化的属性特征及其范式论意义 ［J］. 思想战线，2019（4）：140-147.

❷　Raymond Williams. The Long Revolution ［M］. London：Pelican Books，1965：66. 译文参考：雷蒙德·威廉斯 . 漫长的革命 ［M］. 倪伟，译 . 上海：上海人民出版社，2013：58. 引文有所变动，据：张进 . 活态文化与物性诗学 ［M］. 北京：人民出版社，2014：34，将 lived culture 译为"活态文化"。

被进一步筛除了。威廉斯对活态文化的重视要求文化研究者"去研究人类的某些具体活动，诸如海滨度假、圣诞庆典、青年亚文化等，我们通常称此类活动为'活的'文化或实践"。❶ 这种"活的"文化或实践与行动-表演密切相关。

　　丝路审美文化的交流往往与人的行动、表演密切相关，其范围之广、规模之大远远超出目前的研究视域，这些活态的、行动的、表演的审美文化事件往往受到我们有意无意的忽视。中国造纸术传入欧洲的第一站是撒马尔罕，造纸技术的传出与"塔拉斯之战"（又名怛罗斯战役）密切相关。《周游与列国》的作者曾言：造纸术从中国传到撒马尔罕，由于中国的俘虏。生擒此等中国俘虏的人，为镇将齐牙德·伊布·葛利将军（Ziyad ibu Calih）。从众俘虏中得造纸工匠若干人，由是设造纸厂，驰名远近。造纸业发展后，不仅供应需用，且能销行各地，为撒马尔罕对外贸易的一种出口品。❷ 造纸技术的转播依附于战争行为，从大唐传入了中亚地区，并一路向西，继续影响着欧洲等地区的审美文化，牵动着一系列事件。

　　在造纸术的西传过程中，事件的流动性是其中一个方面，另一方面则展现了行动中的"多元行动者"（multiple-agent）的"即兴表演"（improvisatory）。❸ 贝斯·普雷斯顿（Beth Preston）提醒我们，一个行动的事件往往并非由单一行动者构成，而是多方协作的；行动者的计划、意图并不能决定行动的结果，行动中的行动者往往因为环境等因素的变化而做出不同程度的"即兴表演"，行动的最初计划与最终实行可能相去甚远。如同上文所提到的战争一般，新旧《唐书》中记载塔拉斯之战发生的直接原因在于高仙芝对财物的贪婪，而战争却意外地带去了中国的造纸技术，极大影响了丝路沿线国家的文明发展。

　　利科的"行动阐释学"（hermeneutics of action）❹ 理论，较为系统地揭示了如何对行动的意义进行阐释。他的阐释学理论是从文本出发，将文本视为一

---

　　❶ 斯道雷. 文化理论与大众文化导论［M］. 常江，译. 北京：北京大学出版社，2010：2.

　　❷ 《周游与列国》作者不详，该引文引自：陈大川. 怛罗斯之战与撒马尔罕纸［J］. 中国造纸学报，2005（增刊）：22-32.

　　❸ Beth Preston. A Philosophy of Material Culture：Action，Function，and Mind［M］. London and New York：Routledge，2013：8.

　　❹ Richard Kearney. Paul Ricoeur：The Hermeneutics of Action［M］. London · Thousand Oaks · New Delhi：SAGE Publications，1996：2.

种具有独立性的行动，认为行动摆脱了施动者的意图，构建了一个具有独立性的世界。文本行动对任何后世的读者保持开放性，使文本在阅读中超越了自身被创作时的心理-社会语境，实现自身的"去语境化"（decontextualise），并在一个新的环境中得以"重构语境"（recontextualise）。❶ 行动并非由单个行动者构成，而是多个行动者的行动，后者也并非前者简单的衍生物。行动者是多元的。从文本行动来看，行动者包括作者、读者以及文本自身。"一个行为是一个社会现象，即其中每个人的角色并不能与其他人的角色区分开来，而且也因为我们的行为规避我们，并具有我们意想不到的效果。"❷ 行动是一个整体，其中的每一个角色都是行动的参与者，且每个角色都相互关联在一起，如同一个"行动者网络"（Actor-Network）。❸

　　行动者在"行动者网络"中的"即兴表演"，在歌舞、戏剧、节庆日等方面表现得更为明显。《丝绸之路：十二种唐朝人生》记录了名妓莱瑞诗卡颠沛流离的一生，同时也细致地展现了唐朝的审美风尚与人的行动-表演的关联。❹唐玄宗时期，唐朝音乐有二十八种调式，大部分都是根据龟兹琵琶的音调而定的。这些音调的传入并非因为龟兹音乐文本的引入，而是与乐师、歌伎的活动不可分割。唐玄宗在皇宫中安置了三万名乐师和舞伎，大多来自龟兹或能演奏龟兹乐。歌伎、乐师们往往以团队的形式出现，并跟随商队或因为战争在丝绸之路上辗转，并以表演的方式将音乐文化传入沿线地区。每一次表演都不尽相同，如其中记载的歌伎在演出中相互泼冷水，有时还会不经意间泼向观众。在不同的接受者和环境之下，歌伎们的表演往往能很好地展示"即兴性"。再

---

　　❶　Paul Ricoeur. Hermeneutics and the Human Sciences：Essays on Language, Action and Interpretation [M]. John B. Thompson ed and trans. Cambridge：Cambridge University Press，1981：101.

　　❷　保罗·利科. 从文本到行动 [M]. 夏小燕，译. 上海：华东师范大学出版社，2015：168.

　　❸　"行动者网络理论"（Actor-Network-Theory）的代表人物拉图尔认为，行动中的行动者并非单个的、分离的，而是依附于特定网络联系而存在的某种实体，其中行动者既可以是人，也可以是物，它们平等地在集合的连锁效应中发挥各自能动性。对于拉图尔而言，网络从来不是一个可以简单界定或假设的概念，它能够拥有一系列不同的拓扑形态，其间的一些网络拥有十分鲜明的层级结构，其间的所有行动者都必须行动起来，而非仅仅待在那里。参阅：刘珩. 行动者网络理论 [J]. 外国文学，2021（6）；尼古拉斯·盖恩，戴维·比尔. 新媒介：关键概念 [M]. 刘君，周竞男，译. 上海：复旦大学出版社，2015：30.

　　❹　魏泓. 丝绸之路：十二种唐朝人生 [M]. 王姝婧，莫嘉靖，译. 成都：四川人民出版社，2020：118-133.

者，歌舞的传入影响了唐朝的歌舞形式，不同歌舞的融合生产出更多新的表演形式。节庆日这一审美风尚与歌舞有相似之处。正如伽达默尔所认为的，节庆日往往重复地出现，但每一次都与上一次不同，但又有所关联，"只有在变迁和重返过程中它才具有它的存在"。❶ 俄苏形式主义认为，文学的独特性来源于其语言的"陌生化"，但跨文化中的歌舞表演、节庆日中所展现的这种"陌生化"并非有意为之，而是无意识的。形式主义的文本分析的理论并不适用于行动-表演，它们的独特性可能正是来源于这种"即兴表演性"。伽达默尔所说的"变迁与重返"不仅启发了对行为-表演的事件性的研究，同时也启迪了将文学-话语进行事件化研究。

如前文所述，利科将话语视为一个行动的事件，这一行动事件设定了说话者、听者、说话内容、说话人的动作等。他在其中所指涉的是一个谈话的事件，但启发我们将口语文化视为一个行动事件。口头诗学的兴起其实是相对于西方理论家一直以来对文本的过度重视。"口头程式理论"由米尔曼·帕里和阿尔伯特·洛德创立，其思想渊源与"荷马问题"相关联。口头理论的最初发展基于对荷马史诗的两个设定和论证："第一，设定并论证荷马史诗是传统的；第二，设定并验证荷马史诗因而必定曾经是口头的。前者是通过对荷马史诗文本的语言学解析而完成，后者则是利用人类学的成果，依据口头诗歌经验的现实而确认。"❷ 传统上对荷马史诗的研究以文本的语言学分析为中心，但荷马史诗更是一个口传诗学。米尔曼·帕里和阿尔伯特·洛德的研究重视史诗的现场表演性，发现只有在表演的层面才能观察到口头诗人利用程式和主题进行创作的实际过程。丝路审美文化的研究应该关注到文本之外的口头诗学和行为表演，关注这些被文化传统清除掉的裂隙。

威廉斯所关注的"活态文化"更多停留于历时层面，而列斐伏尔和索亚的"活态空间"（lived space）、"第三空间"（third space）理论则注意到了共时层面。"活态空间"和"第三空间"注重空间方面不同文化之间的交往、生产性。"这些术语之间具有广泛的通约性，它们共同聚焦于人类日常生活的实

---

❶ 伽达默尔. 真理与方法 [M]. 洪汉鼎，译. 上海：上海译文出版社，1999：160.
❷ 尹虎彬. 史诗的诗学：口头程式理论研究 [J]. 民族文学研究，1996 (3)：86-94.

践性、身体性和环境性的隐晦知识。如何从理论上认识和定位这些智慧，关乎人类非物质文化的研究和保护问题。"❶ 丝绸之路作为一个巨大的"活态空间"，不同文化在其中协商、生产，人的行为-表演扮演着重要的角色。考古学的理论在发掘活态文化、非物质文化遗产方面发挥着重要作用。当今考古学已然出现了"事件化"转向，在考古发掘中更加关注局部的日常活动，揭示看似微不足道的局部事件如何产生深远的影响。❷ 以事件的方式对发掘的古代遗址进行阐释，这与我们对行动、表演、活态文化的关注出现了奇妙的汇合点。

小　结

事件总是处于流动当中，也存在于关系存在论中，关联、连通并生成一系列事件。它连通着认识与对象，统合了美学与史学，关联着主体及其行为，融通着背景与前景，是一个生产性的元过程。❸ 事件所具有的特性并不归属于人，而是归属于事件本身。以"事件阐释学"理论为研究视野，从文本的、图像的、物质的、行动的四个维度阐释丝路审美文化有助于厘清不同领域所揭示的新的阐释视域（当然这四个维度并未穷尽丝路审美文化的现象和产品）。四个维度层层递进，从文本向图像、物质、行动的还原，是一个不断接近事件本身的过程。但它们不可分割。从本体论来说，事件具有存在论上的优先性，四个维度同属于事件的存在论基础。就方法论而言，四个维度的"事件化"各有其特点，但也可以相互借鉴，其中一方的剖析同样有助于另外三方的研究。不管是文本、图像、物质，一旦形成就具有了自身的独立性，是一个行动者，总是不可避免地进行着"即兴表演"；流动性、生成性、连通性始终伴随着这四个维度；等等。就表现形式方面而言，作为事件的四方中的任何一方都

---

❶　张进. 活态文化与物性诗学［M］. 北京：人民出版社，2014：44.

❷　Zackary I. Gilmore，Jason M. O'Donoughue. The Archaeology of Events：Cultural Change and Continuity in the Pre-Columbiann Southeast［M］. Tuscaloosa：The University of Alabama Press，2015：2.

❸　张进，张丹旸. 从文本到事件——兼论"世界文学"的事件性［J］. 文化与诗学，2017（1）：225-244.

可能生成其他三种表现形式。对文学事件的研究不仅可以分析其中的语言文学，也可以分析其中所表征的图像-影像、物质-物性、行为-表演，其他三方同样如此。作为事件的丝路审美文化如同海德格尔的"壶"，聚集着天地神人四方，让四方居留在它们从自身而来统一的四重整体的纯一性中，说到其中的任何一方都将连通着另外三方。四方相互依赖并形成一个起环绕作用的"圆环"（ring）。❶ 从主体感官上来说，它是大卫·霍威斯所说的"多感官共轭"。从"事件阐释学"维度阐释丝路审美文化现象和产品需要视觉、听觉、触觉、嗅觉、味觉多种感官的协同运作来把握，各感官之间相互依赖，彼此增进。

---

❶ 海德格尔. 物［M］//孙周兴,王庆节. 海德格尔文集:演讲与论文集. 北京:商务印书馆,2018:192-195.

后　　记

　　本书是国家社科基金重大项目"丝路审美文化中外互通问题研究"（17ZDA272）课题组协作研究的结晶，也是丝路审美共同体理论和实践的一次积极尝试和集中展现。在此，我谨向各位撰稿人的辛勤劳动和慷慨奉献表示衷心感谢！

　　本书具体撰写工作分工如下：

　　"导论　丝路审美共同体的多模态多感官共轭"，由张进撰写。

　　"第一部分　丝绸之路的属性和特征"，由徐滔、张进撰写。

　　"第二部分　丝路审美共同体的理论视角"，由李明辉、张金童、窦婧、郎旭东、许家春、潘伍豪、张进撰写。

　　"第三部分　物质性与丝路审美共同体的生成"，由李雨维、王辰竹、张若麟、蒲睿、兰英、魏先华、张正雄、张进撰写。

　　"第四部分　艺术与丝路审美共同体的熔铸"，由徐滔、王红丽、张金童、于荔、崔亚莉、杨鹏、希瓦拉、张学深、张进撰写。

　　"结语　丝路审美共同体的事件阐释学"，由蒲睿、张进撰写。

　　本书的最后统稿工作由张进负责完成，徐滔、蒲睿协助完成了统稿的修改和润色工作。由于本书是集体智慧的结晶，既融入了诸多撰写者的才情，又难免出现一些重复、失衡乃至悖谬之处，敬请专家和读者不吝赐教。

　　在本书即将付梓之际，我谨代表全部撰稿人对国家社科基金重大项目课题组给予的指导和支持表示感谢！向知识产权出版社刘江博士的辛勤劳动致以真挚的谢忱！

张　进

2022 年 9 月 10 日